北道古驿

董红玲 著

中国农业大学出版社
· 北 京 ·

内 容 简 介

释站是古时投递公文，转运官物，接待过往官员的处所。清代，经过新疆丝绸之路北道各驿站、古城的官员、流人如林则徐、洪亮吉、纪晓岚等以及国外的莫里循、马达汉留下了大量的诗歌、笔记、游记、照片。本书较为全面地梳理了他们留下的自哈密星星峡至伊犁绥定共40多个驿站的历史文化内容，涉及驿站的设置、政治、军事、交通、经济、民俗文化等各个方面，再现了清代这些地区的风貌及发展轨迹，透视出清代丝路北道历史文化的基本面貌。

图书在版编目（CIP）数据

北道古驿 / 董红玲著．—北京：中国农业大学出版社，2016.11
ISBN 978-7-5655-1724-2

Ⅰ．①北…　Ⅱ．①董…　Ⅲ．①北道－介绍　Ⅳ．①K928.6

中国版本图书馆CIP数据核字（2016）第255591号

书　　名　北道古驿
作　　者　董红玲　著

策　　划　姚慧敏　　**责任编辑**　冯雪梅
封面设计　郑　川　　**责任校对**　王晓凤
出版发行　中国农业大学出版社
社　　址　北京市海淀区圆明园西路2号　　**邮政编码**　100193
电　　话　发行部 010-62818525，8625　　读者服务部 010-62732336
　　　　　　编辑部 010-62732617，2618　　出　版　部 010-62733440
网　　址　http://www.cau.edu.cn/caup　　**E-mail** cbsszs@cau.edu.cn
经　　销　新华书店
印　　刷　涿州市星河印刷有限公司
版　　次　2016年12月第1版　2016年12月第1次印刷
规　　格　787×1 092　16开本　18.25印张　370千字
定　　价　98.00元

图书如有质量问题本社发行部负责调换

自序

从新疆历史的发展演变来看，我国自古就建立起了一套完整的驿传制度。用驿站负责投递公文，转运官物，也接待过往官员。驿站在各朝代的叫法不一样，但都反映了当朝政府的开发、管理和布防情况。唐代，人们把驿站叫驿路、台路或者台站。蒙元时期称“站赤”。清代的官道以驿站、军台、营塘和卡伦系统构成，清全盛时期，驿路与驿站如经络般遍布西域大地。

著名学者周轩说，清代新疆的交通驿站，是在统一西域的战争中设立，并在后来百余年间不断更改完善的。按其不同的职能，驿站大体可以分为四种类型：一是专为国防军事服务的急用飞递军台；二是为中央及地方政府服务的普通快马驿站；三是为内地与边疆之间转运物资的车驼营塘；四是部分具有巡逻和通信两种职能的卡伦。这些不同职能的各种机构，平时区分明确，在战时往往统一起来加以使用。

清代新疆史籍中关于驿站、军台、营塘、卡伦的记载是清楚的，但至今遗留的实物却不多，影像资料就更为稀少了。所幸的是，英国《泰晤士报》记者莫里循和芬兰总统马达汉在 20 世纪初拍摄的天山北麓台站的邮差和一些驿站，为我们留下了珍贵的史料。

从嘉峪关进入新疆，素来有“苦八站”、“穷八站”、“富八站”等说法，为便利交通，每间隔 100 华里左右，就有一个提供住宿、换乘的大站。设置军台、驿站的地点，离不开水源与植被。康熙年间清军西进出关，军台驿站的名字纷纷登录在册，与植被、水源有关的最便于记忆，其中如沙泉、苦水、长流水、黄芦冈、松树塘、红柳峡、芨芨台子、明水、双井子、一碗泉、车轱辘泉、七角井、火石泉、碱泉子、三个泉等，这些地名保存至今，印证了康熙、雍正、乾隆三朝打通西行通道的眼界与心胸。军台驿站成为新疆特殊的人文景观。

北道的军台驿站（新疆段）东起哈密星星峡，西到伊犁绥定。迪化（乌鲁木齐）、奇台，是重要的中转站。进入哈密以东的星星峡，就进入了新疆。到达“天山第一城”哈密，若要继续西行，则有两条路，一条是向北翻越天山库舍图岭（碑岭），抵达松树塘，再折向西，经巴里坤、色必口，沿丝路北道前往木垒、奇台、北庭，纪晓岚、洪亮吉等就是从这条道上走过来的。第二条是离开哈密，依天山南麓，经头堡、瞭墩、三道岭，到七角井，再分叉，其中一支到色必口，与从巴里坤进入庭州的古道汇合，林则徐、宋伯鲁等曾在沿途的驿站留宿过。

清代交通官道被看作“国脉”。以“官马大路”为基本条件的交通体制，既是国之命脉，又是社会文化、人类文明传播的渠道。京城联络各省、州、县地方政府的道路畅通与否，政令传递的快捷与否，标志着国家的兴衰强弱。

自从有了这官道驿路，在丝路北道的驿路上，一直不断地叠印着戍边的士兵、贬官者、流放者、商贾、驼客、艺人、流浪者、淘金者、拓荒者、探险家、支边者、移民的足迹。如从东路走过来的耿恭、岑参、骆宾王、岳钟麒、刘锦棠、纪晓岚、林则徐、洪亮吉、斯坦因、莫里循等名流与将军，从北面的草原大道走过来的邱处机、橘瑞超、村野三郎等。从南路及天山金岭孔道走过来的悟空、王延德等，从西面走过来的芬兰总统马达汉等。当他们翻过冰雪覆盖的天山达坂，穿越一望无际的大漠戈壁时，当凛冽的漠风扑面而来，他们的内心一定是惶悚、茫然而瑟缩的！无论是出征的将军，还是探险家，要想在这种威寒逼人的西陲大地上完成他们的钟吕大业，如果没有一种坚定的信念和一种豁达豪放的胸怀，怎么可能走完那么遥远而荒寒的征途？行走于西域荒凉大地的苦旅们，之所以能够完成历史赋予他们的使命，是因为在他们冷漠深刻的面孔后面，镌刻着自然、社会和命运所铸就的豁达、豪放，闪烁着艰辛的人生旅途所磨砺出来的睿智光彩，蕴藏着一种唯有顽强不屈的人才具有的博大胸怀……正是他们的开拓，后来走过的人，慢慢看到了炊烟、屋舍、田园、绿树，听到了鸡鸣狗吠。于是，驿站便成为了文化的载体，它被文人墨客记载了下来。日积月累，它如驿路上的一颗颗璀璨的珍珠，经岁月的打磨后，渐渐发出耀眼的光芒。

驿站是历史上国家统一、政权建立的象征和见证。清代，四通八达的驿站构成了一座座强大的堡垒，守护着西域，维护着清政府对西域的统治。

了解新疆驿站的历史演变，有助于我们了解当时新疆的政治、经济、军事、国防、交通、民族关系史及地名沿革等状况。研究探讨它在交通、商业、军事、文化传播中的地位及驿站文明对维护祖国统一、反对民族分裂、构建和谐社会具有重要的历史意义。研究清代丝路北道的驿站，对沿线城市的发展、社会文明进步同样有着不可忽视的促进作用，并且对于我们今天的爱国主义教育，加强对历史知识的普及，增强民族团结，构建和谐社会，建设中华民族共有的精神家园都有着非常重要的意义。守住历史就守住了文化，守住文化就守住了财富，这是一种眼光、一种魄力，更是一种社会担当。

董红玲

2016 年 9 月

序

在一些影视剧中，我们经常可以看到这样的画面：边境有突发事件，需要火速给中央政府传递消息，驿卒身穿制服，背插小旗，驭马驰骋，穿过人烟稀少的戈壁或繁华喧闹的街市，通行有碍时，口中呼喝一声“百里加急！”骑马乘车及行路者听到呼喊声后，紧急避让于路旁，这是古代驿道传递军情的真实情景。

驿道是古时陆地交通的主要通道，用于转运军用粮草物资、传递军令军情等。那些传递官府文书和军事情报的人是驿卒，来往官员途中食宿、换马的小小场所是驿站，驿站是驿道上的一个个节点。一个个的驿站连成线，布设串连出了长长的驿道。

据《卜辞通纂》记载，早在商朝，邮驿系统就已经出现。

汉武帝时期，张骞出使西域后，在丝绸之路沿线设置了不少亭。

唐贞观十四年平高昌后，以长安为中心的通往西域各地的驿站星罗棋布，唐代诗人岑参经陇西赴庭州途中有描述驿站的诗句：“一驿过一驿，驿骑如流星”，“寒驿远如点，边烽相互望”。

蒙元时期，驿传分为站赤和急递铺两种，驿站不但接待官差商旅，同时还起到邮政传递的作用。《马可·波罗游记》中对元代庭州驿站的描述很是详细：“设在所有大道上的驿站，按照市镇坐落的位置，每隔 40 或 50 公里都设有驿站，筑有旅馆，接待来往的官差商旅，这些就叫做驿站或邮传所。”元代在全国设立了 1 500 处驿站。

清代建立的交通体系，幅员之广阔，通行效率之快捷，体现出超过前代之优势。“官马大路”为基本的交通体系。所有官道归北京城东华门外的皇华驿辖理（相当于今天的交通部）。通过井井有条的管理，政令能够在第一时间下达到地方，四面八方的国家安全人员，可以迅速向最高执政集团传递各地行政、经济、军事、文化方面的最新信息，维护国家机器的正常运转。“帝畿平如水，官路直如弦”“日薄尘飞官路平”等古代诗人赞美官道的文学描述，反映出这一历史时期，或骑或乘，行进在平整宽阔的古驿道上的感受。

清末民初，各官道连通的许多乡镇发展成重要的商业都市。官道主要服务于政治军事的作用发生了演变，以商业为主的物流规模兴起。后来火车、汽车的出现，使官道发生了质的变化，马车骆驼为主要交通工具的时代，被火车汽车代替。

丝路北道的驿站建于不同的朝代，从汉代到清代连绵不断。在历史的长河中有些驿站因周围自然环境恶劣或交通改道等其他原因被废弃，已经变成废墟或夷为平地；有些因为自然条件优越或处于交通要道，人口逐渐增多，发展成为小城镇，如三道岭、清水河镇；

一部分则变为商业中心，如哈密、古城；有的则发展为大城市，如昌吉、奎屯。梳理驿站发展的脉络，探求其盛衰的原因对于今天城市的建设有借鉴意义。至今，那些曾经从乌鲁木齐大驿站辐射出去的东西南北古驿道，不但没有被废弃，反而以高速公路的方式构成现代化国道的网络体系，发挥着前所未有的“路文化”功能。

习近平总书记提出的“丝绸之路经济带”是在“古代丝绸之路”概念基础上形成的一个新的经济发展区域。它东边牵着亚太经济圈，西边系着欧洲经济圈，被认为是“世界上最长、最具有发展潜力的经济大走廊”。今天的312国道走向基本上与古代丝绸之路北道（新疆段）一致。在“一带一路”的视域下，《北道古驿》增加了我们对于今天丝绸之路经济带核心区现实问题的认知深度，对推动新疆的经济、交通、城市、文化旅游的发展提供有益的参考和借鉴。

2013年9月9日，“新疆驿站文化学术研讨会”在玛纳斯县乐土驿镇召开。专家学者们围绕“丝绸之路新北道的开通与兴盛”“西域和丝绸之路的文明共享及其现代意义”“乐土驿驿站文化及其开发”等话题展开研讨，对研究丝路驿站历史文化大有裨益。

新疆自古就是一个多民族聚集、风情各异的文化多元地区。古代丝绸之路的驿站是汉文化和中亚文化的传播地带。从北道驿站经过的名人很多，有唐代的岑参，清代的林则徐、纪晓岚、洪亮吉、刘锦棠、左宗棠等，他们的事迹都是进行爱国主义教育的经典素材。挖掘古丝绸之路遗址、驿站、古城文化和传说故事，能够扩大驿站文化的影响力，对传承优秀的历史文化遗产意义重大。

在本书的编写过程中，作者选取了马达汉和莫里循在20世纪初拍摄的驿站照片，以还原当时的驿站概貌，也选取了她本人拍摄的一些照片，以透视驿站的发展轨迹。

《北道古驿》这本著作，比较全面地梳理了丝绸之路北道主干线和支线的形成、变迁状况及北道线路上自哈密的星星峡驿至伊犁地区的绥定县底驿40多个驿站的设置及与驿站相关的历史文化的内容，是一个反映丝路北道驿站历史文化的文本，对庭州驿站历史文化的内容叙述得比较详细。梳理北道历史文化，是对驿路历史文化的尊重和清醒认识，对今天丝绸之路经济带的交通、经济、文化、旅游业的发展有一定的借鉴作用，这就是作者编著此书的目的所在。

教育部高校思想政治理论课教学指导委员会
高职高专教指委副主任
新疆农业职业技术学院党委书记、教授
李玉鸿
2016年7月18日

目录

引　子

早在春秋战国时期，中西方的交流就已经开始，南北两条丝绸之路开始形成。

汉武帝时期，张骞两次通西域，打通了通往西域的道路，尤其是公元前 60 年西域都护府设置后，汉朝的使者、商人接踵西行，“丝绸之路”南北两道被开辟出来。

隋唐时期，在汉代丝绸之路北道以北地区又形成了一条新北道，汉代的北道被称为中道，新北道被称为北道，指的是贯穿天山北麓的丝路主干线。此路初开辟于柔然北魏时期，具体路线在裴矩的《西域图记》中有记载：“北道从伊吾（今哈密）经蒲类海（今巴里坤）铁勒部、突厥可汗庭（今伊犁河、楚河等），度北流河水，至佛林国达于西海。”从这一记载可以看出，北道基本上就是今天仍然通行的天山北麓的哈密、巴里坤、木垒、奇台、吉木萨尔、阜康、乌鲁木齐、昌吉、呼图壁、玛纳斯、乌苏、精河、伊犁这条公路干线，与 312 国道基本一致。

清代，我国统一多民族国家得到进一步发展，乾隆年间，内地通往新疆的道路交通进一步改善，在丝绸之路北道上，通过整修驿道，设置驿站，新疆南北驿道遍布连接成网，驿道主线已有 1.3 万余里。驿站二百多个。其中丝路北道驿站从哈密的星星峡驿至伊犁的绥定驿共四十多个驿站。有“苦八站”、“穷八站”、“ 富八站”之说。

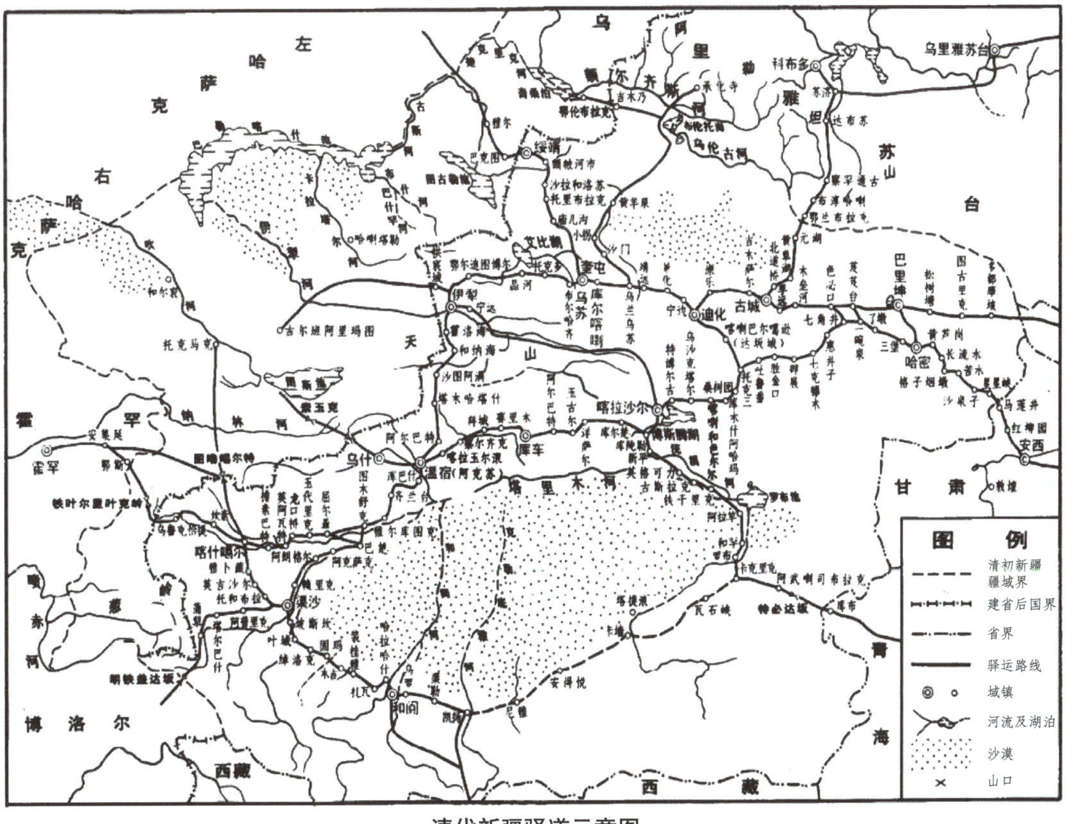

清代新疆驿道示意图

一 苦八站

历史上著名的“苦八站”（也称“东八站”），即指哈密以东大戈壁上的星星峡驿、沙泉子驿、苦水驿、格子烟墩驿、长流水驿、黄芦冈驿、塔勒纳沁城驿、哈密厅底驿。

苦八站概貌

“苦八站”，只是一个概数，一种说法。最初可能有八站，后来，因种种原因，有废弃的老驿站，有重建的新驿站。从史料考量，如今的星星峡至哈密，已没有八站。清代即废弃的塔尔纳沁城驿，也许最初就在“苦八站”之列。

据《唐六典》记载：“天下传驿……凡三十里一驿”。同时又强调，“若地势险阻，及须依水草，不必三十里。”但凡驿站，首先要设在有水之地。“苦八站”位于大戈壁，越靠近东部，越缺少水源和村落的支持，于是，“苦”字由此而来。再者，“苦八站”肩负的驿务担子，要比之西部的穷八站、富八站繁重，因为其负责迎来送往的是丝路中道和北道两道的人马。

唐贞观十四年（640 年）平高昌后，伊吾南北路的守捉和驿站先后建立起来。据《新唐书·地理志》记载，伊吾、纳职、柔远和蒲类是当时伊州著名的四大驿站，柔远和罗护为伊州东西两大守捉。唐代诗人岑参经陇西赴伊州途中，有描述驿站的诗句：“一驿过一驿，驿骑如流星”，“寒驿远如点，边烽相互望”。

元代，蒙古先后领属巴尔库尔（巴里坤）和哈密力，凿治天山南北通道，增设驿站戍所。据《元史·世祖纪》记载，至元十八年（1281 年），天山北路东起太和岭，西至别失八里，新置驿 30 所。

至清代，哈密天山南北的驿站，主要分布于三条道路：其一，自星星峡经哈密至鄯善；其二，由哈密经巴里坤至木垒；其三，由巴里坤经苏吉折西南至七角井。另外，今沁城（塔勒纳沁）和伊吾（土葫芦），也是古代骆驼商路的重要驿站。

嘉庆六年（1801 年），流人袁洁过大戈壁时，著有《苦八站》一组诗：

戈壁荒凉寸草无，从来八站苦征夫。
油盐米菜需筹备，莫漫匆匆便戒途。

腰站无多住站遥，到来店舍太寥寥。
可怜漆黑烟熏屋，苦雨凄风度此宵。

又无桌椅又无床，入户尖风透骨凉。
枵腹更兼愁内冷，熬茶先要着生姜。

尘沙填塞客肠枯，到处源泉问有无。
格子烟墩真没水，嘱君早早制葫芦。

这一组诗，写旅人旅途的艰难。丝路供行旅住宿的大站一般要间隔 90 华里。在大站之间有“腰站”，供人途中休憩。从乾隆中期收复西域，就在漫长交通线上依次建立了军台驿 1741 站。清代的驿站管理，条件有限。驿站客房只有一个窄小而仅可容身的门，屋顶开一个比拳头大不了多少的透气孔，没有窗户。只要关紧门，房间就等同于山洞了。西出嘉峪关的商旅都是夜行晓宿，白天躲在房间睡大觉。房间只有门，不但安全，而且容易视昼为夜。

在设站的地方总是有水泉的，但是在那一线水源的水质往往不佳，水味苦咸，适于人直接饮用的就成了一种特殊的享受，所以地名就有“苦水”、“甜水井”。要适应这种苦水，就得在烧茶水时的壶中放些生姜，这样茶中的异味才能减少一些。格子烟墩是一个大站，有一眼泉水，但泉水时旺时枯……

星星峡驿

1. 爬梳星星峡

星星峡位于哈密城以东 200 公里，唐称碛口，《康熙舆图》作喀拉岭。因峡峪出产星星石（水晶），日光下斑斓闪烁如星星，故以名之。为唐代丝路中道由河西走廊进入伊吾的第一道关隘峡口，有哈密东大门之称。峡道长约 10 公里，最窄处仅能容车过，由于久经风雪剥蚀，车过马踏，峡内一段石达坂形成坎坷不平的台阶，据《新疆图志》记载，自沙泉子驿“九十里至星星峡驿（又名猩猩峡，新疆东界），两山夹峙，磐石为路，防兵什，旅店四，井水味淡而微甘，侍行记谓水苦碱，盖今昔不同也。”“当车轮磔格，振策马踟躇”，车辆难以通行，只有驼马登阶而上。清乾隆年间，甘肃巡抚吴达善派员督兵另辟新道，“凿石为路，峡壁峭立，两山夹峙如巨斧劈”。星星峡道路崎岖，地势险要，历来为兵家所重视，自唐至清千百年来，曾设防驻兵，先后建有烽燧、驿站、军台和营塘。

星星峡驿——莫里循于 1910 年 4 月 3 日摄

《三州辑略》记载，星星峡军台（至安息所属马莲井子台八十里）安设于乾隆四十二年以前，有“把总一员、兵丁八名、马十九匹”。

有星星峡军塘（至安西塘八十里），设“兵丁三名、马六匹”。

《新疆图志》载，清代光绪二十八年（1902 年）制表，星星峡驿安设有驿书一，马夫八，马十四，月支薪粮、工粮、料草、油烛、纸张等项七十两二钱，岁支七十八两八钱，合支经费银九百二十两二钱。

星星峡建有烽火台、关帝庙、驿馆、店铺。清乾隆年间，设军台，配大车驼马、驻台官兵，以利军饷运输。清宣统年间，温世霖在《昆仑旅行日记》中记载星星峡驿站：“官店中，窗以破席遮蔽，门则任其洞开，私店两家，残破尤甚。马队小营盘一处，军塘一处，邮差马拨二处”。

至民国时期，星星峡有“大店一、小店二、居民一，草料粮食皆自沁城来，路南有土屋，驻排长一、兵四”。20 世纪 30 年代，星星峡成为苏联援华抗日物资交接站，汽车驼马来往不断，先后设有招待所、边卡大队、公安、邮电等。

清雍正年间，有位善人杨可禄，馈赠饷银，修星星峡山路。雍正十三年（1735 年）春三月，由监运使者为善人杨可禄立石碣于星星峡。碣石已不存。《三州辑略》载碣文如下：

皇威震叠，底定西酋。整厥虎旅，驻于伊州。启拓疆域，腾声遐陬。辘轳飞挽，驾马服牛。地灵助顺，荒碛泉流。堆山磊石可，轮蹄是忧。聿来善民，攘剔平修。王道坦荡，振古长留。

雍正十三年春三月，监运使者为善人杨可禄立石于星星峡星星峡在清末一度也称猩猩峡。1875 年，陕甘总督左宗棠被任命为钦差大臣，督办新疆军务，率西征军歼灭了入侵新疆的阿古柏。当时星星峡路段异常艰险，左宗棠为筹运粮秣费尽了心机。1880 年 6 月，左宗棠将行营由肃州（酒泉）迁到哈密，行至星星峡，看到这个给西征带来巨大困难的山峡面目可憎，像一头张牙舞爪的野兽，于是在公文中将“星星”二字边加了个反犬，以吐泄郁积心中的怨恨。

1910 年 4 月 3 日，《泰晤士报》驻华记者莫里循经过星星峡。到了星星峡，就等于进入了新疆地面。莫里循在这里拍摄了 12 张照片。

星星峡口——莫里循于 1910 年 4 月 3 日摄

从图片中可以看到，峡谷的山总是和一处建筑相连在一起，峡谷的山顶，远远近近有一些宝塔式的建筑和高高耸起的三脚架标识物之类的东西。有两座关帝庙，一座是位于碱泉子的关帝庙，并说明是徐道台所修建的。中午时分，莫里循一行在碱泉子关帝庙附近歇脚时，莫里循又拍摄了星星峡关帝庙。

星星峡西关帝庙里有两名看庙的老道士。两人看上去衣衫破烂，穷困潦倒，神情木讷，却有一段鲜为人知的故事。一年之后的 1911 年初，天津爱国绅士温世霖因救国请愿，被流放到新疆，途中在日记里记载说，行至星星峡，有一老道守护关帝庙，将 33 厘米高的结晶石称为天降陨星，借以敛钱。谓过客如不虔诚祈祷，必遇大风阻路。人多信之，车夫尤其迷信，竭力要温世霖焚香祷告免灾。温世霖斥老道妖言惑众，命仆人付十金，将石抬置车上，带往新疆。老道惶急哀求，说无石即无香火，生计绝矣。承认石出后山，知者少，而得以骗人。温世霖告诫老道，勿再以妄语欺人。

星星峡关帝庙——莫里循于 1910 年 4 月 3 日摄

莫里循介绍说，关帝庙离星星峡有 5 里（注：1 里 = 500 米）远，位于黄原子至沙泉的路上。关帝庙修得很紧凑，有山门，两边还有小侧门和小窗户。进了山门，两边各有侧房，然后沿台阶可以上到高处的寺庙里。寺庙处可看到两个廊柱和廊柱前的围栏，其余的门和窗户因光线暗淡而看不清楚，有三四个人站立在寺庙前。整个关帝庙显得紧凑而美观，看不出有破败的景象。午休时，莫里循还拍摄了关帝庙里穿长袍和短羊皮衣的道士，并介绍说，有一位老道，62 岁，河南人。

2. 星星峡历史文化钩沉

星星峡是由河西走廊进入新疆的必经之处，素有“新疆东大门”、“第一咽喉重镇”之称。同时又是丝绸之路北道的险关要隘，四面峰峦叠嶂，一条“S”形的山路蜿蜒其间，两旁危岩峭壁，有“一夫当关，万夫莫开”之势。星星峡不仅是新疆和甘肃的分界线，同时也是两种不同文化风格的分水岭。对于新疆人而言，星星峡就是一堵院墙，过了院墙就算是出疆了。

因为这里曾经是驿站，有许多名流过此地，都留下了弥足珍贵的诗文。

原唐山知县、乾隆进士赵钧彤因事谪戍伊犁，于乾隆四十八年（1783 年）十二月途经星星峡。他在《西行日记》里记载道：

二十八日发马莲井子至哈密之星星峡，八十里。……迎望两山，喷溢撑突，势将连合，而一线缺裂，乃星星峡。

东口又二十五里入峡口。日已没，两侧皆峻壁，石痕浮露，更更白色，盘曲如蛇蚓。抵村。

村南山上有塘汛，而下有路牌记道里。峡当安西道，为哈密之东门，故具规模焉。星星峡十余家。询所由名，以陨星而西，语多叠子。人曰人人，马曰马马，故星曰星星。客次少又人满，皆还兵也。得一屋拳而卧，膝及腹。屋横裂，遮以柴，仰视见星斗。过安西以来，第一恶境也。

二十九日发星星峡至沙泉子，九十里。

晓发出村，四望皆乱山。……东北上达坂。关以外呼山梁为达坂。而地理志云，天水西有达坂，曰陇。盖古语也。……南起十余峰，西走如云散。接峰而下，则雪苞怒放，突者锐者，崩者委者，方而杀。直而曲者，卓立偃仆。跳踉而伛偻拱揖者，似人似兽，似龙似钟磬……牛鬼蛇神满山际，千态万状蔓延到北山。而辙道弯环，皆出山罅。……因询山名，御不知。询安西营卒，云星星峡。蓄积深奥而名闻不彰，亦山之不幸焉。

道光二十二年（1842 年）九月十八日，林则徐带着两个儿子聪彝、拱枢和随从、车夫，离开西安一路坎坷跋涉，风餐露宿，经兰州、过凉州、至肃州，出嘉峪关，走了 72 天，于 10 月 21 日到达新疆的门户星星峡。

初冬的星星峡，天气阴冷，峡内乱石丛生，荒野遍布，唯见残岩一片，山道崎岖，层峦叠嶂，满目苍凉。

林则徐一行的车到星星峡时，车把式告诉大家："此路段盗贼很多，赶路人如车马少时，常会遭到盗贼的袭击和抢劫。"

随从陈祥问："那我们会不会遇到危险呢？"

把式说："不会，因为我们车马很多，又都带着钢叉棍棒，小股盗贼是不敢靠近我们的，但大家还是要各自警惕，车辆要跟紧，不要掉队，陆续跟上快快通过，以免遭盗贼突袭。"

峡内道边只见九户人家和两家小店，都为低矮简陋的"干打垒"土屋。车行至此，林则徐父子下车，进入小店，屋内光线顿时暗了下来，但见土墙上搭一块破板为货架，而墙上挂满绳索、夹板、马拥脖等车马用具。另出售一些粮油食盐等自产小件物品。林则徐等坐稳，店家送上茶水，经盘说闻悉，此峡人家大都为历年陕甘一带逃荒之人，在此背井离乡，艰难度日。平时还给过往商贾路人看车喂马、铡草供水，用以为生。因星星峡为宿站，但无旅馆，林则徐等就借了小店隔邻的一间小屋，自行做饭。饭后，林则徐见为时尚早，便四处走走看看。峡内有一间关圣庙，林则徐父子相随前去。进庙一观，不禁令林则徐父子倒抽一口冷气。此庙不如闽南小村之土地庙，就连堂堂关公也只有二尺多高，竟然灰头土脸，一身脏烂，已面目全非。而身旁既不见周仓，也未见大刀。关老爷竟孤身一人在这等荒凉之地，赤手空拳镇守边关。林则徐心想，但凡菩萨到了此地，也成了这般流放出塞戍边形象而一无所有了。林则徐不免唏嘘，向关公深深拱手作揖，感叹不已。

这一夜，林则徐和两个儿子盖着自带的皮袄，偎依蜷缩在马车上。林则徐耳中听着峡中鬼哭狼嚎似的风声，心中暗想着留在西安的亲人，思绪万千，辗转难眠。第二天，林则徐在日记中，对星星峡有了一段文字记载：

此处山峡阴气萧森。闻峡之西原有魑魅迷人。自封关圣庙后，邪魔渐遁。所以过往旅客经此时，都留下一些香火钱。又据闻，曾有旅客捐两匹马给守庙者，其中一匹在附近各山道上自行觅食，每月的初一和十五必自行返回庙中，此后就不知去向。另一匹则每日跑到村店，看到过往旅客喂马，就同去槽上觅食，饱后就自行离去。因为过往旅客都知道这件事，所以被传为神马，在喂马时见到马来吃，反感欣喜，以为有神马来佑助，即可保一路平安矣！

第二天，星星峡一早即刮起了猛烈的西北风，只见飞沙走石，天昏地暗。林则徐想起了唐代边塞诗人岑参诗中所描写的情景："轮台九月风夜吼，一川碎石大如斗，随风满地石乱走。"

这日天气阴冷，尘土扑面，林则徐父子虽肚中饥饿，但不能做饭，只有啃干粮就凉水。两个儿子见车夫已套好车马，只得搀扶着父亲上车，迎着凛冽的寒风，在乱石满地、蜿蜒曲折的山路上颠簸。出了星星峡后，山路大都是下坡路，但仍是道路崎岖，乱石丛生，坎坷不平。车轮在砾石路上轧轧作声。一个年过半百的老人，被折磨得浑身似散了架，幸亏身边有两个儿子服侍，甚觉安慰。如果没有这两个儿子的一路照顾，林则徐将不知如何走完这漫漫戍路。

面对如此凄凉寂寞的景色，林则徐不免触景生情，从戍途的艰难、岁月的困苦，联想到朝廷的腐败、官场的险恶、列强的入侵和百姓的痛苦，而自己虽曾为朝廷命官，而今谪戍西域，壮志难酬，报国无门，便触景生情，留下了"沙砾当途太不平，劳薪顽铁日交争，车箱簸似箕中粟，愁听隆隆乱石声"的感慨之作，抒发了一个爱国者心中的愤懑与不平。

光绪三十二年（1906 年），方希孟应伊犁将军长庚之召，再次入疆。次年三月十八日途经星星峡。他在《西征续录·下卷》里记载道：

又五十里至星星峡，入新疆界。驻守备一，客店五家。自马莲井以北，地势极高，乃戈壁之脊背。仰视晴空，龙蛇横挂，灿烂光明。按《西域图志》，雍正十三年征准噶尔，出师于此，有民人杨可禄修路碑记，今不见。井水味甘。《辛卯侍行记》谓马莲井及此水咸苦，盖地土本咸，久为泉浸，故变甘耳。

十九日，早行峡口，道左山岩洞内有回回墓，门首题曰"唐朝回回一千三百四十年高人到此"。洞内有卧像，上覆以白单，书回回经掩之，土人传系肉身，缠回信之如神，过者必祭。其实但空墓以敛香赀耳。韩昌黎诗："偶然题作木居士，便有无穷求福人。"一笑而行。十里上坡，拜关神武庙。案前星星石，高二尺（注：1 尺 =0.33 米），精光铄铄，道人云不知何年所损。记咸丰间，颖上县陨星五，英果敏公取其一，坚类顽石，亦无光彩。《春秋》年，"星陨如雨。"光绪二十四年，余在京师，某夜见星流如织。按《文苑传》："庶民惟星。"盖民散之象，未几即有义和团之变。……途中得截句五："繁点如星夜有光，何年人见少微藏。定知寂寞江天里，落向穷慌要吐芒（星星石）。"又，"繁星如海巨光涵，朔月高悬不待三。天气不知低几许，压城北斗似微南。"又，"神兽无踪合在山，黄羊逐队角皆顽。细看草际行人小，疑是红娃出柳间。”又，“明月西来已六圆，家山只在梦魂边。伤心最是长流水，多少征人夜不眠。”

1908年11月4日，芬兰探险家马达汉（后来成了芬兰总统）在日记里记载道：

……走了10俄里（1俄里≈1.066 8公里）路后，我们进入了一片平坦的、山丘之间的走廊似的沙地。道路沿着这条走廊延伸约8俄里长，一直通到一座土屋为止。土屋里住着一名和尚。土屋旁边是一座回回‘暴动’时期烧毁了的庙宇废墟。这里有两口井。井水有咸味儿。……道路的走向从土屋开始一直向东北方向。山脚下有无数个小石堆，像是路标。这些石堆都是过路人用石子堆起来的，以保佑长途跋涉中保持充分的体力……

山顶上高高地耸立着一座装饰美丽的庙宇，受阳光的照射，在周围荒蛮凄凉的环境中，显得格外突出。一个和尚正在熟练地演奏，先是击鼓，然后敲击挂着的小铜锣。演奏的回声多次响起，直到在浩渺无际的沙漠戈壁之中渐渐消失为止。另一个和尚过来向我化缘……

星星峡客栈位于离山口4～5俄里的地方。整个行程有90里路。我估算有38～40俄里。在4俄里的地图上，山口的方位显然标错了，因为正如我说的那样，山口离星星峡最多是5俄里路，中国人估计这段路有10里长。……星星峡位于两座小山之间的一个200米宽的峡谷里。那里有3家客栈，分别位于一个小营盘的两边。由7名士兵组成的驻军受什长领导，属哈密步队管辖。当地有两口水量大、水质好的井和一个驿站。……

民国二年（1913年），日本大谷探险队吉川小一郎与橘瑞超来新，三月途经星星峡，吉川小一郎在其《敦煌见闻》里记载道：

2月28日，星期三，晴。凌晨3点20分到星星峡。行程约42公里。有七八户人家。驻有军人11名。井水相当好，在附近采了一些草根当燃料。距此东南18公里的地方，立有安西州和哈密厅的界牌。已经进入新疆省了。下午3点40分出发。西北风极冷。从马车上下来，步行了9公里，途中有关帝庙。晚上11点20分在小红柳园休息，凌晨4点15分到达沙泉驿。

林竞，浙江平阳人。曾经奉交通部命，至新疆实地查勘铁路线。于民国八年（1919年）四月二日途经星星峡，在其《新疆纪略》里记载道：

（民国八年·1919年）……四月二日，星星峡以岩石错落若星辰，故名。有小店二，大店三，邮政代办所一，居民数家。道左有小堡，驻稽查员一，兵士六名。闻原额二十名，因官长吃缺，故只此数。专司稽查往来行人，去岁因边防吃紧，在此附设一电机，驻电报生一名。仅与本省报告消息而已。

此地有所谓回回墓者，在关帝庙东南。由官店入门，于巉岩下，见三面竖木栏，内有小门。守者启钥导观，即见遗骸在地，上覆白布，无虑数十重，均往来敬仰者所施舍也。壁间悬阿剌伯字之联匾甚多，门外有横额，书西方先贤盖氏师之墓。注云，师与挽觉无爱报唐皇之聘，物化（死亡）于此。

去岁日本人大潦太吉、大田东阳等六人，于中日军事协约以后，同我参谋部员程浴尘君等来新，调查边防。于关帝庙见其题壁云："古峡巉岩石径回，武皇当日重边才。热心助我亦投笔，巨眼人谁效筑台。故垒塞云虚缥缈，空山夜月独徘徊。秦关汉塞空留迹，何若欧风一先赅。"

下午骑向西北行沙地，七里，大坂。山腰建关帝庙，相传是地多鬼魅，庙成后则否。过其侧，入视，香火甚盛。旧有水晶石一块，重数十斤，现为哈密冯团长取去。水晶矿在南面三里，土人仅用铲锄挖取，以供玩好，未见其益。庙中有道士，原驻苦水驿，年七十余岁，精神甚健，系昔随新抚魏光焘来新者。庙东北石坡陡险，辄出险，好事者竖碑道旁，警告行人，往来者尝捐资以助修理。下坡，山势夹紧，道左右土色深黑，煤苗呈露，其下蕴藏之富，可想而知。二十里，出山峡。二十三里，小红柳园，废垣数面，亦有关帝庙。

全国政协副主席、轻工业部长李烛尘曾于民国三十一年（1942 年）率团考察西北盐碱，十二月十一日途经星星峡，在其《西北历程》里记载道：

猩猩峡为入新疆之门户。所谓峡，顾名思义，应为两山壁立，中有通路，其行较险之山隘。猩猩峡自不能例外，不过山势漫衍，无峭壁千仞之伟观。此地户口较少，除检查所、公安局、招待所外，仅有俄人之羊毛堆栈而已。招待所招待极殷勤，公安局长亦陪同饭食，坐久方归。其地气候较冷，但室中有火炉设备，用木根燃烧，火势甚猛，故颇温暖。此地不产煤，而木根则又远自二百里外之沙漠中掘来，亦为艰难之一事。据当地人云，以前在数十里内可以樵采，今则非远道不办。沙漠中本有一种红柳或枳棘，其树扶疏，其根庞大，树枝伐去之后，其根埋于土中。因天寒必赖火取暖，无煤之结果，非伐树掘根，不能渡此难关。

十二日晨早点后，……看附近之猩猩山。导余等之车前去。经过数小丘，行约四公里，……上山后见满山全为风化之石英石所覆被，内中间有成型之水晶，但佳者绝少。虽派来司机用大铁棍击破山石，亦无所获。或谓山上水晶，当其未被人检去时，远望之闪灼有光，如星之在天，故名星星峡。但现均写作猩猩峡，不知又取何意矣。

……猩猩峡为左文襄西征时新辟之途径，由安西经猩猩峡到哈密，与由安西经敦煌、阳关、婼羌等地而达哈密，其直捷迂回之差，何止千里？故当时行军之速，较唐太宗开碛路、灭高昌，可以先后比美。

猩猩峡长四十馀里，山势时连时断。峡中山多被一层风化之页岩，经霜雪之熏沐，色带紫黑，颇形苍老，间有红绿等色，更为美观。古昔峡中似有水流，现只存干涸之遗迹。因被风水剥蚀，致两峡之山，错断不相连属，远望之如茫茫大海，万顷苍波中，浮泛若干小岛，隐现出没，幻出无数形色，亦荒漠中慰人之奇景。车行其中，大有如入山阴道上(此处用王献之典故，《世说新语·言语》载："王子敬云：'从山阴道上行，山川自相映发，使人应接不暇。若秋冬之际，尤难为怀。'"

民国末年（1948 年），林鹏侠女士游历新疆，在其《新疆行》里记载道：

星星峡居哈密之东约三百七十里，连峰迫束，一线中通，为本省东部之要隘，入新锁钥。俗呼“口内”，“口外”，即以此为界。星星峡以东为“口内”，犹言内地也。峡长凡三十里，峰回路覆，极蜿蜒曲折之致，两岩黑石森罗，峨立相向，势丑恶如鬼物之将扑人。因山中石英弥漫，每当碧空万里，丽魄经天，日光反射，闪耀如星星，故名。峡中设有公安局、征收局、招待所、客栈、面店等，俨然一小市集。

星星峡再东三十四里至咬牙关，即新疆、甘肃二省分界处，东去兰州二千三百十四里。由咬牙关东迈二百八十二里至安西。

1937 年 5 月 1 日，一路浴血奋战、九死一生的红军西路军左支队 400 余指战员在李先念的率领下，穿越冰雪祁连山和戈壁大漠，到达新疆星星峡与前来接应的中共中央代表陈云在此会合，彻底摆脱了国民党反动派的围追堵截，为革命事业保存了一批有生力量。西路军进驻迪化，揭开了我军特种兵建设新的一页，标志着新疆抗日民族统一战线的形成。星星峡因此成就了中国革命史上的一段千古佳话。

星星峡西路军军魂雕——摄于 2016 年 7 月

离现在的星星峡镇西北两公里处，仍留有丝路古驿道。在这条狭窄、古老的原始道路上，铺有厚厚的石板、石条，有的石板上竟然被来来往往的车辆磨出了深达十多厘米的车辙印痕。水滴石穿，车过留痕，丝绸古道上的兴盛、繁华永远留在古道的石痕里。古驿道旁，本来建有较大的驿站，但由于这里气候恶劣，风大天寒，古驿站已荡然无存，只有一座关帝庙的废墟仍在向今人显示着当年古道、古驿站的繁荣。

星星峡镇已是 312 国道上重要村镇和交通枢纽，镇政府、商店、旅店、饭馆、加油站一应俱全，成了人们怀古、游玩、参观的重要景点。

沙泉子驿

1. 爬梳沙泉子

沙泉，维吾尔语称“库木纳克”，意为有沙有泉，故名。沙泉驿东距星星峡 40 公里，西距苦水驿 60 公里。

《新疆图志》记载，自碱泉腰站“三十里（多沙阜）沙泉驿，回语，呼库木纳克（言有沙有水也。防兵什。旅店三，泉水苦），四十里红柳园腰站（泉水甘）”。

《三州辑略》记载，沙井子军台（至星星峡台七十里）安设于乾隆四十二年以前，有“外委一名、兵丁八名、马十九匹”。有沙泉子营塘（至星星峡塘七十里），安设“兵丁三名、马六匹”。

《新疆图志》载，清代光绪二十八年（1902 年）制表，沙泉驿安设有驿书一，马夫八，马十六，月支薪粮、工粮、料草、油烛、纸张等项七十两二钱，岁支银七十八两八钱，合支经费银九百二十一两二钱。有自苦水台向西七十里至沙泉子军台、沙泉子营塘。

清代，驿站旁建有关帝小寺庙，有土屋、车马、店铺，住回、汉居民十余家，有红柳、白杨数株，掩映荒漠古道。出星星峡，一路荒迹，偶见炊烟绿影，行旅欣然。经同治变乱，至光绪年间，沙泉驿有“荒店三家、防勇一十，井深丈余，路南有泉，深约五尺，水微咸。”

1910 年 4 月 3 日，《泰晤士报》驻华记者莫里循一行在星星峡歇息后，傍晚赶到了沙泉子驿住宿。从莫里循拍摄的沙泉子驿——唯一一幅图片中可以看出，沙泉子驿不仅仅有驿站，还有别的建筑物。

沙泉子驿——莫里循于 1910 年 4 月 3 日摄

2. 沙泉子历史文化钩沉

赵钧彤，山东莱阳人，任唐山县（今唐山市）知县。后因罪遣戍伊犁。于乾隆四十八年（1785年）十二月途经沙泉子。他在《西行日记》里写道：

二十九日发星星峡至沙泉子，九十里。

晓发出村，四望皆乱山。……东北上达坂。关以外呼山梁为达坂。而地理志云，天水西有达坂，曰陇。盖古语也。

……食复行，四十里至沙泉子。四望仍山村。西南至山口。口以南更远山，北展如箑。而遥望西北，云雪涌突，起崇山到天屏。星星峡东远近诸山皆培塿耳。御者曰，即哈密北山。山北，巴里坤。新疆分两路，以山分也。沙泉子有塘台，人十余家。到已暮，入舍，主人捧果酒拜而献，贺新岁也。予以钱酬之，已乃煖酒，煮羊胛，与儿子、两仆从饮食，度四十三岁矣。无追呼之声，无馈遗之烦，无冠带簪履擎跽曲拳之罣惫，而又醉饱，乃独今年耳。

嘉庆十二年（1807年），直隶总督颜检因事谪戍乌鲁木齐，途经沙泉子，也曾留有《宿沙泉》诗一首：

路上半沙碛，山中宁有泉？
水悬车一篓，人憩屋三椽。
墙角唤新鸟，几前寒旧毡。
天涯不岑寂，展箧理诗篇。

沙泉子，为清代驿站，在今新疆哈密东南370里。诗中反映出沙泉子一路沙碛无水，行旅者只好在车上备有水篓。驿馆的住屋极为简陋，炕上铺几片烂毡子，屋顶墙角已开了“天窗”，有鸟儿站在天窗口叽叽喳喳鸣叫着。漫漫长夜，诗人寂寞时，从随身带的木箱里拿出纸笔，写点诗聊以打发时光。

道光二十二年（1842年）九月二十日，当林则徐来到沙泉子地面时，他手搭凉棚远远望去，看到一路仍为满目戈壁沙漠，既无草木也无人烟。

走了40里后，林则徐到了沙泉子（现名木头井子）的地方。林则徐见此地虽有居民数十家，是个南北往来客商的宿站，但仍无行馆可宿，只好在一居民家住宿。此处与前一晚情景相差不多，林则徐一行难以全部入室。西出星星峡，一路所谓店家即为旅社，室内除昏暗低矮肮脏之外，就只有一个土炕，破席一张，再无他物，旅客必自备行李。使林则徐父子更觉尴尬的是，这一路旅店竟全无一处厕所，出门随处方便，男女老幼皆是如此，毫无遮挡之处。一旦刮风，粪土味就扑面而来，无从躲避。林则徐虽曾系高官，流放途中也身不由己，只得随地就俗。林则徐出嘉峪关以后，但见一路皆是如此，也不足为奇了。

林则徐父子在沙泉子借用了一家锅灶，自行做饭。幸自带有桌凳，还能坐着吃饭。此处的泉水又苦又涩，难以饮用。幸随从陈祥在一处叫马连井子的地方装有一葫芦水带在车上，大家才得以解渴。当时，这一路只有星星峡与红柳园两地的泉水可以饮用，沙泉子就连喝水也十分困难。到沙泉子的当晚，狂风大作，黄沙漫天，天昏地暗。沙尘过后，又是大雪纷飞，茫茫戈壁不辨东西南北。林则徐父子捂着被子蒙头而卧，耳中不时听到野狼的吼叫声，使人难以入眠。

光绪末年（1908 年）十一月三日，在马达汉的日记中，沙泉子驿被称为“沙泉子站”。马达汉在日记中记载道：

……离苦水约 20 俄里的地方，我们路过了一座土屋或庙宇的遗址。旁边有一所农舍，里面住着一个中国和尚。房屋的边上有一口井，井水离地面 1.5 ~ 2 庹（注：庹，成人两臂左右平伸时两手之间的距离，约合 5 尺）深。在南偏东南方向 10 俄里远的地方，可以看到高山。道路拐向东偏东南。……在山丘与山丘之间凹陷的地方，有两处长着一簇簇匍匐植物。离开废墟旁边的农舍走了 14 ~ 15 俄里（35 里）路之后，我们到了沙泉子客栈。中国人估计今天一天的路程有 80 里长，而我估算约 34 俄里。我们现在完全处在山地的景色之中。高高的大山耸立在沙泉子的南面。

白天的路上，我们遇上了两辆马车和行人，并有一次见到了那十来个从湖南来的移民。这回儿，在人群中有两个长得奇丑的老妇人，她们拖着已经萎缩了的小脚，以一种非常态的步履，蹒跚向前。所有的人都穿得很单薄。

沙泉子有 3 家客栈，一个马跑站和一个哈密骑兵营派出的 4 人巡逻哨所。一个涌泉和一口井，水的盐分很重。

民国六年（1917 年），谢彬到新疆调查财政，经沙泉子，他在《新疆游记》里记载道：

……二月二十四日上午七时，发星星峡。

……四十里，沙井子，回语曰库木纳克，言有沙有水也。宿。是日行九十里。荒店三家，邮政所一，无居民，泉水颇旺。自安西至哈密，各站店主，皆曾为营勇之人，而籍湘、蜀者尤多。

民国八年(1919年)，国民党要员林竞到新疆查勘铁路，四月二日途经沙泉子，在他的《新疆纪略》里记述了沙泉子驿：

……4 月 2 日，又四十里，沙泉驿。

沙泉有店三，邮政所一，小庙二，此外一无所有。道右有井，黑如油，泉水味咸。林文忠公《荷戈纪程》载其时有居民数十家，陶保廉《辛卯侍行记》载店与今同。又有防勇一什，今昔异观，感喟系之。

1996 年 8 月，敦煌研究院的李正宇和李并成教授及安西宁瑞栋、李宏伟、李春元先生等前往沙泉子考察，在此地北面小山头上发现古烽火台遗址一处，土墼砌垒，夹层为芦苇、树枝。他又在烽火台所在山头之南里余，见有古驿遗址，驿址南有多处马粪、垃圾堆积；驿址东百余米有水泉流出，积水一泓，为此驿站用水取给之所。

苦水驿

1. 爬梳苦水

苦水驿，因这里的水苦而得名。维吾尔语称“阿其克苏”，意为苦涩的水。该驿东距星星峡 80 公里，西距格子烟墩 60 公里，地处莫贺延碛处，风大沙壅，沿途多有古代遗落的残车、白骨。

据《新疆图志》记载，自天生墩至“五十里（多沙坡）苦水驿，回语，呼阿及他苏（旅店三，附近二百里内恒多黑风，飞沙走石。按：此驿经哈密厅，丈量实只八十三里零，因驿卒不愿酌定作一百里。新疆道里表作百四十里虚数也），五十里（旷野平沙）碱泉腰站（泉水碱卤）”。

《三州辑略》记载，苦水军台（至沙泉子台七十里）安设于乾隆四十二年以前，有“外委一名、兵丁八名、马十九匹”。有苦水营塘（至沙泉子塘七十里），安设“兵丁三名、马六匹”。

《新疆图志》载，清代光绪二十八年（1902 年）制表，苦水驿安设有驿书一，马夫九，马十八，月支薪粮、工粮、料草、油烛、纸张等项七十八两，岁支银八十八两六钱五分，合支经费银一千零二十四两六钱五分。

又载，自天生墩台（天生墩亦名红山墩，遥望红土屹立，高三丈（注：1 丈 =3.333 3 米）余，为烽燧）七十里至苦水军台，自格子烟墩塘一百四十里至苦水营塘。

清光绪年间，苦水驿建关帝庙，有“旅店四、防勇十，泉深八尺，味苦”。

宣统二年（1910 年）四月四日，莫里循一行来到了苦水，在苦水拍摄了一张图片。图中有一处土墙、土屋和棚圈连带一起的“干打垒”建筑，作者介绍说，此片中的土屋即苦水驿。墙院内的棚下，隐隐约约可以看到拴有马匹。在土墙角，有一个牵驴的人和另一个人擦肩而过。此土屋周围没有一棵树，远处便是一片荒凉戈壁。

苦水驿——莫里循于 1910 年 4 月 4 日摄

2. 苦水历史文化钩沉

赵钧彤于乾隆四十九年（1784 年）谪戍新疆，正月初一途经苦水。他在《西行日记》里记载道：

正月初一日，发沙泉子至苦水，七十里。

晓起炊而行，七十里至苦水。而以东四十里有疙瘩井子，过未见，盖大风起，夜半侵，晓逾甚。登车眼黄晕，触沙石若镝。乃亟下簾而风愈怒吼，断簾系如不容避者。抵苦水，叩店门，久乃应。下车，鼻出涕如绠縻。而仆辈皆土偶，但眸子能转动。塞外飓风起，吹人或远去，并车马俱不见，此犹幸焉。然不谓当元旦乃值之耳。苦水七八家，有塘汛。水泉恶，不可食，故名焉。客舍既破秽，而主又懒横，求灯火，几不得。自出釜，热而炊，卒食遂寝。而风未息也。

甘肃布政使王曾翼曾随陕甘总督福康安两度出关，视察巴里坤屯田等。乾隆五十年（1785 年）四月，诗人由兰州赴天山南路经苦水，作《苦水至格子烟墩竟日行戈壁中二首》：

一百四十里，平沙浩浩乎。
人饥村店远，马渴野泉枯。
晷短绳难系，心忙路转纡。
遥看灯火处，茅舍隐寒芜。

南路多戈壁，还闻比此长。
宿舂惟裹糗，薄笨即行床。
雪后抟沙煮，风来伏地藏。
平生曾耳熟，不信欲亲尝。

诗人描写了苦水驿因地处沙漠戈壁，这里的驿站与驿站相去甚远，致使旅人走得人困马乏，也够不着下一个驿站。常常是人吃不到饭，马喝不到水。不知是路途太遥远呢，还是暑天太短，人紧赶慢赶，还没有看到人烟灯火呢，就已到了树叶凋零的寒季。

此去南麓，据说路途比苦水戈壁还要遥远。一路风餐露宿，用雪水煮饭；大风来了，只好趴在地上躲避。在内地时，就听说新疆苦水戈壁的凶险，亲自领略才知道它的厉害。

祁韵士，山西寿阳人，曾任户部主事等职。嘉庆十年（1805 年），因事流放伊犁，途经苦水，留《苦水》诗一首：

渴际谁甘饮盗泉，生憎滴水苦茶煎。
葫芦车上朝朝挂，昏暮求人便值钱。

自注：“戈壁乏水，有，亦极苦。行人每贮水葫芦中，挂于车上，渴则饮之。”

林则徐是道光二十二年（1842 年）九月二十日走过苦水的。

是日，因天下了一夜大雪，路上的积雪已有半尺之深。天虽已放晴，但对南方人来说，仍是寒冷彻骨。林则徐从老家带来的棉鞋已不能御寒，他们父子便换上了毡筒。林则徐浑身上下立即觉得暖和了许多。启程后，天虽显现了一丝阳光，但很快又纷纷扬扬飘起了鹅毛大雪，车马在风雪中艰难行走。车行 30 里后，到达一处称“疙瘩井”的地方，此处竟然不见飘雪，林则徐父子颇感到奇怪。眼前唯见黄沙漫漫，无边无际，犹似南国的大海。林则徐见路边有两户人家，他让车夫就此停车，然后从农户家买来面条充饥。饭后，他们又继续上路。

从疙瘩井出发，50 里后到达苦水（现 312 国道从星星峡到苦水只有 63 公里的路程，当年林则徐竟然走了两天，足见路途之艰苦）。苦水坐落在一片戈壁沙漠中，四周见不到一棵树木，除了戈壁就是黄沙，也没有行馆可住，只有两家十分简陋的车马店，林则徐一行只能在此停车休息。林则徐见此地村东有一所关帝庙，就由二子相陪前去，因土屋年久失修，也和星星峡关帝庙一样破败。林则徐想，为何菩萨到了西域，都穷困潦倒到这般地步？林则徐父子进到庙中，支桌凳小坐，随从陈祥和王平搭锅做饭。

苦水，名副其实，虽有水井一眼，但因井水苦涩，不能饮用。幸其地附近尚有一处泉眼，倒是淡水（当地人称为甜水），可供人马饮用。

因此地无法住宿，林则徐一行休息到当晚，又套车西行。此去一路见到的都是沙漠之地，只有少量积雪点缀其间。黑夜戈壁，四周寂静，瀚海苍茫，渺无边际。

车马在戈壁沙漠中走了一夜，天亮才到了一处叫“红山墩”的地方（现天山墩子）。这一晚整整走了 80 里，幸亏一路上还算平坦，林则徐才免受了颠簸之苦。林则徐想起原云南巡抚李銮宣因被巡抚弹劾，流放新疆，于嘉庆十一年（1806 年）途经此地，在驿馆墙壁上写下了《苦水题壁》这首诗：

黄泥垩屋粪围墙，来自伊吾古战场。
客子装车先载水，旅人投店似分房。
鼍更漏静风鸣镝，马角春寒夜陨霜。
坐久莫增牢落感，浮生何处不他乡。

这是题写在苦水驿壁上的一首诗，据说在民国年间，有人路过苦水驿时，还看到过这首诗。

驿馆的黄泥小屋低矮憋闷，牛粪垒墙的气味实在难闻，这里水贵如油，水的味道还咸苦难咽，有许多旅人一旦遇有好水的地方，会将水桶装得满满的。苦水店里的住宿条件实在是不如人意，但比起人生的险恶，这又算得了什么。

光绪末年（1908 年）十一月二日，马达汉走过苦水驿。他在日记中记载道：

……我们离开天山已有四天的路程。向东延伸的道路越过了烟墩南面的一条山沟。……离烟墩 30 里路的地方，有一座车棚形状的土屋。再走 30 里路，有一座庙宇，庙里住着一个庙祝。在这里看到一个4～5庹深的洞，但里面没有水。听说，离这里10里路的地方有一口井（我没有发现），有人看守。再往前走40里路，出现第二座车棚形状的土屋。路上除了一、二具马的尸骨之外，看到的只是砾石、沙子和蓝天。

我们在头4天的行程中，只遇见两辆马车和10名从湖南地区迁移来的移民。其中两人骑着毛驴，其余的人都徒步完成这数千俄里的旅程。有一个人不带任何物品，只用一根棍挑着一顶硕大的宽沿草帽。还有一个人身上穿了件皮袄。这么一件大皮袄背在身上走路，实在是受罪。听说到苦水还有140里路。……

苦水有3家客栈和一个马跑站，两口井。水在地面以下4庹深的地方。从头年十二月到来年二月下雪，……春天和冬天常从西边和东边刮来暴风。

特派员谢彬于民国六年（1917年）赴阿尔泰调查财政，途经苦水，在其《新疆游记》里记载道：

（三月）二十五日早雪，日晴，夜仍雪。上午七时半，发沙井子。

……四十五里，苦水驿，回语呼阿及他苏，宿。是日行七十五里。

车店三，邮政所一，草料粮食，购自沁城，本地一无所出。泉深八尺，水味特苦，餐用饮料，则自沙泉携来。南行六百里至甘肃敦煌，旧有车路，今仅能行骆驼耳。附近二百里内，恒多黑风，飞沙走石。自安西至哈密，水味多苦，且每站只有一泉，车夫急饮渴马，矢溺交下，泉即不苦，亦秽极矣。幼读《汉书·耿恭传》，榨马粪汁饮之，是特滤去水中马粪，方为饮料。史官不知戈壁情形，过侈其说耳。连日道旁，迭见骡马倒毙，肉腐皮烂，惨不忍睹，皆因道站太远，水草中绝，负载过重，力不能前，车夫虐待，动加鞭扑所致也。

民国八年（1919年），国民党要员林竞到新疆查勘铁路，四月四日途经苦水，在其《新疆纪略》里记述道：

4月4日，午后发沙泉驿，次早抵苦水驿，计行实测六十四里。

午后四时发，向西北行，多沙地，左右低冈绵亘不绝。二十五里，上乱石山，大车颠甚。五里，入坦途，即疙塔井，或呼腰站，有关、岳合祀庙。从此平沙旷阔，四听无声。四十五里，苦水驿，住。有车店三，水苦咸，饮之易致腹疾。行者均由沙泉携水来，亦有微咸。长日无事，戏作俚句，题壁云：

苦苦苦，人畏苦水如畏虎。我说苦水须多吃，一杯痛饮清肺腑。君不闻，要做人上人，须吃苦中苦。

此语流传已千古。

2015年8月23日，新疆建设兵团十三师红星四场几位奇石爱好者，在距骆驼圈正东70公里的苦水一条干枯的河床里捡石头时，发现了几十枚汉代五铢钱币，钱币正面有五铢字样。

五铢钱系汉代通用的货币，西汉、东汉上下四百年内，五铢钱一统了天下。哈密苦水为丝绸之路中道敦煌进入新疆的重要驿站之一，五铢钱的发现，说明了汉代丝绸之路的畅通与繁荣。

格子烟墩驿

1. 爬梳格子烟墩

格子烟墩，蒙古语称“噶顺沙陀”；清《康熙舆图》称“喀三延图”，后讹为格子烟墩，简称烟墩。许多学者认为，因这里有元代重建的高大台墩（烽火台）而得名；有的学者考证，此处地名与烽燧无关，由“喀三延图”音变而来。

据《新疆图志》记载，自长流水驿“七十里至格子烟墩驿，旅店四五，井水苦咸。（按：纂修西域图志诸官以烟墩为唐柔远故城，非也。柔远故城当在沁城北）四十里风洞腰站，以下三驿因道远，多冻渴死者。光绪三十一年，巡抚吴引孙饬设腰站”。

《三州辑略》记载，格子烟墩军台（至天生墩腰站七十里）安设于乾隆四十二年以前，有“把总一员、兵丁八名、马十九匹”。格子烟墩营塘（至苦水塘一百四十里），安设“兵丁三名、马六匹”。

《新疆图志》载，清代光绪二十八年（1902 年）制表，格子烟墩驿安设有驿书一，马夫九名，马十八匹，月支薪粮、工粮、料草、油烛、纸张等银七十八两，岁支银八十八两六钱五分，合支经费银一千零二十四两六钱五分。又载，自长流水台七十里至格子烟墩军台、格子烟墩营塘。

清代流人祁韵士所著《万里行程记》称：“烟墩形如破釜，覆附沙岗之下，水差可饮，有关帝庙，在沙岗上，多鸽”。

清光绪十七年（1891 年），陶保廉记述这里，“有车店四，小铺一，防勇十，井四、深八尺，味苦咸”。

格子烟墩居唐代丝路中道交通要口，东连瓜州，西接伊州，南通阳关，北达蒙古，为征骑驼队的重要驿站，历代均设防驻兵。

清乾隆二十二年（1757 年），为讨平阿睦尔撒纳叛乱，陕甘总督黄廷桂急备战马 3 万匹运往前线。但从安西到哈密沿途供水不足，黄廷桂委派安西提督刘顺前往勘查井泉，各处均得甜水。特别是格子烟墩是最缺水的地方，也“凿井得泉”，将弁兵民都以为奇，特在该处修建龙王庙三楹，并立“灵泉碑”一座，此碑高 152 厘米、宽 64 厘米、厚 15 厘米。碑文如下：

西塞沙漠荒远，古称绝域，凡行军运马，每以缺水为虑。其白墩子至格子烟墩八站，均属戈壁。虽有一二泉水，碱而微细。康熙年间富将军设防，雍正七年岳元戎进兵，暨以后之征防，官军屡次挑挖，未得涓滴。马至二三百匹即不能足饮，争挤吞沙，每多伤毙。我皇上德威遐敷，远迈千古。乾隆丙子岁平定伊犁，群酋稽首输诚，独阿逆等负叛逃窜，是以丁丑春复有申罪致讨之役。兵行甚急，战骑首要，阁督宪黄公劳心焦思，筹办壮马三万。良骥具备，惟虑长途乏水迟误，奏明委余亲诣查办。余受皇恩，代庖敦煌，当兹军兴重务，惟有竭尽心力，督挑勘挖水，惟处处得水，抑且反苦为甘。曩饮二三百牲畜不敷者，今饮二三千人马绰然有裕。更可奇者，格子烟墩地形高阜，砂碛干燥，此番凿井得泉，水自石坂底孔穴中涌出，深六尺许，清澈畅盛，滔滔博济。将弁兵民，咸以为奇。此皆圣主洪福，阁督宪忠诚感格，在事官军勤力实心，故神祇效灵，助国灭逆。既昭彰显之德，宜隆崇祀之诚。于是专员鸠工，建修龙王庙三楹，用答神庥。余寡学不文，略述端委，以志其盛云尔。

乾隆二十一年岁次丁丑秋七月吉日宛平刘顺敬题勒石

格子烟墩本该在苦水的西边，可莫里循在1910年3月4日拍摄的“格子烟墩”被编者窦坤编辑到甘肃省的凉州片中去了。莫里循拍摄的“格子烟墩”只是一个远景，从照片中可看到远远的戈壁上不见一棵树，唯有长长的“干打垒”的土围墙，围墙里隐约可看到有建筑物。

远眺格子烟墩驿——莫里循于1910年3月4日摄

2. 格子烟墩历史文化钩沉

流人赵钧彤于乾隆四十九年(1784年)正月途经格子烟墩。他在《西行日记》里记载道：

初二日，发苦水至格子烟墩，百四十里。

晓发，风未息。路皆平沙，四远多埠陵。……七十里至天生墩。墩有二，东西望中，间无三里。墩高二丈余，方半之土红黄如墩，故墩之而岿然戈壁间，非人力所能致，故名天生也。又十里至红山子土埠，如天生墩，两家，而无水。而苦水，水即恶。故东自沙泉子，皆自携两日水。炊而行，风顿息。又六十里至格子烟墩，暮久矣。一日百四十里，亦关外所寡有，盖第一远程云。格子烟墩有塘台，人数十家，俱完整。水尤清旺，其味甘芳。沙泉子不能及。无论苦水矣。

祁韵士于嘉庆九年（1804年）因事发遣伊犁当差，过苦八站途中作《格子烟墩》诗一首：

百余里外未逢村，沙路迟迟问远墩。
日暮途遥频驻马，更深店闭懒开门。
浊沽漫觅三杯醉，残梦为寻一席温。
喜得新泉非苦水，茶余客话且同论。

诗人开句先强调了在格子烟墩一带的戈壁，除了驿站与驿站相去甚远，一路上很难看到村落人家。沙路漫漫，迟迟走不到下一站。眼看太阳已落山了，行旅者频频勒马观望。夜渐渐深了，好不容易看到有一晕微弱的灯火从旅店透出，上前去敲门，人家店主人还懒得给你开呢！进了店，因为寒冷，先买上二两浊酒，暖暖身子。好在这里的泉水还不是苦咸之水，旅人吃着、喝着，也就驱散了一夜的寒寂。

道光八年（1828年）五月初二日，原浙江湖州知府方士淦因事革职谪戍伊犁，途经格子烟墩时，在其《东归日记》里记载道：

“夜，至格子烟墩，七十里。自南山口以来，日日大风，与山北各路迥异，无山故也。气候多暖，路尽沙戈壁，带甜水。”

林则徐是在道光二十二年（1842年）九月二十一日走过格子烟墩的。

五更时，天下了一点微雪，早晨放晴。林则徐一行吃了早饭立即起行。离开红山墩后，前面仍是戈壁沙漠。虽路途遥远，但道路还算平坦，林则徐仍要受颠簸之苦。在沙漠中走了60里后到了鸽子烟墩（现天山墩子附近）。此处四周沙漠连绵，犹似海天一色，波涛起伏着似一片黄色海洋。但此处尚有20余户居民，水源也可饮用。又见野鸽成群飞翔，使荒凉的戈壁沙滩出现了一点生机，林则徐不免感到了一丝自由和希望。

此处虽有数家小旅馆可宿，但屋内也是肮脏不堪，似乎从来没有打扫过，弥漫着一股尘土味，墙和炕都用黄泥涂刷，从不曾使用石灰粉刷过。一路行来的路旁小店皆都如此简陋，且室内昏暗阴冷，炕上只有破苇席一张，男女老少同宿一炕。如无行李，只能向店家租用。

当夜，林则徐又在车上过宿。虽室外寒冷，但带有羊皮袄，尚不至冻僵。林则徐虽在车上蜷缩一夜，挡不住风沙吹袭，但比小店土炕干净，睡得倒也安心。

光绪末年（1908 年）十一月一日，马达汉经过了格子烟墩。他在日记中记载道：

……在路南的山冈似的小丘南面山脚下，有烟墩的一些客栈，另外还有一家客栈看来在更大的一个山沟边缘。南面没有任何山的迹象，至少在 20 ～ 30 俄里的行程中没有。如果在 40 俄里地图上标出了哈密以东的山丘——经过认真的查找，我没能发现，那么就应该发现这三座显眼的砾石和砂子山冈。离开我提到的第一座山冈之后，就开始了荒漠区。由于土壤的松软，马车十分难行。……

烟墩有 3 家客栈，一个马跑站和一座庙宇。4 座井，井水微咸。水面离地面约 4 庹深。中国农历十一月和十二月以及春天和冬天下 3 ～ 4 场雪。

北洋特派员谢彬于民国六年（1917 年）赴新疆阿尔泰调查财政，途经格子烟墩，记载道：

（三月）二十五日，……四十里，格子烟墩，蒙语呼噶顺沙陀，宿。是日行八十三里七分。余以平时车行速度与时间约计，姑如上数。旧驿在迤东二里，土屋烽墩，刻皆存在，惟无居人。今驿为回事以后此者，大店三，小店二。南阜上有龙王庙，四近草地颇多，可资耕牧。土人云，若开渠引水，可安百户，执政尚未筹及，深可惜也。

清光绪初，左文襄用兵新疆，以驿路戈壁，水草维艰，乃由三道沟经桥湾营出边，走蒙古草地，至黄芦冈始合驿路。道虽稍迂，为计甚得。苟由戈壁前进，一遇敌人阻挠，全军皆处绝地矣。

民国八年（1919 年）六月，民国政府要员林竞在新疆勘察铁路时，途经格子烟墩，他在《新疆纪略》里记述道：

格子烟墩驿站，旧在东北二里许。回事后，于光绪十余年移置于此，车店三，小店一，商店一，居民二家。水微咸，惟尚可饮。草料自北二站沁城运来，柴自西一站长流水运来。

墩有为防御之用者，有为瞭望之用者，有为传信之用者，然均为军事作用而设。少年读史知此为防边之要物。而吾家村后亦有烟墩山，其上有墩，相传为明季防倭寇之用。故墩之印象，入余最深，而国家观念，亦因之而发达。惟除吾家外，在他处迄少看见。及自包头以来，则随处有之，迨至兰州以西，益觉相望于道，亦足见边患愈西而愈烈。念古代戍边者之膏血黄沙，为国家争光荣，为民族争生存，何等慷慨壮烈。而其所得，亦不过供后人之唏嘘凭吊，则今之蛮触相争，日以残杀同胞为武者，其亦不可以已乎？

原轻工业部长李烛尘曾于民国三十一年（1942 年）率团考察西北盐碱，十二月十二日途经格子烟墩，在其《西北历程》里记载道：

出星星峡以后，又全行于沙漠与戈壁中，几于寸草不生。驼马尸骨，时有所见。无草当然无水，是为行沙漠中最为危险之一事。……行近午，见公路两旁，堆有白石垒垒，连绵不断，疑其为一种矿物。迨至烟墩格子（即今新疆哈密烟墩）附近，大家下车，在路旁便食干粮，聊当午餐。……

余于路旁拾取前所见之白土尝之，味甚咸，知为一种略带土之盐。然途中经过，何止百里，而公路两旁均横亘此白色物一层，其路旁堆积，系筑路时掘出所委弃者。旷野无人之地，谁留心此遍地皆是之白盐。然假使全沙漠中均埋没如斯尺许一层，其含量亦属可观。车经长流水后，尚有如此现象。

格子烟墩驿站遗址——来自 http://blog.sina.com.cn/u/3968687146

格子烟墩驿站遗址位于哈密市大泉湾乡东南 45 公里处的烟墩大坡西南 1000 米处，驿站面积较大，东西约 400 米，南北约 200 米，整个驿站布局大体为：中部大片房屋建筑，也就是驿站的主体；有枯水井，东北约 20 米处矗立着一座烽燧；西南约 40 米处有 5 个并排的小型土坯建筑；东南约 50 米为墓地。在驿站内的地表及附近的残垣断壁中，衣物随处可见，主要有字片、钱币等，保存较好。

长流水驿

1．爬梳长流水

长流水，蒙古语称“额铁木儿”，意为高坡出泉。因驿北有泉水长流，至站前汇为小池，故此得名。驿处古道沙碛中，东距格子烟墩 35 公里，西距哈密 50 公里，清代建有关帝庙，有居民 10 家，店铺 5 家，驻有防勇、邮差等。

《三州辑略》记载，长流水军台（至格子烟墩台七十里）安设于乾隆四十二年以前，有“把总一员、兵丁八名、马十九匹”。

《新疆图志》载，清代光绪二十八年（1902 年）制表，长流水驿安设有驿书一，马夫八名，马十六匹，月支薪粮、工粮、料草、油烛、纸张等项银七十两二钱，岁支银七十八两八钱，合支经费银九百二十一两二钱。

又载，自黄芦冈台七十里至长流水军台、长流水营塘。

废员赵钧彤于乾隆四十九年（1784 年）正月途经长流水。他在《西行日记》里记载道：“长流水，百余家，有塘台商肆，大村也。村有关帝庙，庙侧有泉贯村南出，清旺甘芳，故村曰长流水。客舍整。……”

民国六年（1817 年）三月二十七日，谢彬路过长流水，他在《新疆游记》里记述道：“车店七，民居六，驻排长一，马队五。附近皆草地，牲畜成群，西北坡上有泉，水旺且清，流为上下两池。两池皆绕木栏，上供吸饮，下为他用。关帝庙居其上，阶前陈大刀，重八九十斤。过庭有深井，水味甚甘洌。环街白杨、胡桐达二三十株，茂密可观，中有老杨二株，其大数围，状甚古秀。”

1910 年 4 月 6 日，莫里循一行来到了长流水，并在长流水拍摄了 4 张图片。第一幅图片的场景比较集中，茂密高大的两丛树林中，掩映着高低错落的土屋和院墙，很像一个优美的村落，这和东部的古驿突然间有了一个很大的区别。

长流水驿——莫里循于 1910 年 4 月 6 日摄

第二张图片里，在高高的土丘上伫立着土屋院墙，土丘下也是一座宽敞破败的院落土墙，院落里有几棵古榆，院落外有两头驴、一头牛、一头猪在觅食，有一个人在院落墙角双手叉腰站立着。

长流水村落——莫里循于 1910 年 4 月 6 日摄

2. 长流水历史文化钩沉

赵钧彤于乾隆四十九年（1784 年）正月途经长流水。他在《西行日记》里记载道：

初三日，发格子烟墩至长流水，七十里。

炊而行，辰正矣。风小而微寒，近北山也。出村仍平沙，西南益旷莽。……按图，北大山内复有大红山小红山，西联牛尾湖，诸山至哈密城北九十里，与天山合，则所谓南山口，通巴里坤云。五十里至红土崖子，人数家，有老树栖鸦，罕见者。以西路皆土，多芦根。……坡间多老梧桐。回望坡东，黑沙顿敛，如笔画界。盖安西走哈密一大戈壁。至此复脱，故有生气也。

长流水，百余家，有塘台商肆，大村也。村有关帝庙，庙侧有泉贯村南出，清旺甘芳，故村曰长流水。客舍整。……

嘉庆五年（1800 年）六月二十二日，流人洪亮吉“赐还”离开惠远古城，返程至长流水驿站。洪亮吉吃过晚饭，信步外出，见驿站周围绿柳婆娑，池水涟漪，芦苇深处，羊群点点。他北眺天山，白雪皑皑，远远近近的景物使他心旷神怡。

此时，只见客店掌柜来到洪亮吉身边施礼道：“我有一事相求，不知大人能否允准？”

洪亮吉道：“掌柜何事，不妨直言。”

掌柜开口道：“长流水驿站北面高坡上原有一座关帝庙，因年久失修，早已破败。今里人集资重修，不日即可竣工，烦大人为新庙落成写篇碑文，以成全我辈敬神事天之弘愿，望大人勿以唐突见责！”

语毕，掌柜纳头便拜。洪亮吉急忙扶起掌柜，说道：“亮吉以罪获遣，长流伊犁，今蒙恩赐还，永为百姓。亮吉来去两经长流水，蒙诸位不弃，感激莫名，碑文当试为之，以酬地主之盛德。”

此时仆人已磨好墨，铺好纸。洪亮吉走近桌旁，提笔凝思片刻，然后笔走龙蛇，一挥而就：

人有代谢，神亦有代谢。神代谢者若周之杜主、汉之城阳景王、汉末蒋子文诸人是也。惟忠义之气塞天地者，则百世如一日焉，神武与唐之张许、宋之岳忠武是矣。而神武庙尤遍天下。己未岁（嘉庆四年），余以罪戍伊犁，出嘉峪关，抵惠远城，东西六千余里，所过镇堡城戍，人户众者多仅百家，少则十家、六七家不等，然必有庙，庙必祀神。武庙两壁必绘二神，一署曰平，神武字也，见裴松之注所引署记。二曰周仓，则宋以前悉无可考，仅见元人所作演义。神其说者或云近世山西人掘地得周墓，有石碣焉，亦附会不足信。吾乡有里儒撰神武世系，据《吴志鲁·肃传》云，争荆州日坐有一人云云，遂顶为周仓。夫陈寿固未标姓名，则百世下何由知之？此真里儒之见矣。余前奉使贵州，过镇宁州关索岭，岭有庙，香火极盛。土人、方志皆云神武子也，正与周仓事相类，并不足信。神本谥壮缪，本朝定谥神武。余蒙恩赦回过长流水，值里人欲新神武庙，乞为记其如左壁云。

庚申阳湖更生居士雅存

次日天刚亮，洪亮吉便登车而去。

是年秋，神武庙竣工，洪亮吉所书碑记经石工精雕细琢，竖立庙前。此后凡路过长流水之官军商民，都要到神武庙内上香礼拜，祈求旅途平安。洪亮吉所书之碑文则传抄关内外，流传甚广。

道光八年（1828年）五月初一日，流人方士淦谪戍伊犁，途径长流水，他在《东归日记》里记载道：

八十里住长流水。哈密多沙窝路，间段有之。其余处处，有水可通。长流水，水尤好。大城至此，皆白杨树。过此以往，至安西州十余站，又“穷八站”，与巴里坤以西同。中有苦水等处三站，无甜水，须携带而行。即苦水素亦不旺，夏秋天热，行人尤为竭蹶。土人凿地引泉，仅足供用，若遇差使较多，即形短绌。余丙戌八月随杨宫保（即杨遇春）大军过此，军书傍午，人马万千，宫保每下车，必先遣人看水，所用不竭，识者已卜为师贞之兆。

林则徐是在道光二十二年（1842年）九月二十二日到达长流水的。

是日，车夫在天未亮前就套车西行。虽夜色苍茫，但天空晴朗，耳边除了马蹄和车轮的节奏，四周一片寂静。行30里后到了滴水崖。稍作休息，林则徐一行便又急匆匆前行40里到了长流水。但其地并未见有河，也未见有水。又过两处，虽有地名但只有几间小土屋而已。此时天蒙蒙发亮，林则徐一行便停车在一旅馆中吃了面，但此处面条比筷子还粗，佐料也仅有几块土豆。

光绪三十二年（1906年），方希孟应伊犁将军长庚之召，再次入疆。次年三月二十二日途经长流水。在其《西征续录·下卷》里记载道：

二十二日，七十里长流水，西临草湖。红柳、胡桐数十株，毵毵已含青意。泉在北山坡上，傍丘凿两塘，方广可十步，置枧引泉下注，细流淙淙，渟滢潋滟，色青若鉴，味甘如醴。环以木阑，颇似江南惠泉光景。溢出者复潴为沼，町畦井井，凫鸭没波，鸡豚在野，荒漠中俨然自成一小村落。偶忆白香山诗："何必奔流下山去，又添波浪在人间。"

光绪末年（1908年）十月三十一日，芬兰探险家马达汉途经长流水，他在日记中记载道：

……长流水站位于沙漠的边缘。地面急剧地下降，前面是一片东西向的很深的砾石平原。站在长芦苇的区域边缘向那浩渺的砾石平原望去，其高低不平的深灰色地面使人产生一种强烈的抑郁感。南面，雾蒙蒙中依稀可见一深色条带，看来像是山。我们沿着小小的山坡，向山下的村落走去，那里有5家客栈、一座庙宇、一个马跑站（驿站）和一个五人骑兵哨所。……

客栈还算不错。房间特别小，炭盆足以温暖室内。芦苇平原提供了足够的饲料，这里可以饲养40头奶牛、10匹马和50～60只羊。不种庄稼，土壤盐碱化严重。这里下雪后立即融化。从东面和西北方向刮来的暴风一般在11月开始，一直到早春。水取自涌泉和一口井。黄芦冈井里的水离地面约2庹，这里是3庹。

民国二年（1913年），日本大谷探险队吉川小一郎来新疆，三月途经长流水，吉川小一郎在其《敦煌见闻》里记载道：

3月3日，星期日，晴。昨晚到达长流水，这里有10户人家。自安西以来，第一次看到树木。为了修理昨天跑坏了的车，决定在此逗留一天。正在这时，意外发现橘（瑞超）氏来了。问其缘由，才知我们从安西出发之后，乌鲁木齐和喀什都来了电报，因此他决定中止去北纬40度线的探险之行，从新疆经西伯利亚回国。他紧紧地追赶我们，到这里才追上。晚上11点40分，橘氏、我和从仆三人骑马从长流水出发。十五的月亮，照在天山的白雪上，也照亮了我们前进的路。在草原上行了9.6公里，次日凌晨3点50分到达黄芦冈。

3月4日，星期一，晴。当地约有20户人家，水质不错，燃料也很充足。上午10点50分出发。长流水以西一带是草原，到处树木繁茂，路边长有芦苇，有的地方有绵延的沙丘。虽然没有什么特色的风光，也还悦目。

民国八年（1919年）六月，国民政府要员林竞在新疆查勘铁路时，途经长流水，在其日记里记述道：

6日，晚发格子烟墩，次早抵长流水（属大泉湾乡），计行实测53里半。

傍晚向西行，微有沙窝，远见星星峡诸山，犹在目前。西北一带之雪山，即为往沁城者所必经也。中夜，车陷泥淖中，费数时始挽出。六十里，至长流水，住。

今日沿途多碱地，夏秋经雨，便成泥浆，车不易行。长流水旧称额铁木尔，有车店六，小商一家，居民二家。北冈上有关帝庙，内有大刀一柄，重数十斤。其下有泉，汇而为池，水清澈如鉴。池划为二，外饮马而内饮人。环池皆杨柳，绿叶青青，旁有杏花数株，红葩怒放，领略之际，觉数日来戈壁风尘，为之涤除净尽。且自安西以来，七百里不见一树，此时忽见花木，则其胸襟之清快，为何如耶！

过了星星峡就是几百里的茫茫大戈壁，不但荒凉且无人畜能饮用的水源，只有到了长流水才有了生命之脉的延续。东来西往的骆驼客们经过长途跋涉后在这里驱赶死亡之旅的恐怖，尽情释放着人生的松弛。

长流水的地形很奇特，南北地形在不到 200 米的距离高低落差竟达百米左右，由于这个原因，便形成了一股天然的清泉，从大坡的红柳丛中潺潺而下。泉水流出后顺着大坡的走势流进也是自然形成的塘坝之中，过往的骆驼客就用塘坝贮存的水饮畜、洗漱。依傍大坡生长着一排百年老柳，柳树旁，便是一溜儿简陋的饭馆和店铺。令人奇怪的是，长流水就只有这么一股清泉，尽管这里的人们想尽了发掘的办法，但自始至终没有再发现新的水源。因而长流水的这一股清泉就显得更为珍贵，成了名副其实的“新疆第一水”。

从长流水出发到回庄子经骆驼圈子过黄龙岗才能说是真正抵达了哈密，时代经历了一个多世纪，这条属于“丝绸之路”的一个小小驿站早已被时代的发展所改变，但它古老的名字却被响亮地沿袭了下来。

黄芦冈驿

1．爬梳黄芦冈

黄芦冈驿，蒙古语称“西拉呼鲁苏”，意为黄芦苇，驿因以得名。由于地近哈密，芦草连片，回、汉居民较多，黄芦冈驿站有土屋官店民铺，建有烽火台、关帝庙，为哈密东八站之首。

《三州辑略》记载，黄芦岗军台（西至哈密底台七十里，东至长流水水台七十里）安设于乾隆四十二年以前，有“外委一名、兵丁八名、马十九匹。”

黄芦岗营塘（至长流水塘七十里），安设“兵丁三名、马六匹。”

据《新疆图志》记载，清代光绪二十八年（1902 年）制表，黄芦冈驿安设有驿书一，马夫八名，马十六匹，月支薪粮、工粮、料草、油烛、纸张等项银七十两二钱，岁支银七十八两八钱，合支经费银九百二十一两二钱。

自哈密底台七十里至黄芦冈军台，哈密底塘七十里至黄芦冈营塘。

清代流人赵钧彤于乾隆四十九年（1784 年）正月初四日途经黄芦冈。他在《西行日记》里记载道："又三十里至黄芦冈。冈多芦，故名村。村数十家，有塘台、水泉。舍高整，具什器，尤关外所希有。日路皆土，土厚向软。芦丛密茂，遍野生梧桐。近冈或土围高四五尺，中起庐舍。皆瓜田云。"

另据史料记载，清光绪年间，黄芦冈驿"有土屋十家、旅店四、白杨六，井深一丈，野多旱芦"。

至清宣统三年（1911 年），黄芦冈驿有"居民十三家、车店四、小铺五、邮兵三"。

2．黄芦冈历史文化钩沉

清代赵钧彤于乾隆四十九年（1784 年）正月谪戍新疆，途经黄芦冈。他在《西行日记》里记载道：

初四日，发长流水至黄芦冈，七十里。

晓发，至四十里井子憩而炊。人三五家。又三十里至黄芦冈。冈多芦，故名村。村数十家，有塘台、水泉。舍高整，具什器，尤关外所希有。日路皆土，土厚向软。芦丛密茂，遍野生梧桐。近冈或土围高四五尺，中起庐舍。皆瓜田云。

户部侍郎成书，因事降为古城领队大臣，寻调乌什办事大臣。于嘉庆二十年（1805 年），出关时，著有《黄芦冈》一诗：

沙草粘天落日曛，伊城鼓角隔宵闻。
边民争识新都护，遗老能言旧使君。
未报殊恩轻绝域，近编家集续从军。
黄芦冈上秋风起，独倚危楼看暮云。

马达汉一行是 1908 年 10 月 30 日到达黄芦冈的。马达汉在日记里是这样记载的：

（从哈密城出来），……黄芦冈有 4 家宽敞的客栈，一个马跑站和 10 户人家。种植小麦、青稞和豌豆。产量是所播种子的 6 ~ 8 倍。盐碱土壤。总共有 80 头奶牛和公牛、20 匹马、800 ~ 900 只羊。从头年十二月至来年二月下雪。暴风从东边来，一般在冬天和夏天。

1910 年 4 月 7 日，莫里循雇用的两辆三套马车、两匹单骑白马来到了黄芦冈。莫里循在这里拍摄了 6 张图片。有驿站马棚下拴着的白马和枣骝马；有骑在马上、倒背卡宾枪的差人；有 4 名紧靠土墙，样子十分机械又呆板地面对镜头的当地农民（似乎有维吾尔人和汉人，因距离远看不清），在他们身后的墙院里，有高大的树冠伸向天空；有黄芦冈北部戈壁上长着的蓬蒿和孤零零的小树，有一匹马正在安静地吃着草；有从哈密过来的驮着钢板的骆驼队……

黄芦冈驿——莫里循于 1910 年 4 月 7 日摄

道光二十二年（1842 年）九月二十二日上午十时，林则徐一行又继续西行。行 40 里后，到了一处地名叫四十里井子的地方。这里有小店两家，出售粮食、油盐、绳索、套具、毡筒、毛毡、草料等物品。

下车休息了片刻，林则徐一行又行 30 里，到了黄芦冈。此处仍无行馆可宿，但旅店倒还算干净。自进入新疆境内以来，此地总算第一次看到了田亩阡陌，还见到了路旁有哈密瓜出售，但因已过时令，殊不适口。林则徐在日记中写道："另有一种切片晒干结为一团的瓜干，感到味与关内柿干差不多，因时间过长，味道也不怎么样了。"

是夜，林则徐接到了八月十五日和二十五日由台站递来的肃镇邮筒两封家书和明古渔、德润之、那里堂等五位好友从署镇寄来的书信，真可谓出门路千里，家书抵万金。因邮驿都用快马，信函就走在了林则徐一行的前面。见信后，林则徐十分高兴，心中的郁闷也去了许多。

北洋政府特派员谢彬于民国六年（1917 年）三月赴新疆阿尔泰调查财政，途经黄芦冈，在其游记里记述道：

三月二十八日晴，仍大风。上午七时半，发长流水。

乘风西北行，草地平旷，旱芦丛生，惟多斥卤，颇碍耕牧。三十五里，腰站子，道右有废院基址一圈。其北二里，草滩中有方泉，宽深皆丈余。环泉盐场甚广，上覆沙土，下皆块盐。二十三里，大泉湾，水草丰美，牲畜弥野。道北数里有村庄，汉回民各数户。二里，黄芦冈，回语曰赛乌拉克，宿。是日行六十里。

民居十一，车店四，白杨十数株，种地八顷，前有大渠，野多旱芦。北数十里，雪峰耸峙，即小天山。东一百九十里沁城，蒙语呼塔纳勒沁，农民百余户，熟田四千余亩。自星星峡至长流水，各站粮食草料，皆采自彼处，哈密东北一沃壤也。旁晚风息，夕阳甚佳，夜卧热炕，不能成眠。

民国八年（1919年）六月，国民政府要员林竞在新疆查勘铁路时，途经黄芦冈，他在《新疆纪略》里记述道：

7日，午后发长流水，夜抵黄芦冈，计行实测五十里。

五时发，西行。五十里，黄芦冈，旧称西拉虎乌苏，回民称赛乌拉克，均蒙古音也。土屋十一家，旅店四家。其北数十里，高山积雪，俗称小天山，即巴里坤天山之南干也。驿东北十里，曰大泉湾，汉回农民八家，种地数百亩。附近多碱地，其下多泉眼。农民挖地深数尺，则泉水盈盈，用木制如筐之农器，汲置田中，甚费力也。

原全国政协副主席、“治盐碱大王”李烛尘曾于民国三十一年（1942年）率团考察西北盐碱，十二月十二日途经黄芦冈，在其《西北历程》里记载道：

上述草原即为芨芨与芦苇，二草均生长于厚尺余，白如冰雪之天然碱中，是为哈密有名之黄芦冈产碱地，其量固亦相当之大。过此又为广漠平原，行至下午四时余，遥见远处树木连云，村落几点，渐行渐近，路旁土地多已开垦，牛羊群散布于纵横阡陌间，为数不少，而路旁白杨临风，亭亭玉立。此木在西北各省栽植最多，不意出关以后，尚能畅遂生存如此茂盛。旋见雉堞绵连，知已近哈密。

黄芦冈照壁东距哈密20公里，高4米，长有15米，咋一看就像一道南北走向的围墙。现在已被当地的老乡当作一道挡风墙，那么照壁竖立在这里到底什么作用？它与驿站有什么关系呢？清王朝从敦煌出发，一路穿越八百里大漠在平叛时，必须在沿线建立军台、驿站、烽燧。这里有黄芦岗烽燧，常年在黄芦岗工作的著名学者张序善说黄芦岗烽燧旁边必然有完善攻防的军事设施。黄芦岗照壁很可能是驿站的一部分。

黄芦冈照壁——（来自华夏综艺网）

塔勒纳沁驿

1. 爬梳塔勒纳沁

哈密东部90公里的沁城，突厥语称“塔勒纳沁”，意为种地人。后来，汉族人把它简化为沁城；维吾尔语称“塔什外勒克”，意为石头城。古代，这里水草丰盛，农牧业富庶，盛产骆驼，尤以繁殖白骆驼而著称，为历代兵镇屯田之要地。隋设柔远镇，唐置柔远县，是伊州古道东北部的重要驿站戍所。

塔勒纳沁东与河西走廊毗连，西接伊州，东北经上莫艾（今上马崖）、下莫艾（今下马崖）官卡要地与内蒙古、宁夏、外蒙古相通，沿途设有烽燧、防卡，至今沁城至小堡、下马崖等地还留有大墩、二墩、三墩等烽火台残迹。沁城至哈密有青山子、碱泉子等大小台墩旧址。据《元和郡县志》记载，唐贞观年间，柔远设守捉，后又开办官民店铺，东来西往的马队驼商都在这里食宿旅牧，成为哈密东部骆驼商路的重要驿站。

唐安史之乱后，吐蕃占据哈密。中原商旅多由酒泉北上，经居延路进入塔勒纳沁，而后北逾天山，经蒲类草原西去。宋使王延德出使高昌，就是经过这里西去伊州的。元代蒙古察合台汗国的征骑商驼多经此路，北出大漠东去中原各地。明代后，由于这里水草退化，沿途盗匪为患，中原商旅多沿河西走廊经星星峡、哈密、鄯善或木垒出入新疆。沁城这个古驿站逐渐衰落，至清代仅留残垣城郭，为守备驻所。

2. 塔勒纳沁历史文化钩沉

塔勒纳沁驿由于衰落得早，加之又不在后来的星星峡至哈密的一条道上，似乎与哈密“苦八站”没有多大关联，由于不顺路，故而未得到清人的记载，其文化积淀就微乎其微了。惟在星汉编著的《清代西域诗辑注》诗集中发现了成书所作的几首诗，现辑录于此。

嘉庆十年三月，兵部侍郎成书遭贬，充哈密帮办大臣，六月抵任。次年正月，转办事大臣。成书在赴任期间，在东巡塔勒纳沁的路上，著有《东行巡屯》四首：

经年困道路，此日复东行。
为校军台政，来巡屯籍氓。
秋风吹旷野，夕照下边城。
万里逢摇落，凭高无限情。

驱车临沙碛，残月尚朦胧。
九夏祁连雪，凌晨阊阖风。
疏杨垂弱缕，野卉弄轻红。
塞上悲秋客，凄凉孰与同？

路转青山口，浓阴送野凉。
塞云飞漠漠，烟树郁苍苍。
废堠荆榛里，孤村清涧旁。
午晴时极目，空羡雁南翔。

渐近沁城路，公田次第看。
雪深知岁稔。霜早怯秋寒。
屯戍争趋接，边防愧抚安。
西成真有象，多稼已场攒。

此诗是嘉庆十年成书作于哈密，诗作后来收入《哈密志》。成书由东而西赴哈密任职间，东巡视察一番塔尔纳沁一带的军台、屯垦及垦民的生活状况。他看到这里废去的烽堠隐在灌木杂树中；河道边，有村落孤零零地默立在那里。他渐渐走近塔勒纳沁，看到这里有土城，即塔勒纳沁之废城。这里曾经是清一代屯田兵屯处。

民国八年（1919 年）六月，国民政府要员林竞在新疆查勘铁路时，途经塔勒纳沁，在其日记里记述道：

6 日，晚发格子烟墩，次早抵长流水（属大泉湾乡），计行实测 53 里半。……

沁城即蒙语塔勒纳沁，回语塔什伯拉克，或云果子沟，唐柔远县址也。旧驻守备，今驻兵一排。农民百四十余家，田三十余顷，有小商数家，油坊二座。凡沙泉、苦水、格子烟墩、长流水各处需要之粮食，均由此处用大车运来。故一旦有事，沁城不可不严为守备。不然，自沙泉至长流水中间三百余里，一毛不生，粮馈既绝，则哈密之咽喉被吭，惟有坐以待毙耳。该地旧有银矿，今闭。近有人曾发现煤矿，方事开采。

隋代，中原王朝在沁城设柔远镇，大唐贞观四年，在沁城设柔远县，与纳职、伊吾（今哈密市）共归伊州管辖。隋唐以后，虽名称上多有变更，但人类的活动仍然频仍，而且从甘肃的河西地区迁来不少逃难的人们，在这里垦荒种植，让这里开始变得富饶起来。清朝，这里已经是一个名副其实的屯垦治所，而且在大清朝与噶尔丹及其子孙长达 20 多年的征战中，这里为前线贡献了不少粮草，后大清名臣刘统勋、林则徐等都踏上过沁城。

现在的哈密沁城乡地处天山山脉东端南坡前沿地带，距哈密市 104 公里，隔天山望于伊吾，东邻甘肃肃北县，东北接壤蒙古国，边境线长 26.17 公里，是哈密市边境乡之一。总面积 1.99 万千米^2，居住着维、汉、哈三个民族，总户数 3 154 户，总人口 10060 人。这里分布着 1 000 多年前的古岩画、峰燧等，反映了那时人类的生产和生活。

哈密厅底驿

1. 爬梳哈密

哈密，历史上被称为“东疆门户”，属于苦八站与穷八站的中转站。《后汉书》为伊吾卢，《晋书》为宜禾县，《隋书》称伊吾。唐置伊州。《辛卯侍行记》载：缠回之称，哈密皆曰哈木尔或呼库木尔。

哈密北枕天山，南临莫贺延碛，是出玉门后千里戈壁中一块较大的绿洲，很早就有行旅为取捷径，从武威西北行穿戈壁进入哈密。魏晋以后，罗布泊水城缩减，楼兰古国消亡。哈密更成了东西交通的孔道，新北道东端的第一大站。

从哈密过来的驼队——莫里循于 1910 年 4 月 7 日摄

《新疆图志》载，清代光绪二十八年（1902 年）制表，哈密厅底驿安设有驿书一，马夫十名，马二十匹，月支薪粮、工粮、料草、油烛、纸张等项八十五两八钱，岁支银九十八两五钱，合支经费银一千一百二十八两一钱。

另载，有哈密底台、哈密底塘。

《三州辑略》记载，哈密底台（东至黄芦冈台七十里，西至头堡台六十里）安设于乾隆四十二年以前，有“把总一员、兵丁八名、马二十匹”。

哈密底塘（至黄芦冈塘七十里），安设“兵丁三名、马七匹”。

《三州辑略》又载，哈密协管理卡伦十余处：

河源小堡卡伦（距城二百三十里）：兵丁五名、马三匹。

庙尔沟卡伦（距城一百三十里）：兵丁三名、马二匹。

上莫艾卡伦（距城二百八十里）：外委一名、兵丁四名、马三匹。

哈什布拉卡伦（距城二百七十里）：兵丁五名、马三匹。

三间房卡伦（距城四百六十里）：外委一名、兵丁六名、马三匹。

一碗泉卡伦（距城四百五十里）：外委一名、兵丁四名、马二匹。

截打坂卡伦（距城三百里）：外委一名、兵丁三名、马二匹。

头道沟卡伦（距城二百六十里）：兵丁三名、马一匹。

柳树沟卡伦（距城二百二十里）：兵丁二名、马一匹。

葫芦沟卡伦（距城一百三十里）：兵丁二名。

南山口卡伦（距城九十里）：兵丁五名。

栅门口卡伦（距城一百五十里）：外委一名、兵丁四名、马二匹。

2. 哈密厅底驿网络体系

哈密地区位于新疆最东部，是进入新疆的门户。

康熙、乾隆年间，朝廷为了巩固和加强对边疆的统治，在平定准噶尔部贵族叛乱时，在西域增加了邮驿台站的设置。

康熙年间，先设置乌里雅苏台（今蒙古国扎布尔省省会扎布哈郎特）至新疆乌鲁木齐的一批台站。之后，又在嘉峪关至新疆哈密设置了12个台站，又从哈密至岭南设置3个台站，自岭北至巴里坤也设置了3个台站。

乾隆八年（1743年），清政府又在新疆设立卡伦（也叫边台）台站，自哈密以西至辟展（今鄯善县）、哈密北至巴里坤等通道上，都设置了邮驿台站。

光绪二十八年（1902年），北疆的驿站哈密直隶厅共辖14个驿站，即伊吾、南山口、黄芦冈、长流水、格子烟墩、苦水、沙泉子、星星峡、头堡、三堡、三道岭、瞭墩、橙槽沟、一碗泉。

清代时，台路到了哈密后分为了三路。

据《新疆图志·道路志》载，从哈密越天山向西直至伊犁共设有南山口、松树塘、奎苏、巴里坤、苏吉、下肋巴泉、乌兔水、芨芨台、色必口，三个泉、大石头、木垒河、屏营、奇台、保会、三台、柏杨、康乐、黑沟、巩宁、宁边、景化、乐土、靖远、乌兰乌苏、安集海、奎屯、库尔哈喇乌苏、布尔噶齐、墩木达、固尔图、托多克、沙泉、精河、托里、托霍穆图、瑚素图衣拉克、鄂勒著依图博木、鄂博勒齐尔、沙喇布拉克、绥定等41驿。今天，天山之北的公路基本上就是这条古道的继续。

最北端一路是从哈密向北翻越天山山脉，过松树塘驿、奎苏驿、苏吉驿，到达巴里坤，约300里，再由此向西延伸，过肋巴泉驿、乌兔水驿、芨芨台子驿，交汇到色必口驿后，继续向西，经过木垒、奇台、古城、阜康等地到达乌鲁木齐，约1 400里；然后继续向西经过玛纳斯、库尔喀喇乌苏、晶（精）河等地到达伊犁，从乌鲁木齐到伊犁约 1 800 里。

南疆台站是由哈密向西沿天山南麓到达吐鲁番，约 1200 里；之后分为两路，一路由吐鲁番向西北翻越天山到达乌鲁木齐，约 500 里。

《新疆图志 · 道路志》云："南路驿程旧由瞭墩走三间房、十三间房以达齐克腾木，因此路恒有怪风，乃改由一碗泉凡八程而至齐克腾木"，并记载共有头堡、三堡、三道岭、瞭墩、一碗泉，车轱轳、七角井、梧桐窝、惠井子、西盐池、土墩子、齐克腾木、辟展、连木沁、胜金口等 15 驿。如今，由哈密至吐鲁番的公路与清时驿路相同，而铁路线则沿南线铺设。但过七克台之北后，又经火焰山北麓而去，与古道已相去较远。

从台站形式上说，在建省之前，新疆的台站体系包括台、塘、站。台指军台，塘指营塘或军塘，站指驿站，包括正站、腰站、协站，共同构成台站体系。台站主要有三大功能，一是文报传递，二是物资转运，有时有些台站还用来储存物资。三是人员接待，包括官员往来、犯人押运等，一般都要循台而行，否则无处宿身。

在统一新疆的战争中，清政府一直坚持西、北两路用兵，台站自然也就不远万里分西北两路从北京延伸到新疆。"自京城北回龙观站起，迤逦而西分两道，一达张家口，接阿尔泰军台，以达北路文报。一沿边城逾山西、陕西、甘肃，出嘉峪关以达新疆驿传。"

在这其中，变动最大的是由嘉峪关进入新疆的台站路径。当时的站道有两条，一条是由嘉峪关直抵巴里坤的台站，另一条是从嘉峪关经安西到哈密的站道。这两条路上的台站都是在康熙五十四年（1715 年）六月安设，到雍正初年（1723 年），从嘉峪关直抵巴里坤的台站被撤，而从嘉峪关经安西到哈密的站道却被保留了下来。

乾隆二十七年（1762 年），陕甘总督杨应琚将经安西到哈密的站道改为经沙州到哈密，沙州以东设军台六处，沙州以西设军台七处。到乾隆三十二年（1767 年）七月，陕甘总督吴达善又将此路台站重新改为经安西到哈密。至此，由嘉峪关赴新疆的台站道路总算最终确定下来，以后一直走这条路。

当时，有好多驿道有军台无营塘，或有营塘无军台，然而，哈密至嘉峪关既有军台又有营塘。

哈密在丝绸之路上之要站位置，清人祁韵士在《西陲竹枝词》中写道：

玉门碛远度伊州，无数瓜畦望里收。
天作雪山隔南北，西陲锁钥镇咽喉。

正因如此，哈密自古以来为兵家必争之地。两汉时在哈密地区，汉匈军队进行了长期的拉锯式争夺战，所谓"汉常与匈奴争车师，伊吾，以制西域焉"。直到东汉明帝永平十六年（73 年），窦固、耿忠大破匈奴呼衍王，始在此筑城，留兵屯守，置宜禾都尉。以后仍屡置屡撤。东晋时，前凉张骏取伊吾，复置都尉。隋大业六年（610 年），设置伊吾郡。太宗贞观十四年（640 年），平定高昌之后，少数民族首领石万年率 7 城降，唐置西、伊州，六年后改为伊州，天宝初为伊吾郡，乾元初复为伊州，辖伊吾、柔远、纳职3县。作为新北道上的第一大站，哈密与高昌、鄯善并列，成为中原进入西域的门户要地。

乾隆十九年（1754年）十一月，在派兵进军北疆平定准噶尔叛乱之前，乾隆帝派兆惠负责北路台站事务，吴达善专司西路台站事务，往来巡查北京至哈密的70多座台站。乾隆二十三年（1758年）正月，在用兵南疆之前，乾隆帝再次整顿新疆台站。他让直隶、山西、陕西、甘肃各省的按察使或布政使分别巡查督促本省的台站，又派专员负责巴里坤到伊犁台站事务的巡视。

这些朝廷大员，坐镇台站，能及时处理各种急务，以保证台站的有效运转。这主要表现在两个方面：一是当台站受到骚扰攻击时，迅速救援，尤其是在北路。二是及时参奏不法。过往官员的扰台现象在当时的西路台站也有发生，乾隆二十年（1755年）二月二十二日，负责运送棉甲的内务府员外郎拜唐阿和千总丁执在红柳园营塘鞭打驿夫，强用额外马匹。事发后，刘统勋立刻上折参奏，二人被革职，枷号示众。

与此同时发生的另一件事是，一名索伦兵在苦水驿换马时，杀死一名驿卒，经刘统勋参奏后被立即处死。至于因走错路或其他原因迟误文报传递时刻而被参处的人就更多了。所以，这种派专门大员保护、监督台站正常运行的做法，对文报的迅速传递非常有利。

哈密驿站属于大驿，肩负着丝路中道、巴里坤道及小南路拐入新北道等诸道驿务，曾经迎来送往过交河行军道侯君集率唐军前去平高昌，玄奘去天竺取经，宁远大将军岳钟琪去巴里坤平息准噶尔叛乱，此外，将林则徐、载澜等从小南路七角井送到色必口，将纪晓岚、洪亮吉等清代名流送往去巴里坤的驿道，其辛苦是可想而知的。

宣统二年（1910年）四月八日，莫里循一行来到了哈密城。他在这里拍摄了一组照片。不仅有哈密的王府宫殿、哈密公主墓，也有俄国侨民，有维吾尔族抱小孩的妇女、拄棍的老人、扶犁耕田的农夫，还有哈密城门及周围的树林村落。哈密王是哈密地区维吾尔族的封建领主。自康熙三十六年（1697年）额贝都拉受封起至民国十九年（1930年）末代回王沙木胡索特逝世为止，共9世233年。清末，哈密回王主要依靠清政府维持自己的统治。莫里循去时，正是沙木胡索特亲王统治时期。

莫里循在日记里记载道：

这是一个繁荣、肥沃、灌溉良好的缠头回王国，由一位国王统治着，但向中国称臣，共有1950户人家。中国政府通过厅同知来管理。有800名中国士兵，他们装备着老式毛瑟枪，由一个翼长指挥。国王每三年要到北京觐见一次。他是一个开明的人，对许多行旅者，特别是对英国的行旅者很礼貌。

哈密王宫——莫里循于 1910 年 4 月 8 日摄

……王爷有 50 岁，已到北京觐见过 4 次，明年还要去。……

哈密公主墓——莫里循于 1910 年 4 月摄

莫里循在日记中，对哈密王有更细致的描述，他觐见了哈密王。王爷给他看英国探险家斯坦因的照片，那是斯坦因于1907年去哈密考察时送给他的。

3．哈密历史文化钩沉

惠龄，蒙古正白旗人。乾隆二十一年（1756年），任军机章京、西宁办事大臣等职。乾隆四十二年（1777年），以副都统衔补授伊犁领队大臣。是年作者由西宁赴伊犁途中，著有《过哈密》一诗：

西扼雄关第一区，鞭丝遥指认伊吾。
当年雁碛劳戎马，此日人烟入版图。
路向车师云黯淡，天连吐谷雪模糊。
寒威阵阵催征骑，不问村醪尚有无。

当年，中国军队西扼嘉峪雄关，将哈密作为西域门户，经过长期的浴血奋战，才保住了西域版图。通向庭州西域的路乌云遮蔽，连绵的山谷风雪弥漫，寒冷逼得人不得不加快脚步前行，不知附近的驿馆村落有没有御寒的佳醪？

赵钧彤于乾隆五十年（1785年），因事由保定谪戍伊犁途中，著有《哈密》一诗：

横扼新疆万里途，城门高榜古伊吾。
雪撑天北羊头坂，泉注山南牛尾湖。
野圃逢年瓜当饭，旗亭饷客茗炊酥。
缠头王子台宫迥，牖户东开望上都。

作者在诗下自注："汉城南有回城，驻缠头郡王。台与堞齐。宫殿起台上，茅茨土阶，有古风云。"

诗里说的缠头郡王，是指哈密王，因为他的头上裹着布巾，故称缠头郡王。乾隆二十四年（1759年），封玉素卜为多罗贝勒，加郡王品级。后遂世袭。

诗的开句就突出强调了哈密是西域东疆门户，可扼新疆万里途。哈密的老城门上，高高地挂着一块匾额，上书"伊吾"二字。原野的雪一直铺展到城北的羊圈沟，泉水却汩汩流向哈密以南的南湖里去。哈密人常常将甜瓜当饭吃，酒店、饭馆也不乏有好茶好饭菜。哈密王府坐落得高高的，打开窗户，就能看到东面的京都。

原甘肃布政使王曾翼（后缘事落职）随陕甘总督福康安于乾隆五十年（1785年）由兰州出关时作《过哈密》诗一首：

新疆南北此交冲，风土清嘉内地同。
碧涨瓜田渠汩汩，翠翻麦浪野芃芃。
花门夹道瞻熊轼，柳色沿堤引玉骢。
小憩征骖倾艾酒，客中佳节度天中。

诗人开句就强调了哈密是南北交通要冲，其风土人情与内地也相差不多。有清清渠水流过碧绿的瓜田，麦浪滚滚，一副蓬蓬勃勃的样子。公卿及地方长官夹道欢迎陕甘总督福康安的到来；一路沿河堤的柳树，也仿佛在引将军的坐骑一步步到来。将军的到来之日，正是当地人过端午节之时。于是，欢迎将军和哈密人共同来度过这个美好的节日吧！

道光八年（1828 年）四月二十八日，流人方士淦途经哈密，他在《东归日记》里记载道：

南山口至哈密一百二十里，尽黄沙、白草，一片荒凉景象，与西路迥别。有大渠一道，自山引流，分溉田亩，故能建城而成都会，即唐之伊吾也，为新疆南、北两路咽喉扼要之区。以在山之阳，故极暖多风。

二十八日，八十里住哈密。城小而固，关外热闹。另有回城，回王住之。余丙戌（即道光六年）九月初随杨制府到此，恒勉亭敬都护在此为办事大臣，杨芳提军亦领兵路过，相待极厚。目下办事大臣为恩兰士（铭）留住，招饮。十月望前过古城，兰士适为古城领队大臣，攀留一日。今又在此一遇，不胜天涯之感！

萨迎阿，满洲镶黄旗人，曾任山东兖沂曹道、甘肃兰州道、甘肃按察使、河南布政使。道光十三年（1833 年）八月，奉旨以副都统衔为哈密办事大臣，在此作《哈密》诗一首：

雄镇天山第一城，久储粮饷设屯兵。
路从此地分南北，官出斯途合送迎。
车马军台时转运，商民戈壁日长征。
瓜田万顷期瓜代，好向伊吾咏太平。

道光二十二年（1842 年）九月二十三日，自林则徐由星星峡进疆以来，经历了道路上的坎坷，忍受了车的颠簸，在风雪交加的戈壁沙漠中整整走了五天才到达哈密。

林则徐一行车马快到哈密，在路旁停车休息时，车把头老马与林则徐二子说笑。老马告诉他们，哈密的穆斯林很多，如果当面碰到头缠白布的大胡子老者，最好的礼节是将手放在胸前，微微躬身说一句："萨拉姆阿来空（问候语），他们会很高兴的，这叫礼性。"

二子听后十分兴奋，忙问："还有什么要遵守的礼性？"

老马故意半调侃说："一是不要在吃饭时吐痰，二是不要在人前放屁，不然会被人认为是大不敬。"

二子听后，捂住肚子笑得连腰都直不起来了。

林则徐见哈密建筑都为平顶的低矮土屋，街道很平坦，但车马经过尘土飞扬。城内两旁商铺林立，市面繁华，是沿途"所未曾见"的。当地维吾尔族居民众多，林则徐记曰："男的戴小花帽，女的爱穿红衣。其语言虽与汉族不同，但大都能说汉话"（清晚期在哈密的汉族已经不少）。

林则徐一行人马在哈密东门外自找了一家叫"福兴店"的旅馆住了下来，院子很宽敞，可以停车马，车夫又忙于喂料、饮马、膏车。

林则徐等刚卸完行李，哈密办事大臣德全（原系镶白旗汉军都统，于道光十九年十二月调来哈密就任）和协办大臣恒毓（前光禄寺少卿，道光二十年调任）及其余地方官员闻悉后都赶来拜见。办事大臣设席宴请，这是林则徐父子走完河西走廊，出了嘉峪关以来所吃的第一顿丰盛晚餐。席上不缺大盘的牛羊肉，虽做法不同，倒也别有西域风味。席间，诸人举杯相迎，但林则徐在江浙喝的是绍兴黄酒，此处都是白酒，自感不胜酒力。此时的林则徐深感自己虽身为遣臣，万里戍边，有幸一路受到众人盛情接待，心情倒舒畅了不少。

宴后，协办大臣又特地为林则徐送了一匹鞍辔齐全的乘马，此马身高体健，车夫称其为“走马”（经训练，能走很快、很优美步子的马）。林则徐见此盛情难却，便也欣然接受。二子见状欢欣不已，父亲可在途中乘骑了。

林则徐对哈密一地很为欣赏。因头一年，林则徐有镇海途经杭州时，友人张珍臬（十年前曾被流放新疆），将已故尚书和瑛所著一部《三州辑略》送给了他，使他对哈密有所了解。后来他在壬寅日记中写道：“哈密原名木汉伊吾卢也，置宜禾（现伊吾））郡尉，唐称伊州，明为哈密卫。哈密土润泉甘，田多树密，可谓西域的一片乐土也。”

当时，哈密有回、汉两城，汉城只是一个小土城而已，清政府的官员都在此城中居住。五里外另有一处回城，回王府设在此城内。回城内，有维吾尔族居民万余户，大都事农，但收获的粮食统归回王所有。当地居民经营手工业、饮食、瓜果、靴帽、杂货者不少，并为过往车马换钉马掌，叮当之声不绝于耳。其中也有汉民，大家各自为业，相安无事。林则徐见路旁铁匠打制一种翻地工具，名曰坎土曼。

九月二十四日，林则徐一行本准备登程西行，因前路陡峭，为养马力、修车辆、换马掌，车夫要求再停留一天，林则徐欣然答应，又在哈密休整一日。当地许多官员和文人听说林则徐到了哈密，便纷纷前来拜见和求字（书法），林则徐只得整日写字，分赠友人。二子上街去溜达，见此城中虽在冬季，竟有保存完好的西瓜和哈密瓜切牙出售，甚为奇怪，购而食之，其味甚佳，新鲜无比，就买了几个哈密瓜带在车上，以便沿途食用……

在星星峡至哈密的路上，林则徐常看到路边有吃剩的西瓜皮被倒扣在路边，甚是好奇，便问车把式：“这一路路边上为什么会有这么多倒扣的瓜皮呢？”

车把式听后笑着说道：“在新疆的沙漠上，所有行走在这一路上的人，吃完西瓜都会将瓜皮倒扣在路边，以备其他路人在路过时借以解一时无水之需，如此久了便形成了一种惯例。所以大人才看到了这种情景。”

林则徐听后，频频点头自语：“在关内原常听说关外之人缺少礼仪，如此看并非如此。真是耳听为虚，眼见为实啊！想我中华古老的美德处处可见。甚幸、甚幸！”

流人裴景福于光绪三十三年（1907 年）四月，因事被谪戍新疆。沿途对丝路北道的风土人情作了详尽记载。这里辑录他考察哈密的一段文字：

光绪三十二年（1906 年）三月十七日。

哈密王自康熙三十六年俘噶尔丹子及其眷属以献，诏赐额贝都拉扎萨克印，五十四年策妄阿喇布坦犯哈密，大军西讨，额贝都拉献西吉木、达里图、西喇河地。五十七年于西吉木设赤斤卫，达里图设靖逆卫，西喇河设柳沟所。六传至伯西尔。同治五年殉逆回难，追赠亲王，以其子嗣亲王爵。新疆回子王公今存者六：曰哈密，曰吐鲁番，曰库车，曰阿克苏，曰喀什，曰和阗。岁一人人谨，谓之年班。每班必有恩赏，如宝石顶、黄马褂、三眼翎、紫缰之类。至谨班多次，赏无可赏，而王公年已老矣。惟哈密封亲王衔，位最崇，安集延乱时，吐鲁番等五王均流离，混迹为民。置省后，刘襄勤求得，请于朝，袭封如初。哈密王独坚守危城，数与贼战，城得全，故各王贡地均勘丈，升科纳粮，仅拥虚位，无民权，而哈密一厅粮税词讼，仍归王主持，其驿站命盗案乃归厅理。缠民三千馀户，每户月出一人供役四五日，王之田有十三苏门（即十三庄）供役者代种，王给田具、籽种，岁收悉纳于王，民粮三年一完，谓之贡粮，牛羊马驼众数万，亦民间代牧，其孳生者王六民四，与地方官接，用敌体礼；而每不肯自贬，王之威福行于境内，俨然一大藩也。然以王之先公临难能保土宇，以忠于国，始得世继其休云。

……

十八日，哈密厥土白壤，产萝菔，缠名拖哕浦，尤甘脆，有青皮紫肉者，有皮肉俱青者。由哈密赴迪化省城干路有三：出北门经巴里坤谓之北路，天山积雪，五六月行始便；出北门，与巴里坤路同，七站至七格井分路，向西南经吐鲁番谓之南路，近火山，夏月穴地而居以避热，须冬十月后行始便；由七格井西行谓之中路，经大石头，寒暖得中，三四行最宜。林文忠《纪程》所谓小南路也。现与车夫约行此路，共十九站。有一站一百十里，馀站多九十，少者七十，末站仅四十里，由安西至哈密十一站，由哈密至木垒河十一站，均大戈壁，无食物，须预备。

……

西域瓜果多异种，哈密贡瓜，吐鲁番葡萄，叶城石榴、苹果、木瓜，库车梨，人尽知之。皮山产石榴，一枚大三拳，子盈一升，色艳若丹砂，流汁若醴。县西南桑株庄产梨，其美与库车同，而无核，又异品也。

……

从光绪末年（1908 年）十月二十五日到二十九日，五天时间里，马达汉一行一直待在哈密，他对哈密作了详尽的考察，共记考察日记 10 000 余字，现只辑录他的 1 000 余字考察日记：

哈密，维吾尔族人迄今依然称这个地方为科穆尔，包括三座并列的城市。如果从北而来，那么先进入城郊，那里有一个集市。沿着城郊的街道可以到达所谓的“新城”，新城的三面都是城郊，只有朝河谷一面的城墙外是空旷的。一条逶迤曲折的商业街，经过无数个大大小小的弯角，一直通向“老城”的西门。老城从外形看上去，跟其他设防的城市没有什么区别，只不过比其他城市更整洁美观。它的不到半平方俄里的城区只有稀稀落落的建筑。居民都是汉人。

一座很整洁的营盘，里面是协台的官邸，一座地区官员的衙门，还有两座其他的官方建筑和庙宇，除此之外，各种住房不超过100间。

从这里往西半俄里，在河谷的另一边，有一座回城——亲王的寝宫。四周的老城墙已经坍塌，城墙上有许多外凸的四方形敌楼。亲王寝宫地段的城墙高9庹，其他各段的城墙只有3～4庹高。从前，城墙无疑是防御手无寸铁或武装极差的人群的强有力屏障。回城城区看上去很穷，很颓废。亲王的寝宫被挤在东南角。在长方形回城的其他城区，密密麻麻地建了一些惨淡的小破屋。一条蜿蜒曲折的小巷从北门过来，另一条较大的巷道从东门过来，然后消失在屋群之中。就在这个被称为回城的西边有一座四周都是集市广场的清真寺。这里有许多王公贵族的陵墓和雕廊画栋的亭子，就当地条件来说，装饰十分豪华。其中有一座墓亭是由哈密回王沙·默罕穆德教人修建的。墓壁内外贴着蓝色和绿色等不同颜色的瓷砖。哈密回王家族的最后一名直系成员及其配偶和子女，安息在拱顶下面。眼下的回王从一名牧童平步青云，登上了回王的宝座，并取得了原本并不属于他的财富。……

哈密—古城路西北：图斯科回王的牧场、苏姆卡尔嘎（汉人）、托普鲁马跑站（驿站）、3家客栈或阿斯塔那、二堡（托谷察）；再往西北：利格达；往西南：拉布楚喀、喀拉多维；沿路继续往前：三堡马跑站（3户汉人）、三道岭站马跑站——2家客栈；三堡以西：塔兰奇（汉人和维吾尔族）、塔兰奇西南的煤矿；沿路继续往前：洛墩——2家客栈。总共516户。

……街市上有170家店铺，其中6家比较大的店营业额约为6 000两，最大的店每家都有约130 000两的营业额。销售俄国商品的有两家属于俄国臣民的店铺（其中一家是乌鲁木齐人穆罕穆德·噶兹斯·伊尔哈姆沙诺夫开的），管理商店的是两名能干的塔塔尔人。还有六家维吾尔人开的商店和五家汉人开的商店里，也卖俄国商品。而中国商品（包括日本商品）只在四家商店里有少许出售。……

哈密的最大意义，在于它地扼新疆与关内唯一马车通道。其他的途径目前暂时还只能靠骆驼行走。从哈密出发的驼队小径，经过黄芦冈到金塔和肃州。由于路途常经受严寒和暴风雨的袭击，尽管草料饮水不难获得，但这条路上的来往客商依然很少。风时常把路上的脚印吹没，骑骆驼的人很容易走岔路。这条道路也许就是中国人在收复新疆的军事行动中用来运兵的路线。哈密的另一个路站通向金胜。但很遗憾，我不知道从金胜到巴里坤的路，也不知道从哈密到呼和浩特是不是像人们想象的那样有一条车道。听说从哈密南面的布嘎斯出发，有一条路通向敦煌，骑马走三天时间可到。走这条路的人都是为了避免走大路。沿着这条路穿越沙漠时，据说行人耳边能听到从远处古代住人的高地传来的呼喊声和人声。……

民国二年（1913年），日本大谷探险队吉川小一郎与橘瑞超来新，三月途经哈密，吉川小一郎在其《敦煌见闻》里记载道：

3月5日，星期二，晴。哈密城里可以看到维吾尔服饰。有四家俄罗斯人开的店，经营印花布、杂货之类。听说这是副业，主业是羊皮、羊毛、狐皮的中介贸易。街道比较热闹繁荣。居民有汉人、维吾尔人、东干人，其中东干人人数最少。这个地方汉代叫伊吾卢，晋代叫宜禾县，魏代叫伊吾卢郡，唐代叫西伊州，各个朝代都置有都督府，辖有三郡。现在衙门的门楣上还写着“伊吾郡”三个大字。……哈密的特产毛皮很有名，但更有名的是甜瓜，这种瓜确实非常好吃。

民国六年（1917年），北洋政府财政特派员谢彬赴新疆阿尔泰调查财政，三月抵达哈密，并留有《新疆游记》“哈密”考察记：

三月一日晴。上午七时，发黄芦冈。

西行，……一里，哈密东门。出西门，二里，住店。是日行七十里。

自肃州至此共程一千四百六十里。膳后入城，至冯、杨、王、牛诸君处报谒。傍晚至新城关帝庙，赴本地绅士公宴。主席为商会会长李开仁，与劝学所长李澜，同席为冯、牛、王诸君。有戏佐觞，系秦腔中之旧戏，无甚可观。

二日晴。住哈密。上午至回城报谒回王（回城位汉城南二里，城周四里）。沿途沟渠二三，水流悠悠，杂树茂密，纵横有致，道路平坦，风景绝佳。安西以来，长途戈壁，忽焉睹此，无异仙乡。王府在回城西门内大阜上，高冠全城，王矍铄和蔼，能操汉语，谈新疆情形颇悉。其受封始祖曰额贝都拉，……八传即今王沙木胡索特，世食采邑，且有国俸。哈密膏腴土地，大半归其管辖，现有熟地四万亩左右，人民十三苏木（每苏木百五十户，男女五百余人）。苏木犹言部落也，权力富力，皆为回部诸王公冠。

初，哈密吐鲁番王，暨南路阿奇木伯克，皆辖回民。清光绪八年改行省，设民官，裁伯克缺，回民归地方官管辖，回王勿预，惟哈密则仍旧焉。城内回民四百余户，深目隆准，躯干雄伟，圆帽革履，服饰皆殊，文字横行，语言侏俏，乍见疑是西洋人，所异者目睛黑耳。妇女身衣红袍，马蒙巾帨，长及于肩，酷肖印度女子装束。幼童习经者，书之牛骨，成诵则拭而易之。至一回寺，有古杨树，大干为九，小枝无数，枝干纠纷，穿墙逾壁，盘旋成荫，十余丈，俗呼九龙树。相传龙形无根，实则老杨卧地，处处生根，无足异也。

出西门，瞻回王陵。陵为伯锡尔王所筑，费时二十年，始告成工。高三四丈，下方上圆，墙垣皆花磁方砖，极其壮丽。通事启门入，左右二碑屹立，上刻可兰经典。逾重门，即王陵所在，皆长方形，上覆彩帛，数之十，两旁小冢亦十余。据云，大者为今王之祖与祖母，父与母后，及其伯叔祖父母与伯叔父母，小则同祖兄弟与同父兄弟。质言之，今王之祖以下，皆丛厝于此。新陵左旁，复有四陵错处，则其曾祖以上诸王所在。建筑若大亭榭，壮丽远逊新陵。诸陵之后，有大礼拜堂，规模宏敞，可容千人以上。询系过年回族大祈祷处也，平时礼拜，则在城中小礼拜堂行之。扶梯登屋顶，凭栏遥瞩，四周皆回冢，若众星之拱北辰，汉回三城，历历入望，一大观也。

……是晚演唱秧歌佐觞，演员皆乡里人，衣红衣，扮生旦丑角，且舞且歌，类似吾湘之花鼓，特鄙俚不堪。同席多乐之，可见哈密地僻无音乐矣。

三日晴，住哈密。

上午至商会询商业现状，继至王仰英君处报谒，食哈密瓜，味亦平常，不若传说之佳。瓜形椭圆，皮有花纹，肉色淡红，仁若西瓜子。民国二年，王君曾携其仁至北京，嘱农商部友人，详按哈密气候土性，种之农事试验场。及其结实，形味皆变，几不可食，江橘淮枳，迁地弗食之说，或可信与。回王亦云此地土火煖泉甘而无雨，故瓜味浓厚，然瓜子亦须用灰培养，置之不湿不燥之空仓，愈久愈佳，有久至十余年者。如以今年瓜子，明年种之，其味不美，得气薄也。

……

清同治十三年，白彦虎据新庄，伏沟内以败官兵，即此。两渠沿岸卑湿地方，皆可开为稻田，安民千户。惟系回王采邑，非稍加强迫，莫能成功，仅凭口舌，断难奏效。若实行屯田，更为上策。前清湘楚兵勇，占地屯田，即成汉地，盖有先例在也。

哈密耕地者——莫里循于 1910 年 4 月 10 日摄

上午偕柱臣、烈夫，策马游城北龙王庙。

庙为清光绪三年，哈密办事大臣明春饬其部兵所建。旁有明公祠、观音洞及刘猛将军庙，建筑皆壮丽可观。其地后枕高阜，前临苏巴什湖，湖形长弧，水清澈见底，游鱼可数，败芦丛生，色若熟稻。中建二亭，一曰养元，一曰镜涵，有桥通岸，有舟涉水，长堤环绕，老杨成行；堤外渠水，杂树夹岸，汲水煮茗，味极清冽，为西来所仅见者。小憩明公祠，北望天山，积雪尽白。南眺汉回三城，历历在目，风景之佳，不啻塞外一西湖也。

归途远眺东北隅数里外，有旋风卷砂成柱，摇曳天空，远望若海船火车，烟筒放烟。复游回王花园，亭榭数处，布置都宜。核桃杨榆诸树，拔地参天，并有芍药桃杏红莲种种，惜未及时，无可赏玩。西旁城根，有官厅三楹，颇宏敞。其右数武，有礼拜堂，即回王每日五次诵经之所。堂前建藏经阁，顶如覆釜，上层辟四门，每朝黎明，回王令阿訇立其中，引吭高呼，全城回民，闻声起诵经典，无或后者。哈密城内仅容衙署、祠庙，商民数家。城外西北隅，有镇番、得胜二街，商贾皆集于此，汉人五六百家，余皆回民。全市无车行，欲赴迪化，苟无肃州预雇之车，官吏则由官厅咨回王指派，自行发价，商民须俟省来回头车，茫无定期，甚为困难，此为旅行新疆所最宜注意者。近郊有果子园数十处，产苹果、白果、核桃，而苹果特多。

哈密绿洲——莫里循于 1910 年 4 月 10 日摄

民国十七年（1928 年）一月二十四日，中瑞科学考察团瑞方团长斯文·赫定途经哈密，曾拜访过哈密王爷沙木胡苏特，在其《亚洲腹地探险八年》一书记载道：

我们沿着尘土满街的胡同小巷向前走，经过院墙、树木和沟渠，到了维吾尔族王爷居住的官殿。那是一幢回汉混合风格的建筑物，周围环绕着高高的土墙。一走进去，迎面有一个宽大的厅房，里面铺着地毯，摆放着桌子和几溜铺着红垫子的椅子。四面的墙上挂着巨大的招贴，可以看出来，那是天堂和长生不死的象征。这都是已故的皇太后（慈禧）赐给王爷的，他曾 4 次去过北京。

王爷名叫沙木胡苏特，汉人称他为沙亲王。他是个 70 来岁的小胖老头，红润的肤色，和善的眼睛，鹰钩鼻，留着一把雪白的胡子。他身着汉人服饰。自从康熙十六年（1677 年），他们家族的王朝就以哈密为首府。……

民国二十三年（1934 年）二月十一日，当斯文·赫定再次途经哈密城时，他亲眼目睹了这座被蹂躏的城市：

当年，为纪念左宗棠将军而修建的庙宇，如今已被夷为平地，祭坛、肖像荡然无存。……

记得那位当年的哈密王带着丝头巾，留着白胡子，在他那宫殿般的房子里接待我们的情景。房子的一部分建在这座回城的环形城墙上，从上面可以尽情地巡视哈密的街道和房屋。

……金树仁那帮复仇的队伍掠夺了这座宫殿里的全部财物。

……此时，呈现在我们面前的是一片悲惨的景色，大部分墙已倒坍，大火的痕迹遍布每一个角落，我们只能小心翼翼地绕过院中的瓦砾垃圾。站在楼上的边缘看到下面有一小片旷野，那就是昔日的王室花园。当年，这里是后宫，花园中立有避暑的亭阁，种着果树、甜瓜和葡萄，到处飘着果香。而如今，这里除了几根被烧焦的木头之外，一切荡然无存，连果树都被连根拔掉。……

官殿院里有一口几米深、两英尺（注：1 英尺 =12 英寸 =0.304 8 米）宽的井，据说哈密王把几个世纪搜刮来的全部金银财宝都放在这井里。到沙木胡苏特死时，井已装满了。这个地方十分隐秘，并设下了机关，只有一两个王室成员知道。一个为了发财的叛徒，向金树仁告了密，明知井在聂孜尔的私人住宅中，但这些匪徒为了得到财宝不惜任何代价。他们把大堆的财宝带到了乌鲁木齐金树仁的官邸。金树仁派了一支驼队想把这些财宝经巴里坤运到归化和天津，但还没运出新疆边境就被“土匪”抢劫一空。……

如今，哈密市是哈密地区的下辖县级市、行政公署驻地，以盛产哈密瓜闻名于世，东部、东南部与甘肃省酒泉市的肃北蒙古族自治县、瓜州县、敦煌市为邻；南接新疆巴音郭楞蒙古自治州若羌县；西部、西南部与昌吉回族自治州木垒县、吐鲁番地区鄯善县毗邻；北部、东北部与蒙古国接壤，有长达 586.663 千米的国界线。辖哈密市、伊吾县和巴里坤哈萨克自治县 3 县市，面积 138 919 千米^2，总人口约 56 万，有汉、维、哈、回、蒙等 36 个民族。

哈密城里最重要的建筑是哈密王府，坐落在哈密市回城东北角。由于一世回王额贝都拉帮助康熙皇帝平定了准噶尔首领葛尔丹叛乱，“有大勋于国”，康熙封他为哈密回部“一等札萨克达尔汗”，代表清王朝坐镇哈密，从北京选派了一批汉族工匠来到哈密，设计修建王府和回城。回王府规模宏大，建筑构造既体现了伊斯兰古典建筑的艺术风格，又融合了汉族建筑艺术的特点，是当代新疆境内规模最大，最有特色的一座宫廷建筑。光绪八年(1882 年)，沙木胡索特袭位后，对王府进行了扩建和翻修。1930 年，末代回王沙木胡索特去世。不久，哈密陷入混乱，一场大火将气势磅礴的哈密回王府化作断壁残垣。2004 年 6 月，哈密市政府开始重建回王府景区，重建的仿古建筑群，融合了满、汉、维、蒙等各民族独特的建筑风格，恢宏壮观的回王府历史遗迹再现在世人面前。

红军西路军进疆纪念园坐落在哈密市东北部，落成于 1997 年 8 月，占地 15 亩（注：1 亩 =666.67 米^2），正门正中是西路军纪念馆，陈云、李先念紫铜像居纪念馆中央，衬以星星峡山谷油画。馆内四壁展出红军西路军征战河西、会合星星峡、返回延安的大量珍贵历史图片和部分实物。纪念馆内再现了红军西路军在河西走廊同国民党反动军队进行的殊死搏斗，不畏艰险的英雄气概，为党为人民的英勇献身精神。红军西路军进疆纪念园已成为哈密市进行爱国主义教育的重要基地。

二 穷八站

穷八站概貌

所谓“穷八站”，亦非确指，最早是指三道岭、瞭墩、一碗泉、车轱辘泉、七角井、大石头、色必口、三个泉子共八个条件简陋的驿站。后来，一、二、三堡及靠近木垒河的又一个一碗泉等亦成了此条驿道的重要站口。

从哈密出发，西行过一堡到三堡，三道岭、瞭墩、一碗泉，至七角井，再转西北越天山至色必口，与哈密至巴里坤的第一条驿路相交汇。早在西汉时此道即已开通。这就是《汉书·西域传》“车师后国”条所记载的“新道”。当年，林则徐、宋伯鲁、裴景福、刘雨沛、载澜、谢彬、斯文·赫定、莫里循等走的就是这条驿道。

巍峨的天山自西向东横亘哈密全境 840 余里。哈密地区境内山段，唐代称时罗漫山，它把哈密地区分成南北两部分，通称山南和山北。丝路新北道由山南进入山北，先后形成多条“多有人走”的天山孔道。

汉代哈密，为匈奴呼衍王南部领地，人类活动和交通中心在今三堡、四堡一带。今柳树泉北部的哈木尔达坂，是当时伊吾卢北入蒲类的主要通道。隋大业四年（608 年），大将薛世雄戍屯伊吾，“于汉旧伊吾城东筑城，号新伊吾”。以后，行人多从黑绀岭（今天山庙一带山岭）至山北。魏永平年间（617—618 年），居住在鄯善一带的高车王部骑，北击蒲类柔然陀汗，常出入于蒲类西部天山噶顺、陶赖二沟间，兵过马越，遂成通道。

据《新疆图志》记载：“哈密赴迪化省城干路有山北经巴里坤，谓之北路。天山积雪行，宜于夏，西经鄯善吐鲁番，谓之南路……至七角井分道，经头水驿至色必口，与北路会，寒暖得中。林文忠则徐荷戈纪程所谓小南路也。……”

清代咸丰七年（1857 年），废员雷以瑊途经哈密西戈壁时，著有《穷八站》三首诗：

六月行戈壁，羲和驶赤车。
土蒸沙作冶，日裂火悬珠，
莫测阴阳炭，焉知造化炉。
金刚期不坏，锻炼入虚无。

烦恼由炎热，清凉世界宽。

天边云影淡，空际月光寒。
销觉微风到，都无暑气干。
凌晨醒倦梦，衣上露珠团。

艰苦经年惯，过来念不存。
鸟难寻树集，马为听泉奔。
魑魅投无御，风尘静不喧。
回光时返照，般若是吾门。

雷以鍼来到“穷八站”时，正赶上新疆阴历六月酷暑期，满眼是干涸的戈壁、干涸的群山，暑气蒸腾。

作者说，好像是很不幸，偏偏在酷暑季节走入了大戈壁。其实，经历这么一次炼狱式的流放之路，何尝不是一次对其生命的历练呢？

新疆的昼夜温差大。白天，谪戍人还被炎热困扰，当夜幕拉下时，人突然间又进入到一个清凉世界。天际边挂着几片淡淡的云影，天空和大地辽阔，月亮从云层中透出，闪烁着清冷的光芒。该睡觉时，一阵小南风吹来，微风拂面，甚是凉快，一扫白天之酷热暑气。凌晨，谪戍人从梦中醒来，发现衣服上沾满晶莹的露珠。

在光秃秃的大戈壁上，连飞鸟想团聚一下都难以找到一棵栖身的树；马为了寻找到一眼解渴的清泉，整日不停地奔波；连魑魅魍魉想找个御敌的所在都很难。有时，风不刮，尘不扬，整个世界沉寂得好像死了一般。太阳将落下地平线时，透在大戈壁的光照显得特别强烈，像智慧的佛门向谪戍人开启一样。

头堡驿至三堡驿

1．爬梳头堡至三堡

头堡驿，维吾尔人称头堡为“苏木哈喇灰”，意为明代哈喇灰部落居住过的地方。明清时期，这里泉水溢流，农牧富庶，又临交通要道，商旅往来众多，清代先后在这里设军台、驿站。堡内建有关帝庙、官店、民铺、马厩等。

《三州辑略》记载，头堡军台（至三堡台六十里）安设于乾隆四十二年以前，有“外委一名、兵丁八名、马二十匹”。

《新疆图志》又载，清代光绪二十八年（1902 年）制表，头堡驿安设有驿书一，马夫六，马十二，月支薪粮、工粮、料草、油烛、纸张等项五十四两六钱，岁支银五十九两一钱，合支经费银七百一十四两三钱。

清宣统三年（1911 年），新疆巡抚袁大化路过头堡记载：“维吾尔人十八家，汉民开两店、一铺、一木作坊，邮兵二名。”至民国初期，头堡驿有车店三家、小铺两所，驻有邮差、税卡等人员。

二堡驿，据《新疆图志》记载，自头堡“二十五里（草地）至二堡，回语，呼阿斯塔纳（言先贤墓地也。缠民三十余户。西域图志谓境有泉二十三处。侍行记云，王延德高昌记，伊吾、纳职之间，有益都，盖即此）”。

《新疆图志》又载，清代光绪二十八年（1902 年）制表，二堡驿安设有驿书一，马夫六，马十二，月支薪粮、工粮、料草、油烛、纸张等项五十四两六钱，岁支银五十九两一钱，合支经费银七百一十四两三钱。

三堡驿，三堡，维吾尔语称“托和齐”，意为长官故居。清人陶保廉考证，这里即唐代纳职故城。伊州古道由此分途，一路向南经五堡、沙尔湖、鲁克沁去高昌；另一路向西北经瞭墩、十三间房去鄯善。为哈密以西重要驿站，唐三藏法师去印度取经、宋代王延德使高昌都经过这里。

《三州辑略》记载，三堡军台（至鸭子泉台七十里）安设于乾隆四十二年以前，有“外委一名、兵丁八名、马二十匹”。

据《新疆图志》记载，清代光绪二十八年（1902 年）制表，三堡驿安设有驿书一，马夫六，马十二，月支薪粮、工粮、料草、油烛、纸张等项五十四两六钱，岁支银五十九两一钱，合支经费银七百一十四两三钱。

又载，自鸭子泉台七十里至三堡台，六十里至头堡台。

清乾隆七年（1742 年），川陕总督马兰泰上奏清廷：“三堡为哈密要隘，设屯兵三百戍之。”

堡居回、汉民 40 余家，建有关帝庙。驿东有白杨沟，泉水下流四堡、五堡。白杨沟两岸的土崖上建有佛洞佛寺、今三堡焉不拉克古城、四堡拉甫乔克古城和五堡克孜尔却卡古墓群，有残存烽燧故址 3 处，这一带是哈密古文明的发祥地。

清末民初，三堡驿有回、汉居民 30 余家、车店小铺 4 所，驻有兵员、税卡、邮差等。

一堡、二堡、三堡驿，肩负着中道和北道之驿务，迎来送往之驿务很是繁重。当年的林则徐、载澜、宋伯鲁等人就是从此道上走过去的。

2. 头堡至三堡历史文化钩沉

嘉庆五年（1800 年）五月一日（6 月 22 日），洪亮吉离开惠远城，返程至哈密境内时，作《自三堡至头堡，一路见刈麦者不绝》诗一首：

三堡至头堡，亩亩麦新刈。
咸携薄笨车，往返数难记。
伊吾节候晚，已及三夏季。
缠头何辛勤，风雨所不避。
全家挈筐樀，儿女在旁戏。
一岁只一收，仓箱已云备。

穷荒无天时，只复收地利。
今看戈壁外，沃壤庶无弃。
尚书膺大任，本裕经国计。
秦陇多流民，移来就边地。

“三堡”和“头堡”，均系哈密境内地名，清代设有驿站。在洪亮吉的西域诗中，这是唯一的一首描写哈密维吾尔族民众劳作的诗。他们全家出动，携儿带女，风雨不避。作者真实地表现了他们的劳苦，并且以中华大地“沃壤庶无弃”感到由衷的高兴。在诗的末尾，作者提出了移民，这是很有政治眼光的，是巩固边疆的长久之计。

道光二十二年（1842 年）九月二十五日，林则徐一行车马出哈密城西行，虽一路平坦，然全是戈壁沙滩，飞沙千里，茫茫无际。林则徐一行走了 30 里路后，到达一处无名之地。路边有小屋一间，既无草木也无人烟，林则徐一行就在此停车搭锅做饭。饭后，又行走 40 里，到达一处名为“头堡”的地方，此处既有林木，也有农田，还有一座小城，见城内有维吾尔族居民百余户，城外有汉族居民 20 余户，大都以务农为生。路边几家小店，门口放有干红枣，系当地所产，又红又大又甜，论堆出售。林儿聪彝装了一帽，维吾尔族老农只收了两文钱。车夫说此价甚为低廉。林则徐一行在一旅店停车休息吃饭。是晚，林则徐仍与二子卧宿在车上过夜。林则徐在日记中写道：“此后大抵皆以乘与作卧榻矣。”

九月二十六日，天色未明，林则徐一行又上车西行。前行区域天气干寒，据闻此路常年很少见有雨雪，因西北有天山阻挡，南有大漠无垠，气候干燥，因而缺雨少水，农户种地都在春秋时季靠天山雪水灌溉，又受王公剥削，生活十分困苦。车行 20 里后到一小村，名为二堡，路边有小店两家。刚刚日出，继续西行，40 里后到了三堡。此处有维吾尔族和汉族农户数十家，农田靠北山白杨河下泄雪水耕种。因三堡一地有宿站，路旁一家名为“隆盛店”的颇为干净，林则徐一行就在此停下车来，进店吃饭。饭食除牛羊肉外，蔬菜仍为洋芋、萝卜。

饭后，林则徐一行又上车走了 50 里，到达沙泉（也名沙枣泉）。这一天因是林氏家忌，林则徐与两个儿子都按家族几百年的老规矩，以素为食。但在新疆的冬季能保藏在地窖里的蔬菜也只有大白菜、萝卜和洋芋而已。

林则徐在日记里记载道：

二十六日辛未，晴。寅正刻行，二十里过二堡，时甫日出，有店，未停车。又四十里三堡，汉回（维吾尔族）居民与头堡同。今因天旱，饭后又行。五十里沙泉，宿。沙泉亦名沙枣泉。是日家忌，茹素。

光绪三十二年（1906 年），裴景福因事谪戍新疆，三月二十日途经一堡至五堡，并记述了在这里的所见所闻：

（光绪三十二年三月 ·1906）……二十日，晴，暖，无风。昨住路南张永盛店，屋后一泉，深丈余，色青碧，源旺而味甘，有暗渠灌地。未初行六十里，戌初至三堡住店。初向西行，间向西北，沙滩枯草，二十里至二堡，车夫到此采刍茭人橐。缠回六十余家，汉人三十余家，豆麦苗地，桃柳满园，风景蔚然，过此路平，迤行三十里入乱山石碛中，碎石平布，又三四里两山墙立，车路如沟，道左老榆数十株，诘屈有古致。三堡缠回二十馀家，堡东古桑数十株，缠民养蚕。三堡为哈密关隘，同治五年冬，迪化回兵至此，与土回连结，官兵战败，死三千余人，被害极惨。堡西有塔二，藏忠骸。三堡瓜干精洁，充贡品。塞外但有水、土，必有居民，必稍有种植，以青稞为多类东南大麦。《楚辞》云："五谷不生，丛菅是食。"殆指此。玉门、安西以西，三道沟、布隆吉尔、长流水等处，有水有土，烟户遂盛，其间未辟之地尚多，此外皆砂石枯渴，无生气，未可概言屯垦，亲历其地，始知之真，言之切也。

自哈密以西，驿马皆巴里坤产，性桀骜。一点钟可行五十里，而人不能驭。前在安西、哈密境内，马疲瘠，各仆争求好马不可得，到此皆择疲弱者骑之，以防颠蹶也。物极必反，小可喻大。……

清宣统二年（1910 年）四月十一日，莫里循出哈密城后，和当年林则徐走的是一条道，他第一天经过了头堡、二堡和三堡。莫里循在这里拍摄了头堡、二堡和三堡的村落、墓地、废弃的要塞。看来，莫里循一行当夜住在了三堡。次日，莫里循又拍摄了三堡的白骨塔、维吾尔族女人。

二堡驿——莫里循于 1910 年 4 月 11 日摄

关于白骨塔，光绪三十二年（1906 年）三月，比莫里循早四年过三堡的中国流人裴景福对此有过记载："三堡为哈密关隘，同治五年冬，迪化回兵至此，与土回连结，官兵战败，死三千余人，被害极惨。堡西有塔二，藏忠骸。”

三堡白骨塔——莫里循于 1910 年 4 月 12 日摄

刘雨沛，安徽桐城人，清末陆军将校级军官。清宣统三年（1911 年）四月十九日，因事被遣戍新疆效力。是年九月初一日抵达迪化戍所。刘雨沛一路考察，沿途风情记载十分详尽，他于八月十一日途经二堡至三堡时，在考察日记里记述道：

（宣统三年八月十一日），……午后三时二十分，出哈密南门西行，经回城，见柳木阴翳，绿杨夹道，心目清凉。……又二十里西一棵树，有孤树，无人居，一望皆未垦地，泉水甚多。又二十里五屯，北望天山，宛然在目，自哈密北行至南山口，进山经天山庙，过山即巴里坤。巴里坤有要道，通蒙古。又行十里至头堡宿。堡有客店六家。马拨一所，营内。堡房缠民十八家，汉民两家。南有草湖，旁有泉潭，水清而深，有渠引之以灌地。附近田地数十顷，潭之堤，红柳扶疏，根映水，游鳞逐队，洋洋游泳，若夏日筑亭于此。就树纳凉，临流赋诗，雅兴当复不浅，自此由哈密西行。须带菜蔬、草料。

十二日午后三时。自头堡西北行，沿途有树木，村落缠民居多数，土地尚腴，以无渠少井。荒地诸多，至二堡晚餐，堡中居民十余家。店二，有泉甚旺，树盛。又二十里大沙坡。泉水亦旺，又西行十里大墩，亦泉。又西北行五里白杨沟。土地饶沃，村民引渠以灌之。五里三堡住，堡中汉民十家，回民四家，缠民三十家，马拨一所，附近有小村落，树木旱粮亦盛。

民国二年（1913 年），日本大谷探险队吉川小一郎与橘瑞超来新，三月途经二、三堡，吉川小一郎在其《敦煌见闻》里记载道：

3月26日，星期二，雨。上午9点，进入新疆以来第一次遇到下雨。当地人认为这是刨坟的恶果，看来必须尽快结束发掘，离开这里。今天从二堡附近的坟墓中出土了三十余件陶器以及不少纸片、绢片、笔等。在三堡也出土了一些古文书的残片。

3月27日，星期三，晴。今天看到了当地人的婚礼，不过就是在新郎家的门口弹琴、打鼓，孩子们快乐地嬉闹而已。今天发掘了四处坟墓（二堡三处、三堡一处）。从二堡出土了几个陶器、40粒珍珠；从三堡出土了一面镜子、一支笔、几个陶器、几页唐代的任命书、唐代绢画残片等等，大家意气风发。晚上从吐鲁番运来了板材。……让他们加紧做箱子。

3月28日，星期四，晴。早晨开始，雇了四个人，让他们抓紧做箱子。另外又派了50人继续三堡的发掘，有若干收获。二堡那边派去12人，但没发现什么。三堡的村长来了，对发掘古坟的事提出了抗议，所以决定中止明天的发掘。

3月31日，星期日，阴。为了收藏二堡出土的尸体，携箱子与橘同行。一具尸体已变成木乃伊，另一具已经腐朽，衣服中留有骨头，还有一具只剩下白骨。把完整的那具收藏起来了。也许是海拔低的缘故吧，这里已是白杨吐绿，桃杏开花。

民国六年（1917年），谢彬途经头堡至三堡，他在游记里记述道：

七日晴。……向西行，碱滩。二十里，屹峪，道旁泉水，可资灌地，有杂树数棵，缠民一户。二十里西一棵树，古树一，无居民，有泉水。十里，五屯河坝，涉小渠二，皆流水未冰。十里，头堡，宿。

是日行六十里。土堡甚小，仅容一驿一庙，车站三家，汉民五户，回民七八户，缠民十八九户。缠民呼此地曰苏木哈喇灰，以明代哈喇灰人曾居于此。东南数十武，有二泉水，汇为一池。池南堤柳成列，下流溉地数百亩，种地缠民二三十户，散处其间。

八日晴。上午七时，发头堡。

西行，碱滩，荒草弥望。十里，西贡伯，道南有村庄，居缠民十余户。十里，二堡，缠语曰阿思他纳，谓先贤墓地也。村树成荫，渠水泻地，有缠民二三十家，汉回民各五六户。过此，戈壁草地相间。三十二里，白杨沟，泉水溢路，可资灌地。八里三堡，缠语曰托哈齐，宿。是日行六十里。堡已塌，车店三，官店一，汉民十五户，回民十二户，缠民二十二户。东半里许，道南有地藏庙，道北有回教堂，其旁回冢累累，有上覆圆形建筑如蒙古包者。西半里许，道北有白骨塔二，乃清同治五年，官兵为回军战殁，诸忠骸之丛冢也。西南十五里四堡，缠语曰拉布楚喀，明代刺木城遗址在焉。

民国十七年（1928年）二月五日，中瑞科学考察团瑞方团长斯文·赫定途经头堡、二堡、三堡，在其《亚洲腹地探险八年》一书记载道：

2月5日凌晨3点，我们来到了一个叫头堡的小村子。

……这儿曾是蒙古王爷的临时行宫。在一间大屋子里，长桌子上已摆满了盛着糖、黄油、面包、鸡鱼、果酱和蜂蜜的盘子。吃完这些东西，又上了肉汤和青菜、面条、抓饭和其他一些好吃的东西，但没有上酒。

下午1点钟，我们又上了路。15名蒙古骑兵仍当护卫。道路穿过一片大草原，我们又碰到了一支有175峰骆驼的商队，骆驼驮着大白棉花包。

走到一个叫二堡的小村子时，地面又变成了沙漠，它一直延伸到三堡。在那儿，我们是在3个糟透了的小窝棚里过的夜。一个两英尺高的大土坑占去了每间屋的一半地方，炕底下有块地儿是空着的，可以在底下烧火，人睡在上面取暖。只要一点起火，就浓烟满屋。我们各自都带了干粮，厨子老王负责做饭。

第二天的行程几乎是在沙漠里度过的。但有两次，我们也路过了几座小园户，看见了奇异的地下暗沟，当地人叫“坎儿井”。它有两米多深，能把村子北面山边的泉水引到村子南面供灌溉用。

民国二十三年（1934年）二月十三日，当斯文·赫定再次途经这里时，他亲眼目睹了这里被战乱蹂躏的情景：

(2月13日）经过几番周折，考察团终于踏上了征途。

车队超过了一些马车和小商队，沿途—片荒凉。透过飞旋的灰尘，我们看到了南面的天山，带着白色雪冠的峰顶染上了—片柔和的色彩。

汽车走了35公里，来到了一个叫头堡的小村庄。

1928年，考察团曾在这里一个蒙古官员的临时住所休息过。如今，除了一片瓦砾堆，村里什么也没有，树都被砍掉了，仅留下些一英尺多高的树桩。原住的60几户人家，有30多户被杀，其余人逃往外乡。现在已有12户陆续返回家园，开始在自己的土地上播种小麦和玉米。

……

下一个村庄叫二堡。村里仅存的几幢房子，也被瓦砾埋住了半截。这里见不到一个生灵。

……这里的白杨沟是一个有很多灌渠和果园的村庄，村南一条沙漠路直通吐鲁番，那条路我们曾经走过，比现在走的这条路要平坦，但那黑的流沙却使我们的载重卡车望而止步。

三堡村住着15户人家。尽管村庄大部分成了废墟，但幸存的人们已经开始在土地上耕种。一座三层宝塔（白骨塔）依然耸立在荒野上。

民国二十年（1931年）七月，我国著名的古脊椎动物学家杨钟健先生随中法科学考察团来到新疆考察，某日清晨途经头堡至三堡，他在《西北的剖面》一书里记载道：

沿途经过几个大村庄，头铺（即头堡）、二铺（即二堡）、三铺（即三堡），规模很大，都有店家，但所见大都是残留的几个汉人，缠回很少。到处现出十分荒凉的景象，和在哈密以东看到的差不多。这分明是受了战争的影响。……三铺村外，有白骨塔，据说是清末西征将士埋骨的地方。当年西征，平定回疆，总算清末的一件盛事。如今，山河如旧，而回汉又起争端，不知这塔内白骨有知，作何感想。

三堡废弃之要塞——莫里循于 1910 年 4 月 11 日摄

三道岭驿

1．爬梳三道岭

三道岭，是哈密绿洲进入戈壁荒岭后的第一站，素有“穷八站之首”的说法。

据《新疆图志》记载：“十里沙枣园，回语，呼哲克得里（有杂树，土屋数家），六十里三道岭驿（沙碛），回语，呼塔勒奇（言有寄居人也。旅店一，居民十家，泉甘流畅。按：三道岭为西行穷八站之首），十五里鸭子泉，回名恶而台克（言无居人也。出三道岭皆戈壁，至此有草地一段），三十五里梯子泉（路平旷，小店一，耕户二）。”

又载：“三道岭驿（旧鸭子泉台改设。鸭子泉，距三道岭十二里，由鸭子泉东行二十里至沙枣泉，土人呼为沙泉子，有店可止宿）。”

《新疆图志》载，清代光绪二十八年（1902 年）制表，三道岭驿安设有驿书一，马夫六，马十二，月支薪粮、工粮、料草、油烛、纸张等项五十四两六钱，岁支银五十九两一钱，合支经费银七百一十四两三钱。

又载，瞭墩台八十里至鸭子泉军台（鸭子泉，距三道岭十二里）。

三道岭，旧称塔勒奇。这里开发较早，有井泉和人工开掘的坎儿井，临交通要口，清代设驿，建有车马店。据史料记载，清光绪年间“住回、汉民六家，四店一铺”。民国六年（1917 年），有“车店五家，驻兵役、邮差。后有桃园，建有关帝庙，庙左有大泉。”

三道岭驿，肩负着中道和北道之驿务，迎来送往之驿务依然很繁重。当年的林则徐就是从此道上走过去的。

2. 三道岭历史文化钩沉

三道岭作为内地入疆的门户之路，自古是众多行旅的驻足之地。在一些文人墨客笔下留下的诸多记载中，最早描述三道岭环境、人口等状况的是清人陶保廉。

陶保廉，光绪年间新疆第三任巡抚陶模之子。光绪十七年（1891 年）初，陶保廉跟随父亲“随宦入新”，了解了大量关于新疆历史和地理等方面的知识，并根据自己的见闻，于 1891 年后写成《辛卯侍行记》一书。

《辛卯侍行记》卷五记载：

……二十三日微雪，自三堡西行，上坡二次，五里折西行，六里沙枣园，缠回呼哲克得里，西北行间偏西皆戈壁。十八里下坡，四里上坡，十二里下坡，十五里升坡即三道岭驿，回名塔勒奇。言有寄居人也。缠回一家，有桃园，后二十丈有泉。人多则水不足，用竭地之力，可住一二十家。而沙碛引水，渗漏成多。

通过上述描写可见，当时的三道岭除驿站外只有一户居民，是很凄凉的。

道光二十二年（1842 年）九月二十三日，林则徐坐着高轮大车到达哈密，后于二十八日到达瞭墩驿。二十九日由瞭墩出发，经一碗泉，过九沟十八坡，彻夜未歇，三十日到达七角井。因当时的民房、关帝庙等被宜禾县下令拆毁，无处停车，便冒雪西行。

林则徐在《壬寅日记》里记载道，三道岭，是哈密绿洲进入戈壁荒岭后的第一站，素有“穷八站之首”的说法。所谓“穷八站”，是指三道岭、瞭墩、一碗泉、车轱辘泉、七角井、大石头、色必口、三个泉子共八个条件简陋的驿站。到了木垒河，便进入“富八站”。

光绪三十三年（1907 年）三月二十八日，军旅诗人方希孟途经三道岭，他在《西征续录》里记载道：

至三道岭驿。缠回客店五，汉贾六家。驿西土山有泉，其眼数十，突沙而出，汩汩泠泠，颇与吾乡珍珠、玛瑙二泉相似。南流分二渠，夹渠垂柳数十株，桃花掩映。娶西有回圃，桑盖团团，浓阴覆地，缠民亦有采叶饲蚕者。有回童赤身露顶，浴溪间戏者；有女郎二三，团坐陌头，联袂扬帕唱葳郎者，浑浑寞寞，戈壁中一小桃源也。

许多年间，西域被视为蛮荒之地，成了因各种原因获罪的人遭贬后的流放地。多年里，清廷流放人所走的路线均是到哈密后向北越阔石图岭到巴里坤，向西经苏吉、七角井到达鄯善，或者从巴里坤经色必口、木垒河、古城子、阜康去乌鲁木齐。

新疆建省，三道岭设驿站，西行路线镇迪道，即经三道岭到鄯善，或经色必口去木垒河。这时期遭流放的有满清皇亲、辅国公载澜。在遣戍新疆时，载澜途经三道岭驿。

宣统二年（1910 年）四月十三至十四日，莫里循一行离开三堡，来到了三道岭。他在三道岭拍摄了驿站的屋舍、破旧的村落，同时还拍摄了从瞭墩赶来护送他的差人。14日这天，莫里循一行是在戈壁滩上吃的午饭。吃过午饭，他们向七棵井子赶去。

三道岭驿——莫里循于1910年4月13日摄

宣统三年（1911年），流放新疆的还有清军绿营兵把总刘雨沛，一路西行，他在《西域途中日记》写下沿途的见闻和观感，记录了在三道岭见到的景色：

（宣统三年）八月十三日继续西行。上坡行十里，过白杨沟。杨树桑椹杂种，东北坡上有旧城。……行十里柳树泉，有渠水树落。过此上戈壁，行三十里抵三道岭。上坡行三里，有大泉，自沙中涌出。汉民两家，汉回两家，官店一，客店二，马拨一所。……

从刘雨沛的记述中看出，三道岭较光绪年有了一些小小的变化：居民增加了几户，还有了私人客店，开挖了坎儿井。

三道岭毕竟地处塞外戈壁，用宋代苏轼《赤壁赋》中“寄蜉蝣于天地，渺沧海之一粟”来比喻地处戈壁中的三道岭，是非常合适的。

民国六年（1917年）二月二十三日，谢彬以财政部特派员的身份到新疆调查阿尔泰财政情况。谢彬一路走来，最终写出了《新疆游记》，其中记载了三道岭：

三月九日，上午八时半，发三堡，西行。……六十里，三道岭，缠语曰塔勒奇，谓有寄居人也。宿。是日行六十里。车店五家，汉四回一；缠民一家，其后有桃园，园后坡上有关帝庙，庙左侧有大泉，泉自沙中涌出，泡影重重，若吾乡稻田中鳝鱼、鳅鱼之营巢。水源甚旺，可灌地三四百亩。自哈密西赴迪化，此为穷八站之首，须至木垒河，方入富八站境界。西北十五里，沙枣园，有回庄，缠民二十余户。西南二十里，有煤窑，产煤甚多，岁只旧历冬季三月可采，余时封闭。以交通不便，哈密境内销售只此数耳。煤窑属回王采地。前清用兵新疆时，湘军掘以供军用，事平后，湘军举其矿归湘人某甲经营，获利颇巨。回王稔其利，以六百金赎去。迄今二十余年，所得矿利，已达百万左右。……

谢彬笔下的三道岭，已经是水源“可灌地三四百亩”；而二十多里外的煤窑也已经归哈密王沙木胡索特经营，固守着冬采夏闲的采煤方式。周边的村落也依然保持着原有的风貌。

民国八年（1919 年），民国政府要员林竞来新查勘铁路线，过三道岭，并记述了三道岭当时的情景：

4 月 17 日，午后发三堡，夜抵三道岭，计行六十里。

今日向西南，又向西行。七里，至柳树泉，下马，至缠民家少憩，主妇以茶及鸡蛋、麦饼相飨。麦饼，缠语曰“浪”（馕），以面粉制，其大如盘，中和盐、韭、芝麻，置土炉烤之，味香美。缠民日常食之，客至，亦持出相敬。余问附近为回王当差若干人，据云，三堡有缠民三十余家，为回王种田十余石（塞外农家不曰种若干亩，而曰种若干石，每石种子种二百余亩）。

辞缠民家，又行一里，道旁见一坎井。转西行，五十二里，三道岭，住。

三道岭，回名塔兰奇，译言有寄居人之意。车店三家，居民七家。西北坡上有关帝庙，其下有泉水，清而旺，塞外视此，无异琼浆玉液也。站西北十五里，沙枣园，有缠回二十余家，往镇西可六日达。又站西南二十里，有煤窑，为回王私产，产煤甚旺。每年于十月间开掘，次年二月间闭歇。因只此数月，已足供本地之需要也。

民国十七年（1928 年），“中瑞西北科学考察团”的中方团长徐炳昶途经三道岭，他在《徐旭生西游日记》中写道：

二月六日晚八点抵三道岭，止宿。三道岭缠名塔勒奇，有缠人一家，汉民两家，汉回两家。七日八点起，出到村中一游。西边高处有一关帝庙，土房三间，外环小院，门加锁，外观尚整齐。此地汉民只两家，而关羽之威灵已到。转下，水宽盈尺，流水潺潺，水上颇有树木，旷野中亦称胜地。归问店家，知前些年人家较多。……

从徐炳昶的文中看，这时的三道岭，树木成荫，流水潺潺，形成了戈壁中优美的小环境。“旷野中亦称胜地”，则是对当时三道岭的由衷赞美。

民国二十年（1931 年）七月一日，杨钟健先生随中法科学考察团途经三道岭，看到了这里被战乱破坏的迹象：“到三道岭子时，即见路旁电线，或有杆无线，或有的连杆子也毁坏了。到三道岭子尚早，看村中阒无人迹。……此时，德日进在附近找了许多石器。”

描绘过三道岭人文地理面貌的不仅仅只有中国人，同时还有外国人。自十九世纪末开始，一批批的外国探险者、考察者来到中国西北。当时的三道岭地处古丝路北道上，又设有驿站，致使经过三道岭的外国人留下了记载。民国二年（1913年），日本大谷探险队吉川小一郎来新考察，三月途经三道岭，在其《敦煌见闻》里记载道：

3月12日，星期二，阴。上午4点起床，6点10分出发，穿过长有野草的石子地向西北方向前进。从天山刮来的西北风，吹打在脸上，像针扎似的疼。

上午10点15分到达三道岭。这里有九户汉人，一户维吾尔人，两户东干人，周围可以看到一些耕地。水质还可以，燃料是煤。西北方距此16.2公里处有回王的煤矿。我们决定从这里抄小道去瞭墩，所以雇了一名马夫当向导。途中看到了哈密回王的煤矿。地下5米有矿脉，用了50名维吾尔人，以手挖肩扛方式在采掘。有的坑内出水被废弃了，又在别的地方挖。回王一年大约要收300车，少部分在这里卖。这里的煤是有名的无烟煤。

晚上9点15分到瞭墩。有10户人家。井水水质不好，燃料是三道岭的煤和附近挖的草根。

对三道岭叙述较详细的是斯文·赫定的《亚洲腹地探险八年》一书。书中写道：

（1928年）……2月7日夜里，我们住在塔兰奇村（塔勒奇，即三道岭）。村里有4户人家，两户汉人，一户东干人，一户维吾尔人。村子北面，天山雪峰耸然屹立。山前，是一片坚硬、黢黑的砂砾石地面。时而还能见到几条流失的河谷，边上稀稀落落地长着几簇草丛。渐渐地，西边的地平线消失在暮霭之中。景色看似单调乏味，但正因为这宏伟博大和桀骜不驯，给人的印象才尤为深刻。

这就是作为驿站的三道岭给异邦人留下的印象。

因三道岭产煤，清代驻哈密钦差办事大臣永宁和帮办大臣叔宝于乾隆二十五年（1760年）九月，联名报告陕甘总督，请求派人勘察并招商试采。试采结果证明三道岭不但有煤，而且煤质极好。在较短时间里就采煤35万斤。此事经陕甘总督转报朝廷批准，遂于次年正月正式开采。从此，哈密市场有了煤炭供应，军民商户不再为燃料缺乏而焦虑了。

三道岭位于哈密市西部约80公里处，新中国成立时，三道岭村有王姓、吴姓、马姓等七户人家，1958年东北老工业基地有70多名工人来到三道岭，他们不只带来了技术、设备，还带来了浓浓的东北腔。三道岭人讲东北话也成为这里一道独特的风景线。三道岭全矿区大概将近4万人，95%以上的人隶属于“哈密矿务局”。

三道岭汽车站——摄于 2016 年 7 月

2012 年三道岭作为中国最后的蒸汽火车服役地，又一次走进国人视野。由于三道岭是“疆煤东运”铁路运输的起点，蒸汽火车承担的任务是通过运煤专线，将装满煤炭的车皮从煤矿送到十几公里外的火车站，由铁路货运部门运往甘肃河西走廊。因蒸汽火车已十分罕见，近几年有不少国内外游客专程到这里观赏，聆听蒸汽火车特有的汽笛声。

瞭墩驿

1．爬梳瞭墩

在哈密以西那辽阔的戈壁滩上，路边有一个突起的城堡，那就是瞭墩了。瞭墩位于三道岭西北部，古时回名“阿尔特里克”。清乾隆年间，在此设立驿站，并筑烽火台，是哈密绿洲往西进入戈壁荒野的“穷八站”之一。

据《新疆图志》记载，自沙墩“三十里瞭墩驿（路平旷，客店五，居民十余家，驻守备），四十里乏马滩（旧有卡伦），五十里一碗泉驿（遍地石头，店一，泉水甘），三十里出境，接鄯善东境官道（距车毂辘驿六十里）”。

瞭墩，以这里高大的烽燧而得名。大墩在驿东。清光绪十七年（1891 年），大学者陶保廉在《辛卯侍行记》中记载，这里“有官店一、民店三、防勇百人，大墩在驿东，旁建武庙，坡下出泉，杨柳十余”。

《三州辑略》记载，瞭墩军台（至橙槽沟八十里）安设于乾隆四十二年以前，有“外委一名、兵丁八名、马二十匹”。

据《新疆图志》载，清代光绪二十八年（1902 年）制表，瞭墩驿安设有驿书一，马夫七，马十四，月支薪粮、工粮、料草、油烛、纸张等项六十二两四钱，岁支银六十八两九钱五分，合支经费银八百一十七两七钱五分。

2. 瞭墩历史文化钩沉

道光二十二年（1842 年）九月二十七日，林则徐的车夫在天未明即已套车从三道岭出发，行 20 里后到了一处叫鸭子泉的地方，天方初亮。该地既未见鸭子也未见有泉，唯见四周茫茫一片，大漠无边。

过此地行 40 里，他们到达七子泉（现梯子泉），此处虽有地名，但也不知泉在何处？路边只有两家小店，四周荒地不少，都是可开垦之地。西域各处凡称为泉者，一般应为有水之地，即有居民，倚水耕作，以水为生。林则徐一行在此停车休息，搭锅做饭，饭后复行 20 里到了大墩，路边有两家维吾尔族农户在此种地为生。

过此地再行 20 里到达瞭墩。瞭墩为一村落，此处有宿站，街面市井倒也繁华，各类商贩叫卖声不绝于耳。于是，林则徐一行就在一家凉州人开的兴盛店里停车住宿。林则徐在日记里记载道：

> 自七子泉以西，皆碎沙石路，车行甚颠簸，盖循天山西南麓也，将至瞭墩之二十里，实有三十余里长。连日望见达坂上积雪，一白连天。

九月三十日，这日虽天气晴朗，无风雪纷扰，是行车的好天气，但林则徐的车夫仍要求停留一天以便修车。林则徐也自感身体不适，满身酸痛，乃因一路颠簸和气候寒冷干燥所致，就同意停留一天。这天，林则徐让两个儿子扶他上一个土墩，遥望东南故乡，唯见眼前黄沙茫茫天地一色，想到半生在南方与青山绿水为伴，如今在西域和戈壁沙漠相倚；看着路边破败的土垒，想到前人屯垦戍边的艰苦；听着身边马吃苜蓿的嚓嚓咀嚼之声，想到自己与两个儿子一路吞咽着粗劣的饭食之情，感慨万千，留下了“古戍空屯不见人，停车但与牛马亲，早旁一饭甘藜藿，半咽西风滚滚尘”的诗句。藉此，抒发了这一路只看到驻兵屯落而见不到人影和停车后只能与牛马相伴，吃着多半由西风吹来的沙子伴着的饭食的景象。

站在瞭墩的高坡上，林则徐想起了岑参当年所写的诗：“故园东望路漫漫，双袖龙钟泪不干，马上相逢无纸笔，凭君传语报平安。”心中不禁感慨万千，泪水打湿了眼眶，林则徐轻轻用衣袖拂去，以免二子看见了会伤感。

光绪三十二年（1906 年）三月，广东陆丰知县裴景福因事发配新疆，途经瞭墩戈壁，在其《河海昆仑录》里写了瞭墩戈壁虎狼之性：

> 二十二日，……又行十五六里，丑正至瞭墩，住店。驿东北有烟墩，墩旁武庙，驿站、

马营，在驿东南。客店大小五，缠一，居民十余家，回一。

瞭墩驿差人——莫里循于 1910 年 4 月 14 日摄

……滩上碎石平铺，或白或黄，或黟黑如煤屑，或青灰如碎瓦，途间石子顿撼，臀背不能着车，自人戈壁，路无恶于此者。北望天山，萦青缭白，外与天际，距此七八里，峰忽中断，零乱纵横。子末风起，狂暴异常。土人谓之叫“怪风”。

……

近天山多虎狼，而尤为牧畜害。昨见猎虎者大如岁余犊，额上王字，初画不显，毛文稍斜，殆彪也。哈密王每年冬责猎户枪手人献一狼子，无则罚锾一两，故穷搜必得而后已，得一穴必有三四子，然狼仍充斥，且多智，能辨人强弱，遇人直视，不少退缩，以足刨尘沙眯人目，见妇孺老翁尤侮之。食牛马必两狼，一伏草际，一出扰牛马，使之奔驰，伏者猝起以爪抓其腹，立洞倒，而后食之。惟不多伤人，畏枪手，闻火药即远避，闻铃声齿即软脆，故牛马颈下必系铃。虎之食马也，纵之奔驰，虎坐而视之，马自还立待食，伥为之也。虎性善疑，与人遇必惶惑却顾，人能恭如庄如尸以待之，虎未有先施爪距者，若张皇躁动，乱发火器，即中要害，亦必反捕，人与俱死。西人遇虎，怒目张拳，兀如木石，虎每嗅其面而去。

光绪三十三年（1907 年）三月二十九日，军旅诗人方希孟途经瞭墩，他在《西征续录》里记载道：

二十九日，七十里至瞭墩，居民十余家。气候渐暖。西南行，直抵吐鲁番，谓之南大路。中经十三间房，多怪风，车马往往吹没无踪。又自七克腾木至盐池、越南两大站，三百二十里须穷两昼夜之力，人马困殆，行旅视为畏途。自辟小南路后，此道遂废。驿西五里，道旁树木以为识云。得绝句二："双塔崚嶒俯大荒，吴男多少此中藏。人生不傍要离冢，便死龙堆骨亦香（白骨塔）。"又，"空山逐队有羚羱，苜蓿初青漠尚丹。不遇武皇求汗血，神驹那复向长安。"

……瞭墩有税局，分卡新疆，行销湖茶。……

宣统三年(1911 年)，谪戍新疆的清军绿营兵把总刘雨沛途经瞭墩，在其《西戍途中日记》里，对此有记载：

（八月）十四日。初更后即至瞭墩，距沙墩子已三十里矣。三更车至，遂宿此。

是处汉民九家，缠民一家，守备带巡防马队一营驻之，客店四，马拨一，税卡一，店铺备有菜蔬，牛羊肉出售，麻制钱用至此止。西去俱用新省红钱，每枚当制钱四枚，自瞭墩北行经橙槽沟，可达镇西。

民国八年(1919 年)四月，民国政府要员林竞奉命查勘新疆铁路线，途经瞭墩时，在其《新疆纪略》一书记载道：

……18 日，午后发三道岭，次早抵瞭墩，计行八十八里。今日向西行戈壁。四里，道旁有煤窑，已被火焚。八里，鸭子泉，回名欧拉克，缠民二家。三十五里，梯子泉，回名资布拉克。折西北行，十三里，沙墩子，无居民。二十八里，瞭墩驿，住。

瞭墩，有大车店四家，小车店二家，东有营盘，卡兵三人，税局一所，关帝庙一，泉水畅旺。其北四十里，有石盐矿。

19 日，今日住瞭墩。终日大风，车不能前进，闷坐室中。有回民吹横笛，凄凉之音，随狂风以俱来，不觉泪下。口占云：

风急天高万象哀，伊凉古曲耳边来。
伤心不忍多回听，怕起沙场古骨堆。

民国二十年（1931 年）七月二日，杨钟健先生随中法科学考察团途经瞭墩，他在《西北的剖面》一书里记载道：

"……前行不远，就到了瞭墩。地方是群树杂生，围着清水一池，倒也是沙漠中的一块胜地。不过，也是一个人都没有见。收税的卡子，更是房在人空，其余都是些破屋子，说不尽的荒凉景象。在附近途中，看到几顶军帽、几件军衣，大约就是前几天此地打仗的遗迹。"

瑞典探险家斯文·赫定于民国二十三年（1934年）途经瞭墩，在其《亚洲腹地探险八年》一书中记载道：

汽车开进了一个叫瞭墩的小村。

1928年2月，我们也曾在这里过夜。村中的土房都成了废墟，只有当年的一个客栈还剩下一半竖在那里。我们走进客栈的院子，在侧面草房里发现了一支步枪和一部挂着的电话机，显然这里是军队的一个据点。此时村里空荡荡的，被火烧过的门框张着黑色的大嘴。

等了一会，外面进来一个士兵。他说瞭墩据点有4个人，那3个出去收税了。他说自己是个副官，每月挣390两银票，但自从来到此地。除了口粮外，他什么也没得到过。

我们在瞭墩住了一夜，早晨8点车队又出发了。南面的沙漠是一成不变的景色，起伏的台地在长长的盆地中洒下各种各样的暗红色阴影。路把汽车引到了天山脚下的一个红色山谷。进入狭窄的山口后，是一条地面结了冰的狭窄走廊。……

从这些记载可看出，三道岭、梯子泉、红庄、瞭墩等村庄在1934年春时都被战火摧毁了。

英籍匈牙利人斯坦因在《在中亚古道上》一书的补续中，写了沿驿路自西向东经瞭墩去哈密的经过，其中一段写了瞭墩："旷野中出现了一片树木，是一处有几户人家的小村子。我在车马店歇息了一会儿。瞭墩，属'百里风区'，曾经将左宗棠的银饷车吹得无影无踪。"

掩映在绿树丛中的瞭墩烽火台——摄于2016年7月

瞭墩烽燧是瞭墩驿站的一部分，位于连霍高速旁二百多米远的小绿洲间。整个驿站保存基本完好。除了还能显见的烽燧、兵营以外，还有地宫、藏兵洞、庙堂、官店、民店等一应设施的痕迹，隐约能读出当年人来人往的繁华。

瞭墩烽燧多个朝代曾修建加固过，底下是唐代的，往上有清代、民国修建的。瞭墩处在哈密南路与向西北延伸的小南路路口。1931 年西北军阀马仲英曾在这里进行过一场以 200 人战胜省军 2000 人的“瞭墩战役”。

一碗泉驿

1. 爬梳一碗泉

一碗泉，是以这里的一眼小泉得名。它东距瞭墩 35 公里，西距七角井 20 公里，北接天山陶赖达坂，是清代巴里坤驼商通往南疆的必经之地。

据《新疆图志》记载：“一碗泉驿（一碗泉驿系旧时废陶赖台移设于此，东距芨芨槽四十里。由木垒河东行四十里有一碗泉，与此一碗泉驿异地同名，历校荷戈纪程、河海昆仑录皆一名分见两地）。”

《三州辑略》记载，陶赖台（东至肋巴泉台六十里），乾隆二十五年以前安设，“把总一员、字识一名、兵丁三名、马二十一匹”。

清道光二十二年（1842 年），一碗泉驿有土屋站房，旁建车棚马厩。

清光绪十七年（1891 年），大学者陶保廉路过一碗泉，他在《辛卯侍行记》中记载：“破屋三四、旅店一。”

宣统三年（1911 年），新疆巡抚袁大化途经一碗泉驿，并记述了这里：“只一泉，深四尺，水不敷用。”

1910 年 4 月 19 日，莫里循一行来到一碗泉，将马车停到了回民客店。莫里循拍摄了两张一碗泉的片子（从拍摄时间推测，此片应该是靠近木垒河的那个一碗泉驿）。回民客店周围有一围断断续续的“干打垒”的墙圈子，屋边有一小溪，大概是从一碗泉里流出来的水吧？

一碗泉回民客栈——莫里循于 1910 年 4 月 19 日摄

2．一碗泉历史文化钩沉

乾隆四十九年（1784年），直隶（河北）唐山县知县赵钧彤因事遣戍新疆，于三月十四日途经一碗泉。他在《西行日记》里记载道：

又二十里至一碗泉，七八家，有增台祠庙。客次有芦苇，草一把价三分。

嘉庆二十一年（1816年），流人史善长谪戍新疆，途经一碗泉驿站，曾作《一碗泉》诗一首：

一碗不寻常，军持仔细量。
攒眉同酒试，染指当羹尝。
浅酌休言量，佳名竟有乡。
庐仝如过此，无计润枯肠。

史善长来到一碗泉，就觉得这一碗泉不寻常。其实，新疆的奇特、神秘，常常体现在荒漠戈壁上突然间出现的一个湖泊、一片绿洲、一棵树、一眼清泉等。因泉眼太小，只有一碗水，于是过路的军旅、行者都把它当酒、当羹一样品尝。正是这戈壁珍贵的一碗泉，使这里成了远近闻名的古驿站。

一碗泉，也是哈密走向木垒河的一个重要驿站。唐时，边塞诗人岑参就抒写过《瞭墩取道一碗泉》一诗：

弯石似径秦劫后，歧途仍与雪山通。
天心自昔昭仁爱，但放睛曦闷黑风。
漫漫荦确触车轮，乏马名滩取义新。
安坐心旌摇不定，路旁翻羡打色人。
河西三峡原非险，险在瞭墩一碗泉。
蟠屈坡陀仍陟峻，马蹄虽乏不曾颠。

道光二十二年（1842年）九月二十九日，林则徐一行途经一碗泉。在一碗泉途中，过一沟口时，因有泉水，可供人马饮用，林则徐一行便在此停车做饭。林则徐看着两个还未成年的儿子，陪着自己风餐露宿到塞外“充军”，受到旅途和生活之苦，便挥笔写下了“携将两个阿孩儿，走马穿林似衮师。不及青莲夜郎去，拙妻龙剑许相随”一诗。

饭后又继续西行，走了三十里，便到了一碗泉驿站。其地临近天山脚下，三面仍为戈壁沙漠，路边有土屋一家，便在此搭锅做饭。饭后继续上路前行，过此地，车马就彻夜未歇，林则徐揭开车帘见月色照天山，万籁无异声，便灵感勃发，著诗一首：“经文园轮引轴长，车如高屋太昂藏。晚晴风定搴帷坐，似依楼头看夕阳。”抒发了夜过此地的感怀心情。

流人刘雨沛于宣统三年（1909年）八月十五日途经一碗泉，他在日记里记载道：

又三十里至一碗泉，住，只官店一，马拨一，泉一，深四尺，人马多则不敷用。草料菜蔬俱无，为关外各站所仅见。距驿十里许，山麓有小湖，有水草，惟行人多不知耳，予骑马侦得之。是日为中秋节，予与张哲培君乘马先到，时将黄昏。午餐未进，腹中作雷鸣，婉商店东购鸡一只，面粉半碗，命从者作面，张君杀鸡，予烧水。逾两小时始熟。店内无凳椅，予等立食之。想高堂二老，家中聚诸弟饮酒赏月，遥忆游子，必愀然不乐。回首江南，不觉洒几点英雄之泪。

民国政府官员林竞于民国六年（1917 年）奉交通部命，来到新疆实地查勘铁路线。民国八年（1919 年）四月二十四日途经哈密一碗泉。他在《新疆纪略》里记载道：

二十日，晚发瞭墩，次早抵一碗泉，计行七十里。

今日向西行。无数沙阜，横於前面。碎石铺地，车马陟降，极为劳顿，盖因雪水冲刷所致也。次早三时到站，有饭店一，邮差破屋一家。其东北隅有井一，井四周砌整段木头，水自戈壁出，二三尺见水，味尚可口。西北地名多系写实，如一碗泉、一棵树、苦水驿、沙墩子、红柳园，硷滩、长流水、破城子等，闻其名则知其地之景况矣。

一碗泉驿——莫里循于 1910 年 4 月 19 日摄

沿途见有步行者甚多，远则京、津，近则陕、甘。身被老羊皮，背负干馍馍，外携饭锅一，水葫芦一。到站，则觅骆驼粪为薪，架石为灶，烧水和馍馍为食。问其何之，则云，往俄国种花花子。花花子即鸦片也。噫！为贪微利，遂至冒风雪，犯烈日，不辞跋涉千万里，亦云惨矣。中有自甘肃固原（今宁夏固原县）来者，问其何以此处独多，则云固原为军队必经之道，差徭繁重，不堪其扰，故避之。然则官差之暴，又甚于风雪烈日矣。按伊犁西行，一站至萨玛，十站至哈喇湖，二十四站至托胡玛克。诸处均宜种鸦片，出塔尔巴哈台至俄境亦然。平时纳租与俄人，每地二十亩，租银十雨。一年种春冬二季，冬花佳于春花，大约二十亩地可获利千两至五百两。去岁俄乱，俄民流离，地均无主，不须纳税，烟民颇受利益，然因乱而惨死者，亦不可以数计。其有获重利归者，夸炫于众，群羡其利而忘其害，故今年愈往愈众。甘省政府杜之于嘉峪关。新省则阻之于星星峡，然皆绕越而进。无已，复堵之伊犁、塔城，一面行文俄领，请其帮助截留，计前后达千人，均送解入关。哀我华胄，谁令致此，思之可叹！

民国十七年（1928 年）一月二十五日，瑞典探险家斯文 · 赫定走过哈密头堡、三道岭、瞭墩等地，晚上住在了一碗泉。斯文 · 赫定记载道：

穿过一片称作九道沟的地带之后，一路进入了天山——时而逶迤蜿蜒，时而平直地跨过几座有着陡直山坡的山脊和赤红的峡谷。

晚上，我们住在一碗泉的一个最简陋的旅店里。黑黢黢的屋子里，房顶上有个洞作烟道，土墙上还留有瞭望孔，屋子干脆就没有门。这个村子里，只有 200 多居民。

从哈密向西沿连-霍（连云港-霍尔果斯）G30 高速公路行驶 127 公里，由右手下路沿戈壁小路向北继续前行约 200 米就到了一碗泉。一碗泉的泉眼隐藏在一个山坡不起眼的低洼处。从这里爬坡步行向北约 200 米有一处住宅的遗迹，现在只有一段残垣断壁的土黄色废墟是驿站遗址，并且已经存在了一千多年了。一碗泉是其所在地方圆百里中唯一一处有水源的地方。而水则是维系大漠戈壁交通的首要条件。正是基于此，当年十六师进军哈密后，首先就在此沿线水源地派驻了驻点守备部队，当然也包括一碗泉，其任务是服务和护送沿途军用和商用车队和人员的来往，防止土匪的侵扰，保护道路的畅通。一碗泉至今没有枯竭，只不过是回归了自然，依然以原始前的形态顽强地继续着自已的生命历程。

在这里，顺便把靠近木垒河的另一个“一碗泉驿”的历史文化也一并梳理了。

从木垒县城出发沿木巴公路东行 10 公里左右，在绿草中有一股清冽的泉水，从碗口粗的泉眼中，款款地漫溢而出，冲刷出一道弯弯曲曲的小溪，向着低洼处缓缓流去。这里便是一碗泉了。

据老木垒人杨万枝说，他的太爷于同治年间随左宗棠的西征军上的新疆，后来落户于木垒河，在此担任农官。他太爷说，那时，一碗泉和东城口建有接官厅（官驿）。接官厅与普通客栈相比，房子要阔绰得多，都是拔廊房，雕梁画栋，很有气派。他太爷还说，一碗泉除有接官厅，还有一座庙。

据记载，自巴里坤至一碗泉共 560 里路，史书记载：“自巴里坤起至一碗泉俗称穷八站，沿途皆戈壁滩，有水有住宿处。不过市井萧条，房屋仄陋较胜于安西州之苦八站。自木垒河至红庙（迪化早年叫红庙子）又名富八站。”

在一碗泉驿站附近，矗立着一座孤零零的烽燧。周围有 5 座小小的坟墓，据说是宁远大将军岳钟琪平定准噶尔激战中，驻守烽火台的五名军卒全部战死在这里。

木垒一碗泉烽火台——摄于 2016 年 7 月

现今的一碗泉村是一个有着 60 多户人家，近 300 人口的回汉杂居的村落。其中回族 165 人，汉族 106 人，全村总耕种面积 1 万亩，人均拥有土地 30 多亩，是全县乃至全州人均耕地面积最大的村镇之一。一碗泉已不是这里人畜饮水的主要水源，但作为曾经养育过一方百姓涵养过一方土地的母亲泉，一碗泉与当地村民的血脉亲情是永远也割不断的。

车轱辘泉驿

1. 爬梳车轱辘泉

车轱辘泉驿，四面环山，道路坎坷难行。驿东有泉，状如车轱辘，因以名之。驿处哈密小南路，行人较多，清初设站，无居民，有胡杨树 2 株、土屋 1 所，供行旅食宿。

据《新疆图志》记载，自七角井“九十里至车轱轳驿（图志作洮赍台，其北白山子有歧路通噶顺、色必二台。光绪五年，由惠井子驿移此）”。

《三州辑略》记载，惠井子腰台（东至梧桐窝台七十里），于乾隆二十五年以前安设，有“兵丁二名、马四匹”。

《新疆图志》又载，清代光绪二十八年（1902 年）列表，车轱辘泉驿安设有驿书一，马夫六，马十二，月支薪粮、工粮、料草、油烛、纸张等项五十四两六钱，岁支银五十九两一钱，合支经费银七百一十四两三钱。

清光绪年间，驿站有客店三家、邮兵二名。至宣统年间，该驿设有官店一所、马拨一处。

民国四年（1915 年），谢彬在《新疆游记》中记述车轱辘驿，“有车店三、官店一。居山峡中，峡长十余里”。

2. 车轱辘泉历史文化钩沉

光绪十七年（1891 年），大学者陶保廉至新疆考察，于十一月二十六日途经车箍轳泉驿站，他在《辛卯侍行记》里记载道：

二十六日，自一碗泉西行，七里逾墈四，车播甚。十一里下平坡。二里盘旋陂陀间，沙阜夹路如门，又下坡。二里升长坡。十九里多沙山，渐降。二里折北。五里入峡。三里向北上坡。一里折西北。

三里转西至车毂泉驿，四围皆山，无草木，无民居，只一旅店。镇西厅同知兴国易研堂寿崧来迓，饭后西北行。八里出山峡西行，平旷。东北有歧路。（皆山径，七十里陶赖沟。又东六十里上肋巴泉。

民国六年（1917 年）三月，北洋政府特派员谢彬前去阿尔泰调查财政情况，十二日途经车轱辘泉驿，他在《新疆游记》里记载道：

十二日晴，寒甚，仍大风。上午十时，冒风发一碗泉，西行。

扣帘静卧，莫敢外窥，惟觉升降坡坨，车时颠簸。风吹砂石，击车篷如雨雹而已。二十里，入鄯善界。三十六里，车箍轳泉，御者苦寒，曳马力竭，遂止宿焉。是日行五十六里。车店三，官店一，居山峡中。峡长十余里，山皆不毛，南山岩石，壁立多窍，玲珑可观，自店遥瞩，颇似陕西郜州水帘洞鄯善营长马存德来迓，谓山南刮风愈大，山北雨雪愈深，日来如此大风，中路所经之大石头地方，不能行车，公须改道鄯善、吐鲁番进省云。

十三日晴，风稍小。上午八时，发车箍轳泉。

西北行，出山峡，下长坡，走沙碛中。一望平阔，寻人草地，广长皆数十里，可垦地万余亩。惜微有卤，多胡桐，高不及丈，根则合抱，枝干虬曲，只中柴薪，塞外小树也。土人讹呼为梧桐，岁经樵采，枯薪弥野。抵七角井，宿。是日行五十八里。

民国十七年（1928 年）二月十四日，中瑞西北科学考察团瑞方团长斯文·赫定一行途经车箍轳泉，他在《亚洲腹地探险八年》一书里记载道：

第二天一早，又刮起了西北风，天上彤云密布。风呼啸着扑打着车篷，尘烟在马和车轮的后面打着旋儿。一队蒙古卫队走在我们前边不远处。……在一条叫“车轱辘泉”的窄窄的山谷里，队伍停了下来。谷底有几间废弃的棚屋。宿营之夜，不知是谁总在大声地朗读冯·勒柯克的作品《东土耳其斯坦的希腊遗迹》。

据新疆哈密史志记载，1950 年，解放军六军十六师四十六团一营一连驻防七角井一带剿匪。4 月 1 日，赶赴七角井向驻防官兵进行战斗动员的十六师副师长罗少伟一行六人，途径距红山口 22 公里的车轱辘泉，遭到乌斯满匪帮的伏击，包括罗少伟在内的五人壮烈牺牲，一人被俘。从此，车轱辘泉这个光秃荒芜的山岭，便与革命烈士的英名一起记录在了史册里！

七角井驿

1. 爬梳七角井

七角井，古称“七个井子”，远古时，这里就有人类繁衍生息，至今还残存着许多故城、古墓、石器遗址。唐代著名的“罗护守捉”就设在这里。它四面环山，地势险要，为伊吾南路交通要塞。它的西南是通高昌的必由之路；西北经赤谷（色必口）可达奇台故城；北经噶顺沟，与丝路新北道汇合，接镇西芨芨台驿站。

据《新疆图志》记载：“七角井驿（自此西北行六十里为黑山子，又三十里为白山子，距噶顺废台三十里合于北路巴里坤大道。七角井西行入天山峡，有间道通古城，即今通行之小南路也）。”

《新疆图志》又载，清代光绪二十八年（1902 年）列表，七角井安设有驿书一，马夫七，马十四，月支薪粮、工粮、料草、油烛、纸张等项六十二两四钱，岁支银六十八两九钱五分，合支经费银八百一十七两七钱五分。

七角井虽然环境恶劣，却是丝绸之路上的一个重要驿站。

唐代，七角井建有烽燧和城堡，为伊州西部兵镇要地，历代兵家均设于此。据史料记载，清末，七角井驿驻“经制一员、马队一棚，有大小店四家、井十眼，水深四尺。”

清宣统三年（1911 年），温世霖在《昆仑旅行日记》中记载道：“旅店三四家，马队一哨，饮水既好，燃料亦多。”

2. 七角井历史文化钩沉

道光二十二年（1842 年）九月三十日一早，林则徐一行离开一碗泉，走过芨芨槽子，此处已离一碗泉四十里之遥。林则徐在日记里记载道，又西行十五里后到达车毂泉，方才日出，就在此停车搭锅煮粥做饭。饭后又行七十里到了七个井子（即七角井）。此处只见到一些残壁断墙，并无容脚之所。据闻，原有民房数间和关帝庙一座，都被宜禾（伊吾）县令拆毁，因而，只能在一处残墙旁搭锅做饭。

在此，林则徐还遇到了一位姓朱的江西南城人，从伊犁和乌鲁木齐雇车贩运鹿茸回建昌，途经此处。与之交谈，足见此商贩亦见多识广，对新疆的事甚为熟悉，谈来头头是道，特别是从伊犁到兰州这一路，说了许多闻所未闻的新奇事情，使林则徐的两个儿子听得兴致勃勃。饭后，林则徐与其拱手告别，就此各奔东西。

林则徐所乘车马在此转向朝北而行，逐渐进入天山峡谷，只见两旁群山如林，陡壁千仞，谷中山道崎岖，乱石满地。进以后天色逐渐变得阴沉起来，浓云密布，犹似山雨欲来之势。不久，便纷纷扬扬下起雪来。而峡谷两旁又无驻车之地，只得勉强前行。走到半夜，雪下得越来越大，路面积雪也越来越厚，而峡内山路崎岖，层峦叠嶂，白雪茫茫，不辨路径。两个儿子一左一右紧紧护在林则徐身旁，怕遇野兽侵袭，如有险情即可保护父亲。父子情深可见一斑。

车马在白雪皑皑的山谷中曲曲弯弯走了六十里后，到了一地名叫黑山子的地方。此处设有兵卡一间，检查过往行人，查卡者请林则徐进屋烤火取暖。因其地寒冷彻骨，虽身穿皮袍仍难以拒寒，尤以一路困顿，人马俱已疲乏不堪，只能在此驻车停顿。在卡房借用炉灶做饭而食以后，才觉身上暖和过来。两个儿子从未受过如此寒冷磨难之苦，林则徐唯有鼓励安慰，此时的林则徐既心痛而又无奈。

十月初一，林则徐早起推门外看，只见车停在山峡之中，四周积了半尺多的雪，车马都被白雪覆盖，马也只露出了两只耳朵。林则徐一行在卡房内做饭，幸卡房尚存有木柴可用作燃料,饭后见天已放晴,就又上车而行。但积雪皑皑不辨路径,“且陂陀登降,峡路蜿蜒,欲迷者屡矣”。林则徐见此情景，有感而发，便著诗一首：“积素迷天路渺漫，蹒跚败履独禁寒。埋余马耳尖仍在，洒到乌头白恐难。”

光绪末年（1908 年）十月八日，芬兰探险家马达汉一行考察完吐鲁番后，从鄯善经过七克台、盐池、梧桐窝子，又岔到了七个井子这条道上。马达汉在《西域考察日记》里记载道：

就在昨天，开始刮起了强烈的暴风，马车行路极度困难。我不得不放弃了今天的行程要过七角井客栈的打算。七角井是我们上山之前最后一个有水的站点。……客栈就建在山谷的东北边缘。

……七个井子站是四条道路的交汇点，即：从古城到哈密的大路；通向吐鲁番的路，这条路上的来往车辆较少；通过托勒达坂到“北路”和巴里坤，这条路很少有人走。这里有三家客栈、一个哨所和一个马跑站。哨所的 4 名骑兵是从瞭墩梁子派来的。过往旅客可以从 4 口井里取得足够多的带咸味儿的水。从 10 月到来年 2 月下雪，积雪厚度一般为 4 ～ 6 寸。从西边刮来的暴风非常强劲，在春秋季节很常见，每个月总要刮好几次，有时候一刮就是好几天。冬天也有暴风，夏天则很少。每年来往经过这里的骆驼约有 20 000 峰，马车约 3 000 辆。经过吐鲁番的道路只有在冬天才用。听说冬天大石头的雪很多，所以从 11 月到来年 1 月这段时间，通古城的路不能用。

宣统二年（1910 年）四月十五日，《泰晤士报》驻华记者莫里循来到七棵井子（七角井），莫里循在这里拍摄了用石头垒墙的、位于群山之中的七棵井子驿站，拍摄了穿羊皮袄和羊皮裤子的差人。第二日，莫里循又拍摄了荒山之中去头水路上的行旅者、头水的驿站、南北岔口的界碑，碑文为：“右至小南路，左至梧桐窝。署理镇西直隶抚民厅寻选立。”

七角井驿站——莫里循于 1910 年 4 月 15 日摄

小南路南北道分岔处——莫里循于 1910 年 4 月 15 日摄

谪戍新疆的原清军绿营兵把总刘雨沛于宣统三年（1911年）八月十六日途经七角井，在其《西戍途中日记》里留下了七角井的文字记载：

又二十里七角井驿，住。至迪化南北两路，由此而分。是处井七眼，以树根为井圈。客店四，马拨一所，马队一棚，电卡一所。

十七日。七角井军扩易马来，马夫不知予等为将校也。极言其马之不驯，恐予等不能骑。予不平其言，欲据鞍顾盼以示之，继思为将校者，当马蹂五洲，鞭挞列强，以扬国威，区区马术，乃匹夫之勇，将校之余绪，不足道。若躬与马夫较优劣，不失吾雄杰伟大将校之身份耶，遂中止。予乘一菊花青马，甚快。张君乘马夫所谓好马者，尚追不及予。遂西进上缓坡。

特派员谢彬于民国六年（1917年）调查新疆财政时，三月途经七角井，他在《新疆游记》里记载道：

（十三日）抵七角井，宿。是日行五十八里。

民店四，官店一，民居三，汛兵十。西北数里，有官开坎井一道，水源极旺，可灌地四百亩。膳后与烈夫策马往观其工程，初见一大涝池，置闸便积放。旁有屋，居农官，司闸之启闭。其上承水渠，长百余丈，流声淙淙。更上则数丈一井，次第低降，通以阴沟，上掩沙土，以防壅塞。操工者云，井愈多，水源愈旺，有连缀至十余里者。好井三年一淘，劣者岁须修治。

《汉书·沟洫志》载：引洛水井下相通行水，即是此类，新疆多有之。傍晚，奇台县役来云，大石头雪深阻车，气候严寒，有二苦力经其地，足皆冻裂，现匍匐行返木垒河医治，然残疾已成矣。自哈密赴迪化，大道凡三：北出南山口，经镇西、奇台为北路，天山积雪，寒威凛人，行宜于夏。西至七角井，经鄯善、吐鲁番为南路，道旁火山，夏令酷热，行宜于冬。而自七角井西北入天山，经头水，至色必口，合于北路，俗呼中路，又名小南路，虽深邃逼窄，而沿途不甚荒凉，旅行多出于其途。今为雪阻，莫能经由，中心甚悒悒然也。

民国八年（1919年）四月，民国政府要员林竞查勘新疆铁路线时，途经七角井，并记述道：

……21日，早发一碗泉，夜宿七个井，计行一百零三里。

上午十一时发，西偏北行。过大坡一次，过小坡一次。五十五里，至车毂辘泉，入鄯善县界，小店二，无人家。店已被东来之军队先住，井水亦被饮竭。塞外行路视水为最重，无论移民、行军，此节最宜注意。本站处在石山峡内，四面不见一草，南北山至此形势逼近。北山为天山之正干，南山乃由西北面七个井天山之正干分支，东南趋经此地，再趋至四堡、五堡而止。此间有支路：东北七十里，陶赖沟。又东六十里，上肋巴泉。七十里，苏吉。九十里，镇西县。

由车毂轳泉发，行石峡，峡长十里。出口即茫茫戈壁，大山远趋，地势愈前愈低，成一大坡，直至七个井而止。四十八里，七个井，住。哈密至此计四百四十一里。

七个井四围，山势紧抱，北面天山正干，由西而东，趋巴里坤。自旁分支而南，又东南绕七个井之南，复东北至车毂辘泉与正干会，然后复东南至五堡而止。故七个井遂形成一大平原，地面多硷滩。前两年，官厅先后掘坎井二口，今年复掘两口，每井费银三千至四千两。有缠回三家，包作此项工程，闻每井工人需十人至二十余人。又有汉人三家，在此设车店。今年以坎井水出，店墙冲塌，不能居人，现拟再徙西北二里许，重建房屋。余等今日均住缠民家，其房屋之清洁，远胜于汉人。此地四围皆产胡桐，其泪可医马腹。闻去岁将开井，人谓恐无水。或云，既产胡桐，下必有水，验之果然。此树干粗而中空，不能成材，南路有用作济人之具者，此间惟供柴薪而已。新疆杨省长拟于此地多开坎井，招人开垦，以备将来设立县佐。然附近居民太少，地又多硷，成聚甚难，故在二三年内，尚无望也。

民国十七年（1928 年）二月十一日，斯文·赫定途经七角井，在其《亚洲腹地探险八年》一书中记载道：

2 月 11 日，顶着峡谷里的晨雾，映衬在那如画般迷人的明暗对比之中，队伍继续沿着曲折的山道上路了。谷底有的地方宽约 20 米，两侧的山坡斜伸上去，约有四五十米高。走着走着，谷地渐渐展开，通到了一片像壶口一般的平坝。大约在这块平原的中部，有个叫“七角井子”的村子。队伍又在这里停了下来。村子里有个电报局，此地还有个岔路口——有边的路继续穿过古城子到乌鲁木齐，左边的路则通向吐鲁番。

民国二十三年（1934 年）二月十四日，斯文·赫定再次途经七角井，他亲眼目睹了战乱造成的凄凉景象：

(2 月 14 日）下午 1 点，车队来到了七角井。

此处是军队的一个大据点。新建的围墙有两个门，院外拴着几匹马。路在这里分岔了，一条伸向古城子，另一条通往鄯善。

村外有一座塔一处中国寺院，村中一派凄凉的景象，街上到处是死尸和破衣物，证明这里刚刚打过一场遭遇战。卫兵的头领说，不久前，附近山中的哈萨克人曾下山杀人抢劫，因此，他考虑每辆卡车上再加两名卫兵，护送我们走过这 20 多里的危险地带。

原全国政协副主席、轻工业部长李烛尘曾于民国三十一年（1942 年）率团考察西北盐碱，十二月十四日途经七角井，在其《西北历程》里记载道：

行近七角井，时正黄昏日落，见路旁地面之下，均埋藏着一层雪白之盐。此地有东、西两盐池，东盐池因天晚未见，西盐池当于明晨经过也。一行于晚间七时始抵七角井之招待所，其时已有俄国运输车数十辆，及司机数十人先我等至，但静肃无哗，若不知其有多数人在焉者，深以自惭。招待所招待其殷勤，公安局长亦来。是日经过之地，有三堡、三道岭、瞭墩、一碗泉、车辂泉（疑为今车鼓泉）、东盐池、七角井等，但均不过人家三五，颓废不堪。

从哈密市沿 312 国道向西二百公里，便到了一个叫红山口的地方，从这儿拐下国道，在戈壁滩上向北十三公里，就到达七角井，早在千余年前，它就已经是丝绸之路上的一个驿站了，是重要的交通要道和屯兵重地，至上世纪 40 年代才衰落萧条。抗日战争期间，七角井成为援华物资的一个“中转站”，负责接运各国援华物资和接待来往车队。1950 年改设为七角井中心区，由哈密地区管辖。1984 年成立七角井镇，七角井镇下辖五个居委会和一个村民委员会。居住着汉、回、维吾尔、哈萨克、满、俄罗斯等民族，主体民族为汉族，总面积 10 390.9 千米^2，总人口 2 309 人。

色必口驿（头水驿）

1. 爬梳色必口

色必口，清代驿站，在今新疆木垒哈萨克自治县以东 100 公里处，为哈密之西“穷八站”之一。

据《新疆图志》记载：“头水驿（西三十里为色必口，旧有色必废台。光绪二十九年移驻于此，土人呼为头水沟。旧时距三泉腰站四十里，为磐安驿，又六十里为磐安腰站，即色毕沟地）。”

自七角井“三十五里色必口（即色毕沟，旧设盘安腰站，开省后，改色必口驿。光绪二十九年，移设于头水）。由此分道，一东南行三十里至头水驿（官店一、小店一，讯兵十。水微苦。自戈壁头至此，径路在乱山中），接北境鄯善官道（距七角井驿九十里）。一东行三十里至噶顺沟北山庙，接镇西西境官道（距芨芨台驿三十里）。”

《三州辑略》记载，有色必营塘（至噶顺塘八十里），安设于乾隆四十二年以前，有“兵丁八名、马八匹。”

《新疆图志》载，清代光绪二十八年（1902 年）列表，色必口驿安设有驿书一，马夫七，马十四，月支薪粮、工粮、料草、油烛、纸张等项，六十二两四钱，岁支银六十八两九钱五分，合支经费银八百一十七两七钱五分。

又载，乌兰乌苏台以东六十里至色必台，乌兰乌苏塘以东六十里至色必塘。

在清代，色必口是一个小驿站。色必口为群山环抱，没有树木植被，没有村落人家，一年四季风雪严寒。

色必口驿——莫里循于 1910 年 4 月 16 日摄

在“穷八站”古驿中，色必口是极其特殊的一个。丝路北道是一条清代连接内地与西域的官方驿道，越过苏吉镇，穿过天山丘陵的西行旅途，必须经过古驿站——色必口。从天山以南的七角井折向北行的驿道，与离开巴里坤县城一路西行的大路正好交汇在色必口。所以，色必口是丝路北道的行旅躲不过去的驿站。

清代，路经色必口的废员名流有林则徐、洪亮吉、史善长、裴景福、李銮宣、颜检、陈庭学等人。

2. 色必口历史文化遗存

2009 年全国文物普查，木垒县文物普查队在色必口一带发现有细石器遗址、古堡遗址、烽火台遗址和驿站遗址，引起了人们的高度关注。

色必口驿站遗址：共分三个单元单体。

第一单元呈方形，南北 45 米，东西 43 米，有院落、屋体、院墙、壕沟四部分。第二单元距第一单元 100 米，呈长方形，东西 30 米、南北 20 米，现仅存院落墙体痕迹。第三单元紧邻第二单元东侧，仅存屋体痕迹，三面为房屋，中间为院落，向东留有门道。在遗址四周，采集到青花瓷片和清代钱币数枚，有康熙通宝、乾隆通宝、咸丰重宝。由此可推测，该遗址为清代遗址。

色必口驿外墙（头水驿）——莫里循于 1910 年 4 月 16 日摄

石垒碉堡遗址：此遗址共由 5 处组成。南端为碉堡，呈圆形，直径 7 米。东南 5 米坡下有石块干垒墙体一道，以邻碉堡。沿坡走向有石垒墙体两道。有内堡和外堡组成。南面坡下 10 米处有石垒墙体一道，两端为半圆形状。坡下 100 米处有掩体 3 处，山体较为低矮，修筑石块垒砌墙体一道。最北端有掩体 5 处，距碉堡约 2000 米，以山险墙为面，垒砌墙围 8 处，有方形和圆形组成，并接用山险墙为段，修筑石垒墙体 2 道。5 处石垒墙体总长约 2000 米，墙体高 0.6 ～ 1 米，宽 0.5 ～ 0.8 米不等。沟谷有地窝子 10 个。

据当地老乡介绍，他家孩子放牧时曾捡到许多铁质三棱、柳叶形弓箭箭头。根据周边地理位置、遗迹和遗物分析推测，该遗址为一处军事设施，年代应为元代至民国。

烽火台遗址：遗址坐落在谷地缓坡中部，烽体现已坍塌，结构已无法辨认，现仅存一堆土，形状为圆形，堆土底径 6 米，残高 1 米，裸露于地表上。根据周边其他遗址推测，该遗址为清代建筑物，与色必口古堡、驿站都有一定的关系。

3．名流笔下之色必口

色壁口，即色必口。也是清代重要驿站，在木垒以东 80 公里处。

据说在“色必桥”一侧的山崖上，曾镌刻有林则徐的诗句：“天山古雪成秋水，青史凭谁定是非。”这是道光十九年（1839 年）曾任两广总督的嘉庆进士邓廷桢从伊犁释回时，林则徐特意写的送行诗中的两句。这是清末民初路经色必口的行旅为纪念林则徐而镌刻的。

道光二十二年（1842 年），林则徐蒙冤流放新疆伊犁。九月三十一日，抵达色必口。

此处四周群山环抱，重峦层叠。色必口有店两家，店家见有来客，十分热情地接入店内，林则徐父子在店里吃了一顿洋芋炒羊肉的拌面。又行十里后到了色必桥，此处有干河一道，荒凉的路旁有数户居民在此居住。过此桥后，道路越来越差，砺石满途，坎坷不平。林则徐在日记里记载说："过此陂陀尤多，有一坡殊陡，索费马力。"

在林则徐之后的半个多世纪——光绪二十二年（1896 年），广东海南知县裴景福流放新疆，他在《河海昆仑录》中描述了色必口：

至大石头，住官店。民店二，略宽。马号在官店之西侧。涧水甚甘，冰厚三尺。出头水沟西北行，山峡渐开。三里，右山尽，左有小山三四峰，路如沟。五里，渐至平地，右有长岭。十里，左山渐平，右山渐近。上坡，多碎石。十里，渐平旷。向北行二里，至色毖口（《壬寅日记》作"色壁口"），两山并起，左山下有营垒，如小堡。下坡，入峡仅容一车，山根多大石。西北行五里，下坡，两山渐伏。

20 世纪 30 年代，瑞典人斯文 · 赫定在勘测新疆公路期间，同时兼有一个任务——在哈密七角井以北到木垒河之间，寻找德国探险家汉森的下落。民国二十二年（1933 年）九月，汉森来到七角井，计划通过色必口前往木垒河，但离开七角井之后，就失去了踪迹。最终，斯文 · 赫定也没有找到他。

如今在色必口，已没了残存的驿站遗迹。林则徐吟诵的"古戍空屯不见人，停车但与马牛亲。早旁一饭甘藜藿，半咽西风滚滚尘"的色必口驿站，就这样从丝路北道上消失了！

色必口驿的遗址已隐没了，但山梁上的军事堡垒却清晰可见。那个耸立在山梁上的要塞石垒，不知是同治年抗击白彦虎，还是民国年军阀混战时垒的。

大石头驿

1．爬梳大石头

大石头，清代驿站，在今新疆木垒哈萨克自治县以东 80 公里处，为哈密之西"穷八站"之一。

据《新疆图志》记载，自阿克他斯"九十里至乌浪乌苏驿（即大石头，旧时，乌浪乌苏军台在戈壁头，距今大石头七十里。光绪九年移驻，仍沿旧名。"乌兰"改"乌浪"，以别于绥来属之乌兰乌苏驿也，此驿今移置大石头，而名沿其旧）。"

又载："四十里大石头，即乌浪乌苏驿（旧名盘安驿，……官店、民店二。涧水甜。有支路，东北行一百四十里至卧龙，民居一）。五里小石头……"

《三州辑略》记载，盘安驿（东至盘安腰站四十里），于乾隆四十一年安设，有"驿书一名、马夫二名、马四匹"。

有盘安腰站（东至巨沟驿六十里），安设"马夫一名、马三匹"。

有乌浪乌素营塘（至色必塘六十里），安设有“兵丁十名、马十匹”。

《新疆图志》载，清代光绪二十八年（1902年）列表，乌浪乌苏驿安设有驿书一，马夫七，马十四，月支薪粮、工粮、料草、油烛、纸张等项银六十二两四钱，岁支银六十八两九钱五分，合支经费银八百一十七两七钱五分。

在清代，大石头是一个较大的驿站。大石头原为乌兰乌苏属地，历史上为北疆地区通往关内的咽喉要道。因道路两侧有大石（俗称石头山）矗立，故名大石头。

清军绿营兵把总刘雨沛是宣统三年（1909年）八月十八日途经大石头的，他在《西戍途中日记》里记载道：“又五里过山至大石头，住。客店一、官店二、马拨一、关庙一、马兵一棚、小店二家，卖油、酒、面食及菜蔬。居民一家，种田十亩，水泉清冽。大石头亦名乌兰乌苏。”

大石头曾称“乌兰乌素”，清代行旅洪亮吉、裴景福、陈庭学、颜检、李銮宣、史善长、方希孟、宋伯鲁、林则徐等人的行旅诗文中，都描述了此地。

大石头驿——莫里循于1910年4月17日摄

1910年4月17日，莫里循拍摄了位于峡谷山口的大石头驿。驿站的墙有“干打垒”和石砌的两种。驿站后面另有一个像似屯庄的土围子，有门楼，四围的高墙有完整的马面垛口。在驿站附近的坡头上，有一小小建筑，似一座寺庙。此外，莫里循还拍摄了坐在圆顶小屋旁一边吃着馕一边等待被雇用的维吾尔族轿夫。18日，又拍摄了骑在驴背上的甘州道士。

2. 大石头历史文化遗存

这里历史上为要塞。据老木垒河人马成福说，他的父亲曾于民国初年在大石头开过店，并兼营兵站，为来往军队供应草料，草料是通过古城子挑拨和运送。

他的父亲曾经一度富过。住宿费和草料的收入固然是重要的富裕来源。有好多商贾的骆驼、牛马到大石头后便累得不行了，商贾就将它们扔给他父亲不要了。他父亲精心喂养后，那些牲畜渐渐上了膘。后面来的商贾，又高价从他父亲手里买走。他父亲的那一辈老弟兄中，有一个染上了大烟，一杆小小烟枪不知把多少牛马骆驼吸进去了。

民国二十二年（1933 年），匪乱，马家的牲畜等全部家产被抢、被焚，经营多年的家产毁于一旦。马家人跑到古城子，在南门外落脚后，靠割芨芨卖钱维持生计。

民国二十三年（1934 年），马家人又回到木垒。这时的大石头驿站已经废弃，从此再未恢复。

大石头驿站遗址——摄于 2016 年 7 月

驿站遗址位于大石头乡政府西约 15 千米处，面积约 10 000 米^2，在木巴公路南侧，分为两处，一处南北长 77 米，东西宽 45 米；另一处南北宽 61 米，东西长 68 米，驿站院落、住房、院门遗址都很清楚。地表面两座遗物均有黑釉陶片、青花瓷片、灰色筒瓦、兽头瓦当，清代钱币等。均为清代典型的生活用具，因地处交通路线，故为清代丝绸之路北道上接待往来官员及客商的驿站。

清代以后，又把烽燧称之为墩台，据《新疆图志》载，三十里大墩是戈壁头军台旧址，也是北新道东路七站之一，曾设官车局，光绪九年（1884 年）移驻大石头军台。从墩台挖出的文物推断，三十里大墩为唐代所建。现烽燧基部略呈方形，正立面为梯形，现残高 5.7 米，底宽 4.3 米，顶宽 2.5 米，夯筑，夯层厚 11 ～ 12 厘米。

三十里墩烽火台——摄于 2016 年 7 月

在大石头附近的山峰上，修有碉堡，并有较深的战壕，通过道路与两座碉堡相连接。这里原是驻军营房的遗址。从此处向南跨过小溪，前面平地有不少庄院遗址。建国初，解放军部队 49 团一个连就驻守在大石头，平台上是哨所，与两个碉堡成为三角形。

3. 名流笔下之大石头

乾隆六十年（1795 年），曾任刑部主事、奉天司郎中、山西路安州知府、蒲州知府的陈庭学在谪戍新疆释还途中，途经大石头，著《大石头》诗一首：

夜雨萧萧孤馆闻，晓风并为扫凉氛。
蛛抛残网虚韬迹，鸟斗高云互出群。
边路近山寒暑变，层峦浮霭淡浓分。
荒原树断行人少，载我车中看野云。

但凡从木垒河到过巴里坤的人都知道，过了大石头，沿途除了干涸的群山，就是一望无际的戈壁。越往东，海拔越高，气候越冷凉，巴里坤甚至五六月或八九月都有落雪的可能。从这一自然环境特点去阅读陈庭学写的《大石头》，就不难理解了。住在驿舍的诗人，听到蒙蒙雨夜中的萧萧雨声敲打着孤独的驿馆屋顶，他的心里别有一番感慨。拂晓时，吹来一阵下山风，将暑热一扫而尽。驿馆墙角的蛛网被风吹得藕断丝连，三三两两的鸟群好像也怕风似的，飞入高高的云彩中。道路越靠天山近，天气的寒热变化就越大。过了大石头，荒原上既不见树，也不见行人，唯一能看到的便是天边的野云、荒山和无垠的戈壁。

流人洪亮吉于嘉庆五年（1800 年）途径大石头时著有《发大石头讯》诗一首：

天山界画分半空，白雪自白云光红。
马蹄斜上雪飞尽，衣袂飘入云当中。
连峰中断邮亭坏，此是奇台镇西界。
平沙日午卷北风，数点牛羊落天外。

从诗中，我们能感受到此地自然环境的恶劣。大雪飘飞，北风呼啸，刮得人衣袖飘飞，连邮路都中断了。作者还点明大石头是镇西和奇台的交界之处。从“数点牛羊落天外”的诗句中可以看出，当时的大石头虽然荒寒，但有牧人在这里定居生存。

林则徐是道光二十二年（1842 年）十月初二日到大石头的。

当时，大石头有居民数十家，并有行馆一处，尚为宽敞。此地为驿站，属奇台县管辖。奇台县令博忠阿（系蒙古族人），已提前派员在此等候林则徐多日。见林则徐一到，随即迎至行馆具膳，使林则徐十分感激。足见林则徐在爱国官员中威信之高，无人不敬。林则徐本想饭后继续前行，但天又下起了大雪。路途茫茫，他和两个孩子只能在行馆中落脚，待雪过天晴后再上路。半夜时分，积雪已达尺余，仍纷纷扬扬下个不停。行馆卧榻十分干净，是博县令派人安排的，火盆暖暖，林则徐与两个孩子共寝一榻，免受了一次露天宿车之苦。

十月初五日，早晨天已放晴，阳光普照，车马离开大石头行馆继续西行。林则徐在日记里是这样记载的：“此处高岗平原一白无际，马没蹄，人没踝，免行三十里，地名戈壁头，回语谓之乌兰乌苏。”天不久转阴，又要下雪了，幸此地有店三家可供食宿，御夫请求休息，因而停车住店。众人进店要了当地的小吃“洋芋拨鱼子”。此饭是用土豆粉加水用手搓制而成，可干拌吃，也可做汤饭，口感很好，林则徐父子从未吃过，食后极为赞赏。

此处既非山峡，也非沙漠；一无林木，二无耕地，是一片极为荒凉的丘陵地带。林则徐想起乾隆进士洪亮吉在遣戍伊犁途经此地时写的诗：“乌兰以北地不毛，极目千里无秋毫。穷荒鸟亦拙生计，啄土饮雪居无巢。”从诗中，林则徐读到的是当时大石头的一些自然与文化的信息，即荒凉、贫瘠，连乌鸦都难以生存；店主欺客，野兽欺人，旅人想用弓箭射那些嚣张的野兽也射不着，回来气得肚子鼓。处于穷八站的大石头客栈，并不供应膳食，吃的由客人自带，最多供应点开水，柴草也相当贵，无论柴和草，“一握三分”，即双手一捧便索价三分。给客人提供热炕一夜宿费虽无记载，估计也够呛。

是晚，林则徐仍与二子卧宿车上，勉度风寒一夜。

林则徐父子走过大石头时，天不时地下着大雪，车把式让大家走在马车后面，林则徐不明白，便问其原因。车把式说，吆车人有个规矩叫“冬不走前，夏不走后”，因为冬天走在前面，雪很深，走路很费劲，跟在马车后面会省去许多脚力。夏天走在后面，蹚土满路，人要吃土，所以要走在前面。

林则徐听后连说，有道理，有道理。真是让人又长了见识。

光绪三十二年（1906 年）四月初二日，流人裴景福至大石头驿。他在《河海昆仑录》里记载道：

大石头附近，夏月常风雪，极冷。甲辰四月，有八人同行，忽大风至，奔避路旁小庙，相隔数十步，竟倒而毙。戈壁经常有这样事发生。凡冻人手足，血肉凝结如石，急取冷水浸之，颇觉温温然，须臾，水中皆冰而后苏，若骤近火，则手足堕落，多不救。

光绪三十三年（1907年）三月初三日，军旅诗人方希孟途经大石头，他在《西征续录》里记载道：

……又十里至大石头，宿。官店一，民店二。越色必口至乌鲁木齐，仍行军旧道云。

初四日，三十里至戈壁头，旧为穷八站之一，今站移于大石头。又九十里至三个泉，有防军一哨驻焉。哈萨克畏俄之虐，逃赴奇台山中游牧，好窃牛马，居民苦之。马将军新于汉沟、东墩、纸坊等处，增设卡伦，稽察甚严。然荒漠穷山，头头是道，防范实难，村人乃设羊头会以为备。哈萨克、布鲁特为西疆两大部落，布鲁特十八部半入于俄，哈萨克亦多隶之，然至今心犹内向。是在将军都统善为抚恤，勿令更生叛心，以长俄人气焰，前上十议已及之矣。余往年从军宿此，夜半，大风雨，万帐尽拔，仅陇上有一垒，避入其中，今则有居民三五家矣。是日行一百二十里。

宣统元年（1907年），方希孟又一次途经大石头，并著有《大石头》一诗：

连峰百里尽枯云，白草茫茫日又曛。
大漠鸟飞秋少见，荒天鬼哭昼常闻。
欲寻佛洞岩犹隔，待访侯碑路已分。
差喜山南新堠辟，松关柳谷两无勤。

大石头驿，位于木垒河以东160里处。侯碑，即姜行本纪功碑，也称侯君集平高昌碑。唐贞观十四年（640年）五月，西征军到达哈密，为讨伐高昌王国，命姜行本率部北越天山，在松树塘制造攻城武器冲车和抛石机。试制成功后，刻石纪功，故有了如今的“姜行本纪功碑”。作者描写了大石头白草茫茫、赤日无树、少见飞鸟的荒芜。在这里，虽然没有访到佛洞和纪功碑，但听说在天山以南已开辟了新的烽堠、卡伦和驿站，使天山南北有了很好的军防保障。

北洋政府特派员谢彬是民国六年（1917年）四月途经大石头的，他在《新疆游记》里记载道：

4月23日，午后发头水，次早抵大石头，计行六十里。

大石头有车店二，小店三，卡兵数名，西北有武庙一所。北有山沟，长四十里，有泉下流至店前，又折西灌溉田地，沟内有庄民数户。沟尽，再进数十里，即为蒙古及哈萨克游牧之处。今日道路由色必口以东，多硬沙地，车行甚稳，其西则多顽石当道，车摆甚。

民国十七年（1928年）元旦刚过不久，瑞典探险家斯文·赫定正行走在哈密沙漠里时，收到了来自大石头的考察队员海德的信件。信中说，他在大石头的路上，打了6只瞪羚。

还看见了一峰野骆驼。路途有时没有水，因遇狂暴风雪，先后有 10 峰骆驼也冻饿死在路途中。前进速度很慢。给养已用完，无奈，杀了两峰骆驼充饥。后来，才见到了牧民，买了面粉、糖和羊只。到达大石头驿站时，又死了一峰骆驼。

如今，大石头乡是一个哈萨克、汉、回、维吾尔、乌孜别克和塔塔尔等民族组成的乡镇，2010 年统计人口为 8222 人。大石头历史上就有汉族人居住，有些老地名遗留至今。现在被称作“江湖里”的地方曾有张户人家居住过，应为“张户里”，被音误为“江湖里”。另在乌尊布拉克处有一处小坟园，人称“赵家坟”。早年，这里称作“赵家庄子乡”。还有诸如“东地”、“西地”、“穆家地沟”等，均为汉语地名。

二十世纪九十年代中叶，大石头乡政府搬迁到距离木垒县城仅 20 公里的戈壁，人们提及原来的大石头时，就称为“老大石头”了。

三个泉驿

1. 爬梳三个泉

最早设置的军台驿站，有木垒县境的大石头、三个泉（阿克他斯）、一碗泉、色必口、木垒河、东城口等。

据《新疆图志》记载，自一碗泉“五十里三个泉，即阿克他斯驿（旧名三泉驿，官店一，车店二，民居一，驻把总。沿途多坡阜。康熙五十一年，和硕额驸阿击败准噶尔于阿克他斯。即是地，也有支路，东南行一百里至穆家地沟，逾山达于鄯善境）。九十里戈壁头（旧名三泉腰站，官店一，即数十年前台车废局。地乏水取汲。远在六七里外曾掘井至十余丈，无泉）”。

另载，自木垒河“九十里至阿克他斯驿（即三泉驿，又名三个泉，旧阿克他斯台移设于此。故为驿名。由此东九十里，旧设三泉腰台。按，即唐时独山守捉地）”。

《三州辑略》记载，三泉驿（东至三泉腰站九十里），于乾隆四十一年安设，有“驿书一名、马夫二名、马五匹”。

有三泉腰站（东至盘安驿三十五里），安设“马夫一名、马三匹”。

有阿克他斯塘（至乌浪乌素塘九十里），安设“兵丁十名、马十匹”。

《新疆图志》又载，清代光绪二十八年（1902 年）列表，三个泉驿安设有驿书一，马夫七，马十四，月支薪粮、工粮、料草、油烛、纸张等项银六十二两四钱，岁支银六十八两九钱五分，合支经费银八百一十七两七钱五分。

当时，大石头、三个泉、一碗泉、色必口、东城口驿站中，三个泉驿站规模最大，它位于博斯塘乡三个泉村之南、木垒至巴里坤公路两侧。

三个泉驿站，当地原称“阿克他斯”，含义“白石头”。最初没有定居者，伴随军台驿站出现。之后，三个泉很快形成了一个村落。

三个泉驿站，建于清代，毁于民国二十二年（1933 年）。这个驿站规模较大，共 12 座客栈（有官驿、兵站），谷底东岸台地路北侧 2 座，谷底路南 7 座，路北 3 座，谷底西岸路北有一座烽火台，遗址均可辨清房舍、棚圈、院落、门道、蓝瓷碎片。

宣统二年（1910 年），袁大化在《抚新纪程》一书里记载道："二十里三个泉子驿，有驿站一、邮兵五、店四、铺户一、井泉四。后路巡防马队哨长带防兵五名驻此。"

2. 三个泉历史文化钩沉

三个泉地处木垒博斯塘河的下游，因当地有四季从不枯竭的三个泉眼而得名。

木垒县境的驿站，当初是作为辅路（复线）安置的，与经七角井、鄯善直达乌鲁木齐的驿路互为表里，以三个泉为中段，东边是色必口，西边是木垒河。色必口位于巴里坤与木垒县的交界处，是邮件、旅客的转换地。木垒河是木垒县城所在地。"木垒"，含义是"河岸"。实际上，这三个驿站的共同点之一，都是位于源自天山北坡的古河之岸。

从色必口经三个泉到木垒河，驿路在天山屏护之下，在清代与民国更替之际，木垒被赋予农耕与游牧两种文化的交汇之地。

较早在诗文之中写到三个泉的清代大学士纪晓岚，乾隆三十三年（1768 年），他因"疏漏罪"谪戍迪化。服戍期间，他曾到过三个泉检查驿路时况后，留诗一首：

惊飙相戒避三泉，人马轻如一叶旋。
记得移营千戍卒，阻风港汊似江船。

诗下自注曰："三个泉风力最猛，动辄飘失人马，庚寅（乾隆三十五年）三月，西安兵移置伊犁，阻风三日不得行。"

考量天山北道驿路畅通与否，是"配军"纪晓岚的职责，换防到伊犁的千人大军居然因为大风在三个泉滞留了整整三天而不得行，这要是遇军队前去紧急赴战，哪怕贻误军机一天，前线都有可能发生根本性的变化，何况是三天呢。而乾隆三十五年（1770 年）三月，纪晓岚曾经从色必口至迪化的官道驿站巡视，就是为了保证换防部队能通行无阻。结果，人算不如天算，万万没有想到，居然是一场巨风打乱了部队的行军日程。纪诗不但反映了当时军驿的现状，也反映出三个泉驿站的风非同寻常。在清代前期，春季的三个泉驿站还发生过风把行旅者吹跑的事件。

清人洪亮吉上书斥朝而遭贬，遣戍伊犁，于嘉庆五年（1800 年）一月初八日，囚车穿过木垒戈壁，抵三个泉时，在其《天山客话》里记载道："平明行一百二十里，抵三个泉，明月已高，积雪千里，天与地皆一色，其清凉世界也。"

诗人夜宿三个泉驿站。又著《初八日乘月行四十里至三个泉宿》诗一首：

人烟百里何渺茫，疲裸独行古战场。
高天下地总一色，明月白雪分清光。
拂眉时有山禽过，清啸声高野禽和。

三泉屈指尚半程，我倦欲从云外卧。

当时，三个泉有军台和烽燧，诗人的字里行间，对三个泉军台的赞美溢于言表。

漠野无际，廖无人烟。烽燧遗迹早已变成了一堆废墟，它与七城子军台毗连，南出穆家地沟可直通高昌、鄯善，有十分重要的战略地位。光绪二年（1876 年），左宗棠指挥湘兵出关平叛，步兵二十四营便是从收复三个泉拉开战幕的。

道光八年（1828 年）四月二十日，流人方士淦途经三个泉，他在《东归日记》里记载道：

九十里，住三个泉中间腰站。山沟一道，颇难行。高高下下，层峦起伏，皆铁板沙也，满目荒凉。回首奇台以西，真有天壤之别。

道光二十二年（1842 年）十月初四日天未明，林则徐一行上车西行，这日天色阴暗，一路茫茫，四十里后到了沙河，方才日出。一行人在一处无雪之地搭灶做饭，食后续行。此时已阳光普照，积雪渐融，但雪地泥泞，行车十分困难。

又行五十里后到了三个泉，林则徐在日记中写道，三个泉，“回语谓之阿克他斯（意为白石头）。此处有旅店四家，也有行馆，而奇台博令又已遣丁在此具膳，照顾备至。此处虽为寒冷，但能忍受。二子要求仍与我在车上过夜。

光绪三十二年（1906 年）四月，广东陆丰知县裴景福因事被发配新疆，初二日途经三个泉驿。在其《河海昆仑录》一书记载道：

三个泉逼近天山，相传其地最忌鸣炮动金鼓，犯之风雪立至。三月二十二晚，荣廉访过宿，营弁鸣炮响号为礼，二更后果大风雪，廉访制止已来不及了。乌梢岭、巴里坤、天山均如此，岂荒徼绝域，人有殊禀，地亦有怪征欤？

宣统二年（1910 年），袁大化出任新疆巡抚，四月初七日途经三个泉，在其《抚新纪程》一书里记载道：“二十里三个泉子驿，有驿站一、邮兵五、店四、铺户一、井泉四。后路巡防马队哨长带防兵五名驻此。闻南山有泉，距此十里，水极旺，民不知开渠引水，官亦不为提倡，殊可太息。”

袁大化发现这里“水如金，寸木似宝”，守军和过往商旅饮水极为困难，打井时，连挖三口井才见水，因此，人们又称三个泉为“三个井”。

民国要员林竞于民国八年（1920 年）四月途经三个泉，在《新疆纪略》里有文字记载：

24 日，午发大石头，夜宿三个泉，计行八十五里。

今日向西行。数里，见山谷中有庄户，山间牛马成群。闻塔城及阿尔泰之哈萨克，近年因避官差繁重，多避来省城，求归杨省长管辖。杨令散居大石头南北山间，而收其草头税，所见牛马，即系此辈牧放也。二十里，出山口。自七个井进山口以来，至是始行出口，盖自天山南路穿越天山而抵北路矣。始则北望天山，兹则转眼南望矣。其气势雄伟，犹如万仞崇墉，北面一片戈壁，直至北塔山为止，广阔不下数百里也。

山口有木碑揭示：“左至小南路，右至三个泉。”小南路者，即经吐鲁番至省城之一路。谓之小者，系对于阿克苏、喀什之南路而言，其实吐鲁番亦天山南路也。又十里，三十里墩，土屋无人，一墩屹立。十里，沙河，即乌浪乌苏。有店一，无井，饮雪水。过此，大车屡升降坑坎，小石当道，颠摇异常，此身犹如珠跳玉盘，酸痛不可言状。四十五里，三个泉，即阿克他斯，住。有官店一，小店四。东面沙冈有武庙，其下有营盘，前驻哨官，今移驻大石头。本站周围皆牧地，所需木柴自二十里外运来，草及粮食自木垒河运来。

三个泉有支路：西南二十里，木家地沟。入山口，过达坂，人鄯善界。九十里，高泉。东南行，一百四十里，尖泉。又东南行，八十里，七克腾木。西南九十里，鄯善县。又由沙河站向南行，亦会此道。

三个泉子烽火台——摄于 2016 年 7 月

要寻找三个泉驿站的遗址，并不很难。屹立在木巴公路北侧博斯坦段一处高坡上的三个泉烽火台，就是一个明显的标识。三个泉驿站就坐落在三个泉烽火台脚下的一道地势开阔的山沟里。因为在沟内有一年四季从不枯竭的三个泉眼而得名。由于这里地势平缓水源充沛宜耕宜牧，后来就逐渐有人迁居到此逐渐形成了一个小小的村落。由于驿路古道跨越了博斯坦沟，并设置了名为“三泉驿”的军台驿站，这里便成为行旅进出新疆，住宿歇息补充给养的标志地。

木垒河 90 岁高寿老人马高山说，民国年间，他家曾在三个泉开过店。

那时，他父亲租了一个叫王士达家的房子。来往住店的行旅很多，有步行挑担的，有赶牛车的，有拉骆驼的，也有当兵的。那时，他还很小。记得有一年冬天，一个军官带着几个士兵由东而来。军官到了三个泉驿站下了马后，才发现跟随他的几个士兵已冻死在了马上。如果是新疆人，就知道天太冷时下马步行走一走，可关内士兵没有这些常识，硬是冻死不下马。

在清代，无论是戍边的将士，赴任的官吏，过往的商旅，还是被流放的贬官谪吏，要从关内到新疆的乌鲁木齐（迪化）、伊犁，三个泉乃是必经之地，自民国以后，随着公路的开通和交通工具的改善，三个泉作为驿站的功能日渐弱化，与此同时，从内地迁移定居的人口却在逐渐增多。据 1988 年编成的《昌吉地名图志》记载，二十世纪八十年代，三个泉村有 28 户居民，二百多人口，形成了一个小小的村落，“以农为主，主产小麦、豌豆”。

三 北八站

北八站概貌

所谓“北八站”，即指从哈密出发，向北翻越天山库舍图岭（碑岭），抵达南山口、松树塘，再折向西，经过奎苏驿、巴里坤、苏吉驿、肋巴泉驿、乌兔水驿、芨芨台驿，然后交汇到色必口驿。

此条驿道是从哈密出来，向北翻越天山库舍图岭（碑岭），抵达松树塘，再折向西，经过奎苏驿、巴里坤、苏吉驿、肋巴泉驿、乌兔水驿、芨芨台驿，然后交汇到色必口驿。从这里沿丝路北道前往木垒、奇台、北庭、迪化、伊犁等地，当年纪晓岚、洪亮吉、赵钧彤、徐松、方士淦、颜检、和瑛，以及芬兰探险家（后为芬兰总统）马达汉等就是从这条道上向西向东走过去的。

此外，任尚、裴岑、班超大战蒲类海，直至清代岳仲琪屯西路大军于镇西，以此为大本营，左宗棠坐镇此地，最终收复新疆，无不证明这是一条兵家必争的战略要道。

镇西厅所属军台为：八十五里至噶顺台，九十里至乌尔图台，九十五里至肋巴泉台，起十里至廋济台，九十里至巴尔库勒底台（图志云，即奎苏台），八十里至松树塘台，四十里至达巴顶台，三十里至南山口台，六十里至黑帐房台，六十里至哈密底台。

巴里坤西南至哈密台里程为：廋济台，七十里至肋巴泉台，三十里至橙槽沟台，八十里至瞭墩台，八十里至鸭子泉台，七十里至三堡台，六十里至头堡台，六十里至哈密底台。

以上八台，四百五十里。

镇西厅所属营塘为：八十里至噶顺塘，九十里至务涂水塘，七十里至肋巴泉塘，九十里至苏吉塘，九十里至巴里坤底塘，九十里至奎苏塘，八十里至松树塘。三十里至羊圈沟塘，四十里至南山口塘，四十里至黑帐房塘，五十里至哈密底塘。

北八站，文献中无这一说法，而是笔者自己兴趣所致，有意杜撰的。北八站，是针对哈密的另一驿道“小南路”而言。

松树塘驿

1. 爬梳松树塘

松树塘，居天山之阴，万松苍翠，清代设有营塘，故以名之。

古代松树塘与今口门子一带联称阴山（天山）松关。徐松《西域水道记》记载，元代耶律楚材赴西域，过松关至别失八里（今吉木萨），即指松树塘、口门子一带。清代，有纪晓岚、洪亮吉、徐松、赵钧彤、韦佩金、方士淦、和瑛、方希孟、马达汉等从这里走过，并留下了珍贵的诗文游记。

据《新疆图志》记载，镇西厅石湖里庄“十五里松树塘（即库舍图岭口，之山万松丛立，四时郁青，旧有驿，今裁），三十里天山二层台，接哈密北境官道（距南山口八十里）。”

“自坤底驿再东行九十里为奎苏驿，九十里为松树塘驿，八十里为南山口驿，至哈密为北路。光绪二十八年，将三驿裁撤，此路遂废。”

《三州辑略》记载，有松树塘（至羊圈沟三十里），安设于乾隆四十二年以前，有“兵丁三名、马六匹”。

《新疆图志》又载，清代光绪二十八年（1902 年）列表，松树塘驿（参稽南山口驿）安设有驿书一，马夫七，马十四，月支薪粮、工粮、料草、油烛、纸张等项银六十二两四钱，岁支银六十八两九钱五分，合支经费银八百一十七两七钱五分。

又载，巴尔库勒底台（图志云，即奎苏台），八十里至松树塘（军）台。奎苏塘以东八十里至松树（营）塘（旧有松树塘四十里入山，过招摩多河，上至山头关帝庙，所谓达巴头也。庙中有侯君集纪功碑）。

清代后期，这里裁塘设驿，建有车店、马棚、驿舍等，附近住牧民 10 多家。

2. 松树塘历史文化遗存

所谓“塘”，即军塘。松树塘，是历代驻军大本营。古代，这里设驿站、建有烽火台，汉代的司马任尚、唐代的姜行本等，都曾经在这里建立过赫赫战功。清代，这里是军马场。

唐贞观十四年（640 年）五月，西征军到达哈密，命姜行本率部北越天山，在松树塘制造攻城武器冲车和抛石机。试制成功后，刻石纪功，故有了如今的“姜行本纪功碑”。

姜行本纪功碑为一块褐色的长方形条石镌刻而成。碑文书法为楷书，笔力遒劲雄健。碑文主要歌颂了唐王朝贞观之盛世，以礼仪之邦取得了诸国的附和信任，历述了高昌王国阻断丝绸之路的劣迹，以及唐军征讨高昌王国的强大阵容和冲车、抛石机无以比拟的威力等。此碑最初移立天山庙，逐渐被世人注意。

另有一碑也神奇。雍正七年(1729 年),大将军岳钟琪率兵在巴里坤石人子地方屯垦时，翻出一块汉代石碑。这块汉碑就是后来闻名遐迩的“裴岑纪功碑”，又叫镇海碑。

永和二年（137 年）,敦煌太守率本郡兵三千人,出击匈奴呼衍王,取得了“诛呼衍王等，斩馘部众，克敌全师”的胜利。这就是四十年来汉在西域对匈奴战争取得的一次重大胜利，这一次胜利赢得了这一地区以后十三年的安定，可见这次战役的意义重大。这就是裴岑碑的重要史料价值。后人传以此碑镇蒲类海(巴里坤湖)，天气不再奇寒，故裴岑碑又名镇海碑。

1953 年 7 月，中国文化部函致哈密专员公署：“此碑（指汉裴岑碑）在研究历史上极有参考价值，请即移置妥善地方保存，勿使损坏，或设法运京保管，……”后来，此碑被运往自治区博物馆收藏。

3. 名流笔下之松树塘

说到松树塘，首先应提到的是清代流人洪亮吉。

嘉庆四年（1799 年）十二月二十三日，洪亮吉抵达新疆门户哈密。

两天后，洪亮吉的囚车已吱吱呀呀地走在了天山南麓的南山口。第三天天一亮，洪亮吉的囚车沿着古道进入天山山脉。在他的日记中，这样描写了翻越天山、抵达松树塘的路程：

一路老柳如门，飞桥无数，青松万树，碧涧千层，云影日辉，助其奇丽。忘其为塞外矣。过岭，风色顿殊，雪飘如掌，阑干千尺，直下难停。岭头一外委（下级官吏）率十余兵，助挽始下。至晚，雪已盈丈。是日行七十里，宿松树塘。已无径路，望夹道松株，方克前进。抵旅舍已定更矣。

清人洪亮吉在《松树塘万松歌》一诗中描写道：

千峰万峰同一峰，峰尽削立无蒙茸。
千松万松同一松，干悉直上无回容。
一峰云青一峰白，青尚笼烟白凝雪。
一松稍红一松墨，墨欲成霖赤迎日。
无峰无松松必奇，无松无云云必飞。
峰势南北松东西，松影向背云高低。

松树塘，就因为清人洪亮吉的《松树塘万松歌》，还有和瑛的《宿松树塘》、颜检的《由南山口至松树塘》等脍炙人口的诗篇而闻名于世。如你亲眼目睹了松树塘的丰采，就仿佛触摸到了当年诗人走过松树塘时所怀着的心情。

清代湖南学政、西北史地学泰斗徐松考察了天山北道后，在《西域水道记》里记载了松树塘：

招摩多河既穿栅门东墉出，西北流十余里，经石佛寺南。石佛者，掘地所得，于此置寺，土人以为唐时造像。河又西流数里，迳沙山南，有松树塘水入之。松树塘即库舍图岭口之山，万松丛立，四时郁青（熊懋奖《西行纪略》云：“松有二种，一种红松，一种白松。白松四季常青，红松换叶，至五月初始发新枝。”）于此置营塘……

松皮可煎为膏。山中雪深处，生花曰雪莲。又产草曰一枝蒿。营塘南半里有泉，发山半乱石中。蓦坡下，经塘西数十步。塘之东二里，亦有泉发山半。又东六里，有水发山涧。皆北流，汇为松树塘水。又西北流，入于招摩多河。河又西流，入淖尔。

徐松还曾经为松树塘天山庙题文中记载：“赫濯震天山，通万里车书，何处是张营岳垒，阴灵森秘殿，饱千秋冰雪，此中有汉石唐碑。”

此碑神奇得不让人读，一读便风雨交加。《新疆纪略》记载：“嘉庆十三年，有松中堂路过此处（天山庙），将碑文读完一遍，就陡起大风，冰雹子有茶碗大，大雪直下了三天三夜，有五六尺深。”政府派兵四十人守护，“守者砌以砖石，不使人读”。

乾隆进士赵钧彤因事被清廷谪戍伊犁，于乾隆四十九年（1784年）二月途经松树塘。他在《西行日记》里记载道：

十三日，发羊圈沟至巴里坤之松树塘，四十里。

晓起炊而行，路被雪仍漫上。夹路有小松，车出松间稍左右则倾陷。十五里至达坂，左右仍高峰若门阙，而西峰力撑向西北，独石怒努如犀牛角。概在哈密道中所遥望在天际者也。哈密至达坂顶百三十里，势皆上，计其高下当不止三十里。达坂顶至松树塘二十里。而下及栅十五。……下达坂北不二里，有关帝庙。庙之侧有人数家。憩马，黑雾起，……须臾，雪大作。御控马冒雪下，目眈眈注足底，辙外即箐谷雪填平，坠即不出。闻昨日有坠者。久之至二层台，……有居民。去达坂顶十里，而再下尚三四里。……松益密，下到山根，山根有楼舍隐隐起雪际，附之辨影则所谓栅门。已下二层台，落谷底。北走山谷及栅门，门弁兵稽出入如嘉峪关。哈密营卒已追及，故验牒放行。栅门南有木牌，题曰“天山要隘”，盖一阨塞云。过栅门不二里，路左复有牌，字已残灭，存两字，曰“燕然”。岂山即燕然山？而图不载。过牌，……山上下已皆松，西望弥无际。……又共十里至松树塘，十余家，有台汛，属镇西府宜禾县。东界村舍俱木墙，产松故。水泉出南山下，烹茗尤清冽。前路抵伊犁，类皆坦途。回思所经，如脱大难，为之一慰也。

道光八年（1828年）四月二十六日，流人方士淦途经松树塘，他在《东归日记》里记载道：

二十六日，八十里至松树塘。一路近山行走，愈近愈妙。虽系山阴，而山顶雪厚，日光照耀。半山以下，松树苍翠，千重万叠。此山直接伊犁天山一脉，石骨嶙峋，绿草如茵，流泉百道，野花灿发，异香袭人。极壮游之乐事。

对面山脚下有沙坡一段，独无青草，横长数十里。相传唐时营盘为沙所压，至今常闻金鼓声。二十里，由山脚十余里折曲盘旋而至山顶，有关帝庙三层，深岩幽邃，灵显最著。旁有小屋，系唐贞观十九年姜行本征匈奴纪功碑，自来不许人看，看则风雪立至。

余丙戌（道光六年）九月杪过此，曾进屋内一看碑文，四五尺高，字字清楚，不甚奇异。因庙祝云“不可久留”，旋即出屋。顷刻间果起大风，雪花飘扬，旋即放晴，幸未误事。

乃今年二月望前，伊犁领队大臣某过此，必欲看碑，庙祝跪求，不准，强进屋内。未及看完，大风忽起，扬沙走石。某趋马下山，七十里至山下馆店，大雪四日夜，深者丈余，马厂官马压死者无数，行路不通，文书隔绝数日。吁！真不可解也（旁有福郡王碑一座，乾隆年间立。此间，《汉书》之祁连山，唐谓之“三箭定天山”也)。

二十七日，早，谒关帝庙。联额颇多，唯徐松有句云：“赫濯震天山，通万里车书，何处是张营岳垒；阴灵森秘殿，饱千秋冰雪，此中有汉石唐碑。”人不读，则风雪可免，碑起镇水避风之作用。之后，此碑辗转哈密中山堂图书馆、自治区博物馆。

马达汉在吐鲁番考察完后，从鄯善经过七克台、盐池、梧桐窝子，又插到了七角井这条道上。他们走过肋巴泉、苏吉、来到巴里坤，然后又走过奎苏、松树塘，到了哈密。……

光绪末年（1908年）十月二十日的夜间，马达汉一行来到松树塘。

西北方向刮来一阵阵暴风，把雪片和沙土卷入空中。天空雾蒙蒙的，低挂在空中的云雾把高山全部遮挡住了。前一日，马达汉还能看到这些高山。往前，天山已失去了延续，中间被数条很深的山沟拦腰截断。这里的天山给人的感觉要低一些，至少山坡上的森林带一直蔓延到接近山顶。路边不断出现一些被毁坏了的房屋废墟。

走上一座小山，他们到了松树塘村一家客栈（官方的驿站）。客栈门口张灯结彩，并贴着红纸对联。这都是为迎接巴里坤镇台而装点的。乌鲁木齐总督命镇台到哈密处理民众骚乱事件，这里正等着他过来。马达汉借光享用到了炭火盆和热炕，美美地睡了一夜。第二天，客栈披上了红布。他们又享用了帆布椅子和炭盆等。每个驿站都有一名下级军官和数名步兵在等着迎接将军。松树塘有三座客栈、三户人家，有甜甜的泉水，有时候可以买到粮草，但价格很昂贵。这里不种地。冬季的暴风雪达10～20次。从头年十月到来年五月间下雪，积雪达一米半到两米深。

由于镇台的缘故，他们过了一个舒服的夜晚。

十月二十二日一大早，他们出发上路了。道路从天山脚下朝东南方向，爬向高高的雪坡。他们越过了三条石子河道。马车在这三条河道上上下下，十分费力。一些不同深度的山沟横断了山脉。数小时后，他们到了一处地名叫“苦命村”的地方。他们走过了三座桥。积雪深度至少有0.3～0.4米。马车行进得很艰难。地势越来越陡峭，驮马不愿前行，停顿的次数越来越频繁。雪越深，山坡越陡，马车不知不觉落在了后面。七匹马竭尽全力在前面为它们开道。拐过两个大弯后，他们到了一个哨所。过了哨所，他们向一个高坡爬去。看不到马车的影子，马达汉只好让3名随行人员把他们的马鞍卸掉，在他们的马背上装上垛子。然后派他们去向马车夫传达他的命令——把8匹拉车的马都套在一辆马车上，同时把车上的一部分行李物品放到驮马背上。

现在开始攀登最艰难的一段路。每个拐弯角的地方几乎都堆积着一米半高的大雪堆，把道路堵塞了。马经常要在齐肚深的雪地里跳跃着往前走。马达汉从驿站请了两个吸毒的瘾君子来帮忙。他们手上拿着铁铲，开了好长一段路。山口的顶上有一座庙宇，他们从庙宇里借了两把铁铲，这样连他们原有的铲子在内共有5把。大家满头大汗干了好几个小时。

正当他们干得精疲力竭时，来了三个去哈密的汉人，大家轮流铲雪。经过 12 小时的奋战，他们总算把两辆马车拉到了山顶的庙门口。

幸好天气晴朗，阳光明媚，没有风。如果气候条件恶劣，他们就未必能到山顶。马达汉没有想到会有大雪阻路，这对他来说确实是个意外。马达汉派随员牵一匹驮马到松树塘驿站，从那里驮回一些草料。现在马达汉有粮草可供人马用了，但也只够一天吃的。而在未来 20 里的路程中，积雪依然很厚。如果第二天他们到不了下一站的话，那将有灾难性的危险。马达汉在日记里记载道：

从山口往北望去，看到耸立在山谷一边的高山很是雄伟，同样往西看，透过山谷，是一片辽阔的草地。奎苏清晰可见。寺庙的西南面有一些低矮的山，据说从这些小山顶上可以看到哈密。枞树和阔叶林带一直延伸到山口下面很远的地方。11 月至 12 月及 4 月至 5 月，这两段时间，山口不能通行。

山顶庙宇是光绪十八年一位在哈密在职的姓明的满族人建的。庙宇旁边有一块巨大的石碑，上面的碑文出自唐代。这块石碑翻倒在地上，上面盖了一个顶棚。迷信的人说，如果有人碰它一下，就会有暴风雨。他们用 8 个人的力量试图把它竖起来以便拍照，但根本动不了，甚至连翻动一下都不能。

松树塘位于天山北麓，地跨哈密、巴里坤和伊吾的交界处，海拔 1 800 ～ 3 000 米，年平均气温在 −0.4℃，经常出现 6 月落雪、8 月降霜的现象，是以驮为主，驮挽、驮乘兼用的军用马新品种—— 伊吾马的产地，清宁远大将军岳钟琪在此一带建立过军马场。现松树塘每到旅游旺季，彩旗飘扬，游人如织，草坪上“骑士”们纵马狂奔，山林中攒动着无数登山红男绿女的身影，彩色的哈萨克毡房中传出阵阵悠扬的歌声……面对雄奇的大自然造化，不由人们不奔放、豪迈。

松树塘军马场——摄于 2016 年 7 月

奎苏驿

1. 爬梳奎苏

奎苏，是蒙古语“克斯陶勒盖”的音译简称，意为“腹脐”，居中之谓。

奎苏近北有湖，多沼泽草甸，繁殖驼马，处丝路新北道交通要口，今哈—巴公路穿过其中。奎苏古建烽火台，今残墩尚在。清设营塘，有驿舍、车马店，西距镇西城 34 公里，是山北重要军台驿站。

据《新疆图志》记载，镇西厅“城东十里，大泉西渠，二十里大黑沟，二十里石人子庄（有石立于道旁，驱车过者必以脂膏其吻），二十里三县户，二十里奎素（旧名奎苏，蒙语，言四山环抱地，居其中也，旧有驿，今裁），三十里小庄，十里马圈沟，三十五里石湖里庄。”

《三州辑略》记载，奎素塘（至哈密所属松树塘八十里），安设于乾隆四十二年以前，有“兵丁八名、马八匹。”

《新疆图志》又载，清代光绪二十八年（1902 年）列表，奎苏驿安设有驿书一，马夫七，马十四，月支薪粮、工粮、料草、油烛、纸张等项银六十二两四钱，岁支银六十八两九钱五分，合支经费银八百一十七两七钱五分。

2. 奎苏历史文化钩沉

乾隆进士赵钧彤因事被清廷谪戍伊犁，于乾隆四十九年（1784 年）二月途经奎素。他在《西行日记》里记载道：

十四日，发松树塘至奎苏，八十里。

晓发，路西北南北山益间展。四十里至奎苏梁平冈也，人三五家，然缺水。南山多水泉，北注至北山下汇大河，而缺水则以冻闭故。奎苏梁以东，雪厚二三尺，于路多村庄，而不辨垄亩。马饮复行，雪稍薄，其签处见草梢。时见群马啮雪中。先是在奎苏梁东见野马，至此益多。疑非民间物。哈密营卒曰，皆营马。奎苏梁东哈密马，西则巴里坤镇标及八旗驻防马。而松树塘东北复有众缠头为王子放牛羊，概大山以北。地气寒而水草丰，非戈壁，故多牧场又四十里至奎苏。……埠南即村舍。村有塘台，商民十余家，有生气。近村雪益消，路渐出，见辙形马。

嘉庆十九年（1814 年）八月，徐松被革职，发往伊犁效力赎罪。在新疆待的六七年中，徐松考察了天山南北，他在《西域水道记》里记载道：

松树塘西八十里，曰奎苏，置营塘。《李绳武传》云：“乾隆二十一年（1756 年），绳武与参赞大臣雅尔哈善调满洲绿旗兵，分二队抵巴里坤，斩和硕特汗沙克都尔曼济。复分兵歼剿南山、奎苏博尔和津之厄鲁特四千余人。”蒙古语谓腹脐为奎苏，言其居中也。营塘之北十余里，数泉迸出，汇为河，是为奎苏水，北流汇葫芦沟水。葫芦沟在奎苏营塘南二十余里山中，沟有径路，通哈密头堡。水自沟发，北流经奎苏营塘西里许，时或干涸，惟余沙砾，故又曰石河。奎苏水汇以西北流。

光绪末年（1908 年）十月二十日早晨，马达汉一行准备离开巴里坤城。脾气暴躁的女房东在得到了马达汉送的剪子、针线、镜子、胸针和几张明信片之后才温和了许多。当马达汉离开她家时，她站在门口，用两手遮住脸面以示告别。马达汉让他的下人给她三两银子，她的小破屋一个月的房租也没有那么多。但老太婆看上去还不满意，没法子，马达汉只得给了她更多的钱。

凛冽的寒风直往毛皮大衣和毡靴里灌。满营以东 2 俄里的地方有大片的遗迹，也许满城或者是城堡废墟。离废墟两俄里路的地方，他们涉水渡过了一条小溪。河上的桥破烂不堪。石人子村在离城 15 俄里左右的地方，村里有一座小庙，庙里供了两块石头，其中一块形状像人，有头和肩部。巴里坤人把石人当作给初入新疆的军队指路的路神。两块石头都呈黑色，并在滴油。赶车的人往石人身上抹油，意在保佑车轴赶路时完好无损。马达汉的车夫们也在石人身上涂抹了油。

路的两边有倒塌的房屋，说明了战乱破坏的程度。天山山脉看上去在向东南方向下倾。前面的地势在逐渐上升，并形成一片高地。高地后面耸立着一座高山。高山把山谷劈成两半，构成了两条宽宽的走廊。高山的前面另有一座山，据说是沙子堆成的。天空阴霾，乌云滚滚，酝酿良久的暴风雪终于到来了，高山很快隐没在灰蒙蒙的一片混沌之中。

骑马走了 5 ~ 6 个小时之后，马达汉一行到达奎苏。巴里坤人说，这段路程有 90 里。奎苏有两家客栈，有水井和干柴，有时也有青草和稻草出售。村子里有九户人家。一路上，只看到很少几间房子。这里的村庄很少看见小块庄稼地。一路草场很多。奎苏的冬天从头年十月到来年五月。积雪厚度 0.6 米。七月和八月下雨，没有暴风。

而今的奎苏属哈密地区巴里坤哈萨克自治县，2001 年 10 月撤乡建镇为奎苏镇。2005 年全镇行政区划面积 4 645.63 千米^2。政府驻地距县城 34 公里，全镇总人口 3626 户 13630 人。有汉族、哈萨克族、回族、蒙古族、维吾尔族、满族 6 个民族。

镇西厅坤底驿

1. 爬梳镇西

巴里坤原为镇西，隶镇迪道。汉，为东蒲类国，后汉属伊吾卢。唐，为沙陀部与处月杂居。宋属伊州，后入于辽。元为别失八里东境，属亦都护。明为和硕特部地。雍正七年（1729 年），建城于巴尔库勒，改名巴里坤。九年，设安西同知，隶甘肃布政司。乾隆三十七年（1775 年），筑会宁城，设领队大臣。三十八年，升镇西府，领宜禾、奇台二县。咸丰五年，移镇迪道驻之。裁宜禾。

汉征和四年（从武帝纪及功臣表李广利传作三年），遣重合侯马通（匈奴传作通莽），将四万骑击匈奴，道过车师北，即今由镇西至迪化路。

厅南由西门出城五里大墩，四十里官卡分道过境，四十五里至苏吉驿（旧名庚集），折南行六十里独山子，十里上肋巴泉驿，十里陶赖达坂，五十里陶赖站（旧有驿，今裁），四十里西山口（即陶赖沟口，有界碑），接鄯善东北境官道（据七角井四十里），又由上肋巴泉驿分道，折东南蹦达坂三十里出境，达哈密橙槽沟驿路。

据《新疆图志》记载，自苏吉“九十里至坤底驿（镇西厅底驿。自坤底驿再东行九十里为奎苏驿，九十里为松树塘驿，八十里为南山口驿，至哈密为北路。光绪二十八年，将三驿裁撤，此路遂废。按：镇西厅旧治会宁城，又名会宁驿）。”

《三州辑略》记载，宜禾县管理东路五驿：

局沟驿（东至涌泉驿九十里），驿书一名、马夫二名、马五匹。

涌泉驿（东至肋巴泉驿六十里），驿书一名、马夫二名、马五匹。

肋巴泉驿（东至望山驿九十里），驿书一名、马夫二名、马五匹。

望山驿（东至会宁驿九十里），驿书一名、马夫二名、马五匹。

会宁驿（东至哈密境界），驿书一名、马夫二名、马五匹。

以上驿站于乾隆四十一年安设。

《三州辑略》又载，巴里坤左营游击管理东路军台八处：

盐池台（东至惠井子腰站五十里）：把总一员、字识一名、兵丁四名、回子十名、马三十一匹。

惠井子腰台（东至梧桐窝台七十里）：兵丁二名、马四匹。

梧桐窝台（东至托赖井子腰台六十里）：把总一员、字识一名、兵丁三名、回子十名、马三十匹。

托赖井子腰台（东至陶赖台八十里）：兵丁二名、马四匹。

陶赖台（东至肋巴泉台六十里）：把总一员、字识一名、兵丁三名、马二十一匹。

肋巴泉台（北至苏吉台七十里）：守备一员、字识一名、兵丁五名、回子十名、马三十一匹。

苏吉台（东至巴里坤底台九十里）：把总一员、字识一名、兵丁二名、回子十名、马十四匹、木车二辆。

巴里坤底台：把总一员、字识一名、兵丁九名、马十三匹、木车二辆。

——以上东路八台系乾隆二十五年以前安设。

巴里坤管理各路营塘十处：木垒塘、阿克他斯塘、乌浪乌素塘、色必塘、噶顺塘、乌兔水塘、肋巴泉塘、苏吉塘、巴里坤底塘、奎素塘。

巴里坤底塘（至底素塘九十里）安设兵丁八名、马八匹。

又载，巴里坤镇标各营管理卡伦七处：

羊圈湾卡伦（距城五百余里，于乾隆五十二年安设）：把总一员、兵丁十名、马七匹。

噶顺沟卡伦（距城三百二十里）：外委一名、兵丁二十名、马十匹。

七个井子卡伦（距城三百二十里）：外委一名、兵丁十名、马九匹。

北木城卡伦（距城九十里）：外委一名、兵丁五名、马四匹。

骆驼巷卡伦（距城九十里）：外委一名、兵丁四名、马三匹。

镜儿泉卡伦（距城九十里）：外委一名、兵丁四名、马三匹。

尖山子卡伦（距城四十里）：外委一名、兵丁五名、马四匹。

巴里坤领队管理满营卡伦四处，乾隆四十年安设：

木城子卡伦（距城七十里）：骁骑校一员、兵丁七名。

骆驼巷卡伦（距城七十里）：兵丁七名。

托里乌苏卡伦（距城七十里）：兵丁七名。

鄂什希卡伦（距城四十里）：骁骑校一员、兵丁七名。

《新疆图志》载，清代光绪二十八年（1902 年）列表，镇西厅坤底驿安设有驿书一，马夫八，马十六，月支薪粮、工粮、料草、油烛、纸张等项银七十两二钱，岁支银七十八两八钱，合支经费银九百二十一两二钱。

又载，镇西厅军台所属为“八十五里至噶顺台，九十里至乌尔图台，九十五里至肋巴泉台，起十里至庋济台，九十里至巴尔库勒底台（图志云，即奎苏台），八十里至松树塘台，四十里至达巴顶台，三十里至南山口台，六十里至黑帐房台，六十里至哈密底台。”

又载，巴里坤西南至哈密台里程为：“庋济台，七十里至肋巴泉台，三十里至橙槽沟台，八十里至瞭墩台，八十里至鸭子泉台，七十里至三堡台，六十里至头堡台，六十里至哈密底台。”

镇西厅营塘所属为：“八十里至噶顺塘，九十里至务涂水塘，七十里至肋巴泉塘，九十里至苏吉塘，九十里至巴里坤底塘，九十里至奎苏塘，八十里至松树塘，三十里至羊圈沟塘，四十里至南山口塘，四十里至黑帐房塘，五十里至哈密底塘。”

2. 镇西历史文化钩沉

巴里坤驿站，肩负着东去哈密、嘉峪关，进入甘肃等地——西去木垒、奇台、迪化，进入伊犁等地——西南过色必口、七角井，去吐鲁番，托克逊，进入南疆之地——北部过黑山头、三塘湖、老爷庙，去蒙古的科布多、归化等地之繁重驿务。

雍正七年（1729 年）五月，川陕总督岳钟琪奏请按照以往成例沿该线路设站，“今西路大兵，本年驻扎巴里坤，来年进剿，所有驰送往来申报事件，应请照例于直隶、山西、并陕西之神木、榆林、定边，以至肃州沿边一带，添设腰站。其自肃州以至哈密——自应添设台站，并加添马匹人夫。”

乾隆二十年（1755 年）二月，在确定由嘉峪关到巴里坤的台站路径时，陕甘总督刘统勋在奏报中认为，应该从嘉峪关附近经过人烟比较稠密的安西、哈密抵达巴里坤，但是乾隆帝予以驳回。他认为：“口外驰送军营文报，安设台站，惟在路径快捷，何必定有人烟之地。”所以他下令，将台站由嘉峪关附近之桥湾直接安设到巴里坤。而在战争期间，一旦形势有所发展，台站也会因时因事作出灵活而迅速的调整。

以上例子显示出大清统治者在设置台站、选择路径时追求快捷、注重效率的一种心态。另外，台站之上许多难以通行的地方经常被修整，以保证台站的快捷。

其中最主要的有两个地方，一是从哈密到巴里坤之间的库舍图岭，“行势陡峻，冬月雪积冰坚，难于跋涉”。于是，乾隆二十年（1755 年）十一月，从哈密、巴里坤两处调派 200 名军兵对该段道路进行修理，“在东达坂上下一带，将冰雪随时打扫”。

在这其中，变动最大的是由嘉峪关进入新疆的台站路径。当时的站道有两条，一条是由嘉峪关直抵巴里坤的台站，另一条是从嘉峪关经安西到哈密的站道。这两条路上的台站都是在康熙五十四年（1715 年）六月安设，到雍正初年（1723 年），从嘉峪关直抵巴里坤的台站被撤，而从嘉峪关经安西到哈密的站道被保留。乾隆十九年（1754 年）十二月，决定再次开通从嘉峪关到巴里坤的站道。乾隆帝为了使文报传递更加快捷，认为这条站道必须直抵巴里坤，而不能绕道安西、哈密。同时，也保留经安西至哈密的少量台站。战后，到巴里坤的台站再次被裁撤。乾隆二十七年（1762 年），陕甘总督杨应琚将经安西到哈密的站道改为经沙州到哈密，沙州以东设军台 6 处，沙州以西设军台 7 处。到乾隆三十二年（1767 年）七月，陕甘总督吴达善又将此路台站重新改为经安西到哈密。至此，由嘉峪关赴新疆的台站道路总算最终确定下来，以后一直走这条路。

巴里坤原来的临时台站，在阿睦尔撒纳反叛后大部分都被破坏了，由哈密到乌鲁木齐改由吐鲁番抵达，所以巴里坤的台站一直没有恢复，到乾隆四十一年（1776 年）八月庚戌，决定在巴里坤以西至乌鲁木齐安设墩塘。

至光绪二十八年（1902 年），北疆镇西直隶厅共辖 8 个驿站，即曲底、奎苏、松树塘、苏吉、下肋巴泉、务涂水、芨芨台、上肋巴泉。

3．骆驼踏出的镇西驿道

古往今来，在丝绸之路上，一直有驼队不断，驼铃声不绝于耳，东来西往的庞大商队，常常是数百峰甚至上千峰骆驼结队而行。军队去远征，运送粮饷依然少不了骆驼。即使是僧侣西去，使节东来，也要借助这“沙漠之舟”的骆驼来驮运经卷和贡品。于是，骆驼与丝绸之路，与草原驿道，有着千丝万缕的关系。

素有“万驼之乡”之称的巴里坤，是丝绸之路北道上的一个中转大站，也是兵家必争之地。但凡中原王朝国力强盛或收复新疆时，无不先据巴里坤草原，再图西进，军粮运输及商贸往来，无不借助驼运。

清康熙六十一年（1722 年），因军事需要，清政府从喀尔喀蒙古落落买来大批骆驼在巴里坤草原饲牧。雍正一年（1723 年），为支援大将军年羹尧平叛青海，从巴里坤挑选了 2000 峰壮驼赴清军大营效用。雍正七年（1730 年），岳钟琪在巴里坤的松树塘、镜儿泉等处设临时驼场。乾隆二十四年（1759 年），巴里坤领队大臣阿里兖带兵 600 名、骆驼 3000

峰，驰赴叶儿羌解黑水营之围。乾隆三十七年（1772 年），巴里坤正式设立驼场，从甘州、凉州、西宁等处又调拨给巴里坤 472 峰骆驼。

光绪初年（1875 年），平定阿古柏之乱时，左宗棠为解决军资军粮问题，组织民间驼运，巴里坤的商民组织了不少驼队，每年运粮 1 000 余万斤，解决了“漠北用兵，粮运维艰”之困境。为此，巴里坤骆驼死伤、丢失了许多，为收复新疆付出了巨大的代价。

此后，酒泉至星星峡的公路开通，甘新大道改走南路，驼运业日衰，曾经昌盛百余年的巴里坤逐渐成了穷乡僻壤。

巴里坤驼商刘华拉骆驼起家，后来有千峰骆驼。早年，去归化的驼队每帮 600 峰左右。起初，刘华的驼队多跑归化城，走经三塘湖进入蒙古草地，然后到归化城、绥远，这条道水草充足，天气凉爽，唯土匪较多，不时有被抢劫的商队。当刘华的驼队发展到 600 多峰时，他又多走东路，经伊吾过马鬃山进入甘肃，最后到归华城。这条道无匪患，但税卡多，水草不充足，骆驼容易疲乏。

刘华的骆驼增至千余峰后，三路行进，东去归化城，西走奇台、迪化、伊犁等地，南到吐鲁番、焉耆等地。驼队去归化城，驮运新疆的驼毛、羊毛、马鬃尾、牛羊皮、珍贵兽皮、药材（鹿茸、鹿角、甘草、贝母、枸杞子）和葡萄干、杏脯等。返疆时，运回北京、上海运集在归化城的布匹，日用货、图书，还有湖南、云南等省运集归化城的茶叶。刘华的驼队在当时镇西驼业不景气的时候艰难起家，对促进物资交流，活跃市场起到有益的作用。

巴里坤东去归化城，西走奇台、迪化、伊犁等地，南到吐鲁番、焉耆等地，踏开的驿道，总是和骆驼有关。从某种意义上说，最初的驿道，除了承载军旅之外，主要就是承载商旅驼运。于是，早期的驿道文化，也可以称为“驼道文化”。

4. 名流笔下之镇西

曾任镇迪道的福庆在管理镇西（巴里坤）期间，著有《巴里坤》一诗：

巴里坤居北套阳，披裘六月雨生凉。
年来二麦霜前熟，进可前攻退可防。

诗人在自注中说：“巴里坤在哈密西北三百余里，亦准噶尔故地。南界哈密，北邻北套归化城，西通乌鲁木齐，进可以攻，退可以防，为南北适中紧要之区。设镇西府宜禾县。府西八站建城一处，曰‘古城’，驻防携眷满兵，以联络各城之势。西，即奇台通判，四十年（1775 年）改设奇台县。地寒，五谷不熟，惟种青稞。近年来，寒暄渐易，可种二麦谷糜矣。土产野牲、白蘑菇，多在雪山之北，气候极寒，多大雪，惟五六月间无霜雪。”

原湖南学政、西北史地学泰斗徐松于嘉庆十年（1806 年）遭诬陷而谪戍新疆充军。在新疆流放的十年中，徐松身处逆境，详尽地考察了这里的山川、水域、地貌，以及政治、经济、文化、军事等方方面面的情况，后编撰成《西域水道记》，《镇西府》即辑之此著：

镇西府治极四十三度三十九分、西二十三度三十六分，午正日景夏至长三尺六寸七分，冬至长二丈三尺七寸一分，春秋分长九尺五寸四分。城即雍正七年（1729年）岳威信公所筑兵城也，周千四百八十二丈，凡八里二分四厘有奇，高丈九尺，门四。征准部时，两驻大军。军罢，置厅，驻同知。乾隆三十八年（1773年），升为府，改城为镇西府城，增门名，东丞恩、西得胜、南沛泽、北拱极，领宜和、奇台二县（奇台县，乾隆四十年置）。城驻镇西府、宜和县各一人，总兵一人，绿旗马、步兵三千六百七十八人。城东南半里，乾隆三十七年（1772年）建会宁城，周六里三分，高丈六尺，门四，东宣泽、西导丰、南光被、北威畅，驻领队一人，满营兵九百一十二人。

其南有山，汉谓之白山。《班超传》："命将帅击右地，破白山，临蒲类。"章怀注引《西河旧事》曰："白山之中有好木，匈奴谓之天山。（按，此天山正峰，见余《西域传补注》）。去蒲类海百里（按，言去海百里，故知非库舍图岭）。"又引郭义恭《广志》曰："西域有白山，通岁有雪，亦名雪山。"盖今乌可克岭。其北亦有山，曰察罕哈玛尔山（蒙古语，哈玛尔，鼻也，俗语以山梁为山鼻）。土人以山名海，又曰哈木哈玛尔淖尔。淖尔正南隔山为哈密界，汉之伊吾也。《通鉴》："魏永平元年（508年），高车王弥俄突与柔然佗汗可汗战于蒲类海，不胜，西走三百余里。佗汗军于伊吾山北"（按，高车所遁，盖今色毕、噶顺两沟之间。其中有白山子径道，南通陶赖军台，即伊吾山北）。

道光八年（1828年）四月二十四日，流人方士淦途经巴里坤，他在《东归日记》里记载道：

二十四日，七十里巴里坤，汉之大月氏也，本系蒙古游牧之地。居天山之阴，冬夏冰雪不化。山逼城垣，居民、商贾皆在城外，府、县、总兵在城中，满城相距不远，一大都会。气候寒冷异常，山之夹套，皆蒙古也。城外三里，西北有海，方圆六十里。海沿泥淖，人不能到，《汉书》蒲类海也。常现海市，相传中有寒鼍。城内文武衙门只放头炮，不放二炮。松相国奏入祀典，春秋，文武大员致祭。地方重镇，为口外牧场最繁之区。总兵带绿营兵三千镇守之，专管牧养马厂。城内外树木不生，荒凉清冷，满目凄然。虽有屯田，而收成甚薄。……巴里坤有八景，曰：天山松雪、蒲海鼍城、岳台留胜、尖山晓日、镜潭宿月、黑沟藏春、龙宫烟柳、秋稼堆云。

二十五日，……出城四十里，路旁石人一座。相传，我朝岳大将军带兵过此迷路，夜间有两人引出山口至大道。天明视之，则两石人也。此后，不解何时一人移至奇台城外道旁，现亦完好，略为短小。此间石人，高五尺许，头大，而面上有眼鼻形象，乃天生，非人工也。近年，土人因其能动，践踏田禾，乃建小墙以限之。往来车夫经过，必以蘸车油渍其面，云车无损折。……

汉敦煌太守碑在镇西府关帝庙，石质年久，如墨玉。桐轩多赠数张（此盖指汉敦煌太守碑之拓本），相传能避风，在船上携之吉利。桐轩"八景"皆亲见之，云岳台最雄杰，前有八阵奇门，两旁能容万马。……

光绪末年（1908年）十月十七日，住进巴里坤城的马达汉，对该地做了详尽的调查，认为巴里坤府治地区也许是全新疆省最单纯的汉人城镇。在城里做生意的少量回民和维吾尔族人只占地区人口的极小比例。附近村庄里也都住着汉人，他们是从中国中部地区，主要是从甘肃迁移过来的。两个世纪来，还不断流放一些罪犯到这里，他们成了当地居民的一部分。在北边和西北边远处山脚下，有上千帐蒙古毡包和牧群。

站在城市所在的高高的山坡上，可以看到四周都是一片茫茫数俄里的开阔草原。南面的天山，从这里望去依然十分雄伟；北面数十俄里远的地方有一些不起眼的山；西北、东北和东面的山又高了一些。西面和东南方向是一望无际的草原。

城北有两条东西流向的河流，穿越草原，汇合成一条名叫伊尔迪河后，最终流入巴里坤湖，或者叫“海”。往北，从一条河中开凿出两条水渠，在水渠边建起了村落。如果骑马出城朝北走，在离城约 7 俄里路的地方，要越过一条一米来宽的小河。过第二条小河时，水深及马肚子。这个地方的村庄长达几俄里。另一个密集的村落位于通向哈密的大道两旁。在其他方向，只能看到 2 个村庄和建得很分散的房子。这个地区种植小麦、青稞和豌豆。据说产量为种子的 8 倍。庄稼看上去很少，粮食产量也不高。这个地区人的主要生计是牧畜，其广阔的天然牧场适合于发展畜牧业。然而，这里的居民仍有能力向乌里雅苏台和科布多销售一定数量的面粉。省衙门在这里有自己大量的牧群放牧，多达 6000 ~ 7000 匹马，受古城子“营官”游击管辖。放牧的主要目的是为各驿站交通储备马匹。

这个地区各乡村人口和农牧业情况，马达汉调查如下：

清代巴里坤汉城遗址——摄于 2016 年 7 月

巴里坤的城墙年久失修，严重坍塌。城内的广大区域，只有一部分是住宅区。在北城和西城边有大片空地围着篱笆，用来圈养牛马。旅店有三家，但每年过往客商超不过百人。

原因可能是，哈密与巴里坤之间的山口一般在十月之后很难行走。除此之外，路上不能像哈密—七角井—大石头驿道上那样，可以提供喂牲口的稻草和饲料等更多的方便。这样，人们一般愿意走从哈密经过七角井和大石头驿到乌鲁木齐的通道。房屋建筑看上去比较破旧，商店里的货物很少，街上空旷，行人稀少。除了孩子们的喧闹声和狗叫声，市井一片寂静。有几座古老的雕梁画栋、飞檐翘壁的庙宇。

马达汉在考察日记中记载道：

城南墙边，在葱葱郁郁的树丛中有一座庙宇，背后衬映着远处的高山倩影，一眼望去，煞是好看。这座庙宇跟巴里坤城一样，都是在乾隆四年建造的。庙宇旁边有两块巨大的岩石，据说是两座城（汉城和满城）的奠基石。这两块石头就像在大海里漂泊的两只船。当地有个迷信传说，如果其中一块被毁，这个城市就会遭灾。所以，巴里坤人认为，正是有了这两块石头的保佑，巴里坤人才成功地击退了反叛分子一次又一次的进攻。南山坡上有一座具有两百年历史的庙宇，庙里有装饰性的壁画。北城门外也有好几座古庙。在其中一座庙宇的院子里，有一块一米半高、半米宽的黑色石碑，形如月牙状，上面刻有奇特的象形文字。据说，那是秦汉时期的古碑文，也就是说已有两千多年的历史。传说这块石碑是从地里长出来的，它的根很深，挖下去探不到底。另说，那是用特殊方法从敦煌运来的。

马达汉用一张水湿了的纸贴上去，准备把字迹拓下来，他为此费了不少劲。为了让拓片干得快一些，马达汉花了几个钟头在石碑前点火烘烤。石碑顶上盖的亭子是用木材建的，马达汉点的火堆有把“神龛”烧毁的危险。

清代巴里坤满城遗址——于 2016 年 7 月摄

满城，或者说满营，坐落在汉城的东面。自从33年前驻军调移巴里坤后，满城就荒废了。城墙已部分坍塌，城里除了三、四座庙宇和一座有围墙的前城防司令的官邸外，没有别的房子。官邸除了一扇门之外，其余门都已用砖封死，围墙上只留出一个入口，但也很难进去。在一个半坍塌的庙宇里，有一个年老的庙祝在点燃一排菩萨前的两支蜡烛。菩萨坐在佛台上，全副金装。在几座庙宇里，都能看到大幅的、引人入胜的装饰性壁画。很显然，这些壁画年代久远，镀金彩绘，十分豪华。

马达汉在考察日记中继续记载道：

巴里坤厅属府治地区，城里有镇台的官邸。他的“镇”（师）实在太弱——在巴里坤有两个步兵营、古城一个步兵营，以及巴里坤一个骑兵旗和木垒河一个骑兵旗。如果抛除缺员编制，则可算出一师（镇）兵丁不足二百人。步兵的任务主要是农耕。八个月的时间耕地播种和收成，一个月过新年，剩下的两个月进行操练。几乎全体士兵都是吸毒者。单发子弹的毛瑟步枪很少，没有马克辛步枪和后膛炮。据德国探险家格鲁姆·格尔日麦洛记载，中国人说巴里坤具有重要的战略意义。……有一条路通向肃州，那也只能走驼队。说中国军队在进军期间就通过这条路，那自然是因为巴里坤当时是唯一还在中国驻军守卫下的城池。

根据马达汉所得到的情报，过去没有提到的是，这条驿道由于缺少粮草供应，只能适合于骆驼运输。这里可能没有更好的道路可走，否则在这一带跑运输的商队为什么很少走这条路。除了马达汉提到的这几条大道以外，还有两条山路：一条是从上肋巴泉出发，经过橙槽沟山口到瞭墩，另一条是从卡子或苏吉出发经过草达坂到沙枣泉达坂和靠近哈密的头沟镇。这两条山路都很难走，只有骑马和轻便的马车才能通过。

巴里坤境内与驿站有关的烽火台28座，4座为唐代所建，其余均为清代所建。从汉城向东延伸，每十里为一墩（烽火台），渐远为二十里一墩，一直延伸向伊吾河谷至甘肃境内；从县城向西，烽火台一路折向西南至七角井，另一路折向西北至木垒；三塘湖乡向东北通向外蒙古的沿途，亦有5座墩台。清代用烽燧传递军情，遇有军情时，白天燃烟，夜间放火。如有百余敌进犯，白天举一烟（若在夜间便放一火）；如犯敌有千余人，则白天举三烟（夜间放三火）；犯敌在五千以上，白天举四烟（夜间放四火）。用烟、火传递信息，三四百里处的敌情很快就传到了镇标衙署。在县境内现存完好的烽火台上，均遗存有当年放火、举烟用过的木炭和残存的麦草灰等物。

专家曾在哈密巴里坤县海子沿乡做过实验，在相邻的4个烽火台（总间距刚好是10公里）分别安排一个人，要求第一个烽火台升起烟色时，第二个烽火台立即点起烟火，依次类推，看4个烽火台分别着起的烟色。计算时间，第一个烽火台点起烟雾到第二个烽火台看到并再点起烟雾时，大约需要两分半钟，等4个烽火台全部涌起烟雾，花了10分钟，也就是说10分钟10公里、1分钟1公里。聪明的古人真是了不起。我们紧接着又做了个实验，用手机依次给4个烽火台的人打电话，看看需要的时间，结果用了6分钟。现代化的通信工具在此时居然没有显示出多少领先优势。如此看来，烽火台传递信息实在是一个伟大的创举和构思。在遥远的汉唐时期，如果从巴里坤点起狼烟，那么到长安收到警报得用多长时间呢？巴里坤到西安有多远？可能有 2600 公里左右，2.5 公里相隔一个烽火台，既然 1 分钟 1 公里，2600 公里也就需要 2600 分钟，换算成小时，大约是 43.33 小时。不到两天两夜，遥远的长安就已收到消息，可以研究应对的方案了。

巴里坤境内的烽火台——于 2016 年 7 月摄

巴里坤县境内有哈萨克、汉、蒙古、维吾尔、回、满、东乡、土家、撒拉、藏、壮、俄罗斯等 16 个民族，其中汉族、哈萨克族人数最多。县域内保存着较为完整的古城墙、古民宅、古粮仓、古庙宇等古建筑。2006 年巴里坤县成为继吐鲁番市、特克斯县之后第三个被命名的自治区级历史文化名城。

苏吉驿

1. 爬梳苏吉

苏吉，蒙古语意为“髋骨”，以其东北山形似髋骨得名。哈萨克语称“萨尔乔克”。东距镇西城 40 公里，是丝路新北道大站，邻近山巅建有烽火台，驿设车马店、旅舍，商旅驼队都在此歇息。

《三州辑略》记载，苏吉台（东至巴里坤底台九十里）乾隆二十五年以前安设，有“把总一员、字识一名、兵丁二名、回子十名、马十四匹、木车二辆”。

有苏吉塘（至巴里坤底塘九十里），安设“兵丁八名、马八匹”。

有苏吉塘卡伦（距城三百三十里），安设“兵丁五名、马五匹”。

《新疆图志》又载，清代光绪二十八年（1902 年）列表，苏吉驿安设有驿书一，马夫七，马十四，月支薪粮、工粮、料草、油烛、纸张等项银六十二两四钱，岁支银六十八两九钱五分，合支经费银八百一十七两七钱五分。

苏吉驿站、军台、营塘齐备。

《新疆图志》又载：“肋巴泉台起十里至廋济（即苏吉）台，肋巴泉塘九十里至苏吉塘。”

苏吉地处山间盆地，水草丰茂，盛产驼马，临交通要道，清设营塘。由此向西经噶顺沟石门通木垒、奇台；往西南经肋巴泉驿，翻橙槽沟通哈密瞭墩；越陶赖达坂可至一碗泉和七角井。由于橙槽沟和陶赖沟道路险峻，自古至今只过驼马，不通车辆。

2. 苏吉历史文化钩沉

星汉先生所编注的《清代西域诗辑注》一书辑注说：“碱泉，清代驿站，在今新疆巴里坤县西一百里。”此里程与苏吉驿基本吻合，又是巴里坤县城向西的第一个驿站，于是，“碱泉驿”，应该是“苏吉驿”的另一种称谓。

光绪末年（1908 年）十月十一日，马达汉一行沿着宽广的峡谷底部，走向一个蓝色的湖泊。

从驿站出来，骑马往东北方向走三俄里路后，他们找到了托勒达坂道路上的车辙痕迹，他们前一天路过山口后就是立刻从这个地方拐弯的。他们沿着这条道路向东北方向走了 16 俄里的路程后，才到达苏吉客栈。他们就在那里宿营。道路两边的土地是坚实的长草沙地，有些地方是沙砾混杂的土地。当地人说，库兰（生活在中亚草原的野马——库兰野马或普氏野马，即俄国探险家普尔热瓦尔斯基 19 世纪中叶在天山北麓准噶尔草原上发现的野马）经常出现在长草的山坡上。野马特别警觉，很难射击。山里还有野山羊，但一群不多于 10 只羊。野山羊和野猪也不会少。山坡看上去比较容易爬。这个地区是狩猎的乐园。

早上，两个维吾尔人来到营地来看马达汉，并带了一只羊给他。他们是在这里为哈密的牧主放羊的牧民。他们想从马达汉这里得到几颗贝尔丹步枪子弹，步枪是他们花 50 两银子从巴里坤买的。枪很好用，枪管前面装上了叉式托架。马达汉没有让牧民失望，因为在他的口袋里刚好还剩下几颗子弹。

马达汉一行经过的几个“墩台”岗楼表明，从前道路上的交通比眼下繁忙。苏吉附近可以看到战乱时期烧毁的民居遗迹。在客栈以东约一俄里半的地方，有一座孤独的山把山谷围成半圈。就在这座山上，有一片矮墙围着的岗楼废墟。客栈主人肯定地说，这是唐代的建筑。但从表面看上去，马达汉认为，这座岗楼始建于晚得多的时代。客栈旁边有一座被战争破坏了的庙宇废墟。这座庙宇据称也属同一时代。在一座山脚下，有一块翻倒了的石碑，碑上刻了字。马达汉让人把碑上的字翻译给他听，原来这座庙宇是在一百年前建的。

苏吉村有 6 户住得很分散的人家，耕地极少。客栈里有一口井，其他各户人家都从泉眼里取水。这里种小麦(产量是种子的 7 ～ 8 倍)、青稞和豌豆。霜冻对这里的庄稼危害最大。从九、十月份开始到来年五月下雪，积雪厚达一米半。春秋两季有暴风。

肋巴泉驿

1. 爬梳肋巴泉

肋巴泉，以其东北山丘似肋巴取名。有泉常流，牧草如茵，住季节性居民，繁殖驼马。位于巴里坤西南 125 公里，是通陶赖达坂的交通要口。古代苏吉西北通木垒大道上有肋巴泉站，这里又称上肋巴泉和下肋巴泉。

据《新疆图志》记载，自乌兔水驿“六十里至下肋巴泉驿（自此赴哈密分二道，东北由苏吉经巴里坤城，西南由上肋巴泉经瞭墩皆至哈密之路分列于后)”。

《三州辑略》记载，肋巴泉驿（东至望山驿九十里），于乾隆四十一年安设，有“驿书一名、马夫二名、马五匹”。

肋巴泉台（北至苏吉台七十里），乾隆二十五年以前安设，有“守备一员、字识一名、兵丁五名、回子十名、马三十一匹”。

有肋巴泉塘（至苏吉塘九十里），安设“兵丁十名、马十匹”。

《新疆图志》载：清代光绪二十八年（1902 年）列表，上肋巴泉驿安设有驿书一，马夫五名，马十匹，月支薪粮、工粮、料草、油烛、纸张等项银四十六两八钱，岁支银四十九两二钱五分，合支经费六百一十两八钱五分。

下肋巴泉驿安设有驿书一，马夫七，马十四，月支薪粮、工粮、料草、油烛、纸张等项银六十二两四钱，岁支银六十八两九钱五分，合支经费银八百一十七两七钱五分。

肋巴泉驿站、军台、营塘齐备。

《新疆图志》又载：废济（即苏吉）台七十里至肋巴泉台，务涂水塘七十里至肋巴泉塘。

清统一新疆后，上肋巴泉建有驿馆、车店、马棚，设军台，驻兵员，管理橙槽沟、陶赖达坂天山南北两路的交通驮运。现该地东北尚存烽火台一处，泉北有庙宇、屋舍等残迹。

1908 年 10 月 9 日早上，马达汉一行离开七角井，向东北方向走去。路边有一小片废墟。从单薄的墙体来判断，这片废墟可能是古迹。他们在一个废弃的客栈遗址边上安了营。一处小泉眼的水对于马来说，跟粗糙的草料一样都是求之不得的。这处涌泉至少可供 100 匹马饮用。陶特井子四周的高山相当雄伟，特别是南面和东北面可以看到的山，但没有天山那么高。……

顺着山坡往下走的时候，他们路过了一根约两米高、0.3 米宽的石柱，这根石柱跟马达汉在达坂城和乌鲁木齐看到的石柱一样。离山口本身很近的地方，他们发现一座不大的四方形建筑的遗迹。这座建筑物显然很古老。

他们骑马路过了一小群马。这群马品种特别，低矮、胸宽、粗壮。脑袋出奇的小，眼睛狭长，行动敏捷。这种马耐力好，但性情火爆。

过了山口走了 8 俄里的路后，他们到了下肋巴泉驿站，并在那里扎了营。不同于“北路”附近的肋巴泉客栈，这个客栈的名字叫“下肋巴泉”，驿站主人好客地把不干净的厨房和冰冷的走廊供他们使用。从一处涌泉流淌下来的小溪为他们提供了足够的饮用水。

2．肋巴泉历史文化钩沉

嘉庆十二年（1807 年），曾任四川布政使、云南巡抚的嘉庆进士李銮宣因事谪戍乌鲁木齐，途经肋巴泉时，著有《将至肋巴泉作》诗一首：

五月犹荒草，渠犁地肺寒。
回环峰势合，破碎石痕瘢。
云比鱼鳞迭，山从马背看。
汪洋蒲类海，万古总安澜。

已经五月了，肋巴泉依然荒寒一片，这又体现了巴里坤寒季长、暖季短的季节特征。这里种的麦子，还没长成熟呢，天就已经落雪了。因为地处偏远，巴里坤湖永远都显得那么安静无澜。

直隶总督颜检因事于嘉庆十一年（1806 年）谪戍乌鲁木齐，嘉庆十三年（1808 年）三月释回，途经巴里坤，作《由肋巴泉至骨拐泉》诗一首：

大荒远道苦绵绵，催我征车晓著鞭。
烟海迷离失蒲类，云宵牸崿走祁连。
四围岚气浓侵堡，一面波光远接天。
东道主人勤问劳，沙陀城外饯芳筵。

军旅诗人方希孟于光绪六年（1880 年），由乌鲁木齐赴哈密途中作《肋巴泉》诗：

万岭忽东尽，雪光无定愁。
星明疑地近，沙涌似空流。
小店兼牛马，深山换葛裘。
驱车复长漠，日暮欲何投。

乌兔水驿

1．爬梳乌兔水

乌兔水，蒙古语意为泉水溢流，故名。《文献通考》载：车师后王治务涂谷，即乌兔水。

乌兔水，地势险要，水草丰盛，孳生驼马，为古代兵镇屯田之要地，丝路新北道横穿其中，东距镇西城 80 公里，西入沙沟直通石门，南经陶赖可达七角井，是蒲类草原西部重要的交通中转站。驿南建有烽火台，清代设营塘，配驼马大车，驻塘官、兵员，管理交通运输。清末民初，该驿路渺人稀，荒迹冷落。今巴（里坤）下（涝坝）公路已改道北移，距该驿旧址约 8 公里。

据《新疆图志》记载，自芨芨台驿至“乌兔水驿（旧距巨沟驿九十里为涌泉驿）”。

另载，自石里泉“三十里乌兔水驿（旧名务涂水，与汉书务涂谷在孚远南山者地望迥别）”。

《三州辑略》记载，陶赖台（东至肋巴泉台六十里）乾隆二十五年以前安设，有“把总一员、字识一名、兵丁三名、马二十一匹”。

有乌兔水塘（至肋巴泉塘七十里），安设“兵丁十名、马十匹”。

《新疆图志》又载，清代光绪二十八年（1902 年）列表，乌兔水驿安设有驿书一，马夫七，马十四，月支薪粮、工粮、料草、油烛、纸张等项银六十二两四钱，岁支银六十八两九钱五分，合支经费银八百一十七两七钱五分。

乌兔水驿站、军台、营塘齐备。

驿南建有烽火台，清代设营塘，配驼马大车，驻塘官、兵员，管理交通运输。

清末民初，该驿路渺人稀，荒迹冷落。今巴（里坤）下（涝坝）公路已改道北移，距该驿旧址约 8 公里。

2．乌兔水历史文化钩沉

清代嘉庆进士李銮宣谪戍迪化，于嘉庆十二年经哈密天山北路，宿乌兔水驿。他怀古伤今，夜不能寐，写下《务涂谷》一诗：

堠似浮图矗，山如战马奔。
当年屯叶护，此地接花门。
瘠土炊烟少，荒原乱石蹲。
梦回羊胛熟，揽辔趁朝暾。

湖南布政使杨炳堃因随湖南巡抚冯德馨进剿李沅发起义军不力，遣戍新疆。咸丰元年（1851 年）八月，由汉口启程，次年四月抵乌鲁木齐。咸丰三年（1853 年）十月释回途中时，作者经过乌兔水驿，作《乌兔水途次阻风，简徐雨田》五言诗三首：

传闻乌兔水，地接十三房。
坤路潜相结，雄风蠢尔狂。
沙痕时滉漾，山势欲低昂。
倘藉吹嘘力，扶摇万里翔。

莫讶行程远，须知涉险难。
任他山岁崱，胜彼水滉澜。
甘苦半生得，风波平地看。
封姨如解恨，前路镇相安。

独抱平生志，驰驱兴独饶。
风云双剑匣，冰雪一鞭梢。
地接天山近，书传故里遥。
但期烽燧息，同趁浙江船。

芨芨台驿

1. 爬梳芨芨台

芨芨台，地处两山之间，丝路新北道横贯其中，今巴—木公路沿其故迹修建，是古今交通咽喉。由于此地多生芨芨草，清设军台，故以名之。

据《新疆图志》记载，自镇西厅西“七十里至芨芨台驿（亦称噶顺沟，其地入山，多过沟，又名巨沟驿）”。

《三州辑略》记载，巨沟驿（东至涌泉驿九十里），于乾隆四十一年安设，有“驿书一名、马夫二名、马五匹”。

《新疆图志》又载，清代光绪二十八年（1902 年）列表，芨芨台驿安设有驿书一，马夫七，马十四，月支薪粮、工粮、料草、油烛、纸张等项银六十二两四钱，岁支银六十八两九钱五分，合支经费银八百一十七两七钱五分。

芨芨台驿站、军台、营塘齐备。

又载：色必台八十五里至噶顺台（芨芨台），色必塘八十里至噶顺塘。

该驿位于今下涝坝以东 7 公里处，东连沙沟，距巴里坤城 110 公里，西接噶顺沟，是古代巴里坤通木垒、奇台的必经之路。旧驿址和台墩残迹已在修建巴—木公路时被夷平。

清代以前，芨芨台是商旅驼队停歇打尖的小站，后距此地 75 公里的噶顺站东移这里后，芨芨台逐步成为大站，建驿馆、车店，驻兵员役夫，配驼马车辆，管理交通运输。

2. 芨芨台历史文化钩沉

杨炳堃，浙江归安人。嘉庆十八年（1813 年）拔贡。历任河南密县知县、信阳知州、湖北汉阳知府、云南迤东道、湖南盐法长宝道、署湖南布政使等职。道光二十九年（1849 年），因随湖南巡抚冯德馨进剿李沅发起义军不力，遣戍新疆。咸丰元年（1851 年）八月，由汉口启程，次年四月抵乌鲁木齐。咸丰三年（1853 年）十月释回途中时，作者经过芨芨台驿，作《住芨芨台，大风雪，呈乐彦亭将军》五言诗二首：

大雪满弓衣，劳人塞上归。
朔风号万窍，冷月晕重围。
白首神偏旺，丹心愿讵违，
龙泉犹在匣，破壁几时飞？

自入元戎幕，重亲翰墨缘。
材难夸倚马，笔尚涌流泉。
世业青毡在，身名白璧全。
阶前盈尺地，拂拭受恩偏。

四 富八站

富八站概貌

历史上丝路新北道的“富八站”也不是确指，一般指的是从木垒河至乌鲁木齐这一天山北麓上的古驿站，如木垒河驿、屏营驿、奇台驿、保会驿、三台驿、柏杨驿、康乐驿、黑沟驿、巩宁驿等。

“富八站”，皆处绿洲，与苦八站、穷八站形成了鲜明的文化差异。因为有了充足的水源和饮食起居等供给，有贯通整个庭州大地的绿洲与诸多村落城邑的支撑，每个驿站所肩负的驿务就不显得那么沉重了。

“富八站”驿道文化，其实反映的是庭州大地的富饶。咸丰七年（1857 年），流人雷以諴赴伊犁途中，路过木垒河，作《富八栈》四首诗。富八栈，即“富八站”。诗中描写了一路两边皆水草丰茂。市面上出售最多的是军用粮草。饭馆里卖的饭菜香喷喷的极为好吃，市面的瓜菜也很充足。茶馆卖的茶也无异味，人们烧香磕头，为的是避开一些污秽的邪气。一路起居，贤惠的主人都照顾得很周全，吃吃喝喝的事，都不用你操心。

一路所经之地，很欣喜地看到草木长得滋润又茂盛。新疆的冬天虽然寒冷，但庄户人家的炉子里都烧着暖烘烘的煤炭或柴火。这里的人有时想起了，三两天才洗一次脸，有些老人的一件棉衣穿许多年都不更换，像济公一样自由散漫，自从女娲团土做人后，这一带的百姓就不去洗涤身上的泥土。新疆民间土著经常爱说一句口头禅：“衣裳穿得索索子，肚子吃得锅锅子”，和诗人要表达的意思相吻合。

人还是活得真实、自然一点好，那些粉饰虚假的事本来就容易引出事端。民以食为天，这里的人只管丰衣足食的事，只要日子过得好就满足了。这里的人懂得感天谢地，有点钱总要积资修庙，把土地爷、财神爷、龙王爷、关老爷等请进庙，塑成泥像，祭祀供奉着。这里的人最怕和官方打交道，怕惹事非、吃官司，他们经常有句话挂在嘴边：“官前马后少绕达”，说的就是这个意思。所以只要见衙门一开，他们就躲得远远的！正如《诗经》说的那样：“谁谓鼠无牙，何以穿我屋？”于是，大家一般都东一家西一家躲得远远的，很少有聚集在一起的百家大村落。

作者说，天山北麓因降霜期早，一年中种植的庄稼一般就是一茬，偶尔也有两茬，但绝对没有三茬的庄稼。

千里迢迢赶来的迁客流人，在天山北道上向西抵戍时，有幸看到了这里的金秋面貌。塞外牧场，有成群的马儿在草地上或吃草，或奔跑；刚刚下过雨的田地里，有农人吆喝着一对一对的耕牛，在翻耕着即将要压种冬麦的歇地。只要人有余力，有的是地种。可军屯种的地，是为国家之需、备战之需，所收的粮食统统要收进国库。只要政府对老百姓好，关怀他们的疾苦，在国家需要的时刻，哪怕是其他的省，也会供粮供饷，无条件地支持新疆政府的。

木垒河驿（白水驿）

1．爬梳木垒河

据《新疆图志》记载，自咬牙沟“二十里木垒河驿(唐蒲类县地，木垒即蒲类之转音也。旧名曰白水驿，为西行富八站之首。有营堡，驻守备，市上居民有一百五六十家。附近种地者颇多。咸丰间，木垒市廛极盛，居民近万，乱后三十年，迄未能复。雍正十年正月，大将军岳钟琪以木垒地势扼要，奏移大军驻之。八月，副将军张广泗谓地处两山之间，形同釜底，受敌甚易，据守甚难。奏报之二公皆知兵，张公之言尤为有见地)”。

《三州辑略》记载，白水驿（东至三泉驿九十里），于乾隆四十一年安设，有“驿书一名、马夫二名、马五匹”。

有木垒塘（至阿克他斯塘九十里），于乾隆四十二年以前安设，有“兵丁八名、马八匹”。

木垒营管理卡伦一处：白山子卡伦（距城三百一十里），安设“外委一名、兵丁十名、马十一匹”。

《新疆图志》又载，清代光绪二十八年（1902 年）列表，木垒驿安设有驿书一，马夫七，马十四，月支薪粮、工粮、料草、油烛、纸张等项银六十二两四钱，岁支银六十八两九钱五分，合支经费银八百一十七两七钱五分。

木垒河驿站、军台、营塘齐备。

《新疆图志》载：奇台底台，九十里至木垒河台；奇台塘，九十里至木垒河塘。

早期的行旅从东穿越大戈壁，来到了木垒河驿站，就等于走完了“苦八站”的艰难行程。

木垒河驿站的情景是：“水味淡，有柴草，木垒河极繁荣，兼多妓馆。”谚语云：“饮了木垒河茶，永远不想家。”

1910 年 4 月 19 日，莫里循途经木垒河。遗憾的是，他只是站在木垒河对岸，远距离拍摄了一张木垒河营盘的图片，另外拍摄了一张白杨河诸峰骆驼在戈壁滩上吃草的情景。

远眺木垒河营盘——莫里循 1910 年 4 月 19 日摄

2. 木垒河历史文化遗存

木垒，乃蒙古语，即河湾之意。历史上，木垒曾称“木垒河”，清代称穆垒。木垒，依山傍水，宜农宜牧，是农耕文化和草原文化交汇并进的美丽家园。

木垒，有两千多年前的新石器原始村落——四道沟。在四道沟古遗址上发掘出的石器、陶器、骨器、青铜器等都是有力的见证。

1959 年，考古工作者在木垒城南半公里处采集到细石器 70 余件，并有人居和墓葬的遗迹。这样的原始遗址在天山北麓，唯发现有木垒一处。这里依山傍水，宜农宜牧，屯垦、畜牧和狩猎并重。

《后汉书 · 西域传》记载，西汉三十六国，木垒为蒲类后国，“蒲类国人庐帐而居，逐水草，颇知田作，有牛、马、骆驼、羊畜，能作弓矢，国出好马。”

蒲类人生活以畜牧业为主，主要饲养马、牛、羊等牲畜。由于马在游牧生活中的重要作用，蒲类人“能作弓矢”。“弓矢”既用于征战，也用于狩猎。蒲类人还利用皮毛，从事毛织品手工业等生产。

据《太平寰宇记》记载：“蒲类，（庭州）东八十里”。木垒两汉时期属于蒲类国境，至唐时则属蒲类县境。

乾隆二十二年（1757 年），木垒、镇西属奇台管辖，清政府并在东吉尔玛台（今东城乡）设管粮巡检一员。乾隆三十年（1765 年），经过实地勘察，陕甘总督杨应琚向清廷奏称：“木垒土沃泉滋，俱募人大开阡陌。”……至巴里坤迤西穆垒地方，直接乌鲁木齐之特纳格尔，可垦数十万亩……”次年，清政府派大批移居出关认垦。据《三州辑略》载，三十二年至三十五年，木垒共招募垦民近 3 000 户，达万人之多。新户的头畦、二畦、三畦就是清代屯田时留下来的地名和遗迹。

自三十二年（1766 年）起，绿营兵在木垒屯戍。之后，清政府又从安西、肃州等地招募大量移民出关，来此认垦。从此，木垒渐渐成为一个屯垦大村落。

今木垒乃傍山建城，城为清将岳钟琪西征时所建。雍正十年初，在征讨准噶尔叛乱中，宁远大将军岳钟琪来到木垒，观其地势后，他向雍正帝奏报道：

有穆垒地方，形势险要，兼可屯种，若于此建筑城池，驻兵二万，贼兵断难飞渡而东。再于巴尔库尔（巴里坤）驻兵一万，于鲁谷庆（吐鲁番）、皮禅等城添设官兵足一万之数，如此，则贼兵来时，我军互为犄角，前后邀截，可令大创而去。

他的筑城计划得到了雍正帝的钦准。于是，在数月内，木垒城拔地而起。岳钟琪统率部分将士进驻木垒城中，木垒城便成为岳钟琪在天山北麓征讨准噶尔首当其冲的前沿阵地。

乾隆朝以后，定边将军兆惠、定西将军永常、左宗棠平定阿古柏的湘军都曾依托木垒，进退折冲。

清代大学者陶保廉在《辛卯侍行记》记载："元有独山城。雍正十年，岳钟琪筑木垒城，周六百八十丈，寻即废弃，在今木垒驿南五里。乾隆二十年，设奇台堡通判。三十七年，别筑木垒城，周二百四十丈，在木垒驿西南四十里，俗呼东城子，今废。"

岳钟琪所筑木垒城在哪里呢?

今木垒县城以南有故城遗址夹在照壁山和平顶山两山之间，城势较低，正如当年弹劾岳钟琪将军的副将张广泗所言："七月十一日直抵穆垒，窃见穆垒地处两山之间，筑城其中，形如釜底。又两山蔓延丛杂，受敌甚易，据守甚难……今请于阔鲁图驻扎重兵…"所以，此城应是岳钟琪当年所筑的木垒城。

咸丰年间，这里已"市廛极盛"，居民超过万人，凡山西、归化城（呼和浩特）商品聚居于此，蒙古诸盟也来贸易，为北疆一大聚落。同治三年（1864 年）以后，连年战乱，木垒大小城堡毁于兵燹，许多年都未能恢复元气。有许多清代的过往旅客和遣戍官员曾目睹过这种情景。

《新疆图志》记载："木垒旧名曰白水驿，西行富八站之首，市上居民一百五六十家。"

同治三年（1864 年），木垒城在战乱中被焚毁，成为一片废墟。

民国元年（1912 年），木垒又建新城，即今之木垒镇。自清政府实行军府制后，木垒一直隶属于奇台县辖区。

民国初年，木垒属奇台县的东六区。由于人口增多，并是产烟处所，距奇台过远，"防筑难周"。民国六年（1917 年），奇台县政府在木垒设分县，派县佐驻此，并将奇台巡检署移驻木垒河，管理民刑诉讼。

民国八年（1919 年），政府开始再次修筑木垒城。历时九年，初由民工修筑了部分城墙后停工，后由工程营兵完成筑城工程。民国十九年（1930 年）三月，木垒正式建县，从奇台县划出，定名木垒河县。

木垒有独山，位于县城东南五六公里处，独山，犹如一面照壁，因而当地人也称其照壁山。唐代薛仁贵西征的故事就发生在木垒照壁山附近。

薛仁贵死后，他的儿媳樊梨花在此西征，义子薛应龙渡木垒河时，不幸中箭身亡，被朝廷封为“木垒河之神”。为了纪念一代名将，木垒人修了一座龙王庙，年年焚香祭祀。

顺谷攀到山顶，可与西边起伏连绵的平顶山相望。两山间，木垒河由南向北奔流，山口有一栏河大坝，筑成山峡龙王庙水库，

木垒城南两公里处有一故城，当地人称油库“破城子”，周长 2 800 米，城墙长 800 米、宽 600 米，现已为残垣断壁，城外可见护城河遗迹。20 世纪 70 年代中期，考古工作者在此破城子废墟上发掘到唐代纹饰的灰陶；四年后，当地人修筑龙王庙水库时，又发现一男尸随身带铁剑一柄，专家确认此为蒙元遗物。由此可见，此城由唐代一直延续至元代，应为唐独山守捉城故址。

从出土的铁箭镞、铁盔甲、剑、高筒皮靴看，这是一座西北边陲驻扎军队的兵城。

守捉为唐代兵制（驻军 300 人及边疆军事检查站）。盛唐时期，唐廷在北疆设 11 个守捉城。从巴里坤西行到木垒，要途经一个重要的守捉——独山守捉城。木垒独山城位于天山谷口，在要冲位置。据当地人说，由此故城经三个泉，有土路可越色必口，翻山而至巴里坤，别有支路自故城南越博依勒克达阪，可通吐鲁番，与古西州相连，亦可沿旧公路东南至哈密。足见，木垒油库“破城子”即唐之独山守捉，元之独山城。

当然，也有人说，新户破城子是元代独山城。新户乡古城遗址在 20 世纪 50 年代还保存完好。七十年代中期，该遗址因当地农民积肥而遭破坏，只留下许多灰陶、罐罐坛坛、石磨、铁犁、磨谷石器等。有的文物上刻有民族文字，或镌刻有光腿、赤脚、着裙的女人像，从文字和衣饰看出，破城子居住的多是少数民族，同时也反映出破城子早期屯垦的迹象。

其实，以上两个破城子哪个是独山城这不重要，重要的是独山城曾经在木垒历史上存在过，它是木垒历史的见证者，是木垒历史文化中极其重要的组成部分。

3．名流笔下之木垒河

从一碗泉到木垒河山城，就意味着已走完“穷八站”的全部路程，从木垒河到乌鲁木齐戍所，还有“富八站”等着名流去穿过。

乾隆三十九年（1774 年）直隶（河北）唐山县知县赵钧彤因罪遣戍新疆。于乾隆四十年正月二十四日经过木垒河。他在《西行日记》记载道：

发三个泉至木垒河。……三十里至鲜水河，又二十里至一碗泉，七八家，有增台祠庙。……雪水成细流，盖明日惊蛰矣，故行雪地而不寒。又四十里至木垒河。人百余家，大村也。村夹桥，桥下即木垒河，源出南山，下循河皆田亩，又多村舍，其气象忽一变。村西起沙梁，具峰岭亦来自南大山，而东起一碗泉，过沙梁三四，而近村起沙梁，与西沙梁对，皆薄雪露碎石，如哈密东沙山。盖巴里坤西五六百里，又一大戈壁，至此始脱焉。入村日旋没，舍仍秽，然有柴。古木垒城在村南二十里。有守备领兵开屯田，属巴里坤镇标护送营卒例更代，往投文牒而嘱余宜早行。与代者会奇台。

嘉庆五年（1800 年）正月初九日，清代流人洪亮吉忍着寒冷和疲惫，穿过谷口，黄昏时来到木垒河。那时的木垒河不过是一个稍大些的村落而已。诗人在此留宿，并著《夜抵木垒河》一诗：

到得山村夜已迷，窗棂全不辨东西。
狼驯似马凭鞭策，鹊大于鸡共树栖。
穴鼠岸然欺客睡，野猿时复杂儿啼。
峰峰塞路谁能究，只觉檐前北斗低。

诗人走进木垒河县城时，夜幕已降。这里别说人实诚，连狼都显得不那么凶恶。好大的喜鹊与鸡共栖于一树。夜间，老鼠会蹿上床来，欺负远道而来的天涯游子。夜里，旷野里有什么野兽凄然在嗥叫。诗句似乎在随意点染，却写出了这一原始、荒凉却和谐温暖的山镇景象。

嘉庆二十四年（1819 年），流人史善长遣戍新疆，赐还东归，途经木垒河时，著《木垒河》诗一首：

木垒旧名河，谁曾放棹过。
雪消容有水，春冷竟无波。
北套平沙阔，南山落照多。
故人逢意外，肯惜醉颜酡。

诗人先描绘了木垒河的平静，同时表达了木垒县城和村落的祥和与宁静。然后将木垒县北部的辽阔、南山自然景观的美丽一笔概括。最后写在这个小城遇老友（据作者自注，指当时在迪化任职的张大本），老友相逢，肯舍命陪君子，大家都喝得满脸通红。

道光八年（1828 年），流人方士淦谪戍伊犁，四月十九日途经木垒河，他在《河海昆仑录》里记载道：

五十里山路，至木垒河。居民铺户极多，大河一道，围匝树木好。过此以东至巴里坤，计八站。尽戈壁地，无青草，上无飞鸟。尖宿各站，按程计里，大略相同。但旅店寥寥，仅能栖止。米面、草料、一无所有。所以谓之穷八站也。该处客商通北路，与古城，奇台同。

曾任江西彭泽县知县黄浚因事于道光十八年（1838 年）谪戍乌鲁木齐。于次年作《木垒烟岚》一诗：

一道湍流木垒河，人家两岸枕坡陀。
望中谢墅青山在，踏去苏堤绿草多。
别向客中开眼界，远从塞外赏烟萝。
隐囊拄笏非吾事，卧卷车帘看翠螺。

诗人在《木垒烟岚》一诗的题解中说："木垒河在奇台县境内，长流一道，烟火万家，为出塞以来第一都会。旁有青山，不啻谢家风景；软烟媚草，似又从明圣湖头见之。"

道光二十二年（1842年）十月初五日，天气晴朗，林则徐一行天未明时套车上路，走了50里到了一怨泉（现也称一碗泉）。又行40里后，才到达木垒河。林则徐在日记记道，木垒河"商贾云集，田亩甚多，民户约五百家。有河一道，泄雪山之水，今冬令涸矣。"因新疆所谓河，大都是水浅石多的季节河，发源于雪山而流失于大漠，入冬无水即显露河底。木垒城内的行馆颇为宽敞，博令遣丁在此具膳，接待林则徐父子，并亲自来迎候，盛意感人，晤谈而别。

席间，大家酒至正酣，忽有差役来禀，说："城东有人买卖鸦片……"林则徐未等差役禀完，即脱口说："何人如此胆大，给我拿……"林则徐忽一沉思，自己现在也是一介谪臣，有何权力发号施令，况还在木垒博令辖下。不免脸上浮出一丝无奈和沮丧……

林则徐父子在城中走动观赏，见到有一种叫阿魏菇的食菌在市面上出售，为本地特产，闻之有异香，乃西域珍品。而木垒所产洋芋竟比闽浙的要大好几倍，林则徐父子从未见过这么大的洋芋。当晚，林则徐父子在行馆中住宿，旅舍里有铜盆炭火取暖，颇觉温暖舒适。

……

十里傍山根行，见天山最高一峰，晚霞返照，白雪与晴岚争晖，如美人披缟素，戴金翠首饰，凝立大荒，仰天而若有所诉者。道右三里许，有村庄，小树连绵，即头二三旗各庄，八里下坡，天山渐低伏，三里左岭外复见雪山。道边有垦地，二里于斜阳影中忽见奇峰怪石，参差林立，乃木垒河之颓垣破屋也。

入街住店，店宽大，市上一百五六十家，饮食之物悉具。附近种地颇多，春夏天亦应时雨，木垒河水由西南引至东北，灌头二三旗，地及一碗泉北各庄，河水味甘，驻扎守备，营垒甚整。自哈密、巴里坤赴乌鲁木齐，木垒河适当其冲，雍正间征准夷，岳大将军以木垒地方厄要，请移大兵驻之，副将军张广泗谓，地处两山之间，形如釜底，受敌甚易，据守甚难，请于阔舍图驻重兵。今亲履其地，方知二公皆能知兵机。审地利者，而张公之言尤能虑敌焉。

天山之北，自30里墩至此，青葱无际，悉草地。行直达归化城、张家口，以驼马通道，经内蒙古地。自哈密至此十一站，戈壁始尽，土人谓木垒河为富八站之首，以后人烟较盛。天山自葱岭分支东下，蟠屈数千里，苍莽雄秀，念秦汉以来，匈奴、突厥，纵横塞上，雄长西域，蹂躏北边，亦山川之气为也。高宗戡定两部，穆圣恢复全疆，西北王气，惟我朝实足以当之。

湖南布政使杨炳堃因事谪戍新疆效力，于咸丰二年（1852年）四月十六日途经木垒河。在其《西行往返纪程》一书中记述道：

五更时分到木垒河住歇(宿站,奇台县属),有木店五六家,修整宽大。街西有大河一道。雪水、泉水汇为一处,滔滔不绝,名木垒河地,以水得名。街市相望,民户约千家,屠沽酒肆,兼多蔬菜,俨然一大聚落。从前地产蘑菇,每年获利一二万金,有客收买……

……木垒河休憩一日,适届会市演戏酹神,信步至会,周游一过,又至市肆。自巴里坤起至一碗泉,共五百六十里,俗名穷八站,沿途皆戈壁滩,有水有住宿处,不过市井萧条,房屋仄陋较胜于安西州之穷八站。自木垒河起至红庙,又名富八站,当是相形而得名耳,木垒河遥见灵山三峰,即博克达山也(俗称菩萨峰,海拔 5 445 米)。

杨炳堃过木垒时,恰逢维吾尔人过小年肉孜节。当时的木垒县城已是烟火千家屋,歌声奏神弦。木垒县城人口众多,街市已是十分热闹,有点歌舞升平的意味了。清代咸丰初年的木垒县城,并不是像今天这样,多是哈萨克族人居住,而是维吾尔族人居多。维吾尔人的小泥屋都隐在垂柳和杨树下,很是安祥宁静。

这些边陲小县的人啊,既不羡慕朝里的荣华富贵,也不羡慕神仙般的生活,他们自食其力,安安静静地过自己的小日子。秋高气爽的季节,牛羊肥壮,庄稼丰收,把公家的那份税课缴了,就可过自己的安稳日子了。

咸丰七年(1857 年)八月,曾任刑部侍郎、光禄寺卿的雷以缄因镇压太平军不力,被谪戍伊犁,途经木垒河,著《木垒河行馆》两首诗:

客心胡自慰,尘眼复谁揩。
供帐新开馆,荒芜不满阶。
百家饶鬻物,十字有通街。
八站方先富,聊堪寄雅怀。

几日穷戈壁,风光木垒开。
土番瓜上市,秋圃麦成堆。
食宿随人便,科征有吏催。
明朝驱马去,雉堞望奇台。

诗的大意是,走出荒凉无助的"穷八站",到了"富八站"的首站,已让谪戍人有了全新的感觉。这里的驿馆刚刚新开张,周围已不是那么荒芜了。木垒河县城里的家家出售山货等贵阳物,有一十字街道通向东南西北。看到木垒河这"富八站"的首站已很富饶的样子,谪戍人无以聊赖的心情突然间有了一种寄托和希望。许多日子以来,都行走在荒凉戈壁、穷山不毛之地,来到木垒,突然间看到绿水青山、田园风光,看到炊烟袅袅、听到鸡鸣狗吠,一下子好像来到了另一个世界,心情变得豁然开朗!

这里的维吾尔人种的西瓜、甜瓜也已上市,秋收后的麦场上,麦垛高立,金黄色的麦子堆成了小山。这里吃住都随人意,税课有政府派专人催收。啊,明日一早,就要告别这小小而富足的山城,站在高高的城墙头上,已看到了奇台的村落。

光绪三十二年（1906年），方希孟应伊犁将军长庚召，再次入疆。次年四月初五日，途经木垒，他在《西征续录》里记载道：

木垒乃富八站之首，乱前市廛极盛，民居逾万。山西归化城、包头货物悉屯于此，蒙古诸盟亦来贸易，为西疆一大聚落。兵燹后已三十余年，市上仅一百五六十家，迄未复一。遥望南山峰头，积雪磊磊，晶莹如玉。有河北流，碧涧琤琮，杂木掩映，濒街架桥，以通行旅。水复东北注，三十余里灌头二三旗地亩，及一碗泉各庄，支流穿街中一小寺，清流瀏瀏，晚钟寂然，凭阑伫立，俨如对姑苏城外寒山也。是日行九十里。店房宽洁，饮食具备，为哈密西来所无云。

流人裴景福于光绪三十二年（1906年）三月三十日抵达木垒驿站，他在日记里写道：

土人谓木垒河为富八站之首，以后人烟较盛。天山自葱岭分支东下，蟠屈数千里，苍莽雄秀，念秦汉以来，匈奴、突厥，纵横塞上，雄长西域，蹂躏北边，亦山川之气为也。高宗戡定两部，穆圣恢复全疆，西北王气，惟我朝实足以当之。咸丰间，木垒河市廛极盛，民居过万，凡山西、归化城货物悉屯积于此，蒙古诸盟亦来贸易，为北疆大聚落，遭乱后已三十年，迄不能复。

宣统二年（1911年）四月，流人温世霖被流发新疆，十八日至木垒河留宿。他记载道：

木垒河水发源于南山，终年流不断，浅时没胫，深或三尺，灌溉之地甚广，故附近农民村落，前后相望，嘉木梢爽。商民、缠（维吾尔族）民、回民、附近村民共116户，为哈密西九站富庶之最。马拨、税卡各一所，守备带巡防马队一营驻之。是处产羚羊。

夜间，温世霖在日记中又记载道：

该处有店铺及住户约百余家，自禁烟以后，生意日见减色，铺户多关闭。有河一道，宽约丈余，由天山支脉流出，至木垒河，分支流四五处，入四乡浇灌田园。

宣统二年（1911年）五月五日，新疆最后一任巡抚袁大化赴疆上任时，途经木垒河记述道：

……木垒河，有河渠，灌田甚多，南山雪水也。守备孔福驻此，有千、把、哨官数员。商民六十家。缠（维吾尔族）民十六家，回民二十家。各村农民百三十八户。

民国政府要员林竞，奉交通部使命，民国八年（1919年）4月至新疆实地查勘铁路线，25日抵木垒河，并在《新疆纪略》里记载了这里的情景：

4月25日，晚发三个泉，次早抵木垒河分县，计行九十里。

今日西行，四十里，一碗泉，居民一家。十里，地窝铺，居民亦仅一家。四十里，木垒河分县，住。县南有山独立，如屏风，俗称照壁山，其上有泉。

木垒河，汉为蒲类国。《辛卯侍行记》云：其治在山谷不在海旁（按：此海指蒲类海，在今镇西县）。《新唐地志》：伊州，自蒲类县百六十里至北庭都护府。是蒲类居庭州东，应在今奇台县木垒河西。木垒，即蒲类之转音也。

唐置蒲类县，隶昆陵都护府，统于北庭，后置甘露州。宋咸平中，辽修可敦城，又以城为镇州军。元并于畏兀儿。明为卫拉特地，属和硕特部。清初为准噶尔台吉游牧地，后内属。乾隆二十四年，建奇台县，木垒河属之，设守备一名。民国六年，设立县佐，属奇台县。其界东以头水山口为界，西以英格布拉为界，南以石人沟为界，北以哈布腮斯克山为界。县佐管理民刑诉讼，租税收入即归之奇台县，佐公费每月二百两，科员二人，共二十两，雇员六两。

本分县人口四百余户，县治居民五十余家。县公署附设半日学校一所，学生二十名，每月经费仅十六两。南山木家地沟、半截沟，租于俄国哈萨克牧放，税收其草头税。先是，俄国及阿尔泰一带哈萨克，因避其国之差徭，逃居於此，驱之不去，故划此地以居之也。县署东有俄商所建房屋一家，屡有不法行为，县署无法过问。

上述记载，给木垒民国以前的历史沿革画了一个清晰而简略的轮廓线。

从清代巨擘的诗文日记中，可看出木垒历代就是一处“土沃泉滋”，宜农宜牧、农牧相伴，民族相融的安静、恬淡、质朴、敦厚、祥和之地，这里没有大灾大难、大悲大喜，是一处冬暖夏凉、气候宜人，适合人居的具有原始气息的安详之地。在镇西时代 181 年中的所辖下，木垒虽作为奇台的一个乡镇存在于丝路北道，但从今天来看，它的文化、军事、经济地位丝毫也没有减弱。尤其是清帝亲自为其制定《穆垒安户章程》，这足以说明当时的清政府对此地的屯垦发展是多么的看重。

新中国成立初期，木垒这条道上的过往车辆仍很频繁。

木垒县城街景（图片来自木垒县政府网站）

如今的木垒已是一个面积 17 700 千米^2，总人口约 9 万人（2013 年），有汉、哈萨克、维吾尔、乌孜别克、回等 13 个民族的县，辖 3 个镇、7 个乡、1 个民族乡。随着木巴公路的开通，木垒县已成为东疆和北疆地区的中转站。随着人们生活水平的提高，探险旅游，自驾旅游成为时尚，偏远孤寂的独山城再度成为许多人的向往之地。

东城口驿

1. 爬梳东城口

乾隆三十八年（1772 年），清政府于木垒东城口再筑新城，周 240 丈，驻绿旗兵木垒营，设守备，有马兵 140 人、步兵 160 人、屯兵 150 人，先属镇西府镇标管辖，咸丰三年(1853 年)，又改属迪化直隶州管。咸丰年间，这里已“市廛极盛”，居民超过万人，凡山西、归化城（呼和浩特）商品聚居于此，蒙古诸盟也来贸易，为北疆一大聚落。道光、咸丰年间，东城口驿站比木垒河驿站更发达。同治三年（1864 年）以后，连年战乱，木垒大小城堡毁于兵燹，许多年都未能恢复元气。有许多清代的过往旅客和遣戍官员都曾目睹过这种情景。

《新疆图志》记载：“西吉尔庄二十里东城城口（居民六七，有树木）。”

又载：“木垒旧名曰白水驿，西行富八站之首，市上居民一百五六十家。”

《清史稿》记载：“东吉尔玛泰（东城），管粮巡检一。四十年（1775 年）筑靖宁城。四十一年（1776 年）裁通判，置县，隶镇西。咸丰三年，改隶迪化州。光绪十五年，自靖宁徙今治。”

如：乾隆三十七年（1772 年）六月壬辰，兵部议准，陕甘总督文绶疏称：“……东济尔玛台，添驻携眷兵一百八十。连旧驻兵一百二十，共三百名，以资屯种。……”

再如：乾隆四十一年（1776 年）十二月丁巳，吏部等部议覆。陕甘总督勒尔谨疏称：“……东吉尔玛泰，额捐监粮，归奇台县收捐。……巴里坤，至迪化州，共十六站，设马八十三匹，分巡巴里坤粮务备道。……”

当时，东城口驿站客店里柴火堆积如山，都是山里砍伐的白杨木，有用木槽引流的自来水，吃的有白面馍馍、油条，旅客有“如贫儿暴富”的感觉。

民间传闻，那时，东城口馆馆子（驿馆）有气派十足的接官厅（官驿）、关帝庙等建筑。由木垒出发至东城口，据老人们讲，牛车行走得整整一站路。咬牙沟是当时通往古城子的唯一通道，弯弯曲曲又遍地卵石，不但难行，而且充满车坏牛乏的风险。于是，人们在咬牙沟口修了一座“油神庙”，供奉了一座巨石，面阴刻了一段文字：

指南车分路，四方君子，此处常见往来迷路。本郡平顶山户民陈义不忍坐视，南道大路，北道岔路，不可行走。

咸丰八年四月十五日

此碑石当时被藏于县文化馆库房里。木垒县文管所成立后，此碑石又移至县博物馆，现陈列于该馆，已成为木垒县最珍贵的文物之一。

碑石文字大意为：因咬牙沟沟口较隐蔽，去东城口的旅人，在此最容易迷路，往往沿大路走了。本县平顶山人陈义不愿熟视无睹，设路碑提示过路者，向南的大路，或向北的岔道，都不能走。没想到，该路标后来成了“油神爷”。

车夫们路过巨石时，都要虔诚地在“油神爷”头上涂抹一些用来润滑车轴的清油，以求保佑能平安地驶出咬牙沟。

正像许多驿站后来发展成小城镇一样，木垒河发展为小城镇可能在清代咸丰年间。清代咸丰之前，木垒城应该在东城。杨炳堃在《西行往返纪程》一文中记载木垒时，未提及守备等。但他写道：“距木垒河西北 20 里有东城，设都司一员，兵六百。”如果不是城镇，设那么多兵干吗？

据木垒河的老人回忆说，他们来新疆时，木垒河畔还无城，只是个聚落小镇。民国九年（1920 年）才建的城。

2．东城口历史文化钩沉

道光二十二年（1842 年）十月初六，是日立冬，林则徐一行天未明起行，走了 50 里后，到达叫东城口的地方，但并未见附近何处有城，只是一处傍山小村。路边有旅店一家，博令仍在此遣丁具茶，请林则徐下车小坐。林则徐正端杯，忽闻小儿惊呼，往而视之，见路边有两名猎人正在宰杀两只狐狸，并剥取其皮。因狐狸在闽浙一带被视为半仙，偶人鸡笼也被放走，怕其作祟，而在此竟被当成鸡鸭一样宰杀，两个儿子甚为惊讶。据当地人说，开春就有人专程收购狐皮，贩至关内高价出售，极品狐皮袍能值百两银子。

宣统三年（1911 年）五月，调任新疆巡抚的袁大化途经木垒东城，他在《抚新纪程》中记载道：

……初八日，晴。寅正，出木垒河，西北行。下坡，过河滩，碎石满地，上坡行沟中。左右两山坡多旱地，麦苗青葱，胜于水田。询之土人，山田土厚地腴，不减平川。今年自四月起，雨水尤多，丰收可望。十五里咬牙沟。出沟，上平坡，南近雪山，势渐高峻，北望平旷无边，烟树苍茫，似有村落。廿五里东城口，郑令设茶尖于此。西南行，二十里西吉，又名一渠，农民数十人来接，余抚慰之。此地遭同治末回乱，死亡孑遗，今尚存百余户，专靠泉水灌地不甚敷用。近村多山少水，迤西烟户渐多。天山雪水灌溉不到，若能引奇台二渠、三渠之水，庶免旱熯，已嘱郑令有叙代为经理。

当时，木垒河有 5 个驿站，其中大石头、三个泉、一碗泉，毁于民国二十二年（1933 年）的军阀战乱。加之当地土匪烧杀抢掠，盛世才时期，请来苏联红八团镇守哈密，同时开通了北疆公路。从此，大石头、三个泉子、一碗泉三驿站变成历史遗迹，木垒河驿、东城口驿也随之衰落。

靖宁驿（屏营驿）

1. 爬梳靖宁

靖宁驿，按清代标准说法，即“屏营驿”。

据《新疆图志》记载，自古城“九十里至屏营驿（屏营驿驻旧奇台县靖宁城城东七十里，旧设白水驿，今废）。”

自奇台县“城东三十里至三十里铺。二十里四十里腰站（店四，井水甘）。四十里，屏营驿，即奇台旧治城（戈壁平旷，城驻巡检。城外居民百余家。地乏水，南半里许有涝坝二。潴雨雪水以供人畜饮濯。有支路南行六十里下开垦，三十里上开垦，十里大西沟，逾山接吐鲁番北境支路）。”

四十里堡腰站——莫里循于1910年4月20日摄

《三州辑略》记载，屏营驿（东至白水驿七十里），于乾隆四十一年安设，有“驿书一名、马夫二名、马五匹。”

有奇台塘（至木垒塘九十里），安设于乾隆四十二年以前，有“兵丁八名、马八匹”。

《新疆图志》又载，清代光绪二十八年（1902年）列表，屏营驿安设有驿书一，马夫七，马十四，月支薪粮、工粮、料草、油烛、纸张等项银六十二两四钱，岁支银六十八两九钱五分，合支经费银八百一十七两七钱五分。

奇台旧治驿站、军台、营塘齐备。

靖宁，即老奇台镇所在地，为奇台县治旧址，自清乾隆四十一年（1776年）在此建县到光绪十五年（1889年），历经乾隆、嘉庆、道光、咸丰、同治、光绪六代皇帝，延续了113年之久。自清乾隆三十八年（1773年）在此建县，设知县一名，典史一名，训导一名。名曰“靖宁城”；乾隆四十年（1775年），清政府在今老奇台驻兵设防，建孚远城（即老满城）；清乾隆四十一年（1776年）设奇台县，属迪化州。据传，建县时，四十里内凿井无水，故名奇台。

远眺老奇台——莫里循于1910年4月20日摄

靖宁城内居民众多，商铺鳞次栉比，颇具规模。这里曾为连接中原—西域的交通枢纽和商贸中心，曾有“四乡田野，村庄相望，田亩轮歇，岁有余粮，最为富庶之区”之描述。

同治三年（1864年），靖宁城毁于兵变，加之山原高亢，周回数里，内掘井恒，深至百余仞，莫能及泉，而将县治移至古城，即今奇台县城，而原县治所在地取名为老奇台。

靖宁驿道主要有如下几条。东经木垒、巴里坤，可去甘肃内地；西经北庭、迪化，向南拐可去南疆，也可一直向西，去伊犁、俄国；向北，有草原驿道，东与漠北蒙古草原官道相接。从《元史》记载得知，这条路从今蒙古西部的科布多，向西南进入阿尔泰地区东部和昌吉东北部的北塔山地区后，分东西两路南下接北道，其中东路南下接奇台。东路大约又分两线南下：一线从蒙中交界的北塔山西南行，经将军戈壁至奇台；另一线沿古尔班通古特沙漠东缘南下，即从富蕴、清河的二台、将军庙至奇台。元长春真人邱处机应成吉思汗特请到中亚的往返路线，正是这条道。清代，沿此线设有驿站和军台。从奇台向北至科布多共设有北道桥驿等12个驿站和军台。

老奇台向南，天山中有两条孔道通南疆。其一萨捍道，从鄯善之西的连木沁向北，沿二塘沟水经吉格代、二塘沟，越天山而达奇台县境；其二是突波道，从连木沁之西的苏巴什向北经哈勒汗牧场，越天山而至奇台境。

2. 双800里边山子驿道

历史上，奇台是北疆交通枢纽之一，是古丝绸之路新北道上一个重镇。沿边山子的老奇台在清代设县历史长达 113 年之久，更是关内通往伊犁将军府的重要通道。

“边山子”专指天山北坡一带。靠山水源充沛，水草丰美，因而粮丰畜旺。山里有的是原始森林，盖房、烧烤取之不尽。因而成为历朝历代开发的地方。城镇、乡村多半建在这一带，人口主要也分布在这一地带。在古代以骆驼、马、驴运输的年代，交通路线主要走边山子。

《新疆识略》记载：“自乌鲁木齐经巴里坤至哈密一千六百六十里。”据宣统元年《迪化府总图》标示：出镇西府依次军台是：萨尔勒克台、芨芨台、色必口台、乌兰乌苏台、阿尔他斯台，木垒台、旧奇台。刚好 7 个台，所以古之有“七台之道”，称东 800 里边山子为“小南路”。

《奇台县志》记载：“嘉庆十年（1817 年）六月，清政府禁封哈密至奇台的小南路，改行北道。”说明 1817 年以前，大清官道一直沿用古代出哈密至奇台的 800 里小南路（边山子）。嘉庆朝后，小南路时封时通，一直在延续。

古代在还没有出现打机井取水灌溉的条件下，奇台地区的人们活动生活的范围只能局限在水草丰美的边山子（天山北坡）一带。奇台境内除古城堡建在戈壁外（那里有溢出的泉水）其他屯堡依次都建在边山子一带。交通线必然在各屯堡之间穿行。

县志还记载：“清乾隆四十一年（1776 年），扩建屏营驿军堡为靖宁城（今老奇台镇）作为县治驻地……是年，乌鲁木齐至县治靖宁城间设七个台站。”

据考，自唐代，出巴里坤至老奇台的确设有七个台站。吕式斌编著的《今县释名》“奇台”条目下记载：“唐设蒲类县，县有七台，故台站名也。”

“七台”不论上溯到唐代出巴里坤向西设七台。清乾隆四十一年（1776 年），出乌鲁木齐向东设七台。上下相距上千年。这地方就是第七台，人们认为这地方是“奇怪的第七台”，后缩写简称为“奇台”。建县时，便叫“奇台县”了。

以奇台为中心，东到巴里坤 800 多里，叫“东边山子 800 里小南路”；西到乌鲁木齐，叫“西边山子 800 里小南路”。史称“双 800 里边山子”。

据《新疆识略》、《奇台县乡土志》记载，西 800 里边山子原路线是：出老奇台到开垦（今三分场），沿边山子至新户梁、东葛根堡（今半截沟）、营盘滩、中葛根河、东湾（塘坊门东湾）、西葛根堡（六台，约 100 里）；至上堡子宽沟口、碧流河、洞子沟、吉布库堡、西糟子五圣宫、更格尔堡（五台，约 90 里）；至白杨河、红山子、泉子街古镇、十八户、吉木萨尔（四台、约 100 里）；至三台约 90 里，至滋泥泉二台约 90 里，至阜康一台约 120 里，至迪化底塘约 130 里，共约 700 里。

居住在边山子一带的人们，民国和解放后骑马到乌鲁木齐，还多走这条古 800 里边山子路。现在古道上还留有很深的车辙。

综上所述，自唐代到清光绪十五年（1889 年）前，自巴里坤经奇台到达乌鲁木齐。双 800 里边山子小南路是北疆丝绸之路新北道上重要的驿路之一。

3．老奇台历史文化遗存

老奇台是位于奇台县城东南40余里的一个乡镇，但它又不是一个普通的乡镇，因为，它曾经担当过县治之重任。

它从乾隆四十一年（1776年）起担当县治，一直任到光绪十五年（1889年），充任县治长达113年。后来，因为吃水（长期喝涝坝水）难等原因，才将县治移至古城。

乾隆四十一年(1776年),清政府改奇台堡为奇台县治,改管粮通判为县令。奇台设县后,即发动万余人开始修建靖宁城。

靖宁城是在奇台堡的基础上扩建而成的。

《三州辑略》记载："靖宁城是将旧堡展筑，周二里七分，高一丈五尺，城门四。"靖宁城呈四方形，有城门四座，各有一瓮城；城四角有碉堡，各两层；城角与城门之间有凸出马面八个，上有炮台八座……内设有知县衙署、训导衙署、典史衙署各一所，监狱一所，仓廒一所，把总衙署一所，书院（义学）一所，养济院一所，文庙、娘娘庙、关帝庙和城隍庙各一座，堆房（库房）4处，兵丁住房100间，民房若干……

从设县以来，到乾隆五十年（1786年），县城内外人口不断增加。

靖宁城兴盛时期不足100年。同治战乱，波及奇台。反反复复遭受着战乱击打的靖宁城之创伤可想而知。同治三年，上千间城内外官宅民房被烧毁，靖宁城成了一座废城，这座北疆重镇自此走向衰落。

光绪五年（1879年），知县刘嘉德组织民众略加修补了一下靖宁城，便坐进衙署，办起公务来。

光绪十五年（1889年），奇台县治从靖宁城迁往古城子。清政府在靖宁城设巡检一名管辖，此街剩有"驿站、邮局和商民四十家，并有缠回十家"。自此，靖宁城逐渐衰落成一个小小集镇。

光绪三十四年（1908年），奇台知县杨方炽编纂的《奇台县乡土志》记载了老奇台县治的全部历程：

乾隆二十二年（1757年），平定准部始隶版图。三十八年置奇台县，隶巴里坤镇西府治，地名曰靖宁城。四十一年建城，……炮台八座，门二。是年设知县一员，典史一员，训导一员。县东为木垒城，系雍正年岳威信公钟琪西征时奏建。乾隆三十二年并三十六年，由塔尔湾、安西等处绿营移守备一员，把总二员，外委四员，额外外委二名，马兵一百四十四名，兵一百六十名驻此。县西为古城，系乾隆三十五年建。三十六年由兴汉、河州、沙州等处练营移游击一员，千总一员，把总二员，外委四员，额外外委四名，马兵二百零五名，步兵二百名驻此。四十一年设巡检一员，隶奇台县。

……怠至乾隆二十四年回准悉平，始建奇台堡。设管粮通判一员，东吉尔玛泰设管粮巡检一员。自是化毡裘而冠裳，辟荆榛为锦绣矣。……自乾隆四十一年，裁粮员，设县令，而后内地之氓逐次占籍，各处商贾随亦接踵而来。咸丰三年，改镇西府为直隶厅，以奇台改隶乌鲁木齐迪化州。是时承平已久，闾阎相望，比户可封，阡陌纵横，余粮栖亩，最称富庶之区。怠至同治三年，逆回构乱，地陷于贼三处，城垣及民房官舍被焚毁，荡然无存。同治十年，景大臣廉督师西来，就孚远故城之东北建立两堡。十一年试委知县郭凤贤于此，署理商民市集，亦即附丽其间，旋倚北一堡重加修筑，仍为古城巡检所治。其西关即古城，营旧垒，局势宏厂，贸易较盛于城中，渐渐由聚而邑。其倚南一堡后亦增修，作为孚远新城，以领队、协佐等官暨满营兵弁驻扎于内。奇台县治城虽经知县刘加德略为修葺，而居民寥落，一望荒凉。

光绪九年，知县甘承谟禀奉刘爵大臣锦棠奏准，将奇台县治改建古城。十年调派营勇，就古城西关地段修城垣。十一年又绩修孚远城，改设城守尉将。巴里坤、乌鲁木齐等处，满兵迁并于内，分为六旗。

……十五年，知县典史一并移至古城。巡检移至奇台，兼管驿丞事务。

这一段文字，是对老奇台县治期间的历史最完整、准确、简洁的记载。

乾隆二十四年（1759 年），为驻扎军队和行政管理需要，清政府在老奇台建了奇台堡。

奇台堡，俗称烂营盘。土堡东西长 15 米，南北长 100 米。如今，奇台堡残存的遗址依稀可辨。遗址最高处有两米，土堡的四周靠墙有房屋遗迹。紧靠土堡的东墙有一大院，是当年的屏营驿遗址。“屏营驿”之意是：屏靠于营房的驿站。驿站内分为两部分，一部分为房屋遗址，另一部分为马厩。

奇台堡门前横贯有东西方向的大路。路北为居民区。在这里，曾经设有当铺、钱店等。20 世纪 70 年代末，有人在这里发掘出窑藏的“乾隆通宝”800 千克。然而，这里并未发现乾隆之后的铜币。近年来，老奇台人又发现了地下青砖窑 4 座。窑长 3 米多，宽 3 米，深 2.5 米，可烧条砖 1.2 万块。四周窑壁为青砖色，坚硬如石。稍远处，土质呈赭红色。

从乾隆二十四年（1759 年）到四十一年（1776 年），奇台堡一直是老奇台与木垒两地的政治、军事和文化中心。

《奇台县乡土志》记载了咸丰三年，镇西府改为直隶厅后，奇台也改隶迪化州所辖。并强调了这一时期，奇台人口增加到 7 000 余户，在当时应该说是北疆的通都大邑。那时，奇台大地是“闾阎相望，比户可封，阡陌纵横，余粮栖亩，最称富庶之区”。

然而，“怠至同治三年，逆回构乱，地陷于贼三处，城垣及民房官舍被焚毁，荡然无存”。

老奇台人说，同治坐了十三年，西口外反了十三年，老百姓遭殃十三年。

《奇台县乡土志》记载：“光绪九年，知县甘承谟禀奉刘爵大臣锦棠奏准，将奇台县治改建古城。”这里交代了知县甘承谟向刘锦棠打报告请求迁移县治，其主要原因是：“（老奇台）逼近天山之阴，山原高亢，周围数里内无井泉河渠之利，官民汲引……就地掘井恒深至百余仞，莫能及泉。”

当时，老奇台有个“官涝坝”，是老奇台最早的涝坝，它几乎就是老奇台的代名词。

大凡知道老奇台的人都知道这个官涝坝，它与“奇台堡”是同一时间动工开挖的，与城堡东西紧密相连。官涝坝分为上涝坝、下涝坝。上涝坝由于多年的渍泥沉沙淤积，已变得很浅了，干涸的涝坝中长满了水草和芦苇。下涝坝仍大且深，供人畜饮用。上下涝坝之间有石板修的水道，并由木栅固定。老奇台的人百年来几乎都饮用着官涝坝里的水。

同治战乱，老奇台人背井离乡，官涝坝随之干涸了。

战乱平息后，老奇台陆续有了垦民，官涝坝又注入了水。当时的清军还在官涝坝附近的黄土梁子上修了四座碉堡。在大碉堡未拆毁的若干年前，人们还可以看到碉堡的炮眼顶部木版上写着“此碉堡是为了保卫官涝坝而建”等字样。

风水先生曾断言，老奇台是一个大鳖盖，方圆四十里甭想挖出一滴水来。很早以前，有人试图在老奇台城隍庙附近打井。打到后来，井里冒出大风，打井人不再敢继续往下挖了，他们立即用一块大碾盘石压住了井口。

光绪十一年（1885 年），老奇台开始了迁县前的准备事项。次年，古城内汉城、老满城、新满城的城垣续修、扩建等工程已完成。汉城为商民集市，老满城为官署衙门，新满城为兵营驻地。

光绪十五年（1889 年），经清政府钦准，奇台将知县、典史等全部移至古城。至此，迁县大事告捷。古城正式成为奇台县治。经过乾隆、嘉庆、道光、咸丰、同治、光绪六个朝代的老奇台县治，终因缺水的缘故而搬迁了！奇台县旧治从此降位于乡镇，被称为老奇台。

4. 名流笔下之老奇台

乾隆五十年（1785 年）正月二十五日，清代流人赵钧彤途经老奇台时，在城外南郭小村宿了一夜。他在《西行日记》里记载：“城内外人口不止一千家，亦大都会也。”并记载，“县筑土城，驻县令、游击各一员。已有学校，由陕西省中渭县人田知县兼教官（即教师）。”说这里水源丰富，土地肥沃。“南山根下，泉水、雪水，千源万派（脉），皆可引灌。水泽既足，雨雪又繁，故地皆沃土。”地“多产草树谷麦”。所产粮食除供应当地外，还远销巴里坤及哈密一带。

赵钧彤到达这里时，正值元宵节后不久，南郭小村，仍筑高台，架秋千，演出杂技。男女老幼观众，围成一团。

流人洪亮吉于嘉庆五年（1800 年）正月初十日抵达老奇台靖宁城。他看到这里是清初屯驻重兵所在，城规模较大，商民辐辏，颇为繁华。

道光二十二年（1842 年）十月初六日，是日立冬，林则徐一行人从木垒东城一路前行，途中所见田亩连塍，村落相望。他在《壬寅日记》里记载道：“壬寅十月，初六日，巳刻又行四十里，奇台县城，住南关外。贸易颇多，田畴弥望。”

40 里后，到达奇台县城（现老奇台镇），博令率典史雷兆奎和把总等到城外迎接。林则徐换乘博令之车入城，到行馆入住。

城内景象比沿途看到的繁华了许多，店铺沿街铺开，有买有卖，餐饮、小贩、商铺、粮店、钱庄，一应俱全，甚而亦有戏院、青楼点缀其中，不时也有打扮较为妖冶的女子前来揽客，真是好不热闹。唯有道路因融雪较为湿滑、泥泞。林则徐在日记中记述："此地南关外贸易颇多。田畴弥望，雪融成泥，路滑多水。"

古城领队大臣全小汀（全庆）也遣章京德寿、前锋校赓音等从古城来此相邀，林则徐与之见面后，只好打发他们先行回古城禀告全小汀，明日再去拜见。林则徐到达新疆虽一路身心疲惫，但当地官员感人心至诚，深感欣慰。

咸丰二年（1852 年）四月十八日，流人杨炳堃途经老奇台，宿于东关，次日晨启程。奇台县令恒辑五（瑞）曾往见。

杨炳堃记述了木垒东城口西至奇台的农村一派兴旺景象：

"垄垠相错，中田有庐，麦穗长青，堤柳蘸绿，风致大佳。一洗戈壁枯寂掩沈之状。征途至此，是别有一天矣。……遥望城郭参差，亭台矗立，绿野如云，平畴沃阔，诚饶衍之区。"

作者还着重记述了咸丰年间奇台县的教育情况：每年科举学额 8 名，文童、武童各 4 名，报考人选约 12 名，至镇西府（今巴里坤）赴考由陕甘学政评卷，考时出票传唤。作弊现象时有发生。有的官家子弟请他人冒名代考，但互不揭发。

随清军进疆的军旅诗人方希孟于光绪三十三年（1907 年）三月初六日抵达老奇台，并有著文：

……又五十里至旧奇台县。北山产煤，甚旺，质松多烟。不及黄山、水西沟之佳。南山鸦片尤甚。陕甘之人，贪利西来者，岁以万计，名之曰"种花儿"。官吏贪收陋规，不复禁止。初犹僻在穷山，近则沿途如霞锦，妇人孺子、舆夫驿卒，无不吸食。一灯荧然，俨成鬼魅世界。自禁烟议起，与英国订约，中国期以十年禁绝。印土亦分年递灭销中，如期而绝。如中国届期不能禁净，须赔印度巨亏，签订合同。欧洲各国，复表关心。在上海开万国禁烟公会。南洋大臣亲莅定议，故谕旨严切，期在必行。

宣统三年（1911 年）四月，调任新疆巡抚的袁大化从内地出关，途经老奇台，他在《抚新纪程》中记载道：

（初八）……八里旧奇台城，设巡检驻此，县令移住古城，有驿站、邮局、厘局、盐局。商民四十家、缠回十家，境内共三十二渠，每一渠为一堡，有村约、农官司之。居民专靠雪山融流。附近四十里皆无井泉，掘数十仞不见水，地底皆沙故也。是日行九十里，……城守尉忠锡五赐来接见，王长发初任左营游击，专管巴里坤马群。计印受五千一百零四匹。李镇克常在哈密接见，摺报只有四千六百余匹，计短六百余匹。该镇到任不过半年，孳生全无，尚短原数如此之巨，任意盗卖，可想而知。古城旗下马群，每岁孳生六七成。尚借巴里坤草场过冬。而巴里坤镇马场水草丰茂如此，不但无孳生，且半年之间，比原数更短六百余马，糊涂胆大，至于此极，尚安望其整饬戎行乎。奇台东南，自平顶山起，西至古城，遍地皆松树，土人砍伐，每根径一尺余，长两丈，仅售价银二钱。将来铁路枕木，用之不尽。而附近居民，皆代以炊薪，惜哉！城南有涝坝，引水导流，以供汲饮，冬则积水成冰凿而用之。以南雪山多茶树，长百余里，如炮制得法，亦新省利也。

初九日晴，午后雨旋复晴。寅初出奇台县旧城，西北行，……外即戈壁滩，北仍有平冈，蒙古所游牧。二十里腰站子，院墙空无居，四面皆荒地。左边间有村庄，田禾一望青葱。雪山出滩，云蓬蓬如张盖，须臾渐满山头，如游鱼，如奔马，如山势人之重叠，上白下青，奇峰逼肖。山腰多松树，青绿如带，顶上积雪不消，山下草绿如茵褥铺地，水流出山，筑坝凿渠，分灌原野，土人赖之。二十里，右傍戈壁滩行，有驼群数百牧其上。驼夫五人，乘马守护之。见余过此，群来跪于道旁，以示瞻敬。边氓朴诚如是。四十里腰站，典史设茶尖于此。有骆驼两群，牧于草滩。天山耸峙，远望如铜墙铁壁，高插云际。历朝以来，匈奴雄据漠北，多以天山为南障，势使然也。茶尖后，仍西北行数里，有群驼百余，房场一处。沿戈壁之北，村树绵连不断，一望平阔，远天无际。此地为高昌故国。今行其野，犹想见胡虏之风。三十里墩，小店一家。路旁骆驼三百余头，牧人支幕守之。有井深两丈余，遍地芨芨草，茂且密。地势北高，南下能开坎井，可资耕作。

宋伯鲁，清光绪十二年（1886年）进士，官至山东道监察史。因上疏陈述新政被捕，营救出狱后，受伊犁将军长庚之邀来疆，为《新疆图志》主要撰稿人之一。

光绪三十二年（1906年）九月十六日，宋伯鲁途经老奇台。作者记述这里“地处饶沃，居民繁庶。雪水泉源。由山中溉田毕，流入二十里之池塘，复疏渠分引，以灌南乡一带之田。”八天轮流一次。地产麦、豌豆、玉蜀黍及糜谷等。并有陕、甘民众来此广种罂粟。每年来者数以万计，人称“种花儿”。

那时，奇台、木垒等县地广人稀，陕甘花客子便瞄准此地，遍种罂粟。光绪末年，清政府为查禁烟苗，饬令翻犁改种。当时，“古城子聚至万人，抗拒几成大变”，曾经打死了查禁种烟的官员。之后，被清兵镇压，并将要犯正法。

种罂粟的人发了财，可抽大烟的人却变得家破人亡。当时，民间流传的有一首歌谣，生动地反映了抽烟人的悲惨情景：

宣统二年(1910年)五月初八日，新疆巡抚袁大化途经老奇台，九日中午离去。作者在《抚新纪程》里记述了在这里的所见：

由城守尉忠五接见。当地驻奇台巡检，设有驿站、邮局、税局、盐局等机构。商民40余家，其中维吾尔族居民10家。全县有渠道32条，每一渠区为一堡。由乡约负责配水。农民专靠雪水灌溉。附近四十里内无井泉，挖掘深达几十米，不见水。

奇台东南自平顶山起至古城，沿途山上多松木，当地民众都乱砍伐薪。木价低廉，每根直径一尺，长两丈的原木，售价银二钱。袁大化认为，这些松木当柴火烧去，十分可惜。将来一旦铁路相通，可以用作铁路枕木。

流人温世霖发配新疆，于宣统三年（1911 年）四月十九日途经老奇台。他在《昆仑旅行日记》记载道："城内有一道街，住户、商店、二三十家。因县署已迁至古城，街上一派萧条景象。"

流人刘雨沛因事发配新疆效力时，于宣统三年（1911 年）八月二十一日途经老奇台，宿二夜。他在《西戍途中日记》中记述道：

奇台旧为县治，现因自归化、蒙古草地来者，多径至古城。知县移驻古城，只设巡检于此，姓黄名石瑛，号迪轩。黄巡检请至县署共进晚餐。次日又设宴留饮。故市面日即萧条，计商民三十余户，缠回十家。市民陕、肃人多。村落则回民众，缠民及他处人居少数，然五方杂处，人心易于煽动，故三年两次民变。其南面之山，横亘数十里，多大松，大者径尺，望之蔚然深秀。盖天山北麓，自此至伊犁两千余里，冈峦断续，森然者皆松也。至天山南麓，则多桐。再南之雪山。则多茶树，亦长亘百余里，然土人无知炮制者，茶叶仍仰食湘叶。新省宝藏甚富，全未发泄，如此可见一斑。薄暮，巡检黄石瑛君、号迪轩来，坚约予与张君至伊署夜餐。适雨，遂下榻焉。见其赠友寿序两篇，文气蓬勃，颇得古文要领。其气宇谈吐亦不俗，而困于下僚，为之叹息。……

民国八年（1920 年），铁道部官员林竞来疆考察，路过老奇台，他在日记中记述道：

再进数里，即入奇台县。三十里，旧奇台（老奇台）。

按：乾隆二十四年，回准悉平，始建奇台堡。四十一年，设县。光绪十五年，徙县治于古城，仍名奇台，即今之奇台县，遂名此曰老奇台。有粮仓，凡木垒河分县附近完纳之粮，均贮于此。居民二百余家，商业情形与木垒河相等。井水不可饮，秋令雪水发时，居民于街北挖池蓄之，称曰涝坝，以备全市一年饮料。是以夏令池水将尽，池底余沥，臭不可闻，卫生二字诚难言矣。

曾经的老奇台自清乾隆四十一年（1776 年）在此建成靖宁城，时间延续了 113 年，历经乾隆、嘉庆、道光、咸丰、同治、光绪六代皇帝，曾为连接中原——西域的交通枢纽和商品贸易集用中心，同治三年，奇台县城毁于兵变，加之山原高亢，周回数里，内掘井恒，深至百余仞，莫能及泉，而将县治移至古城，即今奇台县城，而原县治所在地取名为老奇台。

现在的老奇台镇总面积 160 千米^2。总人口 15 274 人，有汉、回、维、哈、蒙、苗、满 7 个民族。1995 年被国家建设部列为全国 500 家小城镇建设试点单位，1999 年被自治区列为 100 家小城镇建设示范乡镇，2000 年被自治区列为 20 家重点小城镇建设乡镇之一。

古城驿

1. 爬梳古城

光绪十五年（1889 年），老奇台的“靖宁城”迁入古城子现址，因境内有唐朝墩故城，复得名“古城子”。“远树千堆合，平沙万井开，山通南北套，地接上中台。”奇台曾是兵家必争的战略重镇，更是古丝绸之路新北道上的交通枢纽和重要商埠。

清末明初，古城计有大小商号 690 家，运来送往的驼队多达 4 万余峰，自古就有“千峰骆驼走奇台，百辆大车进古城”的真实写照，历史上曾与哈密、乌鲁木齐、伊犁齐名，并称“新疆四大商业都会”，素有“金奇台”、“旱码头”之称。

《三州辑略》记载，有古城塘（至奇台塘九十里），于乾隆四十二年以前安设，有“兵丁八名、马八匹”。

又载，古城绿营管理卡伦四处：

下八户卡伦（距城二百四十里），安设“外委一名、兵丁五名、马六匹”。

素必口卡伦（距城四十里），安设“兵丁五名、马六匹”。

噶顺布拉克卡伦（距城一百八十里），安设“兵丁五名、马五匹”。

苏吉塘卡伦（距城三百三十里），安设“兵丁五名、马五匹”。

古城领队管理满营一处，乾隆四十年安设。

素必口卡伦（距城四十里），安设“前锋校一名、兵丁五名”。

光绪二十八年（1902 年），奇台辖古城子、屏营、木垒河、阿克塔斯、乌浪乌苏、色必口、头水沟、北道桥、黄草湖、元湖 10 个驿站。6 个军台，6 个营塘。《新疆图志》记载了古城所辖驿站的里程及东、西、北驿道概貌：

城西二十里小屯，十里西三十里铺，二十里出境，接孚远东境官道（出境即孚远，属之大泉）。

城北十里头屯，十里二屯，二十里北道桥驿，一百一十里黄草湖驿（旧名噶顺台），八十里将军戈壁，折东北八十里苏吉（旧有台站），八十里元湖驿（有支路，东南行四十里南溟水，一百四十里老君庙），接科布多南境台路（自湖驿西北行六十里科布沟，折北行四十里鄂伦布拉克台，五十里锡伯图台，九十里布敦哈喇腰站，一百六十里察罕尔通古台，一百里沙斯海台，一百二十里玉音齐台，八十里达布苏图台，一百二十里博德浑台，一百二十里苏济台，一百二十里科布多底台。自奇台城至科布多城，凡一千五百六十里）。

奇台—哈密—嘉峪关，32 个驿站，计 2 440 里。

奇台—科布多（原属中国蒙古，现为蒙古国境内）14 个驿站，计 1 430 里。

奇台县向东，所辖有三十里至地窝铺台，九十里至奇台底台，九十里至木垒河台，九十里至阿克他斯台，六十五里至乌兰乌苏台，六十里至色必台。

所辖有：六十里至古城塘，九十里至奇台塘，九十里至木垒河塘，九十里至阿克他斯塘，九十里至乌兰乌苏塘，六十里至色必塘。

据《新疆图志》记载，清代光绪二十八年（1902 年）列表，古城所辖驿站的安设为：

北道桥驿："驿书一，马夫四，马八，月支银三十九两，岁支银三十九两四钱，合数五百零七两四钱。"

黄草湖驿："驿书一，马夫五名，马十匹，月支银四十六两八钱，岁支银四十九两二钱五分，合数六百一十两八钱五分。"

元湖驿："驿书一，马夫四，马八匹，月支银三十九两四钱，岁支银三十九两四钱，合数五百零七两四钱。"

元湖驿至九十里入科布多界，下接军台：

鄂伦布拉克台，五十里至希伯图台，九十里至布惇哈喇台，百六十里至察罕通古台，百里至沙斯海台，百二十里至玉音齐台，八十里至达布苏台，百二十里至博罗浑台，一百里至苏济台，百二十里至科布多城。

以上四站十台，一千四百三十里。

古城驿和靖宁驿的主要驿道大致相同，除了丝绸之路新北道之外，最重要的是草原大道，亦称回鹘路。

《元和郡县志》记载："郝遮镇，在蒲类县东北四十里，当回鹘路；盐泉镇，在蒲类县东北二百里，当回鹘路；特罗堡子，在蒲类县东北二百余里，四面有碛，置堡子处周围约二千里，有好水草，即往回鹘之东路。"

唐蒲类县大致在今奇台附近，《新疆图志·道路志》"奇台"条"记其北行路线：城北十里头屯，十里二屯，二十里北道桥（郝城镇），一百二十里黄草湖驿，八十里将军戈壁，折东八十里苏吉，八十里元湖驿接科布多南境台路。"

陶保廉《辛卯侍行记》对此道记载甚详，兹录其从蒙新交界处至古城的一段："……一百三十里甲会，七十里俄农鄂博，四十里明安子山，七十里哈拉迭里，六十里扎木善丹，四十里明冈，六十里柳树泉，五十里乾湖子，九十里老爷庙，西南一百二十里炭窑，九十里三塘湖，西行八十里天生川，七十里白墩子，六十里专金，七十里锅底山，六十里菜子地，七十里鄂龙吉，九十里黑山头，九十里芨芨湖，九十里三个泉庄，八十五里新疆古城子。"

这条道上因官税少，有很长一段时间，古城的驼商和骆驼走的就是这条道。早年奇台的"旱码头"，全依靠骆驼驮运出来的。

古城还有越天山的两条孔道（文献记载）。第一条是从鄯善之西的连木沁向北，沿二塘沟水经吉格代、二塘沟，越天山而达奇台境，此或即为萨捍道。

第二条是从连木沁之西的苏巴什向北经恰勒汗牧场，越天山而至奇台境。古城子人或吐鲁番维吾尔人通过毛驴驮运，互通有无，丰富了各自的市场。

2. 古城骆驼与驿道

关于骆驼与驿道之关系，古城子民间记载得更详细。

古城的驼商，通常将古城至哈密的东路驿道——“穷八站”称“下八站”，将古城至迪化的西路驿道——“富八站”称“上八站”。

此外，有“大草地”通往蒙古国的绥远（呼和浩特）、归化，或张家口；有“小草地”经旱沟、芨芨湖等驿站，穿过星星蛱，到甘肃；有“前营”通乌里雅苏台；有“后营”通科布多；有“南路”通吐鲁番地区……

大草地，是指从古城出发，经旱沟、芨芨湖，老君庙、羊圈湾，越过北塔山，沿着蒙古草地到绥远（呼和浩特）或张家口的道，驼队一年只能往返一趟，沿途设有站口，驼队逐水草而行，风餐露宿。只因沿途水草茂盛，因而驼商们称之为“大草”。这条道匪盗亦较少，沿途又可与蒙古人交易，故而驼商乐于此道。特别是回族驼商，多结队行于此道。

走在戈壁滩的驼队——莫里循于 1910 年 4 月 20 日摄

小草地，是指从古城出发，向东经旱沟、芨芨湖、四十里井、大石头、巴里坤、石门子、上马崖，越过大戈壁，穿过星星蛱，过安西到肃州凉州，到达太的路，这条道比“大草地”略近，但水草不好。马崖至星星峡一段，有 8 天路程没有水，驼队往往要备水而行，一年内只能往返一次，因而得名为“小草”路。沿途匪盗很多，驼夫们只好结队而行，这条道沿途有店房驼圈，在光绪年间，“小草”路较为繁忙。外蒙独立后，“大草地”不能通行，驼商们只好由此道而行。盛世才时期，一度封锁星星峡隘口，此道又一度中断，直至民国三十三年（1944 年）前后，这条驼道又呈现出繁荣之态。

前营，指的是蒙古国的乌里雅苏台。蒙古国未独立之前，属于中国领土。从奇台县北道桥出发向北，沿着沙漠边缘，过元湖、达布苏，越北塔山，经银牛沟，然后向东北方向，再行 15 天左右，即可到达前营。这是一道短途，一年可行数趟。沿途设有客店。此道 20 世纪 30 年代中断。

后营，是指蒙古国的科布多，清代曾驻有满营兵。此道也经北道桥，与前营同道，出银牛沟后分道，一直向北越过阿尔泰山，再行 10 天左右即到后营，一年可行数趟。沿途水草茂盛，设有驿站客店。直至民国三十三年（1944 年）前后，每年秋季，蒙古商队至古城贸易。

南路，泛指南疆，狭指吐鲁番地区，这里一般指吐鲁番之地。从古城出发，越过天山达坂即可到达。天山峡口有三处，一是向南经泉子街过古代驿站龙泉馆，越过达坂到吐鲁番；二是向南经半截沟过黑涝坝，经赛尔台山道到吐鲁番；三是向东至木垒之后向南，沿山间小道至吐鲁番。这三条小道至今还在通行。

古城曾经是商埠重镇，也是交通枢纽之地，它沟通了内地与伊犁及中亚的商业往来，联结了天山南麓及阿尔泰山地区的经济贸易，正如清代诗人史善长描述的那样：“山通南北套，地接上中台。日落明驼走，风生驿骑来。”此诗道出了古城驼道的繁忙情景。驼道促进了商业，商业繁荣了驼道，驼道是早期古城子“旱码头”商业不可或缺的组成部分。

3. 名流笔下之古城

清代流人方士淦因事于道光八年（1828 年）谪戍新疆，三月途经古城子，并有游记记载道：

十七日，九十里，至古城，有满汉大员。汉之渠犁也。地方极大，极热闹。北路通蒙古台站，由张家口到京者，从此直北去。蒙古食路，全仗此间。口内入商贾聚集，与蒙古人交易，利极厚。口外茶商自归化城出来，到此销售，即将米、面各物返回。北路以济乌里雅苏台等处，关系最重。茶叶又运至南路回疆城，获利尤重。

十八日，九十里住奇台县，俗名“金绥来，银奇台”，其沃壤可想见也。

十九日，四十里腰站，地方不大，而旅店颇佳。山环水绕，草场肥美，牧畜尤旺。

道光二十二年十月初七日，林则徐的车到一处叫甘泉堡的地方，这一带村户相望，草木茂盛，过此地四十里后到古城子，方才日出。因天气干冷，路人稀少，进城后无人知晓，林则徐一行想在一家旅店中落脚卸车，但因行馆中有奇台县衙役守望，见林则徐到达，即来邀请至行馆具膳。古城子领队大臣全小汀（叶赫那拉氏满州正白旗人，道光九年进士，后放奇台），一直敬仰林则徐的品格和事迹，闻悉林则徐到达，匆忙前来迎接，在行馆中会面晤谈，深表有幸见面，尊重备至，使林则徐深为感慨。

林则徐到古城子后，见到城内商铺众多，市场繁荣，人口众多，而城外地亩广阔，村落相依，又是一边塞重镇。又闻北口外的科布多等处蒙古诸部也都来此交易。当时科布多一地有厄鲁特蒙古诸部在该处游牧生活（该地现为蒙古国科布多省和巴彦乌列盖二省，乌布苏诺尔省的大部和俄罗斯图瓦自治州南的一部分）。蒙古族牧人因离奇台较近，就常以皮张、羊毛等畜产品来此换取生活用品等。

奇台有满、汉两城，都为土筑，相距三里。满城名靖远城，驻有领队大臣及协领以下的官员数名，另有满兵1 000名驻守。汉城住有游击等绿营官员，驻有汉兵四百名。林则徐到此后，满城协领博伦与汉城游击马义俱来行馆和林则徐相见交谈，是夜由协领博伦安排林则徐一行在行馆食宿。

席间大家轮流举杯，谈古论今，好不尽兴。奇台县令博忠阿给林则徐讲述了奇台酒的来历："从古代起，奇台就是丝绸之路上的商业重镇，这里的美酒更是名声在外，奇台可以算得上一座酒城，明朝永乐初年陈诚持节考察新疆时，所著《西域番国志》中说奇台一带'间食米面，稀有蔬菜，少酿酒醴'，起码在600年前，奇台酒文明就已存在。"林则徐听后感慨："我泱泱大国的古代文明真是千年沿袭连绵不断。"

因领队大臣全小汀安排得十分周全，协领又亲自照顾，使得林则徐父子自木垒以来，得以睡了个好觉。

清代军旅诗人萧雄于同治年参与西征军戎幕，出关三次，历数10年，曾著《奇台》诗一首：

西经谷壑乡平芜，城倚阴山俯壮图。
隔浦沙陀余故垒，月明风冷夜吹芦。

作者在诗下自注曰：奇台县置自乾隆间，初属镇西府，后改护迪化直隶州。今仍迪化府。领汉车师后国地。《汉书》后王治务涂谷。按务涂当是今之乌兔水地方。在蒲类海西。乌兔疑务涂之讹，或系勿突即冒顿也。由巴里坤城西行二百三十里抵此，深入乱山，别成谷壑。从此婉转，山行二百里，出大石头峡口，则豁然一开。天垂四野，眺望无极。再傍山行二百八十里，至今奇台县城南，近天山，四郊平坦。北望遥天，一抹荒草芊绵者，沙陀故国也，旧称富庶之臣。山北州县，推为第一。俗称"金奇台，银绥来"之目。自经兵燹，百废待兴。县令之外，学官、典史各一员。

城东九十里木垒河，设有守备。城西九十里为古城，唐之渠犁。有巡检分司，设游击一营驻守，分汛于县。古城领队大臣所部，驻防员兵。另有满城，相距二里，自失陷至荒废。人亦寥落，曾移署于汉城内。今因设省，改领队为城守尉。迁乌鲁木齐，两处驻防旗兵合之，筑城以居。余仍其旧路程。

曾任广东知县、光绪进士裴景福因事于光绪三十二年（1906年）谪戍新疆，四月初二日途经古城子，他在《河海昆仑录》里记载了古城子：

初二日，晴，暖。午初行四十里，二点一刻五分至四十里腰站，午尖。三点二刻行五十里七点半至古城，住店。出奇台向北，间偏西下坡，夹道小阜、麦地，天山在南，一望平旷。十五里后间有碎石，十五里三十里墩，破垣无人，十里，四十里腰站。小站四家，戈壁无水，仅一井，覆土屋，置辘轳系绳三十余丈，以取水。掷以石，久乃微响，水味甘。

奇台于光绪九年初设县城治奇台，刘瑞斋太守为令，经营草创，伐天山松柏建衙署，费数千金，十六年始迁古城。奇台距此八十里，无水，隔戈壁，而田畴商贾皆在古城，一切不便，始迁此。县之精华在南北两乡，人民殷富，不异中土。洪姓天津人，商贩，来此三世矣。养马一万六千匹，牛五千，羊万余，驼二三百头，河两岸草地牧马，绵延数十里，皆洪所畜也。庚子之乱，天津人失业迁此者三百余户，皆依洪而来，穷荒竟有此富民，侯关内富民，以镇番马姓为最，亦以牧畜起家，已九世。富更过于洪。

古城在戈壁中，泉甘土厚，可居可耕者纵横一百余里，每年出小麦五万余石，繁盛为新省冠，而商贩畜牧之利，尚倍于耕，凡北草地关内运来各货，皆到此屯积，西北至塔城伊犁，与俄交易，西南至喀什，与英交易，西至迪化，南至吐鲁番，皆由此分运，俄英洋货进口大宗亦集此而后东进嘉峪关，北至张家口、归化城，所以盛也。

随清军进疆的军旅诗人方希孟于光绪三十三年（1907 年）三月初七日抵达古城子，他在《西征续录 · 下卷》里记载道：

初七日，又五十里至古城。光绪十六年奇台迁此。北接旱三台，南通吐鲁番。关内草地运来百货，屯积转销，西至伊犁，北至塔城，与俄交易；南至喀什、叶尔羌，与英交易。洋货大宗亦集此而后进嘉峪关，北至归化城。市长三四里许，栋屋鳞比，阛暗喧阗。东有满城。光绪年，恭都统重建满城于迪化之东，收合孑遗数百口驻焉。改省后，旗丁移驻古城，巴里坤旗兵余丁亦附居于此休养。三十余年，渐臻繁盛，迤北去阿尔泰山，仅百余里，中隔大戈壁。山后布伦托海地方，旧设办事大臣，后以事撤。斋桑湖已割隶俄。若乘隙南入，不十日即抵古城，截断全疆后路，患不可言。是宜于布伦托海，复设重兵，联络山之东土尔扈特蒙古，以为后障；于科布多、塔尔巴哈台添设劲旅，以为羽翼。并练古城旗兵，预资防范，此新疆近日之要计也。当事者盖图诸。

光绪末年（1908 年）九月五日，马达汉一行到达古城子。

在这里，马达汉对城乡人口、村落和族别等做了详细调查，他在调查日记中记载道：

古城子种植小麦、豌豆、玉米、糜子（开白色、胡椒颜色的花，一般在较寒冷的地区生长）和油料作物，以及少量罂粟。这里不种高粱。土地的平均产量是种子的 8 ~ 10 倍。水很容易得到，屯垦条件很好。北边有泉水，水从山里来，水量大小取决于冬天的积雪量。有几个地方减少了农田的耕作，就是因为冬天下雪少。大部分居民是从内地迁移过来的。近几年来，到这里来移民的数量未见增加，也没有建新的村子。这个地区每年的税收总量有 14 900 担粮食。古城城区有 3 004 户人家，居民约 15 000 人。汉人、回民和维吾尔族人混居。店铺有 642 家，其中 6 家是大批发商、25 家小批发商（10 家属俄国移民所有），但商务活动十分繁忙。俄国人的贸易每家商店货物不少于 50 000 卢布。

古城子的房东——马达汉于 1908 年 9 月 15 日摄

马达汉在日记里记载：

古城子位于从内地入疆的两条道路的交叉口，一条是从北京通过兰州入疆的大道，另一条是从北京通过呼和浩特和乌里雅苏台入疆的商队驮运小道。俄国商品的销售额，大约是每家商店 50 000 两银子。除了营销到附近的蒙古人和阿尔泰地区的柯尔克孜人那里之外，古城子与乌鲁木齐、伊犁和塔城之间的商业往来也十分频繁。粮食生产不仅自给有余，大部分还要销售到高德铺、乌里雅苏台和库伦。古城子的小麦、玉米、面条和酒，加之玛纳斯的大米，源源不断地驮运到这些地区。

这个地区的汉人拥有 20 000 头骆驼，回民有 2 000 头骆驼。一担小麦在古城子卖 2 两银子，在乌里雅苏台卖到 6 两。古城子有些大的商号在乌鲁木齐和别的地方开设了分店，而别的地方的一些商店在古城子有派驻代表。新疆各地的中国商人都从乌鲁木齐和古城子的商品批发市场采购货物。北京每年运送过来 20 000 ～ 30 000 驮货物，价值约 200 万两。新疆则每年发运北京 400 驮的伊犁药材，吐鲁番的棉花、葡萄干和杏干等。皮革销售到伊犁和兰州。附近地区的居民共用有 15 000 峰骆驼。为支付东部来的货物的货款，新疆的商人们每年四次（二、五、九、十二月）派出联合驼队驮运银子去北京。驼队的大小不等，有 150 ～ 200 峰骆驼，每峰驮运 2 400 两银子。光直隶府每年就要送去一百万两，其他省份，如四川、湖南等每年二三百万两。新疆每年运送 13 000 驼货物到内地，包括药材、羊皮、牛皮、俄国工业制品等。

休憩之大泉驼队——莫里循于 1910 年 4 月 23 日摄

马达汉在日记里又记载道：

古城子位于天山山脉北麓开阔的平原上，博格达峰雪山依然可见。平原的北端看上去似乎是一片森林——这是一种幻觉，实际上是一片长有稀疏丛林的草原，树木之间的距离很远。在东城门，可以看到战乱时期留下的残迹——半截城墙和断壁残垣的民居。哈布勒河流经东城的东北角，一条水量充沛的水渠把水引入街内。哈布勒河发源于城北约 100 里处的一眼泉水，这是附近地区重要的一个水源。这条河有 5 条支流，它们滋润着一大片区域。而到了城南，又有一些泉水汇入这些大小溪流。古城子城廓呈六角形，四周的城墙已经有些坍塌。市区房屋建筑十分稠密，惟有东南部分还有一些空地。寺庙、会所、妇女的贞节牌坊等建筑物增加了建筑风格的多样性，但所有建筑都比较近代。建筑中值得一提的是官府衙门、粮仓和离南门很近的营盘。一条商业街从西门往东延伸，但没有到达相对的城墙边。

马达汉认为，古城子的汉人商店并不像乌鲁木齐的商店那样——各种商品布置得琳琅满目，但它们有非常干净并管理得很好的工业制成品仓库。有几家汉人开的饭馆十分小巧玲珑，许多小桌椅板凳、精美的窗门帘成为这条街的诱人之处。面食师和工匠在展销他们的制品，他们的作坊就在街道边上。街道上还能看到做棺材的木匠和油漆一新的棺材；编织工坐在街上编箩筐；制桶工在箍一只又深又扁的木桶；银匠在打造闪闪发光的银首饰，还有皮毛匠、被煤烟熏黑的铁匠等。吐鲁番的水果、肉铺子、布店、当铺、药房、杂货店、陶瓷店、小吃摊点及其食品，所有这一切构成了一条杂乱无章的集市。

马达汉认为，“北道”上的县城街市与南疆有很大的不同。回民在这里具有优势，他们对各个方面的影响显而易见。买卖每天都做，不像南疆那样，只在规定的集市日子才做。这里看不到那种声音嘈杂的人山人海，这里也没有穿着古怪的服装讨饭的乞丐，没有叽叽喳喳的街市闲谈者，没有披着面纱的女人，更没有拄着手杖、戴着各种装饰品、穿着闪闪发光的白色大袍并受人尊敬的朝圣者“哈吉”（已经去过麦加和麦迪那的穆斯林朝圣者）。在这里想找克什米尔人或外表很体面、实质很狡黠虚伪的印度人，那是白费工夫；也看不到爱吹嘘、易激动的和憨直的阿富汗人，还有那既低三下四又很高傲、在额头上留有罪犯烙印的人。汉人的商店尽管商品陈列得很美，但在细节上没有维吾尔人的柜式小屋那样艺术化，维吾尔族商人把花花绿绿的丝绵布匹码成方格，自己坐在小屋中间漂亮的地毯上，很有一番景致。

马达汉在《西域考察日记》里记载道：

城内西南角是满营，四方形建筑，中间有一个两层楼的塔。这个营寨为200尺见方，房屋稠密，里面住了1060名满族人及其家属。除了伊犁驻有满营外，这里是新疆眼下唯一的一个满族驻军地，它是由战乱期间幸存下来的满人组成的。后来从伊犁、巴里坤和吐鲁番迁移过来的一些满族家庭也加入了他们的队伍。根据马达汉得到的消息，这几个地方的大部分驻军在战乱期间都被摧毁了。所有的满人组成了6个非足额的旗（一个旗的兵力是200人）司令官称“城守尉”（镇守，相当于镇台）。士兵队伍包括部分年纪很大的老兵，他们根本不懂最基础的操练。满人的传统武器，也是他们借以闻名的武器——弓箭，当时已经代之为老式的生了锈的来复枪和子弹，枪弹上写着“汉弗夏注册”，但从来不进行打靶练习。他们的装备里根本没有子弹。顾吉将军——一个56岁的和蔼可亲的人，看来他对自己的军务没有一丁点儿远见。被提升为将军，是因为他为端王放鸭放鹅的功劳。顾吉说，他从没有摸过步枪。当我问他用什么枪来武装军队最有力时，他十分谦和地回答说，无论欧洲运送什么枪过来，中国都认为是好枪。他的副手程杰舫——一个没有牙的60岁老头指挥着一个旗。程杰舫应我的请求，指挥他的50名士兵持枪列队，让我拍照，但这些兵连简单的操练动作都不会。士兵们中等身材，看上去很健康，但吊儿郎当很懒散。

满人每家住一间小房子，每个家庭成员都发放一份终生补助金。每人都得在本军营里服役，任何人不得经商和从事农业。在马达汉看来，满人服兵役并没有任何意义，只不过为了增加种族人数。满人看上去很穷，他们没有商店，在营寨中央的塔楼边上只有一两个卖水果和肉的商贩。我听说，时局很快就要发生变化了。每个旗都已派出两名士兵到乌鲁木齐接受培训，等到这24名受训人员回来后，根据新规程，射击及其他的军事操练都要纳入军事服务项目。每个旗的一部分（1半）将成为骑兵。国家将采购马匹，并准备把大批的马放养在离这里有两天路程远的地方。马鞍也用国家资金购买，可以在巴里坤买马鞍。

九月十五日，马达汉依然逗留在古城子，他对古城子的军防做了重点调查。

他调查到两天前，第二批运送军火的车队进了古城子，这是从直隶（府）发送过来给长（庚）将军的。52辆车载运1 000支中国制造的毛瑟步枪、4台印刷机和大量（30车）

印刷品以及各种教具。押车的队伍是一个文职官员和50名“护兵”，其军服上印着“伊犁陆军”字样。他们说，后面还有其他车队载着40名“军务学堂”的学生（这所学校学习年限为两年，是专门培养各种低级职员的，如警察、小职员等）、10名工匠（据说是2名排字工和8名铁路建筑工人）和460名直隶陆军步兵。指挥步兵的是一个营长，两个校官。

古城子的满族士兵月饷为43斤面粉、年饷银48两。士兵去世后，孩子得不到照顾，但单身女人和寡妇可以得到每月40斤面粉和每年8两银子的抚恤金。士兵每五天操练一次，其余时间可以在营盘里做手工艺活和其他事。

马达汉调查的满营军官军衔如下：

1个旗：1名佐领，营官，有自己的印章，实际上是行政长官。

1名参领：营官的帮办，负责军事训练。

5名骁骑校：哨官，每校一名。

5名防御：哨官的帮办，负责5个甲（40人）。

5名领雀：排官。

这样的军衔只用于满人，也包括蒙古人，称为“满旗”。

九月十七日，是马达汉逗留古城子的最后一天。

他在最后的调查日记中写道：古城生产一种粗糙的纸，原料用的是稻草加某种草料。这种原料切碎后掺一些石灰，然后放水在水潭里沤3～4天，然后投进一座非常原始的锅炉里加热处理。这种锅炉像是用稻草做的，或者说用泥土与稻草糊成的炉窑。炉灶在地底下，烟通过稻草堆排放出去。原材料经过这样的处理后，再用磨子碾碎，然后倒入一个四方形水池里，不时地搅动池底的沉淀物，最后用一种麦秆儿做的筛子将纸浆捞起来。用这种原始的办法制成的纸张，一排排地贴在房屋土墙上晒干。四个工人用这种办法每天生产1200张粗糙的草纸。草纸颜色为棕色，如果在纸浆里加些旧纸，那么草纸的成色还要淡一些。工人的工资是每天32戈比，而草纸的价格是4钱。据说，离城往北骑马行走4~5天的路程，那里有煤矿和氨水。古城子人用骆驼驮运大块的煤。

除了大量的文字记载，马达汉还画了古城方位图，并在图下注曰：“古城子位于一片开阔的平原上，那里没有树木，连房屋周围也没有树木。西边城郊靠近城墙的泗关村有些树荫。南面有一座堡垒废墟，城墙高3.5尺，包括雉堞胸墙。没有外凸的城门门楼，但有内凹的半圆形围墙作为城门的护卫设施。护城的壕沟有2.5~3尺宽，1.5~2尺深，没有围住整个城市。城墙是用砖砌的。东城门外面有一座小营盘。城内西南角是满城的所在地。城墙与壕沟正在塌陷中。街市中心有一座钟楼，城门外和城角有一些小塔。”

宣统二年（1910年）四月二十日，莫里循一行来到古城子。在这里拍摄了古城繁华的大街，街道上空搭着夏日遮阳的天棚架，在天棚下，挂着横幅标语，离得最近的横标上的字隐约还能看清楚“成利顺自置苏杭绸缎京广旗货一概登行”的字样。

古城子商贸街——莫里循于 1910 年 4 月 20 日摄

有远眺古城子城廓的镜头，有在古城子大街上将盛饼的榆条筐顶在头顶上叫卖面饼的维吾尔族小贩镜头，有三两个维吾尔族老人在一起聊天的镜头，有四十里堡驿站的镜头，有在戈壁上行走的驼队……

古城子卖饼者——莫里循于 1910 年 4 月 20 日摄

在记载新疆有限的文字里，莫里循还提到了古城子：

又走了18站，首先穿过哈密和乌鲁木齐之间的盐碱地，在驿站周围只有一些耕地和居民。这段路上最重要的城镇是古城，是从华北和蒙古到这里的几条贸易路线的终点。这里的城墙建于1887年，时断时续。城内人人都是乌鲁木齐、伊犁和巴里坤的满人的后裔，他们因为躲避回民起义而来到这里。

民国政府特派员谢彬于民国六年（1917年）奉命到新疆阿尔泰调查财政情况，九月二十六日住古城子，并写有《五路要冲·奇台》游记：

奇台，汉蒲类，车师城长国，东汉为车师后部所并，汉末属匈奴，晋世匈奴南徙，属铁勒部，魏属蠕蠕，周属突厥。唐置蒲类县，隶昆陵都督府，统于北庭，后置甘露州（在今木垒河东北），又设独山守捉（即今城南百里松山）。贞元五年，沙陀叛附吐鲁番，随虏南徙，地遂空，其后仆固俊由北庭取西州，其地并入高昌，属阿萨兰回鹘。后唐同光初辽逾流沙，取浮屠城，西域皆属之。宋咸平中，辽修可敦城，又以其城为镇州军，南渡后，为别失八里东境，属亦都护。元太祖西征，至独山空无居人，乃移唆迷国六十户居之。再至，则繁庶，后并于畏兀儿，封亦都护。泰定后，复以宗王镇焉。明为卫拉特地，属和硕特部，清初为准噶尔台吉游牧。康熙中，噶尔丹败死，割阿尔泰山以西畀策妄阿拉布坦，地遂内属。乾隆中叶，设奇台县。民国因之。

东西三百四十里，南北四十里，其庄有三十二渠，其民汉、满、回、缠四种杂处，而满人最贫。其地四达而当孔道，物产丰盛，谷酒、药材、羚角、鹿茸，豺、虎之皮革，驴、羊之庐，充溢骈积，华戎商贩，废居居邑者皆至焉。转毂数百，运驼以千计，北贾科布多、乌里雅苏台，东北贾归化城，西贾伊、塔、俄国，南贾吐鲁番及南八城，东路一都会也。其俗阘冗，污垢无节，好饮食，卖浆者多倍称。

二十六日晴，住奇台。上午，拜会道尹张键植，及其弟游击张钧与郑知事。下午，偕烈夫、遂生至东郊，观水磨。水磨四盘（分上下二处，一昼夜可磨小麦十二京石），属满营公产，可值银四千两。今旗粮停发，下磨已停，待租而无人受。上磨建有亭舍，树林青葱，为夏日官民燕游之地。然大风一起，尘砂满座，又非钓游佳处。上磨上游，有多凌私磨二盘，皆引水磨河水以转磨（水磨河《新疆图志》作阿布达尔托垒水，源出城东十里之泉，绕城而北，分溉头二三屯之地。秋冬余水，流而西北，灌满营湖地，至孚远境之庆阳湖而尽，流长殆二百里）。

奇台城周一千四百五十八丈，近又增并满城，辟六门，西与南皆有门二。城池之大，商务之繁，皆可拟于省会。城关居民一万一千余家，汉人较多于他族，商店多在城内大街，晋津大商三十余家，俄国洋行八家，俄籍小贸商民二三十家，乌里雅苏台、阿尔泰、科布多诸地百货粮食，皆仰给于此。奇台额粮九千余石。今年，郑知事清查地亩，增加约七百石。共地二千八百余户，较回乱前额地三千六百户，尚差七八百户也。

北洋政府要员林竞曾实地查勘新疆铁路线。民国八年（1919 年）四月二十七日至奇台，对此地有详尽的记载：

27 日，上午发旧奇台，晚宿奇台县，计行九十里。自木垒河以西，直至古城，沿途人家稠密，农田垦辟，仿佛中原。晚间时见南山树林自焚，宛如万家灯火。闻欧洲年代久远之森林，亦尝有自焚者，余于新疆所见，已非一次矣。

28 日，住奇台县。早访知事郑遂生，旧识也，相见甚欢。郑君谓塞外文化低落，人民识字甚少，识字而通顺者，则尤少。官厅文告，虽常张贴通衢，然鲜有了解之者。故往往听吏胥之愚弄，亦有一知半解，而引起误会者。如近日实业厅告示内，有"栽种有利植物"一语，人民误会植物中以鸦片为最有利，遂轰动四乡，相率下种。地方官闻讯，派人劝告，此信彼疑，群相观望，势不可遏。卒由杨省长下令严禁，枪毙一人，始止。

奇台有满城，包围县城西南隅，旧驻都统，今废。全县人口六万余，汉人居其六，汉回居其三，缠回居其一，旗民千余人（原驻满城，今寥落不堪）。南北山多哈萨及蒙古游牧，岁收其租。改革以前，莺花遍地，秦陇之民，资为利薮。岁来数万人，曰种花花子，虚至实归，大都系亡命之徒，动辄生事，近则不复尔矣。

29 日，住奇台县。奇台，俗称古城，地居新疆北路之东枢，四塞灵通。秦、陇、豫、蜀、湘、鄂商人，出嘉峪关经哈密而至；燕、晋商人，由张家口、归化经蒙古草地而来。岁输入绸缎、茶叶、纸张、漆器及东西洋货，达三百余万，而归化来者居十之六七，归化则又来自京、津。商人设庄于归化，秋冬骆驼起厂时（骆驼一年只秋冬二季为强壮之时，春夏全身脱毛，疲敝无力，不能运货。故春夏必须休息，谓之下厂；秋冬起运，谓之起厂），运至古城。斯时骆驼阵阵，连云蔽野，殊为巨观。其所以取此路者，以长途平坦，无厘税剥削也。至古城后，乃分布于天山南北两路各商镇。是古城者，实新疆输入内地货物之总汇也。至于东北通乌里雅苏台（土人称曰前营）、科布多（土人称曰后营），外蒙古人每岁以皮革、奶油来，易布帛、粮食而去。西北通阿尔泰，该地米面、布帛，亦均仰赖于此。盖古城商务，在地理上不特为新疆全省之重心，且有绾毂新、阿、蒙三区之势矣。

在昔国家承平，道路畅达，协饷不绝，金融流通，外势未侵，内力方固，古城市廛（市中店铺）迤逦，车击轮摩，气象蓬勃。改革以来，归化一带，匪徒横行，商旅因之裹足。且旧日中央每年协助新疆纹银二百四十万两，古城及迪化票号十余家，专事汇兑，商家亦即资以运用，由古城至归化镖银只三十余日便达。今则协款断绝，镖银停止，商人惟赖俄帖（即卢布）以支持。近来京、津一带，俄贴低落，而新疆因素恃俄帖应用之故，价格较高，持至京、津使用，损失甚巨，货物遂因之停滞。益以欧战以前，俄人恃伊犁条约，准其在"天山南北贸易，暂不纳税"，横行四境，出入无阻。我乃敲骨吸髓，层层剥削，是故新疆商务已如枯叶秋风，无复有生机之象，而古城特尤甚耳。

迩来俄乱方张，百工停废，昔之奇炫华丽之洋货，固已绝迹于市场。而我商人之由京、津运来货物，反倒灌入于俄境。民国六、七两年，所入不下五百万，似已有返阳回春之象矣。无如以物品往，而易俄帖归，价格低落，损失更不堪言。且俄帖低贱，本省之纸币亦随之低落。近来汇水暴涨（交新疆省二百两，方能在天津取一百两），货物停办。殷实之商，虽可借存货以居奇，而一般商家，呼吁又甚于昔日。又归化一带，六、七两年，匪徒虽已敛迹，近因兵变时闻，掳掠无异于昔。虽有保卫团往来护送，商旅仍感不便。是非根本解决交通问题，则古城商务终难有振作希望也。

至于骆驼行期，由古城至归化，平常七十日可达，运货则至少非半年不可。盖任重道远，不能终日行走，或遇骆驼疲乏，则耽搁数月，亦往往有之。此种情形，影响于商家甚巨。盖资力薄弱之商家，因货物不来，不能变款，以致负债无法偿还，只得预先以贱价转售於巨商。因此而致亏折者，往往有之。而巨商则乘机屯积，待价而沽，必至获利而后止（盖此间所称巨商者，寥寥可数，故得垄断，不似内地商场竞争剧烈，盈亏不能预操也）。

兹将古城著名商号调查列下：

文义厚、春义和、义顺长（以上均津商），大顺玉、义成祥、天元成、永顺和（以上均晋商），以上各家每年贸易额在二十万左右。文丰泰、同盛和、义合永、德泰裕、瑞生津（以上均津商），福顺裕、日兴功（以上均晋商），以上各家，每年贸易额在十万左右。

30日，住古城。古城农产品以麦、高粱为大宗，豌豆、大豆、黑豆、玉蜀黍、小米、青稞亦均产之，岁销于蒙古之科布多、乌里雅苏台、阿尔泰为最多。南山产贝母，药材之一种也，其粉可以润丝，岁约万余元。满城产枸杞，胜于宁夏，旧为出产大宗。今满民穷极无聊，皆砍树为薪，已断种矣。

南山多森林，大者合抱，可为铁路枕木之原料。木垒河一带居民，仅以为薪，大材小用，良可慨已。矿产多未发现，惟北二百七十里戈壁中有煤矿一处。矿区之广，周约数百里，自明季迄今，延烧不已。已烧陷者，长三十里，宽五六里。夜间光焰腾腾，殊呈奇观，白昼但觉烟雾弥漫。土人于未烧处取煤，岁运至古城数十万斤。凡喷烟之口，以石置其上，久之则凝结白色之晶，名曰硇砂，亦药料之一种。

宣统末年（192年），被称作二十世纪前期中国“唯一女飞行家”的林鹏侠女士游历新疆，在其《新疆行》里记载道：

奇台实为北路交通而兼经济之重地。今输出以皮毛、药材为大宗，入则布帛、五金、铁器及日用品等。民国二十二年前，商业鼎盛，往来驼队常在百余万峰。其后，人事沧桑，百业凋敝，贩商绝迹，商务一蹶不振。

近年虽渐有恢复趋势，然较之往昔，相去有霄壤之感。目前，城内尚有商店四五百家，以东西两大街为商业中心。哈萨克及蒙古人往来如梭，汽车、骆驼、牛车、马车、马、驴，原始与二十世纪之交通工具，杂然并陈。

境内峭峰相望，层岩叠嶂之中，五金百矿均备，以白金、砂金、煤、火硝、硇砂为最著，俗有“金奇台”之称。……南山一带之松、杉、榆、杨、柳、桑等，绵亘不绝。……药材充斥，以阿魏、贝母、枸杞等为大宗。山深林密，牧民且牧且猎，故虎、豹、狐、狼，以及牛羊等之裘革，远销国内外，为出口之大宗。

在兰新线铁路修筑之前，奇台曾是关内通往新疆的必经之道，丝路新北道、漠北道都要通过此地。所以，奇台也就成了关内和新疆的商品中转地，商业贸易十分发达，故有“金奇台”之说。如今奇台县面积达 20 065 千米^2，辖 3 镇 12 乡，总人口 22 万人。

古城商业街——仿清代建筑 2016 年 7 月

新时期，为了重振奇台商贸辉煌，奇台县建造了古城商业街，它位于奇台县乌奇公路之旁，总建筑面积 15 000 米^2，整个商业街的建筑群都是明清风格的，青灰色的古砖古瓦古色古香，显示出年代久远的痕迹。尤其是标志性建筑春秋楼更显示了奇台昔日旱码头的辉煌，集中反映了奇台历史文化。街区商铺林立，会馆生态园和古城特色名小吃吸引了区内外许多游客驻足观光。

孚远驿（保会驿）

1. 爬梳孚远

孚远，两汉时，为车师后国，及其后城长国；唐为北庭都护府；元，为北庭都元帅府旧治；乾隆三十七年（1772 年）筑恺安城，四十一年（1776 年）设济木萨县丞，治恺安，属阜康。光绪二十年（1894 年）重修城，改名孚远，二十九年升置。

《元和郡县志》：“沙钵镇在府西五十里。”今从之。又东五十里，为济木萨，西突厥之可汗浮图城，唐为庭州金满县，又改后庭县，北庭都护治也。元于别失八里立北庭都元帅府，亦治于斯。

《地理志》:“至元十五年（1278年），授八撒察里虎符，掌别失八里畏兀城于里军站事。”

《世祖纪》:“至元十五年冬十月，赈别十八里、日忽思等饥民。十七年春正月，命万户綦公直戍别失八里。冬十二月，置镇北庭都护府于畏吾儿境。十八年夏四月，自太和岭（大同）。至别失八里置新驿三十。其后，綦公直立冶场，置市于别失八里。暨诸王叛，又屯田于别失八里。公直终以兵败陷焉。”(阿母河在铁门关之南)。宪宗三行省,西域居其二，别失八里行省控制西域左地，阿母河行省控制西域右地。世祖即位，西域诸王叛，但立两宣慰司于别失八里及哈和州，分统南北道，而旧阿母河行省之地不立官司矣。

《成宗纪》:“元贞元年（1295年）春正月，立北庭都元帅府。”故城在今保惠城北二十余里，地曰护堡子破城，

据《三州辑略》记载：“恺安城……乾隆三十七年建……城楼三与保惠城相连。……保惠城，乾隆四十二年建，由恺安城西面接展，城周长一里零一，高一丈二尺，城门三，东曰舒景，西曰阜登，南曰萃昌，北无门。”此城为参将衙署。

《新疆识略》记载：“堡惠城为济木萨参将所驻，乾隆四十二年建。”

《新疆图志》记载，三台驿自东“七十里至保会驿（保会即孚远驿低驿，旧时，济木萨县丞治恺安城，今改设孚远县。按，三台、济木萨之间，旧有双岔河一站，今废)”。

清代光绪二十八年（1902年）列表，保会（惠）驿安设有驿书一，马夫八，马十六，月支薪粮、工粮、料草、油烛、纸张等项银七十两二钱，岁支银七十八两八钱，合支经费银九百二十一两二钱。

《三州辑略》记载，保惠驿（东至孚远驿九十里)，于乾隆四十一年安设，有“驿书一名、马夫二名、马五匹”。

有济木萨塘（至古城塘六十里)，安设“兵丁十名、马十匹”。

有清水塘（至三台塘九十里)，“兵丁八名、马八匹”。

又载，济木萨营管理卡伦三处：

大泉子卡伦（距城四十里)，有“外委一名、兵丁四名、马四匹”。

沙山口卡伦（距城一百五十里)，有“外委一名、兵丁六名、马六匹”。

火烧沟卡伦（距城一百五十里)，有“外委一名、兵丁十二名、马十二匹”。

孚远县驿站、军台、营塘齐备。

2. 四通八达的北庭驿道

丝路新北道从西汉末年开辟，经魏晋时期的不断调整和使用，至隋唐时期已经有明确的里程和较稳定的走向。唐政府为保障丝绸之路的通畅开辟了以京都长安为起点，西过河西走廊至伊州，沿天山北麓至北庭（今吉木萨尔县)、轮台、张保守捉（昌吉)、石婆漆（精河)、弓月城（霍城北)，沿伊犁河谷至碎叶镇（今苏联托克马克）的丝绸之路新北道。

其主干线出玉门关向北抵伊吾，以伊吾作为进入西域北地的门户，以庭州作为贯通东

西、连接南北的枢纽，以轮台作为西通碎叶的又一重镇，不仅三点连接成北道主干线，成为横贯东西的大动脉，而且各自向外尚有一些辐射支线，其中主要的是向南越天山与中道上一些重镇相通，使循天山南北麓西去的北中两道可以往来穿插而行，处在更大的选择和机动范围内。

在横贯东西的新北道交通大动脉上，以北庭为中心，除向东有伊北路，向西有碎叶路外，还有向四面八方伸出的许多大小支线。如从北庭至回鹘牙帐，再至长安的回鹘道；从北庭至西州的他地道、乌骨道、赤亭道；从北庭经轮台至焉耆道等。

唐时，岑参从南道安西来到北庭，任北庭节度判官，并著有大量的北庭诗作。

宋时，北宋使臣王延德从南道高昌翻过天山“他地道”，来到北庭，会见正在此地避暑的高昌回鹘狮子王，并记载了当时北庭的风土人情。

元代时，中国道教四大天师之一的长春真人邱处机应成吉思汗之邀，率李志常等弟子，翻越阿尔泰山，沿着草原大道（回鹘路），穿越将军戈壁，来到北庭，受到这里的僧道隆重迎接和款待。最重要的是，在《长春真人邱处机》一书中，有了元代北庭道教、政治等方面的记载。

清代，西北史地学泰斗徐松、翰林院大学士纪晓岚从西道上走来，考察了北庭故城和金满残碑。

从草原大道上走来的日本大谷探险队橘瑞超、野村三郎等，从东道上走来的地理学家斯坦因等考察了北庭故城和千佛洞。

（1）唐代北庭驿道线路

a. 回鹘路

“回鹘路”也称“回纥路”或“草原大道”。其路线与大北道之东路不同，它是由济木萨向东经木垒、巴里坤后，再向东北经黑山头、三塘湖、老爷庙而进入蒙古中部地区。回鹘路早在汉代以前就已开辟，是草原游牧民迁徙的另一条干线。

唐之前，北方游牧部落开辟了由北庭进入蒙古草原的通道。唐贞观二十一年（647 年），为适应军政商贸的需要，朝廷对这条道路的建设特别重视。沿汉代烽火台路迹，修建唐朝路，史称“参天可汗大道”。按统一规定设置馆驿，后称驿站，共设 68 处，与原草原大道衔接在一起，成为由西域通往长安的又一重要通道。

《旧唐书·回鹘传》载：“初，北庭、安西假道于回鹘以朝奏。”

《册府元龟·备御》载：“自艰难以后，河陇尽陷吐蕃，若通安西、北庭，须取回鹘路去。”

唐上元元年（760 年），吐蕃人占据河西走廊，切断了南北两条丝路通道，唯一能通行的就剩下草原回鹘路了。它横越阿尔泰山，过巴里坤草原，西去玛纳斯河下游，直入七河地区。

回鹘路大致可以分作从北庭至回鹘牙帐，从回鹘牙帐至长安这样两大路段：

一条从北庭都护府到回鹘牙帐哈喇巴喇哈逊，元时称“可汗城”，也称“和林城”。

《元和郡县志》记载，从北庭城到回鹘牙帐为 3 000 里，其具体经过的路线是：郝遮镇、盐泉镇、特罗堡子，即往回鹘之东路。由北庭向东，过三厂槽子、三厂湖、大泉，与奇台北道桥相接。再从北庭向北，过十二户、下新湖、四厂湖、丰盛堡、满营湖，再向东北，又与北道桥相接。至今，北沙山南缘还能看到古道古迹，人们称其为“唐朝路”。古道路侧还分布着不少故城遗址和烽燧遗迹。从北道桥转北穿越戈壁，便到了蒙古科布多。

另一条是从回鹘牙帐到长安。大致路线是：高阙（狼山口）、西受降城、向东至天德军（今乌兰鄂博附近）、中受降城（即今贾格尔旗庙附近），最后到达长安，全长 4 900 里。比北庭过玉门关到长安少走 650 里路。所以，回鹘路在当时来说，不失为一条比较安全而又经济的捷径。

大约从天宝年间开始，安西、北庭地区的土贡——阴牙角、速霍角、阿魏截根、硇砂、延胡、乳香等珍贵药材，通过此道驮运到长安宫廷。

b. *碎叶路与伊北路*

唐代，因北庭大都护的设立，向西可达碎叶城，所以当时又称为“碎叶路”；北庭向东可通伊州（今哈密）至敦煌，所以又称“伊北路”。

由哈密通北庭的“伊北路”主干道有两条：

一条是从哈密向北越天山，再向西经巴里坤、木垒，而达济木萨。另一条是从哈密西行至七角井，再转西北越天山，与第一条路汇合而达济木萨。

由济木萨西行的“碎叶路”兴盛于唐代，其走向即《新唐书·地理志》记载：

> 自庭州西延城西六十里有沙钵城守捉（今吉木萨尔双岔河子），又有冯洛守捉（吉木萨尔三台八家地），又八十里有耶勒城守捉（今阜康滋泥泉北庄子故城），又八十里有俱六城守捉（阜康六运故城），又百里至轮台县（疑今米泉下沙河故城），又百五十里有张堡城守捉（今昌吉故城），又渡里德建河（疑今呼图壁河），七十里有乌宰守捉（今玛纳斯楼南故城）……至弓月城。

唐代，一般文书传递每天要走 140 里。遇有紧急公文，一天要加快到 500 里。紧急的军情文书就在信角上插支羽毛，也称“飞毛信”。从发信的起点开始，有驿站负责逐站传递。驿站备有快马，驿邮接到公文信件，立即马不停蹄，日夜兼程，每站换人换马接力传递。驿马颈下挂着铜铃，驿站人员只要听到远方的铃声就做好了人马接班传递的准备。驿骑经过时，任何行人车马必须让道，不得阻碍。

（2）*元代北庭驿道与职能*

“驿站”，蒙元史料里称“站赤”（蒙语音译），《元典章》谓之“驿站”。蒙元驿站系统作为交通（驿道）的辅助形式，早在大蒙古国建立之初即已实施。忽必烈建立元朝后，修通从大都（北京）经太和岭（山西雁门关以北）到别什八里（吉木萨尔）大路，为传递军政文书建立了 30 个驿站，并在沿途各地设立仓库，储备粮食，保证驿站及军需供应。在元史中有“立屯田于膏腴之野，列邮置于要害之路，驶命走驿，不绝子时月”的记载，还规定驿站传递公文速度一昼夜要跑 400 里路程。这些驿站的设置，使元中央的号令畅通无阻，直达天山南北、中亚西亚及欧洲，促进了军事情报的及时传递，加强了与内地政治经济的联系，为西征胜利奠定了基础。

据至顺二年（1331年）成书的《经世大典》记载，此间，仅元朝境内置立的“站赤”就多达1 500多处。

据《元史》记载，至元二十二年（1285年）后，元政府复在别失八里置驿，“置马六十匹，牛、驴各二十五只，岁首思羊一百只，解渴酒一千五百升，并给钞六百锭”。同年四月，复“置畏兀驿六所。”其地域大致在今吐鲁番盆地至吉木萨尔一带。

关于天山北部的“阴山道”，即从别失八里（吉木萨尔）迄西至阿力麻里（今伊犁）之间果子沟通路的开辟，据研究，应当始于蒙古汗国时期。蒙古统治西域之前，此道尚未开通，汉、唐时期的“北道”，实际上是从今精河以西的婆里科努山峡间往西南抵达阿力麻里的。

元朝建立后，为配合元世祖平定蒙古西北宗王叛乱之需，天山南北各地再度大范围设置驿站。

蒙元统治者在西域地区设置的这些驿站之职能和作用，具体说法当有以下几点：

a．充任蒙古大军调动征伐、保障后勤供应之职责。据《元史》记载，至元十九年（1282年）九月，“增给元帅（别失八里元帅）纂公直军冬衣钞。”二十年二月，“给别十八里屯田军战袄。”诸如此类事务，运往西域途中当得“驿站”负责押运护送。

b．护送贡赐物品和各地纳付大汗的租赋。对此，元世祖敕文讲得很清楚，“彼处站赤（指别失八里等地驿站），乃茶合斛兄所立。今朕增与物力，专令递运租赋。除朕以急速事遣使外，不以是何昆弟使臣，此站勿得行。”

此外，护送蒙古大汗贡赐物品也是“驿站”旧常事务之一。

同时，蒙古统治者赏赐给西域及以西各地蒙古宗王的钞币和物品也经此驿道，由“驿站”于途中保证其安全抵达目的地。

c．迎送往来使节、商旅也是西域“驿站”负担的一项重要职责。对此，元朝地方官员的奏报里对此讲得很清楚：“诸侯王阿只吉言：请于别失八里设立站，以便使客来往，奏准。”

普兰迦宾、鲁不鲁乞、马可·波罗以及马黎诺里等欧洲使节和旅行家皆途经西域驿道，在“驿站”的护送下来到元大都的。

元金兴定四年（1220年）春二月，长春真人邱处机率弟子走回鹘路来到北庭。

《长春真人西游记》亦有记载：

王官士庶僧道数百，具威仪远迎。僧皆赭衣，道士衣冠与中国特异。泊（宿）于城西葡萄园之上阁。时回纥王部族供葡萄酒，供以异花、杂果、名香，且列侏儒伎乐，皆中州人。士庶日益敬，侍坐者有僧、道、儒，因问风俗，乃曰：“此大唐时北庭端府（都护府的急读）。景龙三年（709年）杨公何为大都护，有德政，诸夷心服，惠及后人，于今赖人。有龙兴西寺二石刻在，功德焕然可观。寺有佛书一藏。唐之边城，往往尚存……”

根据邱处机的记载可以看出，当时的别失八里境内，儒、佛、道三教俱全，当地的国王、官吏、绅士、儒生、佛僧、道士等数百人同时出现在鳖思马大城远迎。在接风宴上，著名的高僧、道士还参加了宴会。不过，鳖思马之地还是以佛教为主，北庭城里的龙兴寺和西大寺就是佐证。

蒙元时期在天山南北各地广置的“驿站”体系，对于促进东西方经济、文化交流和联系，以及加强元朝中央政府对于西域地区的军政管辖，无疑发挥着重要作用。

(3) 清代北庭驿道与职能

清代时，丝路北道变成了主要交通驿道。为配合统一新疆之军事行动，清政府在新疆广建军台（兵站）、营塘（比军台小的兵站）等军政设置。

清光绪十年（1884 年），新疆建省后，清政府下令将原军事系统的“军台”、“营塘”裁撤，全部改为“驿站”，驿站专门从事军政公文信息的传递，即所谓“驿传”。据《新疆图志·道路志》记载，从哈密经巴里坤至济木萨共设有 15 个驿站。

驿站与军台、营塘的区别，主要在于前者的服务范围较广，不仅担负转达政令、接待使客的任务，也担负一定的军事任务；后者主要担负的是军事作用。

清政府吸取了信息闭塞造成的军事失误之教训，建立了一整套驿站传递制度：在全疆各地设立驿站，每站配备有骑兵 5 名，每人供给马 2 匹；配绿旗兵 5 名，每人供给马 1 匹、骆驼 4 峰。

据《新疆图志》载，当时的驿站配有驿书 1 名、马夫 5 名左右、马 10 匹左右。所有驿站的驿书共 150 名、马夫共 858 名，马 716 匹。地方奏请朝廷，每年支银两 5.41 万余两，白面 54.43 万余斤，京斗料 2.47 万余石，草料 864.8 万斤。

孚远县差人——莫里循于 1910 年 4 月 21 日摄

乾隆四十一年（1776 年），济木萨巡检改任县丞，辖于阜康县管理。除设县丞一员外，还有书办、弓兵、皂隶、马夫等，并设驿站两处——保惠驿（在今柳树河子村）、三台驿。在两驿站之间又设立腰站，便于传递。

为给驿邮到达时间计算驿程，沿迪化至古城奇台大道又设立十里一大墩，五里一小墩（用黄土筑建），这大小土墩在新中国成立前沿途都有，历历在目，至新中国成立后整修公路时才彻底拆毁。

驿站直至宣统元年（另说是民国二年）才裁撤，开始在各地设立邮局或邮政代办所，将其取而代之。

自新疆建省后，内地商人在多民族聚居的边疆，团结各少数民族商民一起，努力振兴和发展新疆的商业，以驿站道路的畅通为基础，这对天山北部很多城市或者城镇的形成起了关键性的作用，这一时期形成的城镇和村落都坐落在驿道旁，比如庭州。

（4）北庭与天山孔道

庭州处在东西交通干线上，乃四通八达之地。除碎叶路以外，又有许多其他干线以及若干纵向支线相连，南越天山可通交河、高昌、焉耆、库车等地，实为天山北部一大交通枢纽。

从西州至庭州有多条支道可通。据《西州图经》残卷记载，西州州内数条道路中，有 8 条向北越天山至庭州，其中尤以他地道、乌骨道、赤亭道为要。

a．他地道

据《图经》记载：“道出交河县界，至西北，向柳谷通庭州四百五十里，足水草，唯通人马。”《元和郡县志》“西州”条载：“北自金娑岭至北庭都护府五百里”；其具体路线当是从今吐鲁番西北的交河故城向西北溯大河沿河逆上，途经红柳河、三岔口，入天山山谷，越天山大坂，过泉子街而至吉木萨尔。

唐宋时，这条天山孔道是联系西州和北庭的交通要道。吐鲁番阿斯塔那和哈拉和卓唐代墓葬中出土的有关来往于西州和北庭两地间的长行马的文书即反映了此道的繁盛情况。文书中所见的酸枣戍、柳谷镇等地名，可能就在今之红柳河、三岔口一带。

b．乌骨道

由高昌县向北至北庭之道。高昌县即今吐鲁番东南的高昌故城，由高昌故城向北至北庭，按之地舆，应是经今胜金口、木头沟过火焰山，再经七泉湖、黑沟，越天山而至吉木萨尔。

陶保廉《辛卯侍行记》记载：“从火州北行至胜金口，又北入穆图拉克沟，过可洛达坂，即通济木萨。”

c．赤亭道

唐朝伊吾至西州的主要通道。有关“赤亭道”的记载不多，《大慈恩寺三藏法师传》记载：“出流沙，到伊吾，法师意欲取可汗浮图过；既为高昌所请，辞不获免，于是遂行南碛，经六日至高昌界白力城。”可汗浮图城，突厥所建，在今吉木萨尔北，唐庭州与北庭都护府治所在地。

公元 640 年，高昌并入唐朝版图，改为西州，设安西都护府，后移治龟兹，改为大都护府，与设在今吉木萨尔的北庭大都护府，成为唐朝管理西域的两大军事政治中心。鄯善是唐朝与西域交通的门户，西州到天山南北总十一道，鄯善境内独占七道，赤亭道位列诸道之首。赤亭又是直通龟兹的交通孔道，战略地位极为重要。

早在公元627年（贞观元年），玄奘西去取经，一定路过了赤亭古道。他匆匆走过，没有来得及逗留，这里没有赤亭，也没有驻守，大约一些过路的人目睹了他的背影。

赤亭烽燧的修建时间，大约是公元680年，设有镇戍和烽堠两级军事单位，赤亭旁建有赤亭驿，接待往来客商和行人。

d．花谷、移摩、萨捍、突波四道

从蒲昌县向西北通北庭之道。蒲昌即今鄯善，故这四条路线当是在鄯善境内向北越天山而至吉木萨尔。这四条路线都是向西或西北合于柳谷，然后再到北庭。而上述他地道也是经过柳谷，这说明它们可能在翻越天山之后向西合为一路而达吉木萨尔。可见是一排穿过天山，相距较近的平行路线。

e．白水涧道

西州至北庭还可以走西北方向的白水涧道。《西州图经》记白水涧道："出交河县界，西北向处月以西诸蕃，足水草，通马车。"处月以西诸蕃分布在轮台至北庭一带。

至此可以清晰地看到呈三角形分布在天山东北地区的伊、西、庭三州之间，均有道路可以互通，构成一个地区交通网，这对于丝路经过这一地区时获得各方面的有利条件，对于稳定唐政府对这一地区的管理，无疑是很有益的。

3．北庭历史文化钩沉

唐代诗人岑参（约715—770年）于天宝八年、十三年两次出塞，曾任安西、北庭节度判官等职。岑参在边塞生活的六年中，直接写北庭的边塞诗就有20余首，如《赴北庭度陇思家》《发临洮将赴北庭留别》《临洮泛舟赵仙舟自北庭罢使还京》《轮台歌奉送封大夫出师西征》《走马川行奉送出师西征》《北庭西郊候封大夫受降回军献上》《北庭作》《北庭贻宗学士道别》《登北庭北楼呈幕中诸公》《白雪歌送武判官归京》等，其代表作有《白雪歌送武判官归京》《走马川行奉送出师西征》《轮台歌奉送封大夫出师西征》等。此外，他还写了边塞风俗和各民族的友好相处以及将士的思乡之情和苦乐不均，大大开拓了边塞诗的创作题材和艺术境界。

宋代王延德在《西州使臣记》中记载了其出使北庭时这里的风土人情：

师子王邀延德至其北庭。历交河州，凡六日至金岭口，宝货所出。又两日至汉家砦，又五日上金岭。过岭即多雨雪，岭上有龙堂刻石记云，小雪山也。岭上有积雪，行人皆服毛罽。度岭一日至北庭，憩高台寺，其王烹羊马以具膳，尤丰洁。

地多马，王及王后、太子各养马，放牧平川中，弥亘百余里，以毛色分别为群，莫知其数。北庭川长广数千里，鹰鹞雕鹘之所生，多美草，不生花，砂鼠大兔，鸷禽捕食之。

其王遣人来言，择日以见使者，颇无讶其淹久，至七日，见其王及王子侍者，皆东向西受赐，旁有持磬者击以节拜，王闻磬声乃拜，既而王之儿女亲属皆出，罗拜以受赐。遂张乐饮宴，为优戏，至暮。明日汎舟于池中，池四面作鼓乐。又明日游佛寺，曰应运太室之寺，贞观十四年造。

北庭北山中出硇砂，山中常有烟气涌起，无云雾，至夕，光焰若炬火，照见禽鼠皆赤。采硇砂者著木鞋取之，皮者即焦。下有穴生青泥，出穴外即变为砂石，土人取之治皮。城中为楼台卉木。人白皙端正，性工巧，善治金银铜铁为器，及攻玉。善马值绢一匹，其驽马充食，才值一丈。贫者皆肉。西抵安西，即唐之西境。

纪晓岚在乾隆三十三年（1768年），谪戍乌鲁木齐。在西域的两年中，纪晓岚考察了庭州地区，将所见所闻用文字记录下来，之后著成《乌鲁木齐赋》《乌鲁木齐杂诗》《阅微草堂笔记》等，其中有许多诗文是直接写北庭的风土、典制、民俗、物产、神异、游览等。

在《阅微草堂笔记》中纪晓岚记述道：

吉木萨东北二十里有故城，周二十余里，街市谯楼，及城外敌楼十五处。制度皆如中国。城中一寺，亦极雄阔。石佛半没土中，尚高数尺，瓦径尺余，尚有完者。相传有行人于土中得一金管，中有圆珠数颗，携往奇台，不知所终。细诘其状，盖浮屠所藏佛舍利耳。额鲁特云是唐城，然无碑志可据。惟一铜钟字迹剥蚀，不可辨，时有一两字略剩点画，似是八分书，其朝代亦不可考。后得唐金满县碑，乃知为唐北庭都护府城。庚寅十二月，余与永余斋观察奉檄往勘，议增营垒于其地，往来循视，诚旧镇之遗址。土中时露烟煤，盖火攻所陷也。

纪晓岚在此记载了这座古城“周四十里”的宏大规模，原本有街市和谯楼。并根据史书所记将它正式确定为唐北庭故城、唐北庭大都护府治所。他还细心地测量了城墙的厚度，记述了垒墙的土坯“厚一尺，阔一尺五六寸，长二尺七八寸”。当时城内完整的建筑遗存似乎还不少，所见“旧瓦亦广尺余，长一尺五六寸”，城中还发现了一座佛寺：

寺已圮，尽石佛，自腰以下陷入土，犹高七八尺。铁钟一，高出人头。四围皆有铭，锈涩模糊，一字不可辨识，唯刮视字棱，相其波磔，似是八分书耳。

所出寺中铁钟，高过人头，足见寺院规模不小。现存古籍亦印证，庭州金满县境至少有三座规模宏大的佛寺，除悟空寄经的龙兴寺、宋使王延德憩足的高台寺外，北庭城中还有一座应运大宁寺，这座圮寺，是否就是该寺遗址？寺中所出连纪晓岚都不认识，类似八分书的铁钟铭文必非汉文，很可能是北庭回鹘时期流行的回鹘文。

城东南山冈上有一小城，与大城相望成掎角之势。

纪晓岚又记载：

城中皆黑煤，掘一二尺乃见。额鲁特云，此城皆以火攻陷，四面炮台，即攻城时所筑，其为何代何人，则不能言之，盖在准噶尔前矣。

史书中透露，东察合台歪思汗在位时期曾与新兴的准噶尔蒙古连年激战，他之所以西迁亦力把里，就是同战争失利有关。纪晓岚的这段记载，还可进一步印证别失八里的废弃，是一场恶战的结果。

纪晓岚在《阅微草堂笔记》中，还专题记载了北庭故城：

特纳格尔为唐金满县地，尚有残碑。济木萨有唐北庭都护府故城，则李卫公所筑也。周四十里，皆以土墼垒成。每墼厚一尺，阔一尺五六寸，长二尺七八寸。旧瓦亦广尺余，长一尺五六寸。城中一寺已圮尽，石佛自腰以下陷入土，犹高七八尺。铁钟一，高出人头，四围皆有铭，锈涩模糊，一字不可辨识。惟刮视字棱，相其波磔，似是八分书耳。城中皆黑煤，掘一二尺乃见土。

额鲁特云："此城昔以火攻陷，四面炮台，即攻城时所筑。"其为何代何人，则不能言之，盖在准噶尔前矣。城东南山冈上一小城，与大城若相犄角。额鲁特云："以此一城阻碍，攻之不克，乃以炮攻也。"

庚寅冬，乌鲁木齐提督标增设后营，余与余永斋（名庆，时为迪化城督粮道，后官至湖北布政使。）奉檄筹画驻兵地。万山丛杂，议数日未定。余谓馀永斋曰："李卫公相度地形，定胜我辈。其所建城必要隘，盍因之乎？"余永斋以为然，议乃定。即今古城营也（本名破城，大学士温（福）公为改此名）。其城望之似孤悬，然山中千蹊万径，其出也必过此城，乃知古人真不可及矣。

特纳格尔（阜康）为唐代金满县属地，曾有一残碑。济木萨有唐代北庭都护府故城，是唐代大将李靖（封卫国公）修筑的。周长有四十里，城墙都是以土坯垒成。每一个土坯层厚一尺，宽一尺五六寸，长二尺七八寸。城中残存的旧瓦有一尺多宽，长一尺五六寸。城中有一寺已经坍塌，一尊石佛自腰部以下被埋在土中，露出土面的有七八尺高。在废墟中伫立着一座铁钟，钟身高过人头，四围镌刻有铭文，因字锈漶而变得模糊，连一字都不可辨认。只有用刀刮去漶锈，才能看清凸字的撇捺笔画，然后断定这些铭文是隶书还是楷书。城中到处都是黑煤，挖一二尺后才能见到土层。

当地额鲁特（蒙古）人说："此城昔日是被火攻陷的，城头的四面炮台是攻城时筑的。"再问他们是被何代何人攻陷，额鲁特人则说不知道。此城大概是在准噶尔部叛乱之前（十八世纪中叶以前）毁掉的吧。

城东南山冈上有一座小城，与大城相对，形成犄角，额鲁特人说，以此城作屏障，敌人无法攻破，最后才用炮攻的。

乾隆三十五年（1770 年）十二月，乌鲁木齐提督标（绿营兵，每标三营）要在此设后营，纪晓岚与余永斋（名庆，当时为迪化城督粮道，后官至湖北布政使）奉命筹划选择屯兵驻地。这里万山丛林，两人讨论数日定不下来。纪晓岚对余永斋说："李卫公（李靖）勘察地形的能力，一定胜过你我，他所建的城一定是在重要隘口，为什么不在原址设营地呢？"余永斋同意纪晓岚的观点，按此议确定了驻兵地点，即今故城营也（本名破城，大学士温福公改此名)。

其城远远望去，似悬孤塞外。然而，山中有千蹊万径，其出入必须要经过此城。这才知道，古人真是望尘莫及啊。

道光二十二年十月初八日，林则徐一行在古城行馆中吃过早饭后，拜别各位又驱车西行。全小汀骑马陪行，过古城50里后到了大泉。一路虽为泥泞，但道路尚为平坦，林则徐见两旁田畴弥望，民户众多。路旁有一处卡房，是由乌鲁木齐都统委任驻此查验东来人口之所。

当时，有一位原是前兵部郎中的废员，名叫德禄，贬谪新疆后委任驻此。他得知林则徐过此，忙迎入卡房敬茶取暖、相谈。在此稍作停留，林则徐即又上车西行。此去都是平坦土路，仍是村落相望，树木众多，水土肥沃之地。走了40里路后，到达济木萨。

济木萨也只是一座土城，阜康县丞与参将驻此，也是县丞催科理讼之所。因当日林则徐到此已晚，县丞潘奕栎（江西长宁人）与参将颜隆武都赶到郊外迎接。行馆即在县丞署中，林则徐感觉“甚为深邃”。当晚就和两个儿子住在行馆中，行李车和车夫仍留在店中。全小汀所派二弁又把林则徐行李送到行馆，照顾得十分周到。

晚上下了一夜小雪，林则徐在日记里写道：“自古城以来，沿途田亩连塍，村落相接，非前路戈壁沙滩可比也。”又记：“俗谓哈密至乌鲁木齐有穷八站、富八站之说，盖戈壁头以东为穷，木垒河以西之八站为富也。”

史记，济木萨原名别失八里。尤其城北20里的唐北庭大都护府，当年气势恢宏，威震西域，而如今已沧海桑田，破败不堪了。此处林木参天，而大都是榆树，间有杨柳，数人合围者不在少数。车马在林中曲折穿行，若在春夏时期，定都郁郁无际。道光十八年(1838年)，江西彭泽知县黄浚（号壶舟）因事谪戍乌鲁木齐时曾途经此路，在《壶舟诗存》中留有：“缓看蹄缴平沙过，时觉须眉浅黛侵，不愧芳名称济木，万家闾舍碧云深。”

纪晓岚也曾有诗：“槐榆深处绿参天，行尽青山未到边。”都是指天山北坡林木众多，村落相望之景色。因新疆各地凡有水之处即有树木，有树木之处大都有人烟。

光绪三十三年（1907年）三月初八日，军旅诗人方希孟途经孚远，他在《西征续录·下卷》里记载道：

初八日，五十里至大泉，村树连绵，居民多沿天山北麓。雪消土润，麦垄青青。又四十里至孚远县，旧设县丞，今改为县。按《西域图志》，古城在奇台县西北九十里。乾隆四十年，驻防大臣索诺穆策凌于其地得唐时残碑石二方，有“金满县令”等字，宋芝洞谓即金满地。考《水道记》，金满距济木萨二十里，有遗址，似宋误也。东南一带之渠，溉田二千七百余斛。大黄山离县百余里，产煤质佳而旺，专制小轮炭车四百辆，运行古城，每煤千斤收税银一钱。水西沟产煤，也产铁，铁质极良。湖南某欲专其利，禀设官铁局，醵城内各贾集银四千两，藩司又取水西沟官存之铁铧六千两，合成本一万，一并拨给开采，铸货出售。查中国铁厂，仅湖北一厂，初由官开，后归盛侍郎独办。

前部议拟于北五省择地另建一厂，以济西北军用，尚未决行。新疆军械、子弹皆购自上海，程途万里，运费不资。闻有人考查济木萨所产之铁，提炼精纯，当驾大冶，而上水西沟煤亦合用。不若官筹赀本收归，即于济木萨另建一大厂，调取上海高手艺徒，来资开办鼓铸，本省军用枪炮、子弹暨各种农器，行销南、北两疆，不但可省购买，即有变故，军用亦不虞缺乏。倘渐有名誉，北方蒙古、关内秦晋各省，并可订购。计先筹二十万金，当可肇事，将来逐渐扩充，亦西疆之一利源也。是日共行九十里。

初九日，四十里过双汊河，长林丰草，弥望无涯，土地肥饶，农业最盛，皆赖天山雪水，引之灌溉。甘凉以西，松潘以南，周围数万里，皆天山支络。川、滇、甘、陕，年岁之丰歉，恒视雪水之衰旺，不独新疆南北为然也。济木萨古城麦粮充足，科布多、阿尔泰山、巴里坤一带，咸赖接济。药材尤夥，沿途所产贝母、枸杞、茵陈、麻黄、甘草、大黄、茜草、川芎皆茁芽，遍地青青。贝母利尤厚，贾人贩销内地，每岁恒数十百石。

光绪末年（1908 年）九月三日，马达汉一行骑马走了共 22 ～ 23 俄里的路后，到了济木萨县城。马达汉在日记里记载道：

济木萨县城四周的城墙大致上是四方形的，两尺半高的土墙，城墙上有带垛口的雉堞胸墙。南城墙有一点损坏。城墙的边长 200 ～ 250 尺。东、西、南边有门楼，四角有角楼，角楼凸出部分与城墙一般高。西城墙的门楼与角楼之间有两处外延的敌楼，缺乏护城的壕沟。门楼是用砖砌的。简单的木城门加了铁框。

城堡前的空旷地——西边是一片小树林，东北边是一片废墟，东边则是个集市。城里一条主要街道和一条次要街道从西门通向东门，纵行的一条街道从东门通向南门。大部分城区还没有建筑物。城里有一座县官衙门。驻军有一个步兵营和一个骑兵营，步兵营包括 18 名士兵，骑兵 13 名，两者合起来组成一个“抚标守备队”，司令官“参典”（帽上的红顶）。兵营位于市中心，在南门附近有一座美丽的庙宇，庙宇前面有一只铁狮子和一座香炉。

孚远南门庙宇山门铜狮——马达汉于 1908 年 9 月 3 日摄

这两件器物已有 100 多年的历史，是从暴乱时期被毁的二工庙里搬来的。

在济木萨，马达汉一行浏览了千佛洞寺庙。他将所见所闻记载了下来：

从县城往西南方向约 4 俄里的地方，在高山的最北坡边缘，有一座香火很旺的寺庙，每年附近地区（包括迪化）有大量的汉人前来烧香。这座庙是在阿古柏暴乱时期被毁的庙宇地基上重建的。高耸在山坡上的白漆庙宇，看上去十分美丽，黑漆圆形廊柱支撑着弧形飞檐的屋顶。庙宇后面，雄伟的高山雪峰形成了梦幻般美丽的背景。在主殿和两翼配殿之间铺砖的寺院里，矗立着一座饰有狮形纹路的香炉。庙宇及大殿里有两个马蹄形的相互套接的拱顶。

在较大的拱顶下面的后墙佛台上躺着一座"卧佛"，是一座十步长的巨型侧卧姿态的佛像。佛像泥胎黑漆，脸面墨黑，油光发亮，头发卷曲，双眼微睁，眉心有一颗痣。拱顶两侧走廊的外墙上都有 9 个佛龛，佛龛里有同样多的佛像，所有佛像大约有一米高。里面的拱顶壁有三座内凹的佛龛，每座佛龛里有一座大佛。此外，拱顶的每一面墙壁上，都用木签子插着几百个小佛像，都是泥胎油漆的。部分佛座上没有佛像，有几个空佛座补上了新的佛像。据说这些小佛像会保佑妇女怀孕，所以对不生孩子的妇女来说是求之不得的圣品。"千佛寺"这个名字是形容佛像之多的意思。建新庙是为了保护这些从战乱中抢救出来的佛像（包括大卧佛）不被毁灭。当地居民肯定地说，卧佛是石头做的，非常古老。

马达汉得到的情况是从一位曾云游中国化缘修缮该寺的僧人那里了解到的。寺内光线太暗，在 1.25 米宽的拱室里，根本不用去考虑对大佛照相。在寺庙旁边有一座被毁的神殿，还有刻着几个中国方块字的石碑等。和尚说，从刻在石碑和香炉上的文字来看，这座庙的历史不会早于 100 年。

马达汉一行考察过古城子后，又折向济木萨。……从古城出来，经过小屯、东湾等地，马达汉一行来到了泉子街村。

泉子街是一个小市镇，那里有两座绿树围绕的美丽庙宇。街上人来人往，熙熙攘攘，人们相互拥挤推搡，涌向小商摊和店铺。回民戴着白布圆顶帽，多数蓄着大胡子。吐鲁番的维吾尔族与当地汉人和睦相处，人口数量并不比汉人少多少。客栈住得满满的。马达汉仗着自己的特权，经过长时间的谈判之后，终于成功地得到了一间臭气熏天的小房间，这是 5 个人让给他的。肮脏的院子里，一眼望去，到处都是水果篮、毛驴、马匹和躺着睡觉的人。那里有两个堕落的人——吸毒者，在黄昏时刻躺在毡毯上一盏小灯旁，沉迷于吸食鸦片。吸毒已经成了他们无法摆脱的生活需要，而且全然不顾他们被牲口践踏的危险。呼叫声、吆喝声、狗叫声和毛驴的嗥叫声，几乎整夜不停。

位于巍峨的雪岭脚下的小客栈，在月色的夜晚，看上去犹如神话般地美丽。这使马达汉不禁想起了芬兰的汉加依拉克那个煤烟熏黑了的、肮脏的客栈，在一个壮丽的环境中，给马达汉留下了难忘的印象。村里 20 ～ 30 户人家，15 ～ 20 家商店，大部分是汉人开的。饲料、肉和面包可以买到，价格与古城的差不多。这里种植玉米、小麦、豌豆和少量鸦片，产量高达种子的10倍，主要依赖山上融雪的多少。

九月十九，马达汉一行一大早走出肮脏的客栈时，一眼望去，周围景色如画。……

过了第一座桥(他地道北坡头道桥)，道路两旁的景色十分美丽。人在陡峭的山坡上走，湍急的小河在深谷里哗哗流淌着。马达汉一行穿越于间杂阔叶树的枞树林带。秋天里，金黄火红的色彩在高山崇岭中显得格外迷人。

过了第三座桥（他地道北坡三道桥），往西南走两俄里半的路后，马达汉一行经萨达坂越过右边高山延伸下来的山嘴，然后再走四分之三俄里后，就到了松树冈驿站——在河岸上的一座简陋的房子。这里路况很好，在进入山沟前都可通马车。山沟里的情况大部分也是好的。只有两处不行：一处是第三座桥稍稍往南一点儿的地方，另一处是在萨达坂南面的地方，这两处道路都很陡峭，但只需稍加修筑，也可通马车。有些地方道路非常狭窄，只有驮马才能走过去；马车要通过去的话，必须开山炸石，但爆炸工作并不大。这条道路作为驮马行走的道，路面很好，很坚硬。水、燃料和建筑木材到处都有，喂马的草料也有。路边有一系列适合大商队歇脚的站点，客栈的设施非常差。马达汉和他的随从人员住在一间烟熏得很黑的厨房里，唯一可取之处是，房子是用稀疏的木板搭建的，烟可以畅快地排出去，但风同样可以畅快地钻进来。……

孚远旧城废墟——莫里循于1910年4月21日摄

宣统二年(1910年)四月二十一日至二十三日,《泰晤士报》记者莫里循途经济木萨县时，拍摄了济木萨县旧城废墟——长长的已经是残垣断壁的旧城墙，有一段还保持马面的完整性。此外，马达汉还拍摄了大泉路边卸了驮正在歇息的大规模的骆驼队，三岔河的土城墙、茂密的树林，路边歇脚的腰站子，孚远县的骑在马上的差人，正在歇息的满载着高粱和煤炭的勒勒车，以及正在夯筑“干打垒”土墙的维吾尔族人。

驿道打墙人——莫里循于1910年4月23日摄

刘雨沛，安徽桐城人，清末陆军将校级军官。清宣统三年（1911年）四月十九日，因事被发往新疆效力。是年九月初一日抵达迪化戍所。作者一路进行考察，沿途风情记载十分详尽，这里辑录他途经济木萨的考察日记：

宣统三年（1909年）八月二十五日，又二十里济木萨城，住。孚远县及参将驻之，居民约三万人。城旁有牧场，巴里坤官马千余匹，牧于此。巴里坤官马五千余匹，惟好者多为劣弁盗马。孚远西五十里水西沟产铁，为全疆之冠。孚远令余培森君、号松崖，吾皖六安人也。闻予来派车马坚约至署小饮，夜半回寓。

孚远三岔河——莫里循于1910年4月22日摄

又二十里三叉河，午餐。铺户四家，渠上多榆树。距此十里许之水西沟，产生炭及铁。由此西北行，夹道古榆参天，田地腴沃，又三十五里，三台住。是处市面繁盛，产蘑菇。孚远古境之松山，松杉弥望无隙，山势平衍，山下农田数千顷，全恃雪水消注灌溉。故冬日积雪，遮阴于万松之下，天暖渐融，自顶至根，涓涓不绝，千支万脉，积流成渠，自春至秋，不涨不竭。

民国六年（1917 年），北洋政府特派员谢彬途经济木萨县，在其《新疆游记》里记载道：

(民国六年·1917 年) ……二十四日晴。上午八时，发紫泥泉。

东偏北行，三十五里，四十里井子，阜康、孚远于此分界，小店二家，穷民一户。二十五里老三台，道旁有高墩与废院。五里骆驼圈子，村舍树木，连绵不断；途多运炭牛车。十里三台，街市齐整，商店三四十家，有税局及邮政代办所，商务之盛，胜于县城。附近农民三百余家。午尖于此，以攒程故，尖后复行。五里胡桐根格达，夹道居民数家。二十五里双岔河，居民五六家。

清乾隆三十六年，于此筑育昌堡。新疆有名之孚远铁，即在道南四十里之水西沟，其地冈阜平坦，赤赭黄童，不生草木，溪流潺潺，便于汲引。铁质刚劲纯粹，经久不蚀，又多炭山以供锻炼（煤矿五处，曰红山，曰甘沟，曰南大槽，曰北大槽，曰西乍子。产石炭、烟炭、岚炭、骸炭）。有清乾嘉之际，商人崔占元，开设铁厂，大兴冶业，居民数千家，隐若巨镇，斧斤之声，闻于十里。全陇冶户，皆取给焉。同光之事，熠为灰烬，虽历年兴复，而墟落萧条，终非昔比。又自俄国通商以来，洋铁之输入益多，价廉于我，几三分之二（土铁铸器，实较洋铁坚而耐久，为三与二之比例），于是水西沟矿利，尽为所夺。开省而后，商办官办，屡易其人，其始全赖公家铸农器、军器、维持其间，厥后废而不用，承办官商，遂困不能支，光绪三十四年，全矿遂废。

宣统三年，郑有叙招集商股，从事兴办，值改革，袁大化去新，提倡鲜人，事遂中辍，以迄于今。目前欧战正酣，俄铁不来，亟谋规复，官督商办，购置机器，煅以新法，未始非挽回利权之绝好机会也。

三十里，柳树河，道北有农庄。十里，孚远县城，俗呼济木萨，住。是日行一百六十里，抵此已交念五午前二时矣。

孚远，汉为车师后国车师后城长国，三国为车师后部，魏为蠕蠕，周为突厥，隋为东突厥，唐金满县地，宋高昌国北庭，元回鹘五城地，明为卫拉特，清先为济木萨县丞，寻升改孚远县，民国因之。东西一百五十里，南北二百五十里，其庄分二十五渠，其民皆土著重农，回民聚居广泉子，率力田地。土广民稀，市列无大贾，故其俗扩僻，竞锥刀之末。水西沟铁矿，佳而未开，大利坐弃。千佛洞景致幽绝，人称述之。

二十五日晴。孚远城周七百六十丈，无北门，重修于清光绪二十年，附近居民，不盈二百家，商务无足称也。城北三十里后堡子，有破城基，周广二十余里，俗呼唐王城。清嘉庆时，其地犹见金满县令残碑，唐北庭都护府治金满城故址也。有古钟，一半埋土中，土人取以铸农器，同治初年尚存。又清故保惠城，亦在其地。

上午十时，偕知事段永恩，策马游瞻千佛洞。出南门，西南行，十里，抵山口，新建王母宫三楹，规模整齐，工事甫竣，尚无居人。自此升坡，一里，千佛洞，梵于一丛，修洁幽邃，足供游览。夏日避暑，尤为合宜，孚远近郊名胜也。

正殿后倚佛洞，洞就岩凿，形为半规，燃烛入视，中卧睡佛，长约二丈，金面漆身，诸大罗汉，亦皆塑像，非若库车丁谷山之仅壁绘也。

按宋王延德使高昌录云：时四月，师子王避暑北庭，邀延德，凡六日至北庭，憩高台寺，又明日引延德遍游境内佛宇。有曰应运泰宁之寺，贞观十四年造，此洞盖亦唐时高昌旧迹也，相传发见于清乾隆时，屡著灵异，土人奉之甚虔，香火极盛。旧历六月六日千佛大会，演戏敬神，数百里内外士女，皆来祈福禳灵，车水马龙，肩摩踵接，如是半月，岁以为恒。

千佛洞位于吉木萨尔县西南十余里处，专家经实地考察，推断千佛洞可能是唐代的高台寺遗址。中原人第一次得闻高台寺，始于宋人王延德，太平兴国六年，宋太宗派遣王延德为使臣，率百余人的使团回访高昌，于次年四月抵达北庭，憩高台寺。高台寺所在的千佛洞第二次为人所知，缘于乾隆三十六年当地老百姓的一次偶然发现。近年来，社会各界人士陆续捐资助物，并复建“大雄定殿”和“地藏王殿”。千佛洞东西两面为小山沟，泉水淙淙，山坡沟底植被茂盛。每年农历四月初八、六月六前来敬香瞻拜的善男信女人流如潮，热闹非凡。

唐代北庭大都护府的遗址北庭故城位于吉木萨尔县城正北 12 千米处。古城规模宏大，略成长方形，分内外两城，像个巨大的“回”字。内外城均有护城河，城内昔日的衙署、塔庙、街市依稀可辨，残砖、碎石、陶片遍地。新中国成立后，文物考古工作者在古城中出土了唐代铜质官印“蒲类州印”、铜狮陶兽、开元通宝以及各种砖瓦当等，这些珍贵文物现在主要收藏在县文管所。此外在北城墙处还发现了十间当年瀚海军士兵居住过的洞屋。

1988 年 1 月 13 日，北庭古城遗址被国务院公布为全国重点文物保护单位。2014 年 6 月 22 日，在卡塔尔多哈召开的联合国教科文组织第 38 届世界遗产委员会会议上，北庭故城遗址作为中国、哈萨克斯坦和吉尔吉斯斯坦三国联合申遗的“丝绸之路：长安-天山廊道路网”中的一处遗址点被成功列入《世界遗产名录》。

如今的吉木萨尔县，总面积为 8 848 千米^2，下辖 6 镇 3 乡，境内有兵团农六师 2 个团场，2011 年县境总人口 14.06 万人，有汉、回、哈萨克、维吾尔、蒙古等 13 个民族。

近年来，依托众多的历史文化古迹，以“世界文化遗产 · 丝路地标北庭”为定位，吉木萨尔县把文化旅游业作为新时期兴县富民的战略性产业，紧紧围绕“世界遗产地、资源富集区”两张名片，准备将全县打造成丝绸之路人文景观旅游核心区。

北庭故城遗址（来自百度图片）

三台驿

1．爬梳三台

三台古镇，在清代是丝路新北道上的一个重要驿站和商埠，东距吉木萨尔县城 40 公里，西邻阜康，紧依北庭故城，历史上有丝绸之路新北道穿镇而过，东北通回鹘路，南通他地道。独特的地理位置和悠久的历史文化，使三台镇历来就区别于一般乡镇。

《新疆要略》记载，由迪化至伊犁，共设有驿站、军台 30 多座，三台古驿就是其中一个驿站、军台合属公务的驿站。自光绪十年（1884 年）新疆建省后，所有的驿站、军台、营塘一律统称为驿站了。

《三州辑略》记载，三台驿（东至保惠驿七十里），于乾隆四十四年安设，有“驿书一名、马夫二名、马四匹”。有三台塘（至济木萨塘九十里），安设“兵丁十名、马七匹”。

《新疆图志》又载：清代光绪二十八年（1902 年）列表，三台驿安设有驿书一，马夫七，马十四，月支薪粮、工粮、料草、油烛、纸张等项银六十两四钱，岁支银六十八两九钱五分，合支经费银八百一十七两七钱五分。

三台驿站、军台、营塘齐备。

《新疆图志》载：孚远县九十里至三台有军台，阜康清水塘九十里至济木萨有营塘。

三台镇在历史上就很引人注目。民国六年，《新疆游记》的作者谢彬到三台考察后，写出了三台集镇的概况：“街市齐整，商店三四十家，有税务局及邮政代办所。商务之盛胜于县城。附近农民 300 余家。”

民国八年，《新疆纪略》的作者林竞先生考察丝路北道时，对三台镇容也作了描写："三台为孚远精华，商务较城内为盛，计商店 50 余家……"

1910 年 4 月 22 日，莫里循途经三台地面时，没有拍摄三台古驿镇面貌，只拍摄了三岔河早晨的古城墙和三岔河周围高高矮矮、茂密又错落有致的树木。《泰晤士报》记者尽管没有拍摄这里的民居村落，但仅这一小小镜头，也足以可看出这里的"富八站"气象了。

三台驿道勒勒车——莫里循于 1910 年 4 月 23 日摄

1908 年 9 月 1 日，马达汉一行骑马经过了老台的大村落。马达汉考察了沿途的村落和城镇。他在日记中记载道，老台镇只剩下了一些断壁残垣。用砖砌成的城楼倔强地孤立在废墟之中。老台村镇刚刚遭受过一场暴乱，马达汉拍摄了暴乱间被战乱毁坏的老台村。

被毁坏的老台村遗址——马达汉于 1908 年 9 月 1 日摄

再走两俄里路，他们到了三台镇。马达汉在日记里记载道："三台是一个干净的小市镇，那里有25户人家。镇子里有4家客栈，还有美丽的寺庙和20家商店。驻扎在破旧营盘里的5名骑兵（提标），是从济木萨联营来的。这里种植小麦、豌豆、高粱、胡麻、小米、玉米和少量罂粟。山里有大量的煤，大部分都运往迪化。"

2. 三台历史文化遗存

光绪初年，左宗棠平息阿古柏叛乱后，三台地区由于兵屯多，屯田也最发达。据《昌吉州地名图志》介绍："今吉木萨尔县三台镇西北25公里的西地村，就是光绪初战乱平息后清军开辟的垦区……"

三台镇历来就是新疆独有的"杂粮仓"，历史上就盛产红高粱、玉米、青稞、大麦、小麦等农作物。由于日照时间长，昼夜温差大，农作物有充足的生长周期，因而品质优良。尤其是三台产的红高粱，它所含的淀粉量居全国之首，成了三台酒最理想的酿造原料。

20世纪以来，随着探险家、考古学家、石油勘探者的频频涉足，三台大地比历史上任何一个时代都更引人注目。

1928年夏天，中国著名的地质学家袁复礼先生随中瑞西北科学考察团来到中亚腹地考察。据中瑞西北科学考察团瑞方团长斯文·赫定的日记记载，袁先生在三台镇以南100里地的水溪沟发掘出了三叠纪早期的古生物"三台龙"化石标本。袁复礼在三台考察期间，除发掘出了水龙兽等三叠纪古脊椎动物化石群外，他还同时发现了一个石器时代的遗址，此外还有二齿兽、袁氏阔口龙、袁氏三台龙等，这些发现不仅在我国属首例，而且在亚洲也是第一次。

袁复礼先生在三台考察期间，还为三台农民找到了饮水，并解决了炼铁技术等实际问题。当地人为纪念这位地质学家的善举，在20世纪30年代为其修了一座"复礼庙。"由于袁先生的启发，自1959年以来，北京古生物考古队，加拿大考古学家梯雷尔·柯瑞博士，中国科学院的董枝明先生等在三台北边的恐龙沟发现了恐龙，在三台大东沟发现了百合化石，在三台水溪沟侏罗纪地层中发现了"吉木萨尔龙"化石。此外，他还发现了大量的古海洋环节动物化石和古银杏化石。迄今为止，这里是中亚发现古生物化石最多的地方。

20世纪80年代初，随着新疆石油的大开发，在三台西北部的准噶尔腹地，发现并开发了火烧山、彩南、马庄、北三台四大油气田，并建成了我国第一个沙漠油田——彩南油田。

在勘探石油的同时，又在火烧山一带发现了黄金、煤炭、珍珠岩、花岗岩、铁等30多种宝藏和恐龙化石、硅化木等古生物化石和五彩城等大自然景观杰作。

1985年，在联合国野生动物保护委员会的倡导下，中国林业部同美国圣地亚哥动物园，奥斯瓦尔法基金会签订了合同，分别于1958年8月到1988年6月三次运回普系纯种野马16匹。这些野马返疆后，经乌鲁木齐市动物园过渡，尔后逐批放至野马饲养繁殖中心，然而这世界稀有的野马繁衍生息之地，就建立在准噶尔边缘的三台所在地。

2001年8月21日，野马繁殖研究中心将首批27匹野马放回大自然，经过专家、技术人员多年的跟踪研究，野马在野外的适应性和野性正在逐渐恢复。目前野放的野马近百匹，分成 5 个群体，其中野外繁殖成活马驹共 20 余匹。

3．名流笔下之三台

清人翰林大学士纪晓岚于乾隆三十五年（1770 年），在《乌鲁木齐杂诗·物产》类中描述移兵在三台屯田，却遭受到野猪践踏的情景：

月黑风高迅似飞，秋田熟处野猪肥。
诸军火器年年给，不为天山看打围。

诗人在“自注”中说：“野猪最为屯田之害，岁给火药防之。三台一巨猪，其大如牛。”

纪晓岚在三台考察时，他同时发现了这里的“黄芽菜，不减安肃莱菔，亦甘脆如梨”：诗人描述了他对黄芽菜的感受：

旋绕黄芽叶叶齐，登盘春菜脆玻璃。
北人只自夸安肃，不见三台绿满畦。

诗人在“自注”里强调说：“三台黄芽菜，不减安肃莱菔，亦甘脆如梨。”

纪晓岚写新疆吉木萨尔三台产的玛努香。玛努香以其清郁芳香，少数民族“焚以祀神”。又属民族医用草药，“亦以疗疾”：

芦荻飕飕绿渺茫，氤氲芳草隐陂塘。
行营不解西番法，秋老谁寻玛努香。

诗人自注：“玛努香生三台诸处苇塘中，形似苍术，气极清郁。西番焚以祀神，亦以疗疾，但未详细主治何症尔。”

清代文人史善长于嘉庆二十四年（1819 年）途经三台，作《三台道上》一诗，对三台村庄富饶美丽，沃野千顷的田园风光，描写得最为充分：

稻草高于屋，泥垣白板扉。
鸡豚过社少，牛马入秋肥。
漠漠田千顷，阴阴木四围。
此乡风景异，不见塞尘飞。

此诗描述了三台历史村庄的富饶和农人的生活状况。

道光八年（1828 年）四月，流人方士淦因事谪戍伊犁，途经三台。他在《东归日记》里记载道：

十五日，七十里住三台，尽戈壁。三台城外，有绿树。村边合青山。郭外斜之。七十里至济木萨，中亦戈壁，妙在水泉处处统通，民居田亩，络绎不绝。亦不减西 路绥来也。

即古瓯脱。

提到三台南山的珍禽异兽等珍藏时，纪晓岚是这样描写的：

山禽满树不知名，五色毛衣万种声。
白草初林野雉肥，年年珍重进彤围。

而民谣描述的野生动物更丰富、更形象：

虎豹豺狼麋鹿獐，獾鹿毛兔满山藏。
野猪结队咬农果，狐狸黄鼠窜村庄。

道光二十二年（1842 年）十一月十一日一早，林则徐等在济木萨行馆吃罢早饭，即行起程。一行车马在林木夹道的雪泥路上跋涉了 30 里路后，到了双岔河，又行 20 里到了四十里腰站子，后再行 30 里即到了三台。

这一路树木成行，田亩连片，土路平坦，再未见戈壁之苍茫。三台一地分上台、中台、下台三处，即为地名之来历，都为济木萨县丞所辖。上台居民多至五百余户，县丞和收粮之仓皆设在上台，行馆也设在仓内，收拾得甚为整洁。

历来过此地的流人遣臣，对三台之汛地几乎都有所描述。此处贸易商铺皆在下台，相距约二里。林则徐到达此地后，即将行李卸于旅店中，但县丞已命手下做好安排，又把行李移至行馆。此处另有所谓大公馆一所，也与仓相连，林则徐一行当日即住此所内。乌鲁木齐都统惠吉（道光十八年由热河都统调任）也遣把总季裕和、额外张成泰、张维昶及兵马高吉盛等赶到三台相迎，使林则徐深为感激。

当晚饭后，林则徐就住宿在公馆中。这一夜，室外又是“大雪纷飞，厚达一寸”。对南方人来说，所谓大雪则厚达一寸，而对新疆人来讲，那只是“毛毛雨”。

光绪进士裴景福于光绪三十二年谪戍新疆，他在《河海昆仑录》中记载道：

三台北行，在林村树蔚然，在平旷沃土上，树林麦地绵绵不绝。……桥下水清澈。南山水引以灌田者。左右村树麦地。……入深沟夹沟丛棘古树。出沟入林愈深，土墙泥屋，麦秀青青，鸡犬牛羊，如稚熙熙，田家乐苑在。目前三里树林密，村居愈多，向西行十里，村树连绵，田土膏腴。望天山渐远，宿三台。市面甚盛，多天津人。德威客店宽畅外，即行台也。然余每下车，散步，必有所获。今日见道旁贝母、枸杞、茵陈、麻黄、甘草、大黄、茜草、川芎，皆萌芽。青青大地，无不是药。遂拈一茎，能杀人，能活人。惜世无文殊慧眼耳。

自古城至此，田畴耕种颇盛。皆赖天山雪水，引之灌溉。三台向北行，左岭村树蔚然，右平野沃壤，树林麦地。

光绪三十三年（1907 年）三月初九日，方希孟再次途经三台，他在《西征续录·下卷》

里记载道：

初九日，四十里过双汊河，长林丰草，弥望无涯，土地肥饶，农业最盛，皆赖天山雪水，引之灌溉。甘凉以西，松潘以南，周围数万里，皆天山支络。川、滇、甘、陕，年岁之丰歉，恒视雪水之衰旺，不独新疆南北为然也。济木萨古城麦粮充足，科布多、阿尔泰山、巴里坤一带，咸赖接济。药材尤夥，沿途所产贝母、枸杞、茵陈、麻黄、甘草、大黄、茜草、川芎皆茁芽，遍地青青。贝母利尤厚，贾人贩销内地，每岁恒数十百石。伊犁西南山中，老林蟠结郁茂，皆千百年物，无人采伐，西人谓新疆遍地皆金，盖不尽在五金宝藏也。又三十里至三台，住行台。

将止车，门外来一鹿，大如犊，毛色灰黯，极肥壮。二日鹿随之，乃某庙所养也。

光绪末年（1908 年）九月三日清晨 5 点，马达汉一行离开了三台，走上了向东和向东偏东南的路。他在日记里记载道：

这里到处都是庄稼地，有的地方长着一片片树林和灌木丛，有时候出现一间孤零零的房子。我们越过了村子附近的一条相当宽的小溪，淙淙流动的溪水清澈见底。几乎所有蹚水走过的河道、水渠和溪流都快要干涸了，有几条河道的底部长起了灌木和树。道路很好，路面大部分有好几尺宽。只是所有的桥梁都不能用，但可以从旁绕过去。水湿的地方不多。我们在离三台约 3 俄里半的地方，骑马穿越了一个房子不多的、仅有 5 户人家的回民村落。在回民村以东两俄里的地方，就是拥有 30 户人家的庆阳河子村。再走一俄里半的路后，一条自南而北伸展的树林带到此戛然而止，前面都是不种庄稼的沙荒平原或黄土地。在这里，我们看到了一些住房的断壁残垣。博格达山脉有时候在他们视野中出现。

马达汉一行走出荒原之后，树林地带是双岔河子村，村里 40 间房子是建在原先已被烧毁的房屋遗址上的。有两家商店和手工作坊的招牌，一条穿行而过的道路，这些都使村子具有集市的特征。地面植物极少，只有一些稀稀拉拉的匍匐植物。

过了双岔河子，马达汉一行便到了柳树河子村。村里有 20 户人家。开始出现农垦区。道路两边都是动乱期间毁坏了的房屋废墟。在济木萨的西面，有一个两俄里长的被毁坏了的村子，或者应该说被毁坏了的城镇，因为他们看到了相当大的营盘城墙。

现在的三台是吉木萨尔县城西的一个乡镇，距县城 25 千米，总面积 559 千米 ^{2}，耕地面积 7.5 万亩，总人口 12 317 人，312 国道、303 省道及丝绸之路古道从境内穿过。主要有汉、哈、蒙、维、回等 11 个民族。全镇辖区内有 21 个村委会，1 个居委会。三台镇中部有自治区文物保护单位冯洛守捉城遗址。

阜康县底驿（康乐驿）

1. 爬梳阜康

《清史稿》记载，阜康，汉为郁立师、车师后国；唐为浮图、沙钵、凭洛、耶勒、俱六诸地，贞观中置金满县；元为别失八里地。明，为敦剌城，改名特讷格尔。乾隆二十五年（1760 年）筑堡，置巡司，寻改县丞。二十八年建城，改州判，隶安西道。三十八年并入迪化州境。四十一年裁州判，置县。

光绪二十八年（1902 年），阜康辖柏杨、康乐 2 个驿站。

据《新疆图志》记载，自黑沟驿“七十里至康乐驿（康乐，即阜康县底驿），九十里至柏杨驿（柏杨驿即今滋泥泉，俗名柳树沟，又名时和堡，阜康县属）。三十五里出境，接孚远西境官道（出本境即孚远属之四十里井子，自阜康城至此，凡一百四十路，平旷，多树林），城西三十里甘泉堡（小店二），三十里出境，接迪化东境官道（距黑沟二十里）”。

《三州辑略》记载，阜康县管理东路二驿：

康乐驿（东至柏杨驿九十里），于乾隆四十一年安设，有“驿书一名、马夫二名、马五匹”。

柏杨驿（东至三台驿八十里），有“驿书一名、马夫二名、马四匹”。

阜康县管理东路二塘：

阜康塘（至至大泉塘九十里），安设于乾隆四十二年以前，有“兵丁九名、马九匹”。

大泉塘（至清水塘七十里），“兵丁八名、马八匹”。

《新疆图志》载，清代光绪二十八年（1902 年）列表，康乐驿安设有驿书一，马夫八，马十六，月支薪粮、工粮、料草、油烛、纸张等项银七十两二钱，岁支银七十八两八钱，合支经费银九百二十一两二钱。

又载，柏杨驿：驿书一，马夫七，马十四，月支薪粮、工粮、料草、油烛、纸张等项银六十两四钱，岁支银六十八两九钱五分，合支经费银八百一十七两七钱五分。

阜康驿站、军台、营塘齐备。

《新疆图志》另载，自辑怀城台东“七十里至阜康底台，九十里至滋泥泉军台”；自黑沟塘“七十里至阜康塘，五十里至大泉塘”。

北新道，在阜康大地，如今仅存的“唐朝路”是丝绸之路北新道唯一古道遗迹。此古道虽然已被风沙涂抹得面目全非，可依稀还可以看到它由东向西而去的逶迤痕迹，这是今人寻觅和凭吊古丝路的重要标志。静卧在阜康大地的“唐朝路”，在黄昏时显得格外苍凉沉寂。

谢彬在《新疆游记》里记载道：“阜康……唐为庭州冯洛沙钵诸地，元为回鹘五城地，明属卫拉特，清初准噶尔图尔扈特部游牧处，乾隆时内属，设阜康县，民国因之。东西一百八十里，南北二百余里，有庄二十七，闾市凋零，商务无多，而民风纯朴。居民种秫酤，一岁千酿，西贾迪化，东贾奇台，岁恒数万余斤，所谓阜康烧酒是也。”

1910年4月23日，莫里循途经阜康时，拍摄了古榆掩映的阜康村落。莫里循虽然在阜康仅仅拍摄了唯一一幅图片，但却收藏了醇亲王载澜拍摄天池的4幅图片，最后发表在《1910，莫里循中国西北行》摄影集中。这几幅图片分别是：《普卡塔山柱天石》、《天池一角》（有龙王庙远景和“定海神针”）、东岳庙（庙前有三四个道人在走动，有高高的灯杆）、铁瓦寺。

天池东岳庙——载澜摄

照片弥足珍贵，其中有二张拍摄的是寺庙，即天池赫赫有名的铁瓦寺、东岳庙，寺庙、山门清晰古朴。有一张拍摄的是天池灯杆山，山脊上有三个穿着长袍马褂、头戴顶戴花翎的清朝官员，手执木杆伫立在灯杆山“顶天三石”前；还有一张是作者站在灵应山顶，俯拍天池一角的照片，澄静的湖水透过黑白光影，波光凌凌，清澈见底。可贵的是，海北坝堤——“定海神针”之上那个只在史料中记载过的龙王祠庙，孤零零地立在那儿。它被作者记录了！这个曾经在清末悬挂过乾隆皇帝赐予天池金匾“岩疆被泽”的庙宇，终于在载澜拍摄的图片中浮出了水面！

天池灯杆山——载澜摄

2. 阜康历史文化钩沉

翰林院大学士纪晓岚，乾隆三十四（1769 年）年被清廷谪戍乌鲁木齐期间，他写了阜康诸多的诗和草堂故事，在这里只选辑两组：

芹香新染子衿青，处处多开问字亭。
玉帐人闲金柝静，衙官部曲亦横经。

诗人自注：“迪化、宁边、景化、阜康四城，旧置书院四处，自建设学额以来，各屯多开乡塾，营伍亦建义学二处，教兵之子弟，弦歌相闻，俨然中土。”

割尽黄云五月初，喧阗满市拥柴车。
谁知十斛新收麦，才换青蚨两贯余。

自注：“天下粮价之贱，无逾乌鲁木齐者。每车载市斛二石，每石抵京斛二石五斗，价止一金，而一金又止折制钱七百文。故载麦盈车不能得钱三贯。其昌吉、特纳格尔诸处，市斛一石，仅索银七钱，尚往往不售。”

《阅微草堂笔记》载一则故事《飞人徐吉》：

昌吉通判报，某日午刻，有一人自天而下，乃特纳格尔遣犯徐吉为风吹至。俄特纳格尔县丞报，徐吉是日逃。计其时刻，自巳正至午，已飞腾二百余里。此在彼不为怪，在他处则异闻矣。

徐吉云：“被吹时如醉如梦，身旋转如车轮，目不能开，耳如万鼓之鸣，口鼻如有物拥蔽，气不得出，努力良久，始能一呼吸耳。”

原任唐山知县的乾隆进士赵钧彤因事被清廷谪戍伊犁，于乾隆五十年（1785 年）二月途经阜康县，他在《西行日记》里记载道：

二月初一日，发紫泥泉至阜康县，即特那纳格尔城，九十里。

发始卯。路西北三十里至白泉子，又名蒲墩子，人数家。又十里至大泉，亦数家，有客寓。憩且食。又五十里至阜康县东郭。入舍解装。

阜康县土城，属迪化州东界，到吉木萨设官。如奇台城。以东碱滩近城，有泉，脉乱发。横截道路小木桥殆百计，按图大川二，一当大泉，东有赛音他拉河，到大泉，名曰白杨河。县城南有特纳格尔河，歧为二。分远城，故旧名特纳格尔城。二河皆北流，源出南下。诸小沟渠，皆其枝裔，固大美利也。是日，路九十，实不止百二十，盖亦从驿数路。近城多屯庄。以东多草树，草中隐牛马群，稍远可不驰。娑娑木高丈余，粗合抱，一望无际。虽碱滩亦厚利。路既绵长，而雪水深，辙泞陷，故夜深始可到。未到尚数里，见丛火如野烧，既到皆灯坊。则已入东郭。尾郭间，虽破秽，户皆悬灯。询之，居人曰，二月朔赛土地神，例张灯火云。

道光二十二年（1842 年）十月初十日上午，林则徐在三台与众人一一告别后，又上车西行。此一路四周土地较为平整，间或有面积不大的戈壁沙漠。在土地较好又有水源的地方，也有林木和农户，大都为陕甘籍移民，来此数百年了。林则徐一行行 40 里后，到达济木萨和阜康两县交界处的四十里井，因有店两家，林则徐便停车休息。

林则徐等在此停车做饭，此处的蔬菜仍是洋芋、萝卜，主食皆以面食为主，有拉条子、汤饭、拨鱼子、切刀子等，此一路因缺水，不产稻谷，所以很难吃上米饭。对于两个习惯于南方吃大米长大的孩子而言，也只是为填饱肚子而已。饭后继续上车西行，走了 40 里，到了滋泥泉，也名白杨河。此处土地肥沃，田亩相连，榆木成林，有的大榆树可数人合闱。在滋泥泉村东有河一条，水流甚丰，两岸颇多柳、杨。河上搭有大木桥，即为白杨河。车马过此南望天山群峰连绵，白雪皑皑，东西相延，雄伟壮观，高处即谓博格达峰。林则徐遥望如此塞外风光，心里无限激动，想到南国大海茫茫，波涛汹涌，而西域大漠无限，雪山绵延，出关几千里俱为大清皇土，想到如此江山遭受到列强蚕食，未免悲从心来。林则徐便著诗曰："扬沙瀚海行犹滞，啮雪穹庐味早谙。知是旷怀能作达，只愁烽火照门南。"抒发了胸中的忧患之情。

到达滋泥泉后，新上任的阜康县令胡承志（江苏江宁人），当日才接印，就遣人来迎，旧署令潘奕标县丞也具膳接待，饭后见滋泥泉虽有行馆，但小而又阴暗潮湿，所以当晚仍与二子在车上过宿。

十月初十一日，天气晴朗，林则徐一行趁天未明又上车离滋泥泉西行，五十里内都是泥土路，路中车辙颇深，而路旁杂草丛生，深可没膝。既有芨芨、马兰，还有苍耳、蒿子、大蓟、荨麻、红柳等，因是冬季，花草已都干枯。林则徐听当地人说，地下还有甘草，当地人不知野草为中药材。

林则徐从滋泥泉到大泉走了 80 里，由大泉到阜康走了 15 里。这一路因积雪融化，路途泥泞，前车一陷入泥淖，后车就不得前进。由于道路崎岖，大车有时脱轴，时而断轴，既劳人力，又费马力，可谓苦不堪言。从头一天半夜走到第二天半夜，林则徐一行才算到达阜康。在昏暗的暮色中，林则徐见到此处也是一座土城。

林则徐一行是日来到阜康，车马经过集市，见一群人在围看两个中年男子打架，即令李阿毛前去打探。李阿毛回来禀报说："原来是男子甲昨日在一人手下购得大黑驴一头，此驴健步如飞，但回家后就卧地不起，耷拉着脑袋，嗷嗷乱叫，结果是拉也不起，打也不起。买主没办法，只有找来邻居帮忙将驴弄到集市，找到卖主乙，要求退货，而乙不愿退，才打了起来。经人劝解，问其原因后，乙趁人不注意将一粒小黑豆塞进驴嘴里，此驴立即来了精神，四蹄用力站了起来，鼻子朝天嗅嗅发出高亢的叫声。于是，乙让甲骑上驴试试，结果驴立刻前蹄刨地，精神抖擞，长鸣一声，奔腾而去。有观者言，这是因为驴犯了烟瘾所致，喂些鸦片就好了……"

林则徐听后感叹不已，难道连驴也会犯上烟瘾吗？真是鸦片惹的祸呀！

此夜，有迪化都统惠诗堂，专程接应备席，潘县丞仍俱膳接待，令林则徐感激不已！

而当晚，新任胡县令也送来饭菜，迪化知州成瑞和昌吉县令德俊也俱遣丁到此迎接，阜康县尉王蕴章也赶来相见，使林则徐应接不暇，一时抛却了路途的寒冷和艰辛，深感世间仍有真情温暖。晚饭后，众人迎林则徐到行馆住宿，然后纷纷与林则徐拜别。

军旅诗人萧雄于同治年途经阜康，著《阜康》一诗留于世：

博克山前雉堞低，遗民烟火碛中微。
一官迎仗邻封饷，署冷如冰吏亦稀。

诗人自注说："阜康亦旧设。汉属车师后王地。唐为轮台县境。在博克达山之下。低连低阜，南至山根数里，北望则遥空无际。土浮脉燥，本为最瘠之区。县官守此，穷黎每年全赖济木萨分县拨款供支，经久成例。同治间，大遭兵燹，更见萧条。平定数年后，稽查丁口，仅得四百八十余户。分地耕种。汉人、汉回各半。县署仅有书吏二名，衙役四名。训导则州学暂某典史一官，尤寂寞也。自济木萨八十里至三台，八十里至紫泥泉，七十里至白杨驿，九十里抵城。"

光绪末年（1908 年）八月二十七日，马达汉一行来到阜康地面。

他们继续前行，路边是一片匍匐着植物的平地，后来逐渐变成低矮的山丘。在高低不平的黄土地与山谷之间，有一个土墙围着的小村子，叫黑沟村，村里仅有 3 户人家。在这一段路程中，他们路过了一个客栈或者说旅行者歇脚的地方。数俄里路之后，他们又到了屯垦区，那里的树木和庄稼地令人心情愉悦。

继续向前，有一个刚刚建成的县城——阜康。

阜康四周围着常规的四方形城堡城墙。城墙的每个边长约 200 尺、高 2.5 尺，没有护城壕沟，也没有外部的防御区，但有带垛口的雉堞胸墙。城市的三座砖砌的两层大门分别开向东、南和西。在城门那里的城墙高度达 18 尺。城里大部分区域都无人居住。唯一的一条街道从东门通向西门。

马达汉在调查日记里记载说：

城里住着县官，并驻有一个骑兵营——左营。该骑兵营属"协标"部队，实力 40 骑。此城是在 22 年前建的，但县的建制是刚定的。阜康县人口 1 700 户，其中 600 户汉人、700 ～ 800 户回民、300 户维吾尔族。估计每户可能有 5 ～ 6 口人。村里有耕地，但大部分在战乱期间都给毁了，现在还可以到处看到废弃的民居遗迹。在新疆省光复时，土地被分配给士兵耕种，其中包括阜康地区。这些老兵多达好几百人，他们组成了这个地区的汉人居民的核心。

城区内 300 户居民约 1 000 人，商店 13 家、客栈 3 家。在城外东门边的集市广场上约有 20 家商店，都很小。农业是这个地区的主要产业，每年税收所得听说有 1 800 斛（每斛 120 斤）。

二十八日早上，马达汉一行离开阜康县城，向东走去。一路上，他们穿过城郊，走过一个梁子营盘，然后穿行于一些独屋之间。

他们骑马走了7俄里路，才到了驻军店村，村子的集市就设在废弃的营盘里。再走半俄里路，他们在路边一个稠密的小树林里扎了营。驻军店村共有30户汉人、3户维吾尔族人和10户回民，3家商店。这个营地让马达汉感到十分愉快。透过树叶的缝隙，他看到有一队长长的驼队迈着缓慢的步伐从面前经过。上百峰骆驼驮着茶叶，从呼和浩特过来，经过古城子，准备去乌鲁木齐。

三十日，有一整天约30俄里的路程，他们是步行的。

在远远的天际边，朦胧地出现了一线黄色的山脉。他们越过两条小溪和一片湿地，到了滋泥泉子村。村里有23户人家（10户汉人、10户回民、3户维吾尔族），有一条14家商店的街市，3家客栈和一个营盘，里面驻扎着吉木萨骑兵联寨一个校（13人）。这里种植高粱、豌豆和小麦，产量高达所播种子的10倍。两名乡约管理着这个村子，并兼管附近村庄的一些行政事务。马达汉听说，这里有铜、煤、铁和硫黄的矿脉。

马达汉一行来到了八户沟村的中心区，村里约有30户人家，分散在向东扩展7俄里路的广阔土地上。一户汉人，其余都是回民。他们种植玉米、高粱、糜子和油料作物等，平均产量是种子的5倍。春天刮两三次强暴风（西风）。农产品在当地消费，小部分外销。他们还看到两处废弃的住房遗迹。

……

四十泉子村是单独一户人家的地名，离林荫区约6俄里半的路，这是一个供旅客休息的地方。这里有水井，水量有限，水质好，但每年都需要清洗。

清军绿营兵把总刘雨沛于宣统三年（1909年）八月二十八日途经阜康县，他在《西戍途中日记》里记载道：

二十八日，午前八时，自滋泥泉西南行。二十里，至小泉饮茶。又二十里至大泉，午餐。小泉、大泉，俱只居民一二家，余俱荒烟蔓草，旷野无人。又行三十里，九龙街。市民三十余户。附近有小村落，树木青蔚。又二十里阜康县。县署巴代备公馆于东关，遂宿于此。阜康本孚远县境，辖境数百里，城乡共只四千余人。昔孚远县丞驻此，改设知县，尚只十余年。

谢彬奉命于民国六年（1917年）到阿尔泰调查财政时，于九月二十二日途经阜康。他在《新疆游记》里记载道：

午尖小憩复行，十里西土，道左居民数家，状似殷富。过此，循坡坨行，一望童山。十里黑沟驿，驿舍早颓，荒店一，居民三，又升降大坡一。二十里入阜康境，道左右皆有小山迤逦。二十里甘泉堡，小店三家，附近可垦之地，达数百户，惟无水泉，审其地势，逼近博克达山之麓，若开坎井，必能得水。三十里阜康县城，住。是日行一百三十里。

二十三日晴。阜康城周三里三分，筑于清乾隆时，知事李声振。境内大小黄山，盛产岚炭。博克达山又名灵山，近距城南九十里。

上午十时，发阜康东关，向东行。二十里九运街，有土堡，周约二里，颇据形势。居民二十余家，附近农民二百余户。二十五里大泉，小店二，居民一，泉水味甘，道南数里有村舍，四望皆茇茇湖，草黄可玩。二十里小泉，树林一丛，废屋数院。二十五里紫泥泉，居民二三十家，附近庄民一百余户。住。是日行九十里。

民国政府要员林竞于民国八年（1919年）来新勘查铁路线，五月三日途经阜康，他在《新疆纪略》里记载道：

5月3日，早发三台。

……三十五里，四十里井子，出孚远入阜康界。入小店少憩，汉回一家，售面。又西偏北行，十里，有颓垣，为旧日腰站。二十里，头道河，有庄，其北二十里有煤炭矿。又十里，二道河，有渠二道，居民八家。十五里，紫泥泉，车店三，商店二十家，为阜康县小市镇。紫泥泉泉水之色不佳，而酿酒独佳，有酒坊五，每日出八百斤，故阜康之酒著名全疆，而以紫泥泉及九龙口为最。今日计行九十里。

……西行，二十里，小泉。二十五里，大泉。二十五里，九运街。二十里，阜康县，住东关。计行九十里，一日夜共行百八十里。

5月4日，晚发阜康县，次早抵古牧地。

据云：阜康为新疆北路最简之缺。粮三百余石，人口八百余户，东关有商民二十余家，城附近居民百余家。民稀而讼繁，盖富户常以银钱借于贫农，而契约上不书银钱，而书粮食。例如借银一两，只书借麦几斗，秋还一石等。倘秋收丰足，麦价平允，自无问题。苟遇歉收，麦价涨至五六两，则贫农无力交还，因是而起诉者甚多。官虽知其隐，只得依照凭据判决，无可如何也。余见塞外各处借贷，类皆重利。在南路之印度人，放账月息，常在一钱八分，轻亦八分，即官定之利息亦在五分，真骇人听闻矣。

如今阜康市已经发展为总面积11 726千米^2，总人口16.2万人，有26个民族，辖4镇3乡、3个街道办事处的城市。阜康地下矿产资源丰富，据1995年7月提交的地质报告显示石油储量达15亿吨，煤炭远景储量达84亿吨，石灰石储量达9 000万吨，天然气储量1 500亿米^3。

阜康市九运街镇六运村有唐代俱六守捉城，古城四角土墩较大，为角楼遗迹，南城门筑有瓮城，是唐玄宗开元中期在东起哈密西到伊犁及哈萨克斯坦境内建立的10个守捉城之一，为丝绸之路新北道上的一座军镇，主要职责是保障新北道的畅通、胡商巨贾的安全及控制山前绿洲带的交通。

阜康六运古城遗址（图片来自阜康在线）

黑沟驿

1. 爬梳黑沟

黑沟地处要冲，是阜康到古牧地的必经之路。位于今古牧地镇北20里，大草滩北约6里。三道坝镇的天生沟村（黑沟村）是古代黑沟驿的所在地。

乾隆年间，迪化（乌鲁木齐）管辖驿站6处，黑沟驿是从乌鲁木齐向北京起程最近的一个驿站，东至康乐驿（阜康县境）70里地，西至巩宁驿（南昌路农业学院）60里地。

据《新疆图志》记载，自辑怀城“二十里黑沟驿（今驿舍移设古牧地，此处居民三四家），二十里出境接阜康西境官道（距甘泉堡二十里）”。

又载：“巩宁驿（迪化县底驿），东四十里至黑沟驿（黑沟驿旧时距省本六十里。今移驻古牧地，旧治曰辑怀城，乾隆三十七年建）。”

《三州辑略》记载，黑沟驿（东至康乐驿七十里），于乾隆四十一年安设，有“驿书一名、马夫二名、马五匹”。

有黑沟塘（至阜康塘七十里），安设于乾隆四十二年以前，有“兵丁九名、马九匹”。

《新疆图志》载：“乾隆四十一年（1776年）春，在黑沟设驿站。驿书一、马夫七、马匹十四，月支薪粮、工粮、料草、油烛、纸张等项，六十二两四钱。”

乾隆和嘉庆年间，黑沟驿更是官差驿使商旅留宿之地。

宣统二年（1910年）四月二十四日，《泰晤士报》驻华记者莫里循雇用了两辆三套马车和两匹白色骏马一路风尘仆仆，走过黑沟驿。莫里循拍摄了黑沟驿站。因为拍摄的是远景，从照片上看，黑沟驿是建在路边，那条红尘滚滚的官道竟然从驿站穿院而过，驿站南北有两个“干打垒”的土墙圈，北面的围墙里有棚圈，棚顶上还垛着干草，大概是给过往的驼马准备的；北面靠棚圈的边上，似乎还有人住的土屋。而南面的土屋在围墙东侧，围墙里却空空荡荡，看情形是给骆驼夜里歇息时用的。显然，在莫里循拍摄的宣统二年，黑沟驿站还在使用。

黑沟驿——莫里循于 1910 年 4 月 24 日摄

黑沟驿（今三道坝），位于米东古牧地镇北 10 公里处大草滩，是古代丝路北道著名的驿站。《阜康县乡土志·道路》条载："西四十里至甘泉堡，又三十里至迪化县界之黑沟，是为西行之干路，乃驿路也。"因"惟查该处为四达要衔，人烟繁庶，物产滋丰，拟在该处设县佐一员，以资分治，命名为乾德城县佐"，曾经是乾德县县治所在地。光绪十三年（1887 年），退伍湘军多来此地定居，开垦稻田。如今，三道坝以产大米闻名遐尔。

唐代的黑沟，在史料中缺少记载。《新唐书·地理志》载："自庭州西延城西六十里有沙钵城守捉、又有冯洛城守捉，又六十里有耶疏勒城守捉，又八十里有俱六城守捉，又百里至轮台县。"清人萧雄说，轮台县即在黑沟。也有人认为，唐代的黑沟很可能是个军台或驿站。元代，亚美尼亚王的《海屯行记》中提到了英格黑、彰八里、仰吉八里等驿站。其中，"英格黑意为土山丘陵中的驿站"，指阜康以西的黄田堡，就是西征军奇袭阿匪军的黄田。此地就在黑沟之上。黑沟正处在丘陵地带，是唐、清古道要冲。这个土山间的驿站，有专家认为，很可能指黑沟驿。

黑沟成为官驿的记载，是从清代开始的。为什么要把驿站设在黑沟呢？因为当时的黑沟地处北疆要冲，是从迪化向内地起程最近的一个驿站，东至康乐驿（阜康县境）70 里地，西至巩宁驿 60 里地，是阜康到古牧地的必经之路。由此看来，200 年前的黑沟在清政府的政治、经济、军事等方面都起过重要的作用，是当时名副其实的官道驿站。后人在这里立碑纪念，碑名为黑沟驿。

道光六年（1821 年），"在黑沟设一营塘，复设驿站，东至阜康驿 70 里，西至巩宁驿 60 里，属迪化州"。

同治战乱，黑沟驿遭兵燹，驿馆"中有废墟"。《米泉县地名图志》载："清同治年间，黑沟店曾开设一车马店，给过往行人提供住宿。"

清末，即宣统三年（1911 年），流人刘雨沛在《西戍途中日记》中记载道："二十里至黑沟小憩。里民五家，多川籍。"

《新疆图志·道路志》记载："黑沟驿，今驿舍移设古牧地，此处居民三四家。"

随着清政权的覆亡，黑沟驿名存实亡，但是这个地名一直在沿用着。

由于驿舍迁移，民国时，这里逐渐荒凉，成为盗贼出没的地方。民国六年（1917 年）九月二十日，国民党财政部特派员谢彬经过这里，他在《新疆游记》一书中写道："驿舍早废，荒店一，民居三。"

从清代到民国三十年（1941 年）间，原有旧道出阜康后，至甘泉堡西南，行至黑沟，经十二户东梁达古牧地。因这一带地势高，少沼泽，车马行走方便，俗称"黑沟达坂"。但又荒无人烟，致使盗贼猖獗，屡屡发生杀人越货之劫难。

民国三十二年（1943 年），乾德县知县乔根向政府提出改道，理由是："一改路线，可免是弊，行旅亦为乐丛。二能企县治发达，商业繁荣。"

新中国成立前夕，终于修好了从黑沟经大草滩至白杨河的大道。

新中国成立后，黑沟驿之地，先改为良种场，后归古牧地镇大草滩村，有居民 500 人左右。

2. 黑沟历史文化钩沉

光绪十八年（1892 年），清人肖雄途随军途经黑沟驿，留有《轮台》一诗：

古戍轮台动地愁，城头夜角汉唐秋。
山河一统遗陈迹，雪暗邮亭冷黑沟。

肖雄笔下的黑沟驿，在三道坝拱起的两山之间，形成一个天然的葫芦峪。黑沟河像一条闪光的飘带，傍山而过。潺潺的流水灌溉着春如碧波、秋蕴金海的稻田。黑沟口夹在两座尖山之间，形成关隘，大有一夫当关，万夫莫开之势。

《王国维遗书》载："轮台县亦长安二年置县治，约在今阜康县西五六十里。"此距离和黑沟里程很吻合。

此后，民国学者陈澄之在《新疆行》一文中也持此说："唐代轮台，在天山北路阜康县的黑沟子（清时曾在此设黑沟驿），势踞博克达山麓，倚高临下，兵家必争。"

乾隆五十年（1785 年）二月，流人赵钧彤谪戍新疆，初二过古牧地。他在《西行日记》里记载道："又数里至黑沟驿，属迪化州。但驿无居民，驿南入碱滩，滩间多草树。"

从文字中透露，设驿 10 年后的黑沟驿，已显得有点萧条。

嘉庆五年（1800 年）元月十五日，洪亮吉被谪戍新疆伊犁。这个年近花甲的老人上路后艰难跋涉几个月，走过阜康，抵达黑沟驿后，洪亮吉到黑沟驿的时间，正好是 1800 年正月十五元宵节。在他的《伊犁日记》中，对黑沟驿周围的环境和自己的现状都有描述：

十五日五鼓，行四十里过阜康县。又70里抵黑沟，日平西。重车至定更方到，困。分饷酒肉。是日，寒不可耐，篝火亦不温，然饭后尚南北行各半里许，山光四面扑人，冰雪中爆竹一两声，惟见山禽桀桀，村犬狺狺而已。是夕，寒不能寐。

可以看出，200年前的黑沟驿，村庄寥寥，人烟稀少，山沟里有猛禽出没。屋内温度太低，“寒不能寐”。

光绪三十二年（1906年），流人裴景福发遣新疆，途经黑沟，并在《河海昆仑录》里记载道：“至黑沟，居民五六家。……又过水沟，偏东南，春麦被野，左多村落。……七里过水沟，又三里至古牧地，有堡，住店，居民二百余户。黑沟以西，土人引水种麦，沟渠纵横……”

宣统三年（1911年），即民国的前夜，流人刘雨沛途经黑沟驿。他在《西戍途中日记》中记载道：

“又十五里甘泉堡，午餐。店三、泉一。沿途地旷人稀，仍如戈壁，盗贼出没其间。……二十里至黑沟小憩。里民五家，多川籍。”

日记记载黑沟驿的文字不多，但透露出的文化信息却不少。记述了甘泉堡有店三、泉一；从甘泉堡到黑沟驿的这段路上，“盗贼出没其间”；最后记述了黑沟有五家居民，多为四川人。

是年（1911年）四月十四日，赴新疆任巡抚的袁大化途经黑沟，他在《抚新记程》里记载道：

“……二十里黑沟。茶尖毕，出山，南偏东，博克达山在其东。又南行，俯视平川，绿树绵亘数十里，古牧地也。青苗遍地，村户相连，羊群千百牧于野。”

从此段文字中看出，当时的黑沟以东虽“地旷人稀”，盗贼出没，但古牧地（包括黑沟），已是“青苗遍地，村户相连，羊群千百牧于野”。羊群如此之多，说明“古牧地”地名和牧场有关。

黑沟驿，在光绪二年六月初一日，曾发生过一场著名的“黄田之战”：

《新疆图志》载，光绪二年六月初一日，刘锦棠率军进驻九营街。得知阿古柏匪军固守古牧地。刘锦棠察看阜康大路至黑沟驿七十里，县西一带深林蔽日，野沟纵横。二十里为西树儿头子，尚有废渠堪引。县西之水以供汲饮。由此五十里抵黑沟驿，则尽戈壁，无水泉，中间唯有甘泉堡一智井，开浚仅供百人一日之需，不能安营。询之，土人知黑沟驿之上为黄田，水盈沟浍，上流即古牧地。逆军已于起筑卡树栅，严密守护，意在断官军汲道，迫官军由大道越戈壁五十里而来，前阻坚城，人马渴乏，可乘其敝也。

十九日，刘锦棠督饬勇丁开沟引水，引至二十里之西树儿头子，就地筑垒。二十日，派马步各队排列甘泉堡，故掘智井，示行大路，以懈逆贼黄田之防。骑贼来窥，旋即退去。二十一夜三更，刘锦棠潜师夜起，会金顺所部，进袭黄田。黎明行进黄田卡栅，贼始警觉，骑贼纷出。遥闻古牧地附近角声四起，刘锦棠与金顺率部先踞山冈。金顺、刘锦棠等分路进兵，贼骑向前迎敌，官军奋威猛击，鏖战数合，逆贼遂大溃。卡栅踞逆见官军锐不可当，弃轻重狂窜。刘锦棠饬马步紧追，径抵古牧地。刘锦棠见古牧地城大而坚，未可猝拔，收队还驻黄田。此二十日会师攻拔黄田坚卡，追贼至古牧地获胜之实在情形也。

二十一夜三更，刘锦棠潜师夜起，还有一段传说故事：

当时，西征军弃大道抄小路，直抵黑沟宿营。至三更，刘锦棠忽闻黑沟外西边人欢马叫，似有千军万马之势，大为不解，忙披衣出营巡视。借着闪闪星光，只见茫茫芦苇荡和滔滔榆林在呼啸中低头弯腰，犹如千军万马扑向敌阵。刘锦棠看不见人马踪影，忙问向导："此地夜间可常刮西北风？"向导禀告说："此地夜间多刮南风，很少刮西北风。"刘锦棠听后，心中大喜，仰天说道："此乃天助我也！"遂命令起营，兵分两路，直奔西北方向，乘夜突袭阿古柏的黄田防线。这是清军收复新疆的第一仗，士气高昂，奔袭神速，黎明赶到黄田，发起进攻。喊声、风声相混，守军摸不清清军有多少，惊慌中溃不成军，弃黄田向古牧地辑怀城逃去。西征军拿下黄田后，乘胜追击，把辑怀城内的守军团团围住。刘锦棠命火炮轰辑怀城楼、城墙，炮炮命中目标。辑怀城三面城墙被炮轰塌，西征军一举收复黄田古牧地，打开了迪化的北边大门。

从黑沟驿的存在至今，沧海桑田 230 余年。

当时的黑沟驿人烟稀少，村落寥寥，冬天寒不可耐，篝火亦不温。山沟里时常还有盗贼和猛禽出没，居民只有五六户。

如今的黑沟驿依山傍水，气候温和，土地肥沃，交通发达，一条平坦的马路直通古牧地镇、米东城，公路上运输的车辆来来往往，好不繁忙。道路两边村庄隐隐，鸡鸣狗吠，炊烟袅袅。农人望着丰收的果实，喜笑颜开。原本荒芜的地方，今天，已变成了炙手可热的宝地。黑沟驿作为古文化的标志，已立碑纪念。而且，"驿站传书"也成为"黑沟驿古村落文化"的一大标志。

古牧地驿

1. 爬梳古牧地

古牧地，有多种说法，或"多沟多河"，或"沙滩地"，或"古代牧地"，或"古木地"。

历史上，古牧地一带有大小河流 30 余条，长流河有 16 条，它具有"多沟多河"之特点。自清代以来，路过古牧地的文人墨客从黑沟驿到古牧地，留下的诗文多有"沟洫甚多"、"渠树相连"、"绿树蓊蔚"、"牛羊盈野"、"松柏撑日"、"游牧善地"、"清渠盈野"、"云木连山"、"古木翳日"、"高林远阴"等。这些突出描写，与"古牧"有关，与"古木"更有关。从客观上说，古牧地既是"多沟多河"的地方，又是游牧多木的地方。

古牧地一名，始见于清代乾隆年成书的《西域图志》，那时还称"古木地"；纪晓岚在《阅微草堂笔记》中称“孤穆地”；《新疆识略》等史籍以及史善长、宋伯鲁、方希孟等名流的诗文中，均改用“古牧地”了。

两汉时，此地初为塞种、大月氏的游牧地，后为乌孙和车师所据；魏晋至隋唐为突厥等游牧之地；宋为回纥所据；元为蒙古人的游牧之地。

自乾隆二十三年（1758 年）七月开始，清政府在古牧地开办绢马交易。交易后，政府派人把马赶往北地草湖放牧。马场湖之名便起源于此。

《新疆图志》载：“古木，在州治东北四十里。乾隆二十七年，于其地建辑怀城，门四，东曰承恩，西曰敷信南曰畅若，北曰星从。城北有辑怀城塘。”

乾隆二十七年（1762 年），清政府在古牧地筑辑怀城一座，时称：“辑怀堡”，为迪化城北之门户，战略地位极为重要。城内驻清军 133 名，遣犯 3 名；城外居民 120 户，14 出庄落。西征军收复古牧地时，辑怀城毁于战火。

《新疆图志》记载，迪化县“城东十里水磨沟（水木明瑟，为近郊胜地，官设械器局，居民三四家），折东北十里七道湾，即屡丰堡（堡倾圮，居民二十余家，若出省城北门，东北行至此会官道，终近二三里），二十里古牧地，旧为辑怀城（西域图志作古木，水道记作孤穆第。沿途树林茂密。光绪二年，回酋王治等据城坚守。夏六月，大军出关，攻克之，城遂毁。今市廛居民二百余家），二十里黑沟驿（今驿舍移设古牧地，此处居民三四家），二十里出境接阜康西境官道（距甘泉堡二十里）”。

既然黑沟驿移设于古牧地，那其驿安设亦一定是从黑沟驿带过来的。古牧地亦有军台。《新疆图志》载，自“鄂伦拜星底台东四十里至辑怀城台”。

2. 古牧地历史文化钩沉

清代学者陶保廉在《辛卯侍行记》里，记载了西征军于光绪二年（1876 年）将阿古柏匪军从辑怀城赶遁的情景：

> 光绪二年夏，将军金顺、西宁道刘锦棠，率满汉各军由阜康西讨。缠回、绷塞奇、汉装回王治等据古牧地辑怀城。大军围之三匝。牵后膛炸炮迭轰之，裂而未破，健贼偃卧施枪，瞭望者附楼如蚁。锦棠命千总庄伟以炸炮堕其楼，三击乃中，土木纷飞，贼众骇走，遂克之。

阿匪军是赶走了，可辑怀城也被炮弹炸毁了。这就是人民为战争付出的代价。

当时，古牧地人筑起辑怀城之后，随着出关移民的增多、屯垦的拓展，昔日的牧场渐渐萎缩，正如清人褚廷章诗句里描写得那样：“辑怀城上舒雄眺，尽把耕畴换牧垌。”

古牧地，也有“唐轮台”之说。

《新疆图志》记载：“轮台在北庭都护府西，或曰四百里，或曰三百里，或曰二百里，其地在今迪化北古牧地左右。”

《长春真人西游记》载，鳖思马西三百余里有县曰轮台。清光绪学者陶保廉据此推测说：“唐轮台县当在今迪化之北古牧地左右。”

清代大学士纪晓岚于乾隆三十五年（1770 年）在《乌鲁木齐杂记》中说：“乌鲁木齐旧地在今城（即巩宁城）北四五十里，已接近孤木地屯。……因而庭州到唐轮台的距离，就不应该算到巩宁城，只算到孤木地就对了。”

纪晓岚还记载了古牧地和昌吉头屯河人进行舞狮比赛的情景：

箫鼓分曹社火齐，登场相赛舞狻猊。
一声唱道西屯胜，飞舞红笺锦字题。

作者在“自注”中说：“孤木地与昌吉头屯以舞狮相赛，不相上下。昌吉人舞酣之时，忽喷出红笺五六尺，全书‘天下太平’，随风飞舞，众目喧观，遂为擅胜。”

流人赵钧彤于乾隆五十年（1785 年）流放伊犁途经古牧地，对此也有记述：“……久之抵古牧地。星光中见城堞，乃辑怀城，亦屯兵城也。辑怀城在甘泉驿南至五十里，而路间积雪，水茫茫如江海。……城整洁胜阜康。”

道光十九年（1839 年），清代流人黄浚过古牧地，写《古木翳日》诗一首，诗的题解曰：“古木地（古牧地）离乌垣（迪化）四十里，有丛祠在万树间。高林远阴，其材皆数百年物，与吉木萨异，古木所由名也。”

巨镇丛祠气郁然，春灯社鼓几千年。
颓垣松柏能撑日，古壁龙蛇不见天。
风到大荒催木老，客从官道得阴便。
摇鞭西望红山近，一点昏鸦落照边。

看来，古牧地在清代是个大镇，郁郁葱葱的古树中掩映着一丛祠庙。庙会的春灯社火也有了很长的历史。残存的老城墙被百年老树围裹着，遮天蔽日。古墙壁上画的龙蛇被树阴笼罩着，不见天日。风儿吹来，催古树老去。作为戍客的作者过此官道，顺便也得到了一份荫凉。驱车向西，已近红山（迪化）戍所，有几只鸦雀落入晚霞中。

道光二十二年十月十二日，林则徐等在阜康行馆吃过早饭，因等待车夫换轴，直到中午才启程，迪化城成瑞刺史自州城前来此相迎，车马出了阜康县城，西行 40 里后，到了一处叫甘泉堡的地方，阜康县令潘奕标已命人在此具茶等候，林则徐等就在此做饭而食，继续在雪泥满途的路上行走了 50 里后，到达了古牧地（现乌鲁木齐米东区）。当时，此地只是一小镇。因已半夜，看不见有何市容。因此地为迪化州界，成刺史又派员备席俱膳，当晚就住在行馆中。林则徐在《壬寅日记》中写道：

此处蒙元时代为卫特拉蒙古放牧地，与迪化部为丰美的草原。乾隆四十八年(1783 年)，江苏孝感知县蒋业晋遣戍迪化，途经古牧地时曾在《立厓诗抄》中留有诗句：“十里见孤戍，地传古牧名。清渠盈漠野，荒店抱屯城。驱马渺无迹，吹笳静有声。圣朝孳息久，此处合催耕。”叙述了此地水草丰茂，是个耕作的好地方。……本日道路之长，一路泥淖之多，与前日相仿佛。

车马一直在泥水中艰难行走，困苦跋涉，一行人马都劳累不已。幸天气不太冷，坐车或骑马尚不致冻得寒冷彻骨。林则徐见两个儿子轮换骑马随车而行，甚为英姿飒爽，心中十分欣喜。

光绪末年（1908 年）八月二十五日，马达汉一行离开了乌鲁木齐向东而去，晚上 7 点，他们到了一个村子——古牧地，村里有一个大集市和数家客栈。马达汉一行就在这家客栈里住了下来。马达汉在日记里记载道：

果木地（即古牧地），村里有一个大集市和数家客栈。我就在这家很不错的客栈里寄宿下来。这个村子有 197 户人家，90 家商店，4 家客栈和一个小营盘。营盘里驻扎着 13 名从左旗抚标派来的骑兵。约 30 户居民是汉人，其余都是回民。集市广场周围十分广阔的区域内，还散居着 370 户居民。这里种植小麦、高粱、豌豆和大麦。产量高达种子的 9 倍。

宣统二年（1910 年）五月十四日，赴新接任巡抚大任之袁大化途经古牧地，其于《抚新纪程》里记载道：

十五里甘泉堡，官店一、民店二。有泉，不甚旺，从前居民八家，今寥落也。……有牛群牧于右坡。……二十里黑沟。……又南行，俯视平川，绿树绵亘数十里，古牧地也。青苗遍地，村户相连，羊群千百牧于野。……六里东工，渠树相连。南偏西行，一望平原，多未垦种，水不足也。……古牧地居民二百余家，属迪化境……

宣统三年（1911 年），流人刘雨沛途经古牧地，在其《西戍途中日记》中记载道：

又二十里到古牧地，宿。此二十里中，道途环绕，沟洫甚多，行进困难。近镇绿树蓊蔚，牛羊盈野，市民百余户，税卡、马拨各一所。阜康、古牧地、两处高粱，价廉物美，冬月饲马极好。

但凡写古牧地的诗文，总会描绘一番这里成群的牛羊和蓊郁的古木，让你徘徊于“古牧地”和“古木地”之间，难分伯仲。

清代西北史地泰斗徐松在其《西域水道记》记载：“孤牧地有辑怀城，三处皆在迪化城东，为中营屯地。”

民国六年（1917 年）九月二十二日，谢彬奉命赴新考察途经古牧地。在其《新疆游记》里记载道：

九月二十二日晴。上午八时，发迪化寓次。

出新东门，东偏北行。十里水磨沟，十里，七道湾，即屡丰堡，墙多倾圮，居民三四十家，鸡犬之声相闻。

二十里，古牧地，旧辑怀城也。清光绪二年，王治等据此坚守，抵抗大军。后经攻克，亡数万人，平定回疆大决战，此为第一。谚云，‘打开古牧地，惊破红庙子’，盖纪实也。旧城早毁，街市居民五六十家，有税卡及邮政代办所，车店五，附近农民五百余家，迪化东境大聚落也。……十里黑沟驿，驿舍早颓，荒店一，居民三。……甘泉堡，小店三家，附近可垦之地，达数百户，惟无水泉，审其地势，逼近博克达山之麓，若开坎井，必能得水。

民国八年（1919年），林竞奉铁道部之命，来新勘察铁路干线，五月五日途经古牧地，于其《新疆纪略》一书中记载道：

古牧地（辑怀城）有商户大小五十余家，居民三百余家。同治之乱，官军与匪决战，死人无数，其战场在东十里。自古牧地攻下后，官军一支西走绥来，一支西南攻迪化，而军队主力则偏重迪化，故一鼓即下。而绥来则相持甚久，直待援军至，而始平也。……前进皆农地，树木成林，渠水交溢。

民国二十一年（1932年）冬，受新疆省府之聘，任外交部驻特派员和顾问之吴蔼宸，历经新疆几次政变，曾两次途经昌吉一带，亲眼目睹了盛马战争造成之悲惨情景。于其《新疆记游》里记载了古牧地及乾德县之战后状况：

敌退古牧地，地势冲要。……距省城六十里三道坝地方逃回湘人声称，该处汉人千余，只逃出百余人。又存大米数万石，悉被焚燃，事先未派军队保护，良深慨叹。……县城几失，邮局被焚。……东北救国军一部分发给枪支，驻水磨沟、古牧地、三道坝等处，农民均已归耕，差强人意。……乾德魏县长来见，声称县署被焚，人民杀害数百，并送来难民册计六百余名。今日埋尸十一口，内汉人一，回民七，维吾尔族人三。又东南城角已埋八十一口，药王庙百口有零，大教场后埋官兵七口。

四月十二省城政变，激战一昼夜，双方兵士阵亡三百五十余人，均由慈善会会同沙、黄两委员掩埋。……又议决筹备基金，及掩埋四郊尸体。经本会先后派人到长山子、梧桐窝一带掩埋死尸，妇女居之六七，且有烧死者。

民国三十三年（1944年）七月，中国水利专家吉超赴新考察水利，五日至古牧地，看到古牧地为乾德一大镇，附近农田甚多，农民正忙于收割。

透过上述名流之诗文日记，我们对民国以前，尤其是清代的古牧地有了一个大致的了解。总的印象是，这里在清代时，绿树蓊蔚，芦苇飘荡，牛羊盈野，渠水交溢，既是上好之牧场，又是上好之屯垦地。

古牧地因据丝路北道要冲，又靠近省府，于是得天独厚。虽然古牧地以前造成的战乱创伤及荒芜多一些，辑怀城即同治战乱中被毁。可从今天的经济文化角度去审视，其优势又是那样的鲜明突出。

迪化驿（巩宁驿）

1. 爬梳迪化

据《新疆乡土志稿》记载，乌鲁木齐（迪化），清代初期为准噶尔游牧之地。乾隆二十八年（1763 年），改归郡县，赐名“迪化”，建迪化城。是年，又改设直隶州，驻分巡镇迪道于此。光绪十二年（1886 年），蒙新疆巡抚刘锦棠奏请朝廷，改设行省，升迪化直隶州为迪化府。

在新疆，迪化往往是军旅的大本营，是商旅的荟萃地，是流人的终点站，是南来北往的行旅者之休整地。而巩宁驿，属迪化底驿。

清代的驿站是官方的交通和通信相结合的组织。主要任务是传递信涵、迎送使臣和官运物物，并接受传递紧急文书。驿站由驿丞管理，负责应差马匹的供给。其每月所需钱粮开支由州县承担。在驿站服役的民夫称为驿夫，从事喂养马匹、递送文书和运送物资等劳役。

巡抚衙门——莫里循于 1910 年摄

驿夫由地方募民充任，每名日给二食钱二三分至七八分不等。驿夫有“长夫”和“短夫”两种。“短夫”是临时雇募的。驿夫收入微薄，劳役繁重，生活极端贫困。

《三州辑略》记载，巩宁驿（东至黑沟驿六十里），于乾隆四十一年安设，有“驿书一名、马夫三名、马七匹。”

鄂伦拜星底台（南至昂吉尔图淖尔一百二十里），设于乾隆四十二年以前，有“委笔帖式一员、外委一名、字识兵丁一名、公差兵丁十三名、回子九名、马三十匹、铁车三辆。”（其他略）

有迪化底塘（至东至黑沟塘六十里），设“兵丁八名、马八匹”。

《新疆图志》记载：清代光绪二十八年（1902 年）列表，巩宁驿有驿书一、马夫十、马匹二十，月支薪粮、工粮、料草、油烛、纸张等项，八十五两八钱，岁支九十八两五钱。合支经费银一千一百二十八两一钱。

又据《新疆图志》记载，迪化有驿站巩宁驿，有军台鄂伦拜星底台，有营塘迪化底塘。

迨至光绪十年（1884年），新疆设立行省，南、北两路一律改台塘为驿站，隶属省、府、厅、州、县辖，不再属于军府管制。以省府迪化为中心，按照所辖境界，设置驿站，道光四年（1824年），清政府规定，出征兵丁家中有寄送衣服等物，以10斤为限，包封妥当，注明旗分、佐领、姓名并出征地方，由该旗汇齐送兵部。由兵部利用解送官物之便，交与军营将领，验明旗分等，交与收件兵丁本人。

道光年间，林则徐被清廷谪戍新疆。在新疆，林则徐行程两万多里，为新疆水利建设等做了巨大贡献。此外，林则徐还在《乙巳日记》中详细地记载了自己的亲历、亲见，并考证了驿站军台的名称，或订正了台站的里程。在《壬寅日记》中，又续补了若干新疆台站名称和里程，为我们留下了珍贵的新疆邮驿资料。现将150多年前林则徐笔下收录的有关新疆驿站军台的名称及其里程的情况，以乌鲁木齐为中心，分若干条邮传线路分述于下：

（1）乌鲁木齐—洛克伦（昌吉市）100里—呼图壁100里—图古里克（大土古里）60里—绥来（玛纳斯县）80里—乌兰乌苏80里—安济海（安集海）110里—奎屯（老奎屯）90里—库尔喀喇乌苏（乌苏县）60里—布尔噶齐（普尔塔）70里—敦木达70里—固尔图（古尔图）60里—托多克（托托）40里—精河130里—托里70里—托霍木图（五台）90里—四台80里—三台80里—二台70里—头台40里—绥定城（霍城县）100里—伊犁惠远城（霍城县惠远乡）20里。

乌鲁木齐至伊犁惠远城，共计21个台站，计1 600里。

（2）乌鲁木齐—古牧地（米泉市）60里—甘泉堡50里—阜康（阜康市）40里—大泉50里—滋泥泉80里—三台（吉木萨尔县三台镇）80里—济木萨（吉木萨尔县）70里—古城（奇台县）90里—奇台（老奇台）90里—木垒河（木垒县）90里—三个泉（三个泉子，维吾尔语阿克他斯）90里—戈壁头（维吾尔语乌兰乌苏）90里—大石头30里—色壁桥（色皮口）3里—白山子40里—黑山子30里—七个井子（七角井）60里——碗泉90里—瞭墩86里—鸭子泉（雅子泉）90里—三堡70里—头堡60里—哈密70里。

自乌鲁木齐至哈密，共计23个台站，里程计1 530里。

自乌鲁木齐至南疆乌什共35个台站，里程计3 150里。

以上所述，林则徐在新疆三年期间，在其日记中笔录的新疆邮驿台站共计120处，总计里程9 530里。

据《新疆图志·道路七》载，至光绪十年五月二十八日（1884年6月21日），督办军务大臣刘锦棠奏请规定新制，删除台员、驿卒、字识、毛拉（阿拉伯语的音译，原意为“先生”、“主人”，这里作传播汉语的翻译）诸名目，酌订驿站经费划一章程，只设驿书、马夫和马匹。

《刘襄勤公奏稿》载，刘锦棠奏称：“拟规定每站设译书一名，月支工食银四两八钱，白面四十五斤。两马一夫，每名月支工食银二两，白面四十五斤，每驿月支油、烛、纸张银三两。每马一匹，日支京斗料四升、草十四斤。外备站价一项。拟马一匹，月支银四钱五分。”

这一报告，最初被兵部驳回。光绪十一年（1885 年）二月，刘锦棠又复奏，清政府批准照办。至此，军台、营塘制在新疆结束。

据《新疆图志·道路七》记载，昌吉地区东、南 2 路设驿 27 处如下：

迪化县有黑沟驿；阜康县有康乐、柏杨、三台驿；孚远县有保会、孚远驿；奇台县有木垒河、屏营、阿克他斯、乌浪乌苏、头水、北道桥、黄草湖、元湖驿；昌吉县有宁边驿；呼图壁县有景化驿；绥来县有乐土驿、靖远、乌兰乌苏、安集海、撞田、沙门、新渠、小拐、三岔口、唐朝渠、黄羊泉（以上绥来县乌兰乌苏、安集海驿今属沙湾县，小拐驿今属克拉玛依市）。

按照清政府《大清会典》的规定，驿站因程设限，依限传递。《光绪会典》载，日行 300 里者，无分昼夜，每一时行 25 公里（按 12 小时一日计）每一刻行 3 里 45 步。400 里、500 里、600 里按此递加。如遇紧急公文，便以 600 里加急。每站都秣马以待，一闻铃声，即备鞍上马接递，不得延误。如违反规定日程期限，要依律治罪。如嘉庆六年（1801 年）一次限 600 里的加急公文，延误 3 刻（即 45 分）以上，清政府将经办人员和主管驿站的上级官员，均降一级调用。

到清代晚期，清政府在新疆天山南北丝绸之路的古道上共设置军台、驿站、营塘以及供巡逻、通信两用的卡伦（指要隘地，也叫作边台）等邮传驿站机构共有 458 处，邮驿线路总长度达到 28 676 里。

至光绪二十八年（1902 年），迪化府共辖 33 个驿站，其中，迪化辖巩宁（今老满城）、柴窝堡、达坂城和黑沟 4 个驿站。

光绪二十九年（1903 年），新疆巡抚潘效苏效法俄国台车制，自迪化至肃州（今甘肃酒泉）试办驿车。其法由官办台车，每一大站配车 10 辆，由驿书管理传驿，轮流输送。车价按站定价。唯车辆过少，不敷周转，以致误时。行之三年，公私亏损，即予停办。

清末民初，新疆邮电业先后创办。光绪二十一年（1895 年），设绥来电报房；光绪二十九年（1903 年），设古城邮局；同年，清政府拨款将电报线由迪化架线至阜康、孚远直至奇台；宣统二年（1910 年），由绥来架线至阿尔泰；民国二年（1913 年），杨增新电令陆军旅长蒋松林架线自奇台至元湖（今南明水以北科普沟以南一带）；民国元年（1912 年），昌吉、阜康、古牧地、呼图壁、木垒河等邮寄代办所先后建立。

随着电报和邮政的兴起，昌吉地区的驿站亦逐渐销声匿迹。1913 年 1 月，北洋政府宣布，将驿站全部裁撤。

至今，那些曾经从乌鲁木齐大驿站辐射出去的东西南北古驿道，非但没有废弃，反而以高速公路的方式结成现代化国道的网络体系，发挥着前所未有的“路文化”功能。

2. 迪化历史文化钩沉

1910 年 4 月 24 日到 5 月 4 日，《泰晤士报》记者莫理循在乌鲁木齐参观访问，拍摄了大量的照片，有迪化西大桥、红山、南郊、城墙，有迪化最繁华的街道、南大街，有满城、俄国商行、澜公爷府、皮特森寓所、文昌阁、万寿宫、四川会馆、中学堂、巡抚衙门、张荫桓受刑处、客栈等，有按察使荣霈、布政使王树楠、载澜、彭翼仲、梁玉书、英国牧师胡进洁，以及载澜府上的合影，有维吾尔人、士兵和营房等。

宣统二年（1910 年）四月二十四日至五月四日，莫理循拜见乌鲁木齐当地官员及一些著名的流放者，为他们拍照，并在报道中介绍他们，官员主要是王树楠等人。

莫理循记述道：

多数读者对乌鲁木齐这个名字不熟悉，中国人也一样。它是新疆首府，官方命名为迪化府，百姓一般称为红庙子。起这个名字是因为附近山上有一座著名的红庙。只有俄国人和突厥人才叫乌鲁木齐。

莫理循（1862—1920 年），《泰晤士报》驻华首席记者

回民起义被镇压四年后，朝廷于 1882 年 9 月 5 日（1884 年 11 月 17 日设新疆行省，1882 年 9 月 5 日为兵部右侍郎刘锦棠奏新疆应与甘肃合为一省的时间）发了一道谕旨，将北邻蒙古，南毗西藏，东连中原，西接俄国、中亚和印度的大片领土辟为一省，设新疆行省，首府是乌鲁木齐。设巡抚、布政使和按察使，并设置了与其他 18 省相同的机构。新的职位由湖南人刘锦棠担任，他向人们证明他是最有能力的巡抚。

新疆现任巡抚联魁是满人，有威望，已在全省推行了禁烟工作。巡抚的工作得到了另外两位高官的支持，他们是布政使王树楠和按察使荣霈。布政使王树楠是直隶（今河北）人，是一位知识渊博的学者，正在主编一部关于新疆的大辞典，即《新疆图志》。按察使荣霈也是满人，同样提倡进步，希望年内在新疆的主要线路建立起邮政服务机构。

流放者中最重要的人物是清朝宗室原辅国公载澜，莫理循记载道：

省内比较进步的人士中有两位流放者。一是帝国的辅国公载澜。他在清廷逃往西安府时一直随侍左右。由于他支持义和团叛乱，根据《辛丑条约》，他被贬到新疆。他在这儿已经有十年了，总说自己是被错判的，他对外国人总是很友好的。他的罪名是义和团的告示上有他的名字，但那是他的上司下令做的。当然，自从到这儿以后，他表现得不那么排外了。他受到当地官员和百姓极大的尊重，把他像高官一样地看待。他过着豪奢的生活，和俄国领事关系密切。他喜爱运动、乡间、枪支和马匹。在靠近乌鲁木齐的地方及南部秀美的山间，他都有乡间别墅。从市内观望，积雪覆盖的山巅是最美的景致。时间慢得使他难过。他发现自己最大的爱好是摄影，他现在有55岁，希望在有生之年能返回北京。

红山嘴子——莫里循于1910年摄

而莫理循从载澜府附近向西北拍摄的图片，远处正中为红山塔，则证实了载澜当年住在新东门内江浙会馆，高法宾馆附近的说法。

还有一张为当地官员在载澜府上的合影，应为水磨沟。匾额上两个大字是“笑涛”，但后来却被误传为萧曹。今乌鲁木齐水磨沟公园内就有萧曹亭，碑文如下：

载澜“笑涛”府——莫里循于1910年摄

修建于公元1901年（清光绪二十七年），当时清廷贵族，封端王总理各国事务衙门大臣载漪，及“镇国公”载澜兄弟俩人，因八国联军入京，签订“辛丑条约”被控为罪魁祸首。被慈禧太后流放到乌鲁木齐负罪，游水磨沟风景区后，见此景色十分秀丽，便每年从新疆国库拿出数万两白银修建“澜公园”，并在此修建一座秀丽长亭，命名为“萧曹亭”，假借萧何和曹参效忠汉高祖刘邦的故事，来抒发自己对慈禧太后垂帘听政的不满情绪。

原亭由于历史原因被毁。此碑文错误实在太多，载澜为了使其侄取代光绪帝，伙同其兄载漪讨好慈禧，因遭到外国列强反对，遂利用义和团打洋人。八国联军攻入北京，提出惩办罪魁祸首，慈禧才不得不将他兄弟革去爵职，永远流放新疆。但载漪并未到新疆，而是去了内蒙古阿拉善旗，投奔妻兄罗王。流放乌鲁木齐的只有载澜一人。不是载澜从国库拿银两，而是地方官员讨好载澜。萧曹亭未见记载，载澜也没有对慈禧太后垂帘听政不满。

莫理循还记载道：

乌鲁木齐还有一位是北京的报纸主编彭翼仲，所有中国的记者中，他最放言无忌，言辞犀利，以煽动叛乱言论被流放到这里，在新疆财政副监理官梁玉书家中担任家庭教师。

在红山南侧湖南人宗祠后的菜园，莫理循拍摄了张荫桓行刑处。

1898 年戊戌维新失败后，张荫桓因主张维新，被清政府流放新疆。庚子事变时，慈禧太后下令将其处死。莫理循在报道中说：

紧靠乌鲁木齐满城中心的宝塔和湖南人的宗祠后面，有一个出售蔬菜的菜园，张荫桓流放期间曾在此居住。他于 1900 年 7 月在这里被处死。

张荫桓曾出任驻美国大使，在总理衙门行走，被认为是帝国最出色的广东人。他在 1897 年代表中国参加英国女王即位 60 周年纪念活动，被授予圣迈克尔和圣乔治大十字勋章。1898 年 9 月，当传来他因与维新派康有为图谋不轨而被捕的消息时，全北京城都震惊了，他所实行的改革措施为中国人所熟知。被流放到乌鲁木齐后，他于 1899 年初到了这里。1900 年 7 月，正当八国联军进攻北京时，慈禧太后下令处死他。据说，当时他正在与巡抚一同吃中饭，巡抚突然接到将他的客人处死的命令。面对死亡，张荫桓镇定自若。刑场很快就在他家门前摆好了，他在午后被一个铁匠斩首。目击者说，聚集在屋顶和墙头上的人看到了这一悲剧。两年后，在美、英两国驻华公使的交涉下，清廷同意恢复其生前的一切荣誉。……

迪化商业街——莫里循于 1910 年摄

莫理循还拍摄了乌鲁木齐东城墙、南关文昌阁、俄国领事馆对面的俄国商行、万寿宫、四川会馆、新疆巡抚衙门等，其中有乌鲁木齐最繁华的商业街大十字，照片横幅上显示的商号就有津商八大家的德恒泰、聚兴永、升聚永、永裕德等，推销的大都是苏杭绸缎、京广洋货。但在 3 个月后的 8 月 10 日，就发生了商业街上的王高升放火案。

当年左宗棠西征时，天津商人肩挑背褡子，“赶大营”随军进疆，发财成为坐商。乌鲁木齐商户中，津商就占一半。新疆布政使王树楠为直隶新城人，提学使杜彤为天津杨柳青人，都引以为荣。天津人轻视陕甘人，引起陕甘人的恶感，曾多次发生械斗。直隶人田熙年因王树楠的关系，被委任马队第一营试署管带。他因克扣军饷，与士兵结怨，队官聚众上控而被革职，陕西籍护兵蒋兴奎因言语顶撞被革退。行刺田未遂，拿送监狱，不久获释。田出营门遇蒋怀疑又是行刺，命从蒋身上搜出兵器，当即棒杀。陕甘人闻讯激愤，游勇陕西人王高升为哥老会首领，率众结队赴各官署告状，却无人受理。于是砸开牢门，放出犯人，沿街专烧津商铺户。巡抚联魁顿足痛哭，束手无策，而藩臬各大员皆闭门自守，官兵亦作壁上观。一些人趁火打劫。翌晨，军警出动，搜捕放火者十余人，予以枪决。王高升在事变当夜被击毙，田熙年也以肇事被正法，以平民愤。一夜大火，使 170 家商户被烧，尤以津商损失最重，照片中的商号，都在烈火中化为灰烬。而新疆当局则密不奏报，严查邮电，以防透露消息。

四川会馆——莫里循于 1910 年摄

彭翼仲目睹此种情形，激于义愤，恳请梁玉书，以密码电报密呈度支部尚书载泽，政府始得知其概况。电新查问，联魁不得已密派心腹疏通津商，赔偿损失 14 万两，而以“传闻失实”四字蒙蔽政府。联魁与王树楠互相弹劾(先后被调离)，由此暴露出新疆官场的腐败，并不像莫理循所称道的那样。

莫理循的中国西北之行，旅途见闻被译成多国文字在欧洲多种报刊上发表。途中，他拍摄了大量照片，精选的 658 张图片保存在他的祖国澳大利亚米歇尔图书馆。

光绪末年（1908 年）七月二十八日这天，芬兰探险家马达汉来到乌鲁木齐，并礼节性拜访了中国行政当局的最高官员。

长庚将军，新疆省的最高领导，未来的总督。他前一天派他的副官到马达汉这里来。副官说，将军已病了 10 天了，不能接待客人，等他稍微安康后，他会亲自看望马达汉的。副官非常详细地询问了马达汉的旅行路线，并作了笔记。也许将军还不大清楚，他到底要不要接待马达汉。

过了几天，长庚将军接见了马达汉。将军是一个显得年轻和瘦小的满人，他举止轻松，行动矫捷。他有一个古怪的习惯，就是好打哼哼，特别是在表示一般性的客套话时总喜欢讲一句哼一声。这也许是他在北京从小养成的一种习惯。

马达汉又拜访了王藩台。藩台大人 57 岁，是一位高高瘦瘦的汉人。他留给马达汉的印象很好。由于天资聪明和有学识的缘故，他在官场上提升极快，由县官直接任命为平凉道台，不久就当上了新疆藩台。尽管他有着很高的教养，但听说他是全省敛钱最狠的人。当地人说，他敛钱是因为他十分年老的母亲。因为母亲死后，他必须辞去官职两年。王藩台把他出版的六册著作赠送给马达汉作为礼品，这部著作阐说欧洲大国之间的战争。最后五章是讲俄国的战争。他把书交给马达汉之前，在封面上写下了长长的题词。

这天，马达汉对全省最高的司法官员臬台也进行了拜访。他兼管道台的事务。他的外表有点儿像藩台，一样瘦高个儿，瘦削的脸，智慧的眼，嘴唇边长了两撇八字胡须。他是刚从兰州调到这里任职的。

第二天，马达汉继续进行拜访。马达汉的拜访从醇亲王载澜开始。载澜是皇帝的堂兄，曾经参与义和拳运动而被流放到乌鲁木齐。他住在一幢很不起眼的房子里，离臬台衙门很近。当王府的两扇大门打开时，马达汉的照相机出了毛病，既打不开也关不上。马达汉站在照相机前忙着修理，没有注意亲王离他几十步路远，正站在大门口微笑着恭候。这时，有几个侍者急忙跑过来提醒马达汉说，亲王在等他。但是，这架照相机就像中了魔似的怎么摆弄也不动。等到马达汉最终修理成功并向亲王作解释时，载澜大笑说，他自己是摄影爱好者，非常理解马达汉的心情。马达汉走过的一片空地是亲王房间前面的一个小院子。桌椅家具更加欧式，墙上挂了十来支步枪，枪管上还上了刺刀。载澜 50 岁，性情开朗，举止坦然。很显然，马达汉的造访给他带来一些新鲜感，他与马达汉进行了十分坦率的交谈。亲王老头对枪支、摄影和留声机有极大的爱好。

载澜书房——马达汉于 1908 年摄

马达汉还拜访了地区行政长官王知府等。

马达汉拜访时，趁机视察了学堂。学堂设在一座宽敞的建筑物中，有一些小院子和狭窄的铺砖走道。大部分住宿生都放暑假了。学生们住在小房间里，一间房至少住三个学生。他们的名字都写在房门边的一块木牌上，房间里每个学生都有自己的“炕”和桌子。在一个大房间里，有不少桌椅板凳，这是学生们吃饭的地方。教室也很宽敞，有干净的课桌与板凳。学堂里还有宽敞的体操间，里面有不少运动器材。

学堂的校长告诉马达汉，北京命令新疆建 30 所新式学校。但资金的缺乏大大影响了这些计划的实施。

八月二日这天，马达汉很高兴地接待了大批藩台以上的官员回访。

领事设了二十来个哥萨克岗哨，防止轿夫车夫等不相干的人进入内院。领事馆的院子里停满了许多马车和三乘有趣儿的轿子。谈话比平时更困难。马达汉完全依赖蹩脚的翻译和官员对话。

官员与官员之间在各种情况下都遵循着一种礼规。当官员们到了桌子边上需要选择位置时，他们绝不会出现片刻犹豫，这对主人来说倒是很轻松的事，他无须操心谁该挨着谁坐。进门的时候，这些官员一样迅速地严格按照长幼顺序排列。

八月六日，醇亲王载澜到马达汉住处回访。

他是端王载漪的兄弟。当马达汉跟他坐在一起的时候，他会感到，这样一个温和的、十分友好的中年人，怎么会成为一场民众运动的首领之一。他的行为举止十分温良恭谦让，他有着出身高贵的特征。这天，他告诉马达汉，将军反对铁路线通过甘肃建到新疆，他已经向北京上了一个奏折，建议连接新疆的铁路走张家口—呼和浩特—古城一线。

八月九日这天，马达汉到醇亲王载澜的别墅去。

别墅位于城东北约 5 俄里路的地方。这个地方叫水磨沟，景色秀丽，一条水量充沛的小河穿流在浓密的树林和灌木丛中，绿色的林带一直延伸到河流两岸的山坡上，有的地方河岸十分陡峭。河岸上建起了两座很别致的雕梁画栋的磨坊，还有建在一个小小营盘里的一座省造币厂和弹药厂。亲王的别墅位于河流东岸一座磨坊上方的山坡上，那里布满了透不进阳光的、浓密的阔叶树和灌木丛。其宽敞的平台和游廊，加上游廊脚下淙淙流水的小河，在炎热的夏日里为人们提供了温馨的清凉和舒适。往上走大约十步路的一片高地上，耸立着一座小庙。下面在河床里有一座秀丽的亭子。这位被流放的亲王喜欢在炎热的夏天到亭子里来待上几个小时赏景乘凉。早晨，他骑马漫步，后面跟着一大帮给他遛马的仆人。亲王马厩里有许多漂亮的马。

马达汉和载澜沿着河流散了一会儿步，以便照几张相。同时，他们还参观了附近的弹药厂和造币厂。

参观完弹药厂后，马达汉就在亲王的别墅里吃午饭。桌椅家具和菜肴样式跟官员们请客的摆设一样。当他们正在吃凉菜的时候，亲王一眼看见了他的邻居——一位磨坊主，于是做了一个手势，邀请他一起用餐。这个非常普通的人顺从地接受了邀请。亲王与磨坊主喝了无数杯绿色中国烈性酒。

数日来经考察，马达汉记载了乌鲁木齐概况：

乌鲁木齐位于一条小河的右边河岸上，四周有群山环抱，景色十分优美。城东的山脉看起来格外壮丽，巍巍高山首尾相贯，连绵不断，向东延伸的博格达山三座白色雪峰衬映在群山之巅。……在这座竖着旗杆的风景般美丽的岩石山下，有一座尼姑庵，庵堂的飞檐屋顶在深灰色的岩壁衬映下显得格外有情趣。一座漆成红色的小“教堂”建在山顶的岩石上面，旁边竖着一根带斗的旗杆。……在竖有旗杆的山丘西面，看到地面上部分城市的废墟，是在战乱时期被烧毁的。……城市本身约 3 俄里长，最宽处有一俄里。城北是城堡，其不太规则的 6 面城墙围住了约 4 俄里见方的区域。……城南主要是维吾尔人居住的市郊区，市郊的南端是特地设计并建造起来的俄国商业区，宽敞的、浓密的林荫街道和人行道以及整洁的房屋，与别的郊区部分形成了一个鲜明的对比。

满城楼阁——莫里循于 1910 年摄

河岸上建起了一系列磨坊，那里的敲石声和众多的小车表明，磨坊还在建筑中。城堡内的建筑区域划分为好几个部分，建筑的形式和大小很不规则，主要是因为围墙建得不规则和官员们的官邸很多，这些官邸都有很大的花园。……离南门约 300 庹的地方，有一条整洁的街道。……在这两条街的两旁聚集了城里最富有的汉人商店，商店里展销着俄国的上漆的铁皮等商品，日本的香烟、化妆品和其他舶来品。但中国产品还是占多数。城堡区域里共有 8 家汉人大商行……。还有约 80 家较小的商店。饭店共有 24 家，其中汉人饭店 16 家，其余都是回民饭店。……客栈约有 15 家，其中 7 家在城里。城市人口，包括郊区，可能有 80 000 人……。这里没有两层的楼房，而且城市大部分的土地都为庙宇、会议室、官府衙门、军营和官员的官邸所占有。沿着一些重要的街道，都有用木板盖住的街沟存在，这是建筑一系列下水道的某种简单的的方式。……好多出租马车拉车用的是骡子，尽管这种骡车价格比马要贵得多，但用的还是不少。

……街上的照明用的是油灯。……

……总督住在位于市中心的衙门里，管理着各种行政部门。省里除了自己的收入以外，每年还从其他比较富裕的省份领取资助金 2 400 000 两银子。每年从这些资金中支付伊犁将军 1 200 000 两，用以维持满营、锡泊营、索伦营和非正规军队的开支。总督下属管理财务，还收取孤儿的财产，组成基金，用以发放优惠贷款。教育、国有矿井、开荒、屯垦、农业、军火库和造币厂的管理、人事任命等，所有这些事都要通过藩台的办理。较低级的官员，包括地区行政长官（州）的任命，由总督批准，较高级官员的任命则由京城决定。

臬台要他解决的事情全是司法问题，也就是不同地区的官员递交上来的、有地区道台署名的案件。……臬台在乌鲁木齐还兼职道台，他以这个身份监督商务和管理所有外国侨民。与俄国领事馆的联系都要通过道台，在他的衙门里设有处理与俄关系的俄中委员会。

……抚台有两名专职官员、两名副官、两名红笔士（两个掌握红笔的官员，负责给皇帝写奏折）。……他们相互倾轧，尔虞我诈，时刻准备让自己的朋友倒霉。诽谤和告密在官员中间最为盛行。此种举动都是在微笑、送礼和恭维等微妙过程中完成的。即使是告密也是采取富有诗意的花言巧语形式进行。

……在喀什噶尔、叶尔羌、玛纳斯、塔城、哈密和乌鲁木齐都设有协台。他们之中，乌鲁木齐的协台可能直接听命于总督，别的协台则接受最近的军事长官的领导。

长庚除了担任伊犁将军职务外，还被任命为全省军队的最高领导。抚台作为全省军队的司令官，须听命于他，但若以总督身份，则不受他的领导。他们不是共同向北京政府递奏折，而是各递各的。

长庚将军在年初从北京启程时时，带了约 40 名亲兵和一二百名不同官衔的民事与军事官员。听说他的权限是视察各地的行政机构，其中包括兰州。这样一路走来，进展十分缓慢。到了乌鲁木齐后，他一头扎进衙门。传闻说，他在乌鲁木齐停留一下，就到伊犁去上任。

除了大量的文字记载，马达汉还画了乌鲁木齐城市方位图，拍摄了乌鲁木齐武庙、乌鲁木齐王知府、乌鲁木齐臬台、乘轿回访的藩台和臬台、载澜的美丽花园、载澜在书房、载澜在俄领事馆、乌鲁木齐造币厂等图片。

乾隆三十四年（1769 年），翰林院大学士纪晓岚被清廷流放到了新疆迪化，在戍两年中，纪晓岚写迪化的竹枝词和草堂故事最多，《乌鲁木齐杂诗》存诗 160 首，大体厘定为风土、典制、民俗、物产、游览、神异六个部分，内容涉猎甚广，现辑选一组，作为迪化大驿的重要文化组成部分：

廛肆鳞鳞两面分，门前官柳绿如云。
夜深灯火人归后，几处琵琶月下闻。

自注：富商大贾，聚居旧城，南北二关。夜市既罢，往往吹竹弹丝，云息劳苦，土俗然也。这首诗通过迪化商人大贾风俗习惯的描写，从一个侧面反映了城市的繁华。

半城高阜半城低，城内清泉尽向西。
金井银床无用处，随心引取到花畦。

自注：城内水皆西流，引以浇灌，启闭由人，不假桔槔之力。

这首诗写迪化城内水渠如网，通贯千家万户，用水极为方便。

双城夹峙万山围，旧号虽存旧址非。
孤木地旁秋草没，降蕃指点尚依稀。

自注：迪化旧地在今城北四五十里，约近孤木地屯，额鲁特人能道之。今地俗称红庙，庙址在旧城之东，不知何代之庙，因以名地，亦不知始于何人也。

这首诗写迪化旧城曾被焚毁，未能得以重建，以致秋草滋生，颇为荒凉。

金碧觚棱映翠岚，崔嵬紫殿望东南。
时时一曲升平乐，膜拜闻呼万岁三。

自注：万寿宫在城东南隅，遇圣节朝贺，张乐坐班，一如内地。其军民商贾，亦往往在宫前演剧谢恩。边氓芹曝之忱，例所不禁。库尔喀拉乌苏亦同。

这首诗写迪化的军民商贾，每逢圣节朝贺，在万寿宫张乐演剧的情景，礼仪制度与内地相同。

一路青帘挂柳荫，西人总爱醉乡深。
谁知山郡才如斗，酒债年年二万金。

自注：西人嗜饮，每岁酒商东归，率携二三万金去。

这首诗写少数民族饮酒的嗜好。

家家小史素参红，短笠轻衫似画中。
留得吟诗张翰住，鲈鱼忘却忆江东。

自注：“流人子弟，多就食城中，故小奴至众。”

这首诗写乌鲁木齐流人子弟蓄奴的习俗，流人子弟离家在外，多靠小史照料生活起居，并在他们的殷勤照顾下无思乡之感了。

半居城市半村间，陌上牵牛日往还。
赢得团圉对儿女，月明不唱念家山。

自注：乌鲁木齐之民，有司皆不令出境，与巴里坤异。

这首诗写迪化居民出外探亲务必当日往返的习俗。因为迪化北通伊犁，实为新疆门户重地，加强迪化户籍管理，严格控制居民流动，是一项维护治安的重要措施。然而这给人们带来了极大的不便。

到处歌楼到处花，塞垣此地擅繁华。
军邮岁岁飞官牒，只为游人不忆家。

自注：商民流寓，往往不归。询之，则曰：“此地红花。”“红花”者，土语繁华也。其父母乏养者，或呈请内地，移牒拘归。乃官为解送，岁恒不一其人。

这首诗写乌鲁木齐的城市繁华别有风味，致使内地商民多定居不归。

丽谯未用夜谁何，寒犬霜牙利似磨。
只怪更深齐吠影，不容好梦到南柯。

自注：“人喜畜犬，家家有之。至暮夜多升屋而蹲。一犬吠则众犬和，满城响答，狺狺然彻夜不休，颇聒人睡。”

这首诗写乌鲁木齐居民有养狗的习俗。

赤绳随意往来牵，顷刻能开并蒂莲。
管领春风无限事，莫嫌多剩卖花钱。

自注：“遣户男多而女少，争委禽者多雀角鼠牙之讼，国同知立官媒二人司其事，非官媒所指配，不得私相嫁娶也。”

这首诗写迪化男女婚姻嫁娶取决于官媒的习俗。因当地男多女少，多有争讼，立官媒专营其事，避免聘女之争。用意虽好，但官媒受贿，乱点鸳鸯谱，牟利肥私，又使弊端滋生。

山城是处有弦歌，锦帙牙签市上多。
为报当年郑渔仲，儒书今过斡难河。

自注：“郑樵《七音略》谓：孔氏之书，不能过斡难河一步。初塞外无鬻书之肆，间有传奇小说，皆西商杂他货偶贩，至自建置学额以后，遂有专鬻书籍者。”

这首诗写乌鲁木齐文化教育发展情况。

氆氇新裁短后衣，北人初见眼中稀。
松花惨绿玫瑰紫，错认红妆出绣帏。

自注：“地本军营，故以长褂为亵衣，以短褂为公服。官民皆用常色，惟商贾多以紫绿氆氇为之。”

这首诗写迪化官民衣着朴素的习俗。

槐榆处处绿参天，行尽青山未到边。
只有垂杨太娇稚，纤腰长似小婵娟。

自注："柳至难长，罕见高丈余者。"

这首诗写乌鲁木齐森林资源。

犊车辘轳满长街，火树银花对对排。
无数红裙乱招手，游人拾得凤凰鞋。

自注："元夕张灯，诸屯妇女毕至，道簪堕珥，终夜喧阗。"

这首诗写迪化元宵节观灯盛会。

玉笛银筝夜不休，城南城北酒家楼。
春明门外梨园部，风景依稀忆旧游。

自注："酒楼数处，日日演剧，数钱买座，略似京师。"

这首诗写迪化戏剧演出情景。

南布政使、嘉庆举人萨迎阿于道光十二年（1832 年）九月后调任哈密任办事大臣、喀喇沙尔办事大臣、乌什办事大臣、伊犁将军。次年著《乌鲁木齐》一诗：

满城清肃汉城哗，都统尊崇远建牙。
文武风流成省会，商民云集俪京华。
花栏粉黛开千户，水磨亭台起六家。
关外封疆称第一，红山红庙锡名嘉。

曾历任江西萍乡、彭泽等地知县的黄浚谪戍乌鲁木齐时。著有《壶舟诗存》，其中《红山碎叶》一诗以大量笔墨描写了乌鲁木齐红庙、红山、水磨沟诸景。

《红山碎叶》所载"红庙"所在地，为"乌鲁木齐即迪化州，有两城，一满一汉"。满、汉城相隔十余里，"满城都统镇迪道理事厅，迪化州牧及吏目署在焉又有领队大臣及六协领署，此外小署无数皆旗官署也"，可知为"红庙"官署所在地。而汉城"其繁盛在南关……皆集外夷贸易商贩"，为当时各族平民居住，商贾云集的经济、文化中心。

与红山嘴隔河相峙还有一处人文景观，人称智珠山。黄浚多次游历此山，在《红山碎叶》中描述道：

智珠山离满城东门五里，一山如复盂，大约当时以形呼为蜘蛛，后经识文墨者改今名耳。山上八腊庙左有台，前俯沙滩，后枕山麓，回栏倚望，十里烟村云木之盛，尽赴目前。轩盖之游，俱过足下。重轩复其上，高敞宏深，壁画楹书，俱无俗笔。夏日之宴，无有善于此者。

他还写道："智珠山有文昌庙，都院官吏每岁为案牍会必在于此。天气和暖，景物鲜妍，凭前轩以纵览，觉心神之旷怡。"

诗人凭栏远眺，远近景致尽收眼中，他在《六月九日，嵩峻亭明府邀宴智珠山来青阁长句纪事》一诗中描述，首先是“红山之下”的“十里长滩”、“烟树村庄”、“辚辚车马”，还有山上的“古庙连绵”，“迤带层台”，与友人“近眺远望”，“击节南音”，“歌残酒罢”后，不觉触景生情：“一醉云山一高咏，不知此地是他乡。”

乾隆年间，曾流放乌鲁木齐的翰林院侍读学士纪晓岚在《乌鲁木齐杂诗·物产》中描述水磨沟铁厂：“温泉东畔火荧荧，扑面山风铁气腥。只怪红炉三度炼，十分才剩一分零。”并自注：“铁厂在城北二十里，役兵八十人采炼，然石性绝重。每生铁一百斤，仅炼得熟铁十三斤。”

水磨沟在清代，不仅以铁厂、磨坊、制币厂载于史册，更以风景优美闻名遐迩，备受文人墨客的青睐。黄浚游水磨沟后，他在《红山碎叶》中记述道：

水磨沟，离满城十余里。头磨至六磨皆官磨，七八九则民磨矣。两山佳木，一道清渠。每磨各有亭轩，夏月宴客最妙。四磨尤幽雅，有镜池，有汋突，有柏树一株，如悬盖。有箭亭可饮射，令人忘归。头磨有石龙，首泉从龙口出，注于二磨，顺流而下。三磨亭台亦秀爽……又有建昌、徐四等磨，不一而足，皆可宴会。建昌水磨一室如船，夏木阴森，余额之曰“绿云舫”。

道光二十二年十月十三日，林则徐一行在古牧地行馆吃罢早饭后，车马折向南行。林则徐日记这样说：“此处距迪化巩宁城，虽四十里，实有六十里长，路尚平坦，但多涧水。”

他们常要涉水而过，涧底都为小卵石淤沙，车轮不致陷入。从古牧地南行 20 里后到七道沟（七道湾）。路边有一条清澈的小河。途中，林木丛生，田亩众多。黄土山旁建有土城一座，其城甚小，只有一个南门，可通车马。城内有屯田把总驻此，为屯戍之所。前兵马司副指挥宋认厚到此迎接，在城中与林则徐坐谈片刻，即又起行。行十里到达红山嘴（乌鲁木齐市红山），见此处有石山一座，高数十丈，奇峰挺立，颇为玲珑，犹似盆景，但无林木，满山紫色，故名红山。山旁有一道河，车马涉水而过。乌鲁木齐提督已在此相迎，交谈片刻后话别。

迪化都统惠诗堂虽因病卧床，也遣丁驾其坐车来迎林则徐入城，林则徐即换车而行，迪化城离红山嘴近在咫尺，片刻即到。署镇迪道吉昌（原任镇西府）和镇西府经历赵秀，迪化州吏史姚湘芝，巡检吴汉雄、郑湘、余淳、郭溶及前东河同知高步月、前江西彭泽令黄浚（浙江太平人）听说林则徐到达，纷纷前来行馆相见，一睹尊颜，足见林则徐的英名早远达新疆。大家见面后，同到都统惠吉府中致候。

乌鲁木齐大规模开发始于清乾隆二十年（1755 年）。清政府鼓励屯垦，减轻粮赋，乌鲁木齐成为“繁华富庶，甲于关外”的地方。清军于乾隆二十三年（1758 年）在今南门外修筑一座土城，城“周一里五分，高一丈二尺”，就是乌鲁木齐城池的雏形。到了乾隆二十八年（1763 年），又把旧土城向北扩展，达到周长五里四分，竣工时，乾隆赐名“迪化”。清光绪十年（1884 年）新疆建省，清政府设在新疆的军政管理中心由伊犁转到迪化，迪化成为省会。

林则徐到此时有满、汉两城。满城叫巩宁，建于乾隆二十年（1755 年）；汉城名迪化，建于乾隆二十八年（1763 年）。林则徐日记中说：“此地满、汉二城，皆繁会之区。都统、道州驻满城，提督驻汉城，相距约十里。”

当时，迪化城中酒肆、饭馆、茶庄、药店和津京百货各铺俱全，并有戏院一处，不愧为西域名城。当天，林则徐在城中各处回拜后，被安排入住满城。惠吉都统对他十分尊重，并为他递转了邓廷桢（原两广总督，因与林则徐联手禁烟抗英，谪戍伊犁）在二十三天前由伊犁给他的来信，告诉林则徐，已有理事厅丞庆湘帆（浙江长兴令后发伊犁）在惠远城中为他觅定了一处寓所，到后即有安身之所。

十月十四日，林则徐一早又到汉城拜谢了部分官员。回满城后，又有前河南经历秦华曾和前湖北巡检宣维屏来行馆与林则徐相见叙谈。林则徐一一坦诚接待，既无谪戍之悲，也无高官之骄，处处以诚待人，受众人尊敬。林则徐曾有句名言：“万事但求过得去，待人须将心放平。”显示了林则徐做人的高贵品格。

第二天，新任迪道兰云舫和迪化知州成瑞、昌吉令德俊、奇台令博忠阿、前江南同知赵春园、前台湾县丞秦师韩都来行馆，与林则徐相见叙谈。因这些都是敬仰和崇拜林则徐的人，不论达官迁客，见面后莫不尊重备至，以一睹这位抗英爱国英雄为幸，真可谓塞外有知音啊！

因来访人员太多，巩宁城内马来车往，使得这座满城也热闹起来。许多人虽与林则徐从未相识，只是慕名而来，皆为一睹英姿。林则徐虽因路途劳顿疲惫不堪，但仍热心接待，有的谈朝政衰败，有的说官场变迁，有的谈边防忧患，林则徐虽觉劳累但觉十分欣慰。待送完来客后，林则徐又埋头为人作字，直到深夜才罢。因天气干燥，一路饮食失调，倍感胃腹不适，而鼻衄又犯，颇为累人。

十月十六日，林则徐在行馆吃完早饭，便带着两个儿子拜访了都统惠吉后，有二子陪同在巩宁满城中走观。此城甚小，城墙也以夯土筑成，城内有自南朝北和自东朝西街道各一条，街道两旁都为巷道，商铺大都在城外。建筑虽仿似北京四合院，但俱是土建，除房檐马头是青砖建外，更无片瓦。建筑简陋，无一处雕梁画栋之作。出南门后有土石小山一座，也无树木一棵，当地居民称之为“妖魔山”。城外西北大都是田亩相连，因已到冬季，除田塍残雪外已无庄稼。是日回寓所，林则徐又复为人作字，并有道州协助雇定自乌鲁木齐至伊犁的大车五辆、飞车一辆（即太平车）、轿车一辆。议定每套每日 4 钱，以 8 折合钱 320 文。当晚就将行李等装齐捆绑妥当，以备明日一早起程。

北洋政府要员林竞查勘新疆铁路线时，于民国八年（1919 年）5 月抵达迪化，他在《新疆纪略》里记载了迪化当时的情景：

自 5 月 5 日至 22 日，均住迪化。

迪化，一名乌鲁木齐（蒙古语大围场也），俗称红庙子（城西偏北六里许，小丘上有红庙，故云）。乾隆二十年，定西将军永常进讨，库木诺雅特游牧之昂吉噶勒丹多尔济以乌鲁木齐降。防军筑一垒，周三里。二十五年夏，陕甘总督杨应琚奏设乌鲁木齐同知，隶于安西道。二十八年，于旧垒之北筑汉城，赐名迪化，移安西提督驻之。三十六年冬，伊犁将军舒赫德奏设参赞大臣，改巴里坤为镇迪道。改同知为迪化直隶州，均驻巩宁城（俗称老满城，在迪化城西北约8里）。同治初，陷于匪，光绪二年克复。然满城人口，已被杀戮净尽，今化为墟矣。十年，改建行省，巡抚、府、县均驻迪化。

迪化居雪山之麓，故气候寒冷。乌鲁木齐河由西而东南环城之南面，博克达山峙于东北，气象尊严；红山嘴峡对峙于西，门户严扃；南则羊肠子沟诸山，蜿蜒错落；东则水磨沟诸山，环绕如带；迪化盖居群山之中矣。……

商务在南关者，多俄商，土人称曰洋街，俄领事馆亦在其间，洋行二十余家。昔日专竭其本国之珍奇，以易新疆之土货，每岁输入二百余万两。挟其“暂不纳税”四字之特权，恣行南北，近则一货不来，门可罗雀矣。城内商务，则以东大街为集中地点。津人实司其牛耳，晋人次之，秦、陇又次之，湘、鄂、豫、蜀殊不足道，总计输出入额五百万左右。

俄国领事馆——莫里循于1910年摄

省城人口五万余，维、汉、回各居其三，汉人居其六。汉人及汉回颇多迟钝愚昧亡命之徒，故俗犷悍，而鲜礼教。妇女之有职者尤少，平居一灯横榻，烟销骨立；庙会则竞奇斗艳，以炫无赖。男人竭其所入，往往不足以供其挥霍，然此风惟汉人为然。盖汉人多流寓，女少男多，异乡孤客，既无正当娱乐之场，复不作钻研学术之事，烟赌之外，寂然寡欢，群视女子为尤物。女子既无坚强意志以抵御诱惑，为社会之牺牲品又何怪哉？

城内只有初级师范一所而无中学，小学四所，女子小学一所。各校教科书类皆陈旧，教授方法亦多因袭，不知顺应潮流。盖交通阻隔，风气阻绝，宗教复杂，思想歧异，固为根本之原因。而当局者以国内学风不良，遂认学校为危险之物，因噎废食之念，亦足以阻止教育之进化焉。虽然，新疆教育之环境与内地固绝然不同也。以内地之道治新疆，必扞格龃龉而不相通。故欲求一圆满适当之策，非竭全国智者之能从事探讨不为功，而不可专责于新疆一隅也。

货币通用数种，曰纸币，每张一两，计红钱四百文；曰银两，每两合新铸银元一元；曰天罡，每一元合五钱（本省自铸硬货之一种）；曰红银，每一文合制钱四文。纸币在民国二三年低至三折，年来逐渐增长，已至六七折之间。近以俄帖低落，纸币亦随之而低至五折左右。推原其故，盖本省无汇兑机关，商人辇运关内货物，全凭俄帖以流通。苟新疆俄帖与京、津时价相同，或京津较高，则持新疆之俄帖以至京、津办货，自属合宜。反是，京、津贱而新疆贵，则商人必受损失矣。在平日，俄帖涨落无常，损益互见，原无问题。无如近来俄帖低落，江河日下，京、津与与外国市场消息灵通，随时跌降，而新疆与京、津因电政腐败，不能如期而至（每电至少须半个月方能收到），彼此时价，相差甚巨，而蒙其影响者遂独在新疆矣。

宗教种族问题，为新疆各种问题之最重大者。同、光之际，正值东南发捻之乱，新疆祸起萧墙，彼此仇杀，至今思之犹有余栗。幸近年来，杨兼督对于各族，抚绥备至，一视同仁。其待土著之维吾尔人，念其知识幼稚，尤特予以优容。地方官苟有虐待之者，一纸邮书，便予撤查。下情得以上达，民心自然归附。其有读书识字者，或选为议员，或授以差缺，破格录用，以示优异。政治地位已无等差，则憎怒怨尤自无从发生。然维吾尔人衣冠、状貌、文字、语言虽与汉人不同，而其性情醇良，尊敬长上，习以为常。得官如此，令其安然帖服，本无足怪。惟汉回宗教之信仰最坚，回、汉之仇隙最深，人民性情既凶悍，宗教派别复新旧不一，稍有误会，动则斗争。而杨独能恩威并用，驾御得宜，使此辈乐为之用，则其手段之高超，眼光之广大，盖有非常人所能测度矣。

迪化环城皆山，诸山皆煤，掘之即是。以东门水磨沟一带炭实为最佳，其苍黄沟、头屯厂次之。以迪化气候之寒冷，苟无如许煤矿，则人将僵冻以死，天之待人可谓厚矣。城西南旧有金厂七：曰东沟厂，曰大西沟，曰水西沟，曰白杨沟，曰锈沙，曰头屯厂，曰骆驼脖子。清乾隆之间，每厂金夫数十名或百余名，每名纳金课三分，今废。又城南亘百余里与阿尔辉山铁里达坂接壤处，有金矿，界地均系官荒。又城东南一百八十里达坂城，其西南四十里有银矿，经商民开办，因亏折停止。又九十里之柴窝堡山内白杨沟、甘西河沟、大铜沟、小沟数处出红铜，苗脉隐显无定，前经矿务局开办。总以资本未充，无专门人才，交通不便，是以未能见效。然此固不仅迪化为然，西北各地均有同病焉。

乌鲁木齐在清朝和中华民国时称迪化，1954 年改称现名。至今乌鲁木齐还有“老满城”（即巩宁城）的地名，位置大致在今新疆农业大学一带；而现在南门、北门和大小西门内的区域是原来的“汉城”。满城主要为清朝八旗驻军，汉城则是工商业区。现今的乌鲁木齐是由原“汉城”向周边扩张形成的。“2016 年中国大陆城市财力 50 强排行榜”，乌鲁木齐以 368.67 亿公共财政预算收入排名第 41 位。

乌鲁木齐是一个多民族聚居的城市。世居民族 13 个，乌鲁木齐市有少数民族 49 个，总人口 311.03 万人（第六次人口普查）。

坐落在胜利路二巷一号的八路军驻疆办事处纪念馆，是一幢中西合璧、土木结构，青砖砌腰压檐的二层黄色楼房。1938 年，八路军驻新疆办事处迁入此处办公。陈云、邓发、陈潭秋三任党代表，先后在这里主持工作。当时，延安党中央的一些高级干部前往苏联或苏联返国途中，多曾在此停留。周恩来、邓颖超、任弼时、王稼祥、蔡畅、刘亚楼、杨芝华、孔原等同志都在这里住过。纪念馆为自治区级重点文物保护单位，馆内有革命烈士陈秋、毛泽民、林基路、乔国桢，吴茂林等同志的革命事迹展览。

五 西八站

西八站概貌

西八站，一般指从乌鲁木齐到伊犁的宁边驿、景化驿、乐土驿、靖远驿、乌兰乌苏驿、安集海驿、奎屯驿、库尔哈喇乌苏驿、沙泉驿、精河驿、绥定驿等。这里的所谓“西八站”也只是针对“东八站”、“穷八站”等而已，也不实指，同时又加进了“芦草沟驿”。当然，此西路，远不止这些驿站，比如玛纳斯以西至伊犁，还有乌兰乌苏驿、安集海驿、布尔噶齐驿、墩木达驿、固尔图驿、托多克驿、沙泉驿、托里驿、托霍穆图驿、瑚素图衣拉克驿、鄂勒著依图博木驿、鄂博勒齐尔驿、沙喇布拉克驿等，以东有芦草沟驿等。

随着时代的变迁，有的驿站在清代时就已废弃不用了，而新的驿站又在成长起来，如芦草沟驿（最初只是腰站），就属于后来成长起来的。

这里的所谓“西八站”，史料中似乎没有这种说法。于是，“西八站”也只是笔者针对“东八站”、“穷八站”等而已，已不实指了。但西路驿站著名的、有代表性的驿站却恰恰是上述八站，这应该说只是一种巧合而已。

宁边驿

1．爬梳宁边

《清史稿》记载，昌吉，汉为单桓、东西且弥、乌贪訾离地；唐属北庭；元属回鹘五城，名昌都剌；明属卫拉特。乾隆二十五年（1760 年）置，设通判。二十七年筑宁边城，设管粮巡检。三十八年改州同。四十二年置县。

县治设知县一、训导一、典史一、芦草沟千总一、呼图壁巡检一，各有衙门，而知县衙门暂以宁边通判衙置代用。仅有土房十一间，直至乾隆四十二年（1777 年）才重建知县衙门。

据《新疆图志》记载，巩宁驿“以西九十里至宁边驿（昌吉县属，昌吉县旧治曰宁边城，故名。洛克伦河在其东，过河四十里曰芦草沟，设腰站）”。

另载：“宁边城东五里，七工庄，九里过头屯河，六里至沙梁，接迪化西境官道（东南至省城七十里，东至古牧地五十里）。”

“城西八里，过三屯河（在三屯庙之南，即罗克伦河。乾隆二十年，定边右副将军萨喇尔驻罗克伦。侯定西将军永常兵，即此河也。有支路，由三屯庙北行，过大西河，十五里贞一庄，十五里兰州湾凉州工，三十里下埝坝，五里上埝坝），四里小西河，十里罗克伦河，左分第二渠（有支路西行八十里头畦，十里军户，十里阿魏滩），八里芦草沟（有旧堡，堡外小店一，民居一），十五里榆树沟（有旧垒，民居十余家左右，皆村庄），十二里横水桥，接呼图壁东境官道。”

《三州辑略·台站门》记载：“昌吉县管理西路二驿，宁边驿（东至巩宁底驿七十里，西至景化驿七十里）驿书一名，马夫二名，马五匹，景化驿（西至乐土驿六十里）驿书一名，马夫二名，马五匹。”于乾隆四十四年安设。

又载，乌鲁木齐提标中营参将管理西路军台二处：洛克伦台（东至鄂伦拜星底台七十五里，西至呼图壁台六十里），于乾隆二十七年以前安设，有“委笔帖式一员、外委一名、兵丁十四名、马三十匹、车三辆。另呼图壁台（略）”。

有昌吉塘（至呼图壁塘九十里），有“兵丁六名、马六匹”。

有洛克伦卡伦（距城一百六十里），安设“外委一名、兵丁七名、马八匹”。

昌吉旧卡伦（距城八十里），安设“兵丁七名、马七匹”。

《新疆图志》载：清代光绪二十八年（1902年）列表，宁边驿有驿书一，马夫七，马匹十四，月支薪粮、工粮、料草、油烛、纸张等项银六十二两四钱，岁支六十八两九钱五分，合支经费银八百一十七两七钱五分。

昌吉驿站、军台、营塘、卡伦齐备。

《新疆图志》载，自鄂伦拜星底台西百里至洛克伦台，迪化底塘西九十里至昌吉塘。

宁边城，曾肩负着县治、商埠、邮驿、军台、营塘等重任，历史上迎来送往过元代的长春真人邱处机、耶律楚材等，清代的官员国梁、大学士纪晓岚、两广总督林则徐等，民国的黄文弼、天涯游子，以及异邦探险家马可波罗、海屯、斯文·赫定、日野强等。

迨至光绪十年（1884年），新疆设立行省，南、北两路一律改台塘为驿站，隶属省、府、厅、州、县辖，不再属于军府管。以省府迪化为中心，按照所辖境界，设置驿站，其中昌吉驿道的主要干线和迪化最相似，也有4条：

1．昌吉县经古城、头水、七角井往哈密，哈密、安西（今敦煌）、玉门，东至嘉峪关，共32站，是为北道。

2．昌吉哈密线。自昌吉东经阜康、孚远、奇台、镇西（今巴里坤）至哈密，共22站。

3．昌吉至奇台、科布多（今蒙古国科布多省）线。自昌吉北赴科布多共4站。

4．昌吉塔城站。自昌吉西赴呼图壁、绥来、乌苏，北上塔城，共19站。

5．昌吉吐鲁番站。从昌吉出发，向南过乌鲁木齐、达坂城，然后向东南，越天山可以到吐鲁番，谓“白水涧道”。今天，这条路线已成为沟通天山南北的主要交通干线，第二条亚欧大陆桥也贯通其间。

6．昌吉南疆站。从昌吉出发，向南过乌鲁木齐、达坂城，然后向西南，越后沟，可以到达南疆库尔勒、阿克苏、喀什等地。

至光绪二十八年（1902 年），昌吉辖宁边、景化（今呼图壁县）2 个驿站。

2．宁边历史文化钩沉

昌吉县城曾有张堡城、彰八里、昌八剌等名称。

《新唐书·地理志》“北庭大都护府”条记载：“自庭州西……轮台县，又百十里有张堡城守捉。”

元代李志常《长春真人西游记》载：“重九日，至回纥昌八剌城”。

明代宋濂《元史·地理志附录》载为“彰八里”。

徐松在《西域水道记》里记载道：

其城曰宁边（在巩宁城西北九十里）。乾隆二十七年建，周三里五分，高丈五尺，门四，东文同、西武定、南谐迩、北燮遐。初设宁边州同，三十八年改为县。……其地疑元之彰八里也（《元史·地理志》：“畏兀儿地第三十六”曰：“彰八里，至五十五年（1278 年），授朵鲁知金符，掌彰八里军站事。”按，彰八里亦作昌八里，亦作掺八里。《耶律希亮传》：“中统二年（1261 年），至昌八里城。夏，逾马纳思河。”是昌八里在马纳思河之东也。《李进传》：“至元十九年，命屯田西域别石八里。二十三年秋，海都及笃娃等领军至洪水山，进军溃，被擒，从至掺八里。”是掺八里在别石八里之西也。）

清人李光廷于《汉西域图考》载：“昌吉县，本宁边屯城……元之彰八里地也。”

清末《新疆图志》载：“张堡废城，城东二里，有城墉旧基，阔丈二尺，断垣存十之地二、三，土人呼唐朝城。”

黄文弼也认为：“昌八剌在今昌吉县城西五里许，城址尚存，周约五、六里。”

当代学者研究后确认，昌八剌、彰八里、掺八里、昌八里等名称虽异，其实都是一音多转，实为一地，其地大约就在今昌吉县附近。而此附近，别无他城故址。因此，专家考证，属于宋、元时期的昌吉故城，即西辽至元代的昌八剌城。

归纳之，昌吉城在唐代称张堡城，宋元称“彰八里”、“掺八里”、“昌八里”等，即昌八剌城，清代为宁边城。正如冯承钧原编的《西域地名》称：“《新疆唐书·地理志》‘北庭大都护’条之张堡城守捉，《西游记》之昌八剌，《元史·西北地附录》之彰八里，《耶律希亮传》之昌八里，《李进传》之掺八里，皆一地之异称。”

金兴定四年（1220 年）春二月，长春真人邱处机率弟子十九人奉诏出漠北，逾阿尔泰山，穿越准噶尔盆地……一路风尘仆仆，鞍马劳顿来到庭州。

他们沿鳖思马（别失八里）、轮台诸城西行，历两城，抵昌八剌城（昌吉故城）。邱处机一行抵该城时，受到了当地人的盛大欢迎，国王偕文人以葡萄酒款待长春真人一行，并献上西瓜和甜瓜。西瓜大得重量惊人，秤根本就无法称出来；甜瓜竟长达二尺，有枕头大小，其香甜可口，内地无瓜与之相比。邱处机赞赏了昌八剌的西甜瓜等，《长春真人西游记》有记载：

又历二城，重九日至回纥昌八剌城，其王畏吾儿与镇海有旧，率众部族及回纥僧，皆远迎。既入，斋于台上，洎其夫人劝葡萄酒，且献西瓜，其重及秤。甘瓜如枕许，其香味盖中国未有也。园蔬同中国。有僧来侍坐，使译者问看何经典，僧云："剃度受戒，礼佛为师。"盖此以东，昔属唐。故西去僧，回纥但礼西方耳。

邱处机在此城逗留了两天。他经过观察，发现该城当时是佛、道教与伊斯兰教相峙的分界地。昌八剌城以西，人们只信仰伊斯兰教。这一记述十分重要，它表明直到蒙古统治初期，公元十世纪传到天山南部的伊斯兰教实际上向东部传播的地域范围仍未超过昌八剌等城。

历史上，昌吉是丝绸之路北道的要冲。络绎不绝的使者、客商、戍员、僧人和教士都途经这里。

十三世纪初，成吉思汗率铁骑挥戈西征，此地归元统治。蒙古统治者实行了各种宗教兼容并蓄的政策。昌八剌城的回纥王率领了当地的佛教僧徒盛情款待邱处机一行。这里不分宗教信仰，互不排斥，和睦相处。

俄国学者迪雅可夫在《北庭五城考》一文记载，元世祖中统元年（1260 年），意大利马可波罗父亲和叔父——尼可罗和玛菲吾赴元大都，途经昌八剌，在此停留了一个时期，他们看到了耶稣教堂。迪雅可夫还记载说，1930 年，有一个中国人在昌八剌旧城里得到一个青铜片，上面绘有教主手中拿着圣经。

耶稣教堂正是景教堂。说明昌八剌在元时曾经盛行过景教。

从上述文字可以看出，元代初的回纥五城之一——昌八剌城已成为佛教、景教和伊斯兰教等多种宗教的荟萃之地。

乾隆二十七年（1762 年），都司永海、革职总兵吴士胜在头屯河畔的平原上，筑起了新城后，奏报清廷。是年九月二十五日（1762 年 11 月 10 日），乾隆帝赐命为"宁边城"，意为"安宁之边城"，希望西北边陲的黎民百姓平安。

宁边城位于头屯河之滨，成四方形。城高一丈五尺，周长三里五分。城内建有东西南北四条街，西隅建有娘娘庙、城隍庙、魁星楼等，有寺庙 40 余座。此城竣工后，乾隆帝非常高兴，并亲笔御定为"宁边"，希望西北边陲的这一方之地的人和谐相安，安居乐业。

乾隆五十年（1785 年）正月初七日清晨，流人赵钧彤由地窝堡出发，行 60 里后，黄昏时分抵达昌吉宁边城。他在《西行日记》中描写道："昌吉本旧城，按图即宁边城，今设县，属迪化城，内外数百家。"作者对于县邑官员设置写得更为具体："官有令尉广文，驻防则千总，时署令赵公本吏日……公名福清，杭州人。"

赵钧彤在此住了一夜，初八日离开的宁边城。他刚出县城，便遇到一骆驼运输队"出县郭，与驼群并，驼牵尾联鼻一行辄数百，背载箱捆或兼负小骆驼，商人靴帽亦骑驼，皆兴贩，赴伊犁”。这一记载反映了乾隆年间，丝路北道商队贩客络绎不绝的现象。

乾隆五十六年（1791 年），有一名副将叫徐鼎士自愿捐修了宁边城。修葺的宁边城布局为：县治东有文庙、八蜡庙、火神庙、城北有关帝庙，东北有先农台等。

这时的宁边城，已成为“商贾众多”的新兴市镇。

同治三年（1864 年）战乱，宁边城遭到了毁灭性的破坏，几乎沦为废墟。

至光绪二年（1876 年）七月，西征军平息叛乱，此城商业经济又慢慢恢复起来。光绪十五年（1889 年），有乌鲁木齐左营游击朱正和再次重修了宁边城。

国梁于乾隆三十年（1765 年），自兰州调迪化任同知，有一首《初之宁边》：

西去风云阔，楼兰访旧墟。
泉湮溪故绕，城废土新疏。
阛阓烟千树，桑麻花万庐。
只今番部尽，讴唱遍樵渔。

此诗描绘的是昌吉宁边城邑景色。叛乱者厄鲁特将亡，废城待兴。街市上，已有炊烟袅袅，密密匝匝的绿树遮蔽了民家小屋，家家户户的院落里堆满了红绿相间的葵花、葫芦、西瓜、蔬菜等农产品。昌吉、罗克伦河里皆有鱼、味道鲜美。此诗讴歌太平盛世，讴歌农家人打柴捕鱼的辛苦和勤劳。

这首《兼摄宁边》一诗比上一首要晚一点：

轮台故地揽图全，双绾铜符绝塞边。
左右两山千古雪，纵横四水五城田。
星占狼鬣消芒角，人遍龙沙饱粥饘。
行部不辞东辙远，谁因马腹觅长鞭。

乾隆三十一年（1766 年），作者兼摄宁边管粮通判，胸前挂着两颗印授。轮台故地，有天山作屏障，呼图壁、洛克伦、昌吉、乌鲁木齐等地皆有水，迪化、辑怀、阜康、宁边、景化五地皆有屯田。战乱平，狼烟息，戍边屯垦，边陲人民丰衣足食。想四处走走看看，却常常力不能及。

大学士纪晓岚流放到迪化期间。曾多次到昌吉考察。在《阅微草堂笔记》中，他记载了筑宁边城时曾经发生的一件事：

昌吉筑城时，掘土至五尺馀，得红纻丝绣花女鞋一。制作精致，尚未全朽。余《乌鲁木齐杂诗》曰：“筑城掘土土深深，邪许相呼万杵音。怪事一声齐注目，半钩新月藓花侵。”咏此事也。入土至五尺馀，至近亦须数十年，何以不坏？额鲁特女子不缠足，何以得作弓弯样仅三寸许？此必有其故，今不得知矣。

其意是，乾隆二十七年（1762 年），昌吉筑宁边城时，掘土到五尺多深时，在土里挖出一只红纻丝绣花女鞋。绣花鞋制作精致，埋在土里不知有多少年，还未全朽掉。纪晓岚在《乌鲁木齐杂诗·神异》,又以诗歌的形式记载了这件事,诗的大意是:筑城掘土土层深深,众人打夯号声不断。无数杵音嗵咚相叠，有人高喊惊动四方。挖出绣鞋似半钩新月!

纪晓岚在想，此绣花鞋埋在五尺多深的土里，至少也有数十年了吧，为何就不朽呢?昌吉原来是额鲁特（蒙古）人的游牧地（不久才纳入大清版图),额鲁特女子是从不缠足的,如何会有汉人穿的弓形三寸金莲鞋呢?此鞋的出土，必有其原因，只是不知其故罢了。

纪晓岚在《乌鲁木齐杂诗》“神异”篇里还描写道：

深深玉屑几时藏，出土犹闻饼饵香。
弱水西流宁到此，荒滩那得禹余粮。

这首诗写昌吉筑城时的又一发现。作者在自注中说：“昌吉筑城之时，又掘得面一罂。罂垂敝而面尚可食，亦不可解。”

诗的大意是，这些从地下挖出的面粉是何时埋藏在如此深的土层下的?出土的面粉还能闻到面饼的香味呢。昔日，就没有水能流到此荒滩野地，这里也不可能长出庄稼来，可这些面粉又是从哪里来的呢?

作者在诗中发出疑问，并判断说面粉并非本地生产，而是携带流传之物。联系到上文中作者提出的疑问：“如何会有汉人穿的弓形三寸金莲鞋呢？”人们会想到，作者也许是外地人，他对庭州历史有所不知。其实，入唐以后，就有许多汉人陆陆续续从吐鲁番等地徙居天山北麓了。昌吉一带，历来都是汉民族与其他民族共同繁衍生息之地。

纪晓岚在《乌鲁木齐杂诗·民俗》里描写道：

芹香新染子衿青，处处多开问字亭。
玉帐人闲金柝静，衙官部曲亦横经。

自注：“迪化、宁边、景化、阜康四城，旧置书院四处，自建设学额以来，各屯多开乡塾，营伍亦建义学二处，教兵之子弟，弦歌相闻，俨然中土。”

这首诗写宁边等城里逐渐形成的学习风气。

诗的大意是，有才学的人以其深厚的学问感染着学生，迪化、宁边等城里处处开设乡塾、义学。军营里的闲下来时，已是夜深人静、金柝（煮饭用的餐具）闲静时，他们用一块横板担在木墩上代替桌子，在横板上专心读书学习。

雪压空山老树枯，一番新雨长春菇。
天花绝品何须说，持较兴州尚作奴。

自注：“地产麻菇，然不甚佳。不及热河诸处营盘麻菇也。”

这首诗写昌吉山地出产的蘑菇。《本草纲目·蘑菰蕈》载：“蘑菰出山东淮北诸处，埋桑楮诸木于土中，浇以米泔，待采之，长二三寸，本小末大，白色柔软，其中空虚，状如未玉簪花。”

诗的大意是，冬天，大雪覆盖天山，使老树显得枯萎凋零。春天来了，一场新雨过后，树根边很快长出一些新鲜蘑菇来，像雪花一样白的上等蘑菇其色泽和美味就甭提了。若拿河北兴州的蘑菇与新疆的蘑菇相比，兴州的蘑菇就成了下等品。

昌吉新鱼贯柳条，苓箸入市乱相招。
芦芽细点银丝脍，人到松陵十四桥。

自注：“秦地少鱼，昌吉河七道湾乃产之。羹以芦芽或蒲笋，颇饶风味。”

这首诗写新疆的水产。昌吉有鱼且味美。

诗的大意是，人们将昌吉新产的鱼用柳条穿起来，然后放进装鱼的竹篓，到市场上胡乱一吆喝，买鱼的人很快就会围过来。将白色鱼肉切成细丝，与芦笋配伍烹烧，可使鱼味清香鲜嫩，极为爽口。在昌吉能吃到这么鲜美的鱼，就像是张翰回到吴江松陵十四桥（《晋书·张翰传》言，张翰故乡松陵十四桥的菰菜、苓羹、鲈鱼脍为天下美味）一样。

道光二十二年十月十七日，早饭后，林则徐一行人马即出车由满城西行。乌鲁木齐道州以下官员皆送到关外教场。索游击和浚、高樨庵诸人都一直送林则徐到十里店后才依依告别。

林则徐西行30里后，到一村名叫地窝堡（今小地窝堡）。当时从小地窝堡西望，只见一片茫茫的空荡荒原，人在这样的地方似乎变得十分渺小。车马在开阔的路上走了20里后又到一个小村，也只几户人家，而地名也叫“地窝堡”（今大地窝堡）。林则徐在日记里记曰：“又十里到了三十里墩，此处已交昌吉县界。又十里为头屯河，今值冬令水已涸，而积雪弥漫，阴冷特甚。”

头屯河宽有数十丈，为季节性河流，与南方长年有流水不同，而以天山雨雪多少而定，时而有水，时而无水。林则徐过此时为冬季枯水季，所以车马在乱石丛中涉河滩而过，颇感“颠簸摇拽”。过河15里后，才到了昌吉县城。

昌吉县城东南一里许，尚留有唐对张堡守捉城故址，当地居民称为唐城，城内虽辟作田地，但比宁边城规模要大，尚有钟鼓楼土墩遗址可寻。乾隆进士国梁任迪化同知时，在《轮台集》有诗云：“阑阓烟千树，桑麻花万庐；只今番部尽，讴唱遍樵渔。”都是对昌吉在乾隆年间的景色和市场繁华的描述（20世纪50年代，唐城南城墙虽已残垣，但仍完整）。

林则徐父子到昌吉后，二子相陪在城中走看，多为汉民。见商铺市场都在南门外，因城周屯户众多，市场尚为繁华。进城后也只见南北大路一条，直达北门。城中建筑与巩宁城一般，行馆设在城内，颇为宽敞，院内有几棵参天古木，尽为榆树。当天林则徐在昌吉行馆食宿，卧室也为土炕，颇为暖温，林则徐父子十分满意。此县城多为汉民，不仅在汉唐时期已有汉民在此屯作，后在乾隆年间又有大批汉民从河西走廊、甘肃高台一带移此屯作。纪晓岚对此曾有诗曰：“新稻翻匙香雪流，田家人市趁凉秋。北郊十里高台户，水满陂塘岁岁收。”即指昌吉之地水土肥沃，稻粮丰收之景象。

同治年至光绪年，军旅诗人萧雄随西征军出关，往返三次，历数十年，著《西疆杂述诗》4卷，其中有《昌吉》一诗传世：

孤城遥指鳖思西，地迥山违水涨堤。
沿革想从昌八喇，一洲禾黍望高低。

作者自注曰：“昌吉当为古之昌八喇城，属回纥地。但据长春子《西游记》言，昌八喇即元之彰八里，在玛纳斯河之东，按其地势则彰八里当在今土古里破城子一带，未必即是一处。地小年湮，无从征信。昌吉在省城西北九十里，乎川大野中，离山甚遥，四境田畴，一望如砥。河发天山，经呼图壁而来，水汹涌，足浇灌。故亦为产粮之所。县署以外，学官、典史各一，设巡检于呼图壁城，分司地方。彼处并有都司驻守。”

清代大学者陶保廉于光绪十七年（1891年）随父陶模（新疆巡抚）来到新疆，曾考察了呼图壁、昌吉等故城。他在《辛卯侍行记》里记载道：

《新唐志》：轮台县西百五十里张堡城。又西七十里乌宰守捉。按：张堡疑今县西二十里元城子迤北古城也。乌宰疑今呼图壁西二十五里五工台北之古城也。《元地志》附录有仰吉八里及古塔巴。按：仰吉与昌吉音近，八里即巴勒，蒙语谓城也，古塔巴即呼图壁也。

明人《西域土地人物略》：昆迷失之北有昌都剌城，哈剌哈失铁城之北有苦他把城。按：昆迷失即吐鲁番西之库木失驿，哈剌哈失铁即喀喇沙尔，则昌都剌、苦他把二城为今昌吉与呼图壁也。乾隆二十七年，于昌吉河西筑宁边城，周五里三分，驻通判。三十八年，改州同，七月改知县。

民国二年（1913年）三月，北洋政府官员单骑到新疆考察，七月初六途经昌吉。他在《西征日记》里记载道：“是晚宿昌吉。该处居民繁盛，有一千余户。商家以天津居多。”

透过作者的日记，今人也可略知民国二年昌吉宁边城里的商贸市容状况。

北洋政府特派员谢彬于民国六年（1917年）调查新疆阿尔泰财政，四月途经昌吉，他在《新疆游记》里记载了昌吉：

四月二十五日上午雪，下午阴寒。……又北折西流百五十余里，昌吉河（即头屯河）自西南来会，合流汇于固尔班托罗泊。过桥，西北行，平野空阔，村树不断，雪亦渐稀。三十里，大地窝铺，又名三十里墩，塌墩一座，废垣一圈，附近农民数家。十五里，小地窝铺，小店九家，行人多于此吃面小憩。三十里，头屯河，迪化、昌吉交界处也，源出孟克图岭东北麓，东北流迳昌吉城东，又东北会洛克伦东支水（即三屯河），潴于古尔班托罗泊（一曰白家海子）。九里，昌吉县东关，知事徐文彬、游击杨锦侯来迓。文武不合，各备茶座。知事设某缠商家，建筑为洋式楼房，洁净可观。一里，县署，住。是日行九十里。以四轮车行迅速，下午三时即达。

城周三里五分，建于清乾隆中叶（曰宁边城），城厢商店民居约二百户，商务皆在东关一带。县南八十里有头屯煤窑，昔年日出万余斤，近渐告罄，日仅数百斤，掘时多逢火焰流出，殆已掘近火山脉欤？本县陋规，在张馨任时，尚岁有二三千元，近为杨省长闻知，节经分别提取或豁免矣。昌吉汉为单桓，东西且弥，乌贪訾离地。晋届高车，魏入蠕蠕，周突厥，隋西突厥铁勒地，唐属北庭，元属回鹘五城，明属卫拉特。清乾隆中叶，置昌吉县，民国因之。东西八十里，南北三百九十里，领庄五十一，其民汉、缠、回三种杂居，而服贾力穑，则汉、缠较多。地夐人稀，有稗贩而无大贾，故其欲纤啬，龌龊自守。然土沃宜大小麦豌豆，省治多资之，而缠商近岁贩牛羊皮，贾伊犁塔城，多至五千皮，且有日进之势。

城周三里五分，建于清乾隆中叶（曰宁边城），城中商店民居约二百户，商务皆在东关一带。

冯有真为南京北洋政府司法部秘书，民国二十二年（1933年）八月二十五日，他随外交部兼司法部长罗文干来新疆调解盛、马关系。同年九月十七日途经昌吉，取道西伯利亚铁路返回。冯有真在《新疆视察记》里记载道：

昌吉县在三十年前，全为汉人所居。其后，缠（维吾尔）、回移居者甚多。今春，马世明围攻迪化，昌吉缠、回亦起而响应。混战之后，人民死伤者可二千余人，房舍亦大半被焚。现全县人口一千余户，合计万人。汉、缠、回三族，尚能相安。出产以水果为大宗，尤以桃为最佳，全县初级小学一所，学生二三十人而已。

天涯游子，一个不留姓名的神秘行者，大约于民国三十一年（1942年）独自一人沿着丝绸之路，从西安来到新疆，途经昌吉，他在《新疆漫游记》里记载道：

我们第一夜是宿在昌吉，到达时天色尚未黑暗，但客栈内的所有房间，已经住满了人，场上也挤满了各种车子，以及装载五谷、棉花和西瓜的货车。赶车的人都躺在他们自己的车子旁边，牲口都挤在厩房内，所以一夜之间，那些骡马互相鼓动，号叫不绝。因为腾不出空房，我们就在车内过了一夜。天尚未明时，场上便骚动起来了。车夫们虽未睡足，然也只好起身，肚子很饿，不意中向一个缠回家买到了热牛奶。作为早餐，他的热牛奶是储在铜壶内的，下面有炭火温着，我们各人喝了一大碗，才出发前进了。

从此文中可以看出，当时的宁边城早已没了同治、光绪年的萧疏和荒寒。虽然市场拥挤不堪，显得乱糟糟的，但也透射出早期宁边市场的繁荣景象。

作为昌吉县城的宁边城，曾经有过兴盛的时期。纪陶曾经赋诗 写过昌吉市场卖鱼的热闹景象。《昌吉县乡土志》的作者也曾写过昌吉县城手工特产及贸易等情况。据史料记载，昌吉县城繁荣时，全县人口达2 768户，9 810人。1949年后，昌吉县人口增多，城区扩展，宁边城城墙基及护城河沟上平地盖房，大部被毁。如今，在老粮仓旧址有一段残垣断壁，即当年的宁边城，它是200多年来昌吉历史的见证者，已被有关部门保护。

昌吉古城位于昌吉市园户村东北角，老县城东侧。清代我国西域学名家徐松与李光廷认为该古城为唐代的张堡守捉，而新疆社科院的专家薛宗认为是唐轮台城。正城墙夯筑，破坏严重，面积约 66 万米 ^{2}。昌吉古城是唐代“丝绸之路”新北道与北庭都护府同时期的沿途建制城池之一，一直沿用至宋元，是“丝绸之路”研究和北庭学研究的重要实物依据。

昌吉古城遗址（http://blog.sina.com.cn/u/3968687146）

现在的昌吉市是昌吉回族自治州州府所在地。全市总面积 8215 平方公里，建成区面积 60 平方公里，总人口 53 万，下辖 8 镇 2 乡 6 个街道办事。先后荣获国家卫生城市、国家园林城市、中国优秀旅游城市等多项国家级荣誉。昌吉市正在实施“花儿昌吉”一号工程，“两清两美一绿”三年行动（2016—2018 年），即清新空气、清洁水系、美丽乡村、美丽社区和绿化美化行动。昌吉将成为活力创新和生态宜居的现代化城市。

芦草沟驿

1．爬梳芦草沟

清代的昌吉县地界比现在大得多，包括现在的昌吉市和呼图壁县。《新疆图志 · 建置志》记载，当时有 51 个村庄，其中大部分地名随着历史的变迁已湮没无闻，仅有少数地名至今还沿用着，如三工、五十户、军户、佃坝、芦草沟、头屯河等。

在西北地区，特别在新疆的天山北麓一带，土地辽阔无际，在尚未开发以前，遍地是芦苇丛生的沼泽地带，垦民们以地理为特征，多取名“芦草沟”。

昌吉的芦草沟驿，为清代后期著名的驿站。

昌吉芦草沟曾经有一座故城。故城位于昌吉宁边城15公里处，此城建于清乾隆四十二年（1777年）屯田发展期间，驻有千总一员，管理屯田。城堡内建有千总衙署一所，仓廒（即粮仓）一所，民居错落，史称“芦草沟屯所”。

《新疆图志》载，昌吉“芦草沟在罗克伦西五十里，东距昌吉县治七十里”。

西北史地学泰斗徐松撰的《西域水道记》载：“芦草沟（在昌吉县城西四十里，户一百八十五，屯田五千五百七十二亩，岁额徵粮五百三十五石五斗二升四合三勺）。皆乾隆四十二年建，各驻千总一人。”

《钦定新疆识略》载，自乾隆三十七年（1772年）起，清政府曾在芦草沟设屯田点，将一批遣犯和居民安插于此，至乾隆六十年（1795年）时，已有屯户496户、屯民1 334人。至道光二十一年（1821年），这里已开辟田地50顷13亩，俨然成为新疆一大聚落。

《新疆图志》记载，罗克伦河“八里芦草沟（有旧堡，堡外小店一，民居一）”。

又载，巩宁驿“以西九十里至宁边驿（昌吉县属，昌吉县旧治曰宁边城，故名。洛克伦河在其东，过河四十里曰芦草沟，设腰站）”。

芦草沟，在文献里之所以没有记载其驿站安设，就因为它一开始只是一个腰站，当纪晓岚考察并写了“鳞鳞小屋似蜂衙，都是新屯遣户家”一诗；当西北史地学泰斗徐松撰在《西域水道记》里记载了芦草沟；当林则徐、国梁、赵钧彤、洪亮吉、黄文弼、谢彬等巨擘抒写了芦草沟后，其地位就有点不同凡响了。芦草沟，再也不是一个普通的腰站了，它比一般驿站显得更重要。

民国六年（1917年）四月二十六日，北洋财政官员谢彬途经芦草沟的，他在《新疆游记》里记载道：“芦草沟，有废堡，东西门墙，今尚岿然。其东门外，夹道有二民居。”

2. 芦草沟历史文化钩沉

芦草沟屯所是昌吉地区重要的屯所之一。自乾隆中叶起，清政府在这里安置了大批遣犯和垦民，在此开辟了大量土地，根据《清实录》载，乾隆三十五年（1770年）至咸丰十一年（1861年），在芦草沟屯所安插遣犯和垦民等180户，共垦地145顷43亩。

屯垦的扩大，带来了粮食的丰收。逐年除自给外，尚有大量积余。芦草沟是当时乌鲁木齐三所（另有塔西河和头屯所）中贮粮最多的屯所，截至乾隆六十年（1795年），芦草沟所仓30间，贮粮20 650余石。

同治战乱，垦民流离失所，田园荒芜。光绪十二年（1886年），由陕西、甘肃、山西、四川、直隶（河北）、山东、河南七省人犯流放新疆，一次遣戍976名，分别安置镇迪道所属县垦荒种地，其中，昌吉安插104户，有几十户安插于芦草沟、榆树沟一带。他们的后裔迄今尚在。芦草沟经200余年的辛勤开辟，将戈壁变良田，屯垦得以长足发展。昌吉今天的繁荣离不开他们最初付出的辛勤努力。

清廷统一新疆后，为管理发遣新疆的遣犯，于乾隆三十二年（1767年）设立头屯河屯，三十五年（1770年）设立芦草沟屯，三十六年（1767年）设立塔西河屯。到四十二年（1777

年）改为屯所。

在《三州辑略》、《清实录》等文献中，芦草沟屯所频频出现，并与天山北麓各县屯区并列，足见其在北疆屯垦地位的显著性。

《清实录》中常常提到芦草沟屯所。从乾隆五十四年(1789年)到咸丰十一年(1861年)，提到芦草沟屯所有30余处，除了绥来的塔西河屯所提到的最多之外，下来就属芦草沟了。

芦草沟屯所与北疆各县并列记载的也不少，如《新疆图志·赋税·户屯之制》记载道：

上不给籽种、牛具。一户三十亩，亩征租粮银五分，不征银者，以岁交细粮八升为额。其地则自伊犁、晶河、库尔喀喇乌苏至乌鲁木齐之迪化州、喀喇巴尔噶逊、头屯所、芦草沟、塔西河、阜康、济木萨、昌吉、绥来、呼图壁、巴里坤之沙山子、奎苏石人子，南路之喀喇沙尔，阡陌相接，大率以无碍屯工之隙地，拨令民间开垦，按利升科，永为土著。

足见这一时期，芦草沟屯所在庭州屯垦史上的重要地位了。

乾隆时代，《清实录》文字中多有“认垦民户”的数据记载。之后，只记载屯垦的进展情况。诸如“芦草沟所，开垦地三十亩，照例升科”等字眼。记载芦草沟屯垦进展情况最多的是嘉庆年间。看来，嘉庆年间是昌吉最祥和宁静的时期，没有战争，垦民专心致志地搞屯垦建设，日见村落密集，炊烟袅袅。

道光和咸丰年间，这种记载逐渐变得稀疏起来。

到了同治年间，芦草沟等屯所垦地升科的记载从《清实录》中完全消失，只字不提了。足见战争对屯垦的破坏程度是极其严重的。原来，史料记载：塔西河等三个屯所，在同治初年的北疆战乱中溃散，余众或逃亡避难，或结团自保，平日开荒种地，战时据堡自守。光绪年间，新疆建省，实行道府州县，三个屯所再未恢复。

如果当初没有芦草沟屯所的努力，昌吉的屯垦规模就会减弱许多。

一处地名，不断地被名流和行旅者提起，肯定是有它的历史文化价值所在。芦草沟屯所一来是昌吉重要的屯垦之地，二来这里建有城堡，是过往行旅者从迪化西去伊犁大道的必经之地、重要驿站。于是，这里曾经留下许多遣戍官员和仁人志士的足迹，可见于多种行记和史书。

有关芦草沟屯垦最早的记载是国梁。乾隆三十一年(1766年)，新疆同知国梁去景化(呼图壁）视察的路上，在大芦草沟休息时作《自宁边之景化小憩大芦草沟》诗一首：

刈秋田径出，晴望正凄迷。
野阔远山尽，天空高树低。
芦深摇翠雪，溪涨漉红泥。
小憩为佳耳，斜阳看又西。

作者看到了割麦人从田径走出来，正手搭凉棚向远处张望。原野辽阔，天高树低，芦苇在婆娑摇曳，溪流在哗哗流淌，多美的田园风光图啊！作者只顾欣赏，不觉斜阳西下，竟忘了赶路！

清代大学士纪晓岚，于乾隆三十六年（1771 年）二月返京途中，回顾昌吉芦草沟屯垦的情景，在《乌鲁木齐杂诗·民俗》篇中描述道：

鳞鳞小屋似蜂衙，都是新屯遣户家。
斜照衔山门早掩，晚风时袅一枝花。

诗下自注中写道：“昌吉、头屯及芦草沟屯，皆为民遣户所居。”此诗的大意是：居住在芦草沟和头屯河一带的遣户小泥屋密集得像蜂窝一样。夕阳落山时，遣户家的柴门紧闭。一阵儿晚风吹来，委婉的歌声如南吕宫曲《一枝花》一样优美。

乾隆四十九年（1784 年）二月二十八日，谪戍新疆的举人飞入仕和唐山县知县赵钧彤，于建堡后七年途经这里，明确记载这里有千总，是率领屯兵的官员；堡西门外有塘，即军塘，设军塘夫，传递文书。

流放伊犁的流人赵钧彤在《西行日记》里记载：“又二十里至小芦草沟，有城，驻千总，领屯兵，西门外有塘。”

赵钧彤所记之“有城”，即《清实录》中记载的“芦草沟堡”。

被誉为西北史地先驱的清代学者祁韵士，因事被谪戍伊犁，于嘉庆十年（1805 年），经迪化西行至昌吉县。他在《万里行程记》中记载道：“西行三十里至小芦草沟，又四十里至大芦草沟。”其小芦草沟即芦草沟所，大芦草沟可能是今呼图壁二十里店。

道光二十二年（1842 年）十月十八日，林则徐一行一早从昌吉南门出城，从南门外十字口西行。10 里后到榆树塘，又走了 30 里为小芦草沟，此处有小土城一座，已年久失修，城内只有少数居民，俱为屯民后裔，应为乾隆时之民屯和遣屯之所。而屯城外芦草遍地，去伊犁人员、车马大都由此绕城而过。城西有河一道，宽数十丈，也因冬季干涸，只留少量流水，即为洛克伦河（即三屯河）。林则徐在《壬寅日记》中记载道：“十八日，癸巳。晴。辰刻行，十里榆树塘，又三十里小芦草沟，又十里大芦草沟，又十里榆五，为食而行。”林则徐一行在此涉河而过。

10 里后为大芦草沟，此处芦草之多，真可谓芦草沟也。

林则徐随身带有《阅微草堂笔记》，对纪晓岚笔下的新疆风物熟记无遗，每到一地都要以前人记述对照验证一番，这也是他的一种习惯。

过了大芦草沟，再走 10 里到榆树沟，此处榆木茂密盘根错节，路旁有小店数家，就停车在此做饭。

三年后，即道光二十五年（1845 年）正月十一日，林则徐奉命赴南疆勘查荒地，从伊犁起程，再次路过芦草沟屯所，他在《壬寅日记》中记载道：“又十五里芦草沟，有土城，此数处居民俱盛。”足见，自乾隆二十三年以来，经过 80 余年的努力，芦草沟的屯垦建设已初具规模，并成为行旅者西行途中的一个重要驿站。其土城正是乾隆年间由屯兵和遣犯所筑的芦草沟屯堡。

民国十九年（1930年）七月八日，考古学家黄文弼与地质学家丁道衡一同由迪化来到昌吉。时值傍晚，黄文弼考察了昌吉古城遗址。夜里住在南关旅店。第二天清晨，黄文弼冒雨离开昌吉县城，向西面而去。他记载了芦草沟所见："7月8日，早7点发昌吉，向西偏北行。田舍相望，微雨，风大。余坐车中。9点10分过沟，有古址，过此入戈壁。坑沟纵横，疑昔为河滩，多芦草故名。"中午到了榆树沟。榆树沟当时有农户数十家。在这里，先到一步的丁道衡将废墟中捡的瓦片交给黄文弼鉴定。黄文弼观察后，认为是清军平准噶尔时的兵士屯庄，如头屯河或芦草沟，皆当时的屯田之所。事实证明，黄文弼当时的判断是正确的。芦草沟的确是乾隆年间昌吉地区的屯田重地之一。乾隆四十二年(1777年)筑芦草沟屯堡，先驻屯兵，后有民屯，至嘉庆九年（1804年），已垦地3 540亩。由于战乱，到民国六年（1917年），芦草沟屯堡已成废墟，东西城墙犹存。

景化驿

1. 爬梳景化

据《清史稿》记载，乾隆二十二年（1755年）设洛克伦巡司。二十八年移驻呼图壁。二十九年筑城名景化，为巡司治所。光绪二十九年（1903年）升县丞。驿二：宁边、景化。卡伦五。呼图壁卡伦一。台四。有大回庄四。呼图壁分区二十六。

《新疆图志》记载："呼图壁，原名景化驿站。"

《新疆图志》又载：自宁边"九十里至景化驿（呼图壁属，设巡检，旧治曰景化城，故名）"。

景化"城东十里头工，二十里三十里墩（居民四五家），三十里横水桥，接昌吉西境官道（据昌吉城五十七里）。城西二十里五工台（居民十余家），十里乱山子（居民五六家），三十里大土古里(即图古里克。乾隆二十年参赞策楞奏，贼党阿巴噶斯于图古里克拒守是也。东有戈壁，约二十余里)，五里干河子，五里出境接绥来东境官道（距绥来属乐土驿二十里）"。

《三州辑略·台站门》记载："昌吉县管理西路二驿，宁边驿（东至巩宁底驿七十里，西至景化驿七十里）驿书一名，马夫二名，马五匹；景化驿（西至乐土驿六十里）驿书一名，马夫二名，马五匹。"

有呼图壁台（西至玛纳斯所属土古里克台六十里），乾隆二十七年以前安设，有"委笔帖式一员、外委一名、字识一名，兵丁十四名、马三十匹、车三辆"。

有呼图壁塘（至土古里克塘五十里），安设"兵丁五名、马五匹"。

《新疆图志》载：清代光绪二十八年（1902年）列表，景化驿有驿书一，马夫七，马匹十四，月支薪粮、工粮、料草、油烛、纸张等项六十二两四钱，岁支六十八两九钱五分。合支经费银八百一十七两七钱五分。

景化的驿站、军台、营塘齐备。

《新疆图志》载：自洛克伦台"一百里至呼图壁台（西域图志作呼图拜克台）"。昌吉塘“一百里至呼图壁塘”。

民间传说，呼图壁曾经是蒙古人居住的地方。有个名叫呼图壁的蒙古大喇嘛传教路过此地时归真了。从此，各地蒙古人年年来此，向呼图壁祭祀朝拜。久而久之，这里就自然被称作呼图壁了。

呼图壁曾经有座故城，南北长800余米，东西长400余米，其规模居该县诸城之首。据考证，此城是元代盛世时，蒙古人修筑的“古塔巴故城”。呼图壁，正是“古塔巴”的转音。

2. 景化历史文化钩沉

赵钧彤于乾隆四十九年（1784年）二月途经呼图壁，他在《西行日记》里记载道：

初八日，发昌吉县。至呼图壁九十里。

晓发，出县郭，与驼群并。驼牵尾联鼻，一行辄数百，背载箱捆，或兼负小骆驼，商人靴帽，亦骑驼，皆兴贩赴伊犁。十里渡河，河流急，即图所载之洛克伦河，西岸人数家，植高木牌，题曰：洛克伦军台。东至鄂伦拜星底台，七十里。西至呼图壁台，八十里。口外军台，近城者为底台。鄂伦拜星底台在乌鲁木齐城南，乃由迪化走辟展之底台。又二十里至小芦草沟，有城，驻千总，领屯兵。西门外有塘。又十五里至榆树沟，人七八家。憩且食。榆树沟多小榆树，远望如蒿菜。沟以东至昌吉河。凡庄屯多种树，河滩尤茂密。复行，旋渡河，即图所载之呼图壁河，旺急如洛克伦河。两岸多牧群，一鞭驱千百，皆牛羊，而羊多盖十之七。又二十五里至大芦草沟，亦有塘，无城无商民。又二十里至呼图壁，亦土城，然阔大，多起楼。城南起近山，东西卧，映衬诸远山，与城相注，其风景差文秀。城左右皆庄屯，烟气涨天。盖以东抵昌吉，其九十里仍无旷土，云呼图壁军台。

其城即景化城，有千总领屯务、台站。有巡检，司理词讼，管粮务。兵商民数百家。客舍在南郭，郭中置驿，驿题牌曰：景化驿。仍属昌吉县。关外过安西，凡文报旧军台，竟南路无驿站。故洛克伦台记道里，仍南接南路台。北路设州县，复设驿，驿与台交相济。然递送各专司，此新疆邮务也。

乾隆六十年（1795年），流人陈庭学从伊犁“赐环”东归时，在庭州大地几乎县县留诗。他在呼图壁也留诗两首，第一首为《图古里》：

边县城东路，青葱遍土膏。
腰镰新麦获，戴笠旧农劳。
野水涵粳稻，溪风香艾蒿。
犊归斜日晚，鸟去片云高。
旅迹投孤堡，尘襟付浊醪。
轻阴幂残夜，数点雨萧骚。

图古里，今为土古里，在呼图壁县境内。陈庭学从玛纳斯县城出来，在东去的路上，看到路边肥沃的土地上，长满青翠葱郁的庄稼。农民戴着草帽，收割着已经成熟的冬麦。山水浇灌着稻菽，小溪在潺潺流淌，风儿送来一阵阵艾蒿的馨香。夕阳中，牧童吆喝着牛，牧归而回；山鸟远走高飞，只留下几片彩云，高高地悬挂在空中。旅途中，常常有投宿孤堡的情景。释回者以酒排遣寂寞，衣襟往往被浊酒沾湿。有时，阴云笼罩着夜，天上淅淅沥沥落下一阵雨来。

第二首为《呼图壁》：

苍茫夜色送归程，绿满原田一望平。
空外雷声何处雨，云中日气半天晴。
边山似马常奔赴，远树如人更迭迎。
前路长官经年换，城临河岸记分明。

诗中“前路长官”，当指昌吉县知县。自陈庭学赴戍路过此地到归来的 13 年中，知县已换 13 人。此诗是一首描写呼图壁初夏风光的七律。诗人用“苍茫夜色”、“绿满原田”、“雷声”、“雨”、“半天晴”等词语来描写归程中的沿途风光和田园景色。尤其是第三句，把山比作马、把树比作人，一个在奔驰，一个在不断交替，像在欢迎过路的人，动感十足，形象生动，是神来之笔！

原户部主事、乾隆进士祁韵士因事于嘉庆十年（1805 年）谪戍新疆伊犁。他于六月途经呼图壁，并在《万里行程记》里记载道：

西行三十里至小芦草沟，又四十里至大芦草沟，再二十里呼图壁，巡检驻此，有土城，多水田，禾稼遍野，饶有生趣。

西行六十里至图古里克，俗呼土葫芦。西行过一河，河中有鱼。

浙江湖州知府的嘉庆举人方士淦因事被清廷革职，于道光六八年（1828 年）遣戍伊犁。途经呼图壁县时，他在《东归日记》里记载道：

“四月初一日，七十里住呼图壁，有城，有文武员弁。署巡检王冈之，安庆人，留住一日，索书‘景义园’方丈大字。”

道光二十二年(1842 年)十月十八日，林则徐一行来到呼图壁。林则徐在日记里记载说，此处也是土城一座，名叫景化。此城比昌吉小，市场也无昌吉繁华。有一名巡检驻此。旧巡检孙继无（浙江人），新巡检范围俱在迪化未回，但孙巡检已遣丁在此接待俱膳。林则徐一行就在军台落脚，并在军台中食宿。军台招待颇为丰盛，牛、羊、鸡、猪肉俱全，唯蔬菜缺少。因新疆各地冬季天寒地冻，蔬菜难以保存，有些蔬菜就只有在秋后初冬之季储藏于地窖中，便于冬天食用。林则徐见呼图壁城西土地广阔，水土丰盈；尤以城北草木茂密，平畴千里，一望无际，真是屯戍的好地方。林则徐见到西域有如此广阔好地可以开发，不胜惊喜。

十九日早晨，林则徐一行等从呼图壁城出车西行，城西又遇河一道，颇为宽阔（即呼图壁河），车马仍涉河而过。

20里后到五工台，此处也为屯戍之地，路边有小旅店可供食宿。在此停车小坐片刻后，林则徐一行继续西行。天气虽寒冷，但风力不大，尚可忍受。

过此20里为乱山子，再行20里到图古里克军台（军台为清代专设在新疆和蒙古两地的邮驿，管理和进行军政文书的传递）。此处俗名土葫芦，向为宿站，由呼图壁至此共为60里，据车夫讲，过此地后再无住宿之处。也因到此已是下午，就在军台住下，此处仍为呼图壁县境内，所以孙云卿仍遣丁在此为林则徐俱膳，以尽地主之谊，不能不说是对林则徐的尊重之情，使林则徐深为感激。图古里克向为宿站，又有军台，过往商旅迁客大都要在此停留。

林则徐在《荷戈纪程》里记载道：

十八日癸巳，晴。辰行，十里榆树塘。二十里小芦草沟。十里大芦草沟。十里榆树沟，为食。又二十里为二十里店。二十里呼图壁，宿，有土城，名“景化”，巡检驻。虽云九十里，实有一百里长。

十九日甲午，晴。辰行。二十里为五工台，小坐。二十里乱山子。二十里图古里克，俗呼土葫芦，仍呼图壁巡检辖。此站只六十里，向为宿站，缘过此则无住处矣。

谢彬于民国六年（1917年）四月途经呼图壁，他在《新疆游记》里记载的呼图壁，最有概括性：

二十六日晴。上午八时，发昌吉，西北行。

徐知事、杨游击，分途送于郊。八里，过三屯河，即洛克伦河东支之入白家海子者，现无水，迤北有庙。四里，小西河。十里，洛克伦河正流，皆无水。洛克伦河有二源，一出孟克图岭，一出格珊图山，东北流，经昌吉城西，折西北流，会于呼图壁河。

……十二里，过横水桥，入呼图壁县佐境。三里，三十里墩，居民数家。二十里头工。十里，呼图壁南关，住。是日行九十里。

沿途树木入眼不绝，不似哈密迤东西弥望戈壁景象。城周约二里，筑于清乾隆时，城垣塌颓，衙署卑小，县佐于采芹，发辫尚垂垂也。城内荒凉，商务皆在南关，大小商店七十余家。辖境民居，回事以前，二千余户，今仅千六百余户。南山有俄籍哈萨克数幕，偷牧其间，驱之不去，屡起交涉，闻持有前昌吉知事匡时私照，咄咄怪事。匡前年以言国事为杨督军枪毙，其罪状未识加入此款否。城西呼图壁河上流金厂沟，昔时采金之夫，恒数十人，近以产金甚微，成色亦低，无人过问。

呼图壁元古塔巴地，清乾隆时，筑景化城，清末设县丞，民国因之改县佐。其辖境东西一百五里，南北七百余里，领庄二十五，其民汉、缠、回、哈四种杂居，汉、缠最多，哈萨最少，回民则皆河湟户也。其俗鄙吝，然好稼圃，孳畜产，故多小麦稻粱蔬果，繁畜牛羊，俨然西路一县治也（按：现已升为县）。

二十七日晴。上午七时，发呼图壁，西北行。道左有坟园，杂树丛蔚，幽整可观。八里，渡呼图壁河，源出松山之阴，北流经呼图壁城西，折西北流，会罗克伦河，又西北注于阿雅尔淖尔，河幅颇广，滩石撼车。十二里，五工台，农民十余户。十里，乱山子，居民四五家，过此行旷野中。

原全国政协副主席、轻工业部长李烛尘曾于民国三十一年（1942年）率团考察西北盐碱，十二月二十七日途经呼图壁，在其《西北历程》里记载道：

廿七日晨八时……初经昌吉、浮图壁（即呼图壁县，原为昌吉县地）一带，沿途随处有田舍人家，颇现富庶。不过家徒四壁者，亦不少，相传为马仲英扰新之结果。此种互相仇杀之风，甚为可怕，以前新疆每隔数十年，即互相屠杀一次，现六大政策主张民平，显见已收一时之效果。希望相亲相谅，不要历史重演。

宣统末年（1912年），被称作二十世纪前期中国“唯一女飞行家”的林鹏侠女士游历新疆，在其《新疆行》里记载呼图壁道：

沿岸土壤概为黄土，土层膏润，土质肥腴，惜因地广人稀，水利未修，已垦荒地面积只五万市亩。农产以小麦为大宗，大麦、荞麦、高粱、玉米、芝麻、豆、烟叶等次之，瓜果以桃李著称，全年所产，差堪自给。牲畜以羊为大宗，牛、马、驼次之，年共产十八万余头。呼河除利灌溉外，其上游之金厂沟又盛产砂金，清时曾经土法开采，颇著成效，盛时金夫达数千人，民国后则沉寂无闻。

现在的呼图壁县城就是在景化城旧址发展扩建起来的，总面积9 518.45千米^2，人口205 560人，辖6镇、2乡。与驿站有关的烽火台，呼图壁县有五座，其中位于五工台镇和二十里店镇的两座烽火台相距不足10公里，一座是唐代早期的，另一座是清代晚期，年代相距近1 000年，被列入国家级文物。

乐土驿

1. 爬梳乐土驿

乐土驿，地处天山北麓，准噶尔盆地南缘，是古代丝绸之路新北道上的一个重要驿站。

《三州辑略》记载，乐土驿（西至靖远驿七十五里），于乾隆四十四年安设，有“驿书一名、马夫二名、马五匹”。

据《新疆图志》记载，乐土驿不光是古丝路北道十二驿站之一，同时还设有“图古里克（军）台”和“图古里克（营）塘”。图古里克台（西至玛纳斯底台七十五里），于乾隆二十七年安设，有“委笔帖式一员、外委一名、字识一名、兵丁十三名、马三十匹、铁车三辆”。图古里克塘（至玛纳斯塘七十五里），安设“兵丁五名、马五匹”。

据《新疆图志》记载，自塔西河堡“二十五里乐土驿（商廛二十余家。有支路，北行三十余里至上阳渠庄，分路一北行二百余里达呼图壁之黄草湖，一西北行，达治北之五岔），二十里深沟（有支路，南行五十余里，抵南山之无量庙），接呼图壁西境官道（距呼图壁城七十里）。”

《新疆图志》又载，清代光绪二十八年（1902 年）列表，乐土驿有驿书一、马夫六、马匹十二，月支薪粮、工粮、料草、油烛、纸张等项五十四两六钱，岁支五十九两一钱。合支经费银七百一十四两三钱。

驿站北 3 公里的地方（在今东馆地村和下庄子村）驻有屯垦戍边军队。由于驿站的设立和军队的驻守，使得乐土驿这片土地有了空前的开拓、安乐与稳定。

来来往往的商客信使路过乐土驿都要投宿歇息。随着古道上来往的人逐渐增多，当地居民便在古道旁开设客栈，供往来客旅食宿，这便是乐土驿古镇形成的最早雏形。

当时的运输主要以骆驼、马帮、驴帮、勒勒车为主，来往的客商和官家运输队都要在乐土驿古镇上停歇。每到黄昏时分，各路商旅，运输队纷纷住进乐土驿古镇，古镇上便出现了骡马的嘶叫声、叮咚的驼铃声、商铺店主的吆喝声等，与扬起的尘土混杂在一起，形成一片繁华的情景。

2. 乐土驿历史文化遗存

在历史的官方文献记载中，很少有乐土驿的记载，然而，历史却为它留下了一个诗一般的名字——乐土驿。

“乐土”一词，出自诗经中的《国风·硕鼠》：此诗是古人所描绘所憧憬的一种理想化的生活境界，然而曾经处在苍凉、蛮荒时期的西域，是谁赋予了这方土地如此美妙的名字？

正如诗句中所说的那样，有许许多多的人在故地总是有这样或那样的苦难、辛酸、饥馑、憋屈，或被苛捐杂税和天灾人祸压得喘不过气来，在迫不得已的情况下，只好发誓离开故土，出关西去，最终走过乐土驿时，发现此地特别适宜人居，又无苛捐杂税，便停住了脚步，垒起锅灶，升腾起炊烟。然后，便有了古镇、村落，田禾，有了鸡鸣狗吠。

乐土驿，在历史上曾经叫“土古里克”、“土古里”，它包括如今呼图壁县的大丰镇、雀尔沟镇，玛纳斯县的包家店镇、塔西河沟。

据清代陈光炜编撰的《呼图壁乡土志》记载：

本境景化城，西经大土古里七十五里与绥来接壤。……白格达南小土古里，距城四十里。……又西度戈壁至大土古里，距城七十里。大土古里南五畦，距城七十里……

呼图壁河，……居民引渠溉田，曰昌盛渠。又北东分大渠，曰头工梁渠。又北西分支渠，曰土古里渠、乱山子渠……

土古里克河，有二源，皆出治西南三百里雪山之阴，北流数十里左右皆旱地。又北四十里出三石门，近图分中、东、西三石门。又北左曰东沟，右曰西沟，土人所谓鹊儿东沟鹊儿西沟也，夹沟皆矮土山，山下多清泉注之。又北，两沟间有古拱拜回子坟数十百冢，回子及岁时，远来致敬犹诵经踯躅而去。又北二沟合流曰土古里克河。又北流红山峙，其西山顶及麓皆建寺，寺南歌台一所，岁丰户民赛神其间。又北出山，四望平阔，东为三畦、四畦、五畦，承平时皆大土古里村落，在驿程南者。又北逾驿路经土古里稽查卡西，又北灌头畦、六畦等地，又北渗入沙漠。

乐土驿，由于有塔西河和雀尔沟河等支流汇在一起的图古里克河滋润，水草丰美，树木成阴，土地肥沃，稼禾遍野。从南山脚下一直到黑家塘境内，生长着大片胡杨林、榆树林，青草遍野，流水纵横，营造出一个有史以来适宜人居的理想家园。

唐时，由于军事、政治的需要，朝廷非常重视和西域诸国的政治、经济、文化上的交流来往，在西域交通要道上每30里设一个驿站，驻扎军队，以保证交通运输和“丝路”畅通。由此，乐土驿便由一个简易的客栈被官家设为驿站。

乾隆三十四年（1769年），清政府平定了大小和卓叛乱、完成了统一新疆的大业后，为了保证通信和军需物资运输的畅通，在新疆各交通要道上又设了军台、营塘，加强各驿站的守护力量。清政府并实行屯垦政策，使西域居住人口陡增，尤其在古道两旁各驿站，军队驻地和城镇的人口也增加不少，商家客旅、官吏信使的来往更加频繁。由于军事、交通、政治往来，经济贸易上的需要，清政府扩大了对乐土驿驿站的建设。驿站内设有驻守军队，道路两旁建有客房、伙房、停车场院、马厩、骆驼圈等，驿站内有管理人员12人，备快马12匹，来往官驿换乘马拉木轮车两辆，驿站北3公里的地方（在今东馆地村和下庄子村）驻有屯垦戍边军队。驿站的设立和军队的驻守使得乐土驿这片土地有了空前的开拓、安乐与稳定。

来来往往的商客信使路过乐土驿都要投宿歇息。随着古道上来往的人逐渐增多，当地居民便在古道旁开设客栈，供往来客旅食宿，这便是乐土驿古镇形成的最早雏形。

当时的运输主要以骆驼、马帮、驴帮、勒勒车为主，来往的客商和官家运输队都要在乐土驿古镇上停歇。每到黄昏时分，各路商旅，运输队纷纷住进乐土驿古镇，古镇上便出现了骡马的嘶叫声、叮咚的驼铃声、商铺店主的吆喝声等，与扬起的尘土混杂在一起，形成一片繁华的情景。

清代初始，玛纳斯为准噶尔部的游牧之地。蒙古人在此居住了400余年。当时蒙古人“不建城郭宫室，居无定向，惟顺天时，逐水草，牧牛羊以度岁月，故无居，随处设帐房铺毡罽，不避寒暑，坐卧于地……”

从乾隆朝开始，玛纳斯大规模的屯田后，“移驻眷兵，商民日聚”，人口渐繁。玛纳斯屯田初为兵屯，后有民屯、遣屯。此地渐渐成为新疆北路主要屯田区之一。由于屯田，许多移民带来了内地的农业技术，使一向以牧业为主的玛纳斯，从此走向农业发展的康庄大道。

当时，《清实录》辑录的塔西河屯所的屯垦情况，竟多达40余条，为北疆之最。而塔西河屯所的屯垦好坏，都和它身边的乐土驿息息相关。

民间传说，乾隆三十三年（1768 年），清廷大学士纪晓岚流放新疆，他在察看朝廷屯田政策实施情况时路过乐土驿，见乐土驿这片土地上古树成林，水草丰美，稼禾遍野，古镇上店铺鳞次栉比，人来人往，不由赞叹道："自入西域，一路上历尽戈壁风沙，荒野百里，火焰极稀，不曾想此处竟有如此美妙之处，真是一片乐土啊！"此言被当时的绥来知县所记，为讨好这位皇帝身边的重臣，便下令将驿站改为"乐土驿"。由此，乐土驿这个地名一直沿用至今日。乐土驿这个地名有双重含义，它一来是丝路北道十二大驿站之一，二来是一古镇村落的地名。

清乾隆三十八年（1773 年），清政府设绥来县，土古里克（乐土驿、包家店、大丰镇）正式并入绥来县的管辖之内。

乐土驿古镇发展到清代时已初具规模。古镇占地 120 亩左右。古道从驿站中央——由东向西横穿而过，进入驿站两头各设卡伦，以查验边关文书、军需物资等。

同治三年（1864 年）七月，回民起义，昌吉、奇台、木垒、玛纳斯等地回民揭竿响应。这样一来，清政府在新疆的统治几乎全部被摧毁。

乐土驿周围的屯田军队也撤走许多，一部分有家室的军官转入民屯，成为当地的庄户人家。驿站虽然在乐土驿古镇军民的保护下没有受毁，但清廷对新疆境内各交通要塞已无力保护，使乐土驿古镇的经济受到挫伤。

次年六月，浩罕匪首阿古柏入侵新疆。在进入玛纳斯县城时，阿匪军没有遇到抵抗。阿匪军一路杀来，洗劫了乐土驿古镇，捣毁、焚烧了乐土驿驿站。驿站古镇经三天的战火焚烧后，只剩下残墙断壁。

阿匪军与其帮凶妥逆死守着玛纳斯南城不放。

据《新疆图志》记载：（光绪二年）七月十五日，新疆省军、伊犁军、地方民团会同西征军将玛纳斯南城团团围住。当时，在乐土驿古镇、鲍家店等地人喊马叫，驻满了军队。军队要吃饭，要购粮和其他军需品，乐土驿古镇村落、鲍家店、塔西河等便成了军队的重要供需地。

经过两三个月的攻坚战，会师部队毙贼 3 000 余名，官军阵亡 500 余名。九月二十一日，会师部队终于攻克玛纳斯南城。至此，西征军彻底平息了阿古柏入侵者的叛乱，消灭了盘踞在玛纳斯县在北疆的最后一个据点，使新疆又重新回到人民的怀抱。

光绪四年（1878 年），清政府在新疆成立了善后局，招民垦荒，恢复农业生产，招抚流散人口，妥善安置，拨给农具籽种，认垦土地，使各地的屯垦得以恢复。

在善后局的统领下，乐土驿古镇的面貌得以快速恢复，原来由军屯转入民屯的东馆地的王家、文家、张家、郑家都纷纷协助地方官府招募流民，安抚灾民，使乐土驿古镇的屯垦各业快速得到发展。

由于局势得以稳定，虽然乐土驿驿站被毁，清政府也没有重新恢复，但古镇上的商户依然傍依着古道，重修商铺客栈，恢复了往日的生意。

光绪二十九年（1903 年），呼图壁县成立，乐土驿归绥来县官辖，这才将大丰镇定名为"土古里克”，不再含乐土驿和包家店了。后来，人们把土古里克称为“土葫芦。”

3. 名流笔下之乐土驿

原任唐山知县的乾隆进士赵钧彤因事被清廷谪戍伊犁，于乾隆四十九年（1785 年）二月途经土古里克（乐土驿所在地）。他在《西行日记》里记载道：

初九日，发呼图壁，至土古里克，五十里。

晓发，约十里渡河。河流凡三四，散漫无高岸，盖即土古里克河。而东近呼图壁，接河开广，滩沙石黯黑，顿无树草，亦惟骆驼刺如戈壁间。但四远望，犹见村庄耳。至腰站，日甫巳，有小土堡，门起楼，而无堞民屯也。憩复行，仍石滩路，呼图壁城南山逶迤，西走如翠步障，其外诸远山，带积雪出。近山上，若与路望，其风景仍不恶。至土古里克台，日甫未。台以东四五里出滩路，渐有草树并庐舍田亩焉。土古里克亦军台，仍昌吉界。商民数十家，无城堡，然亦有巡检司。村东有塘，题路牌曰：东至呼图壁五十里，西至塔西河六十里。塘侧即军台，亦有路牌，乃谓至呼图壁六十里，而西至玛纳斯实九十里，乃谓仅七十五里。新疆驿程传写不同，大概以此。故呼图壁至腰站二十里，而或以为二十五里。腰站至土古里克三十里，而或又以为三十五里。从军台数也。而塘汛计道里皆经步量，与驿站同。故余记程途，皆本之，以规划云。

初十日，……三十里至乐土驿，人数家，属绥来，盖昌吉县界止土古里克。西又三十里至塔西河，土城有塘台，驻守备领屯兵。食复行，出西门数里渡河，按图即喀齐河，而塔西音讹耳。即渡，仍土滩路。途中遇牛羊几千头。二人持长鞭，骑驽马驱而东。其人皆牛膀靴，着碧色鞲衣，黄羊帽，高颧大鼻，掺蒙古音。先是在昌吉东已早见，中有妇女服饰等，男子但双发辫，其声音亦雌弱，皆边外降部，远来易货物者也。塞外诸部落，不习耕织，凡布帛茶觳，皆以畜易并他货。每春暖雪消，驱而来负而归，谓之贸易。闻伊犁尤多，皆哈萨克部。诸所易货，调从内地，岁有常额云。

流人赵钧彤从乐土驿走向塔西河的路途中，他看到了几千头（只）牛羊，看到了“皆牛膀靴，着碧色鞲衣，黄羊帽，高颧大鼻”，像蒙古人的牧民，此记载虽字数不多，但它却给今人提供了一个重要的文化和经济信息，使今人可以此推断出，当时的乐土驿一带，虽然以屯垦农业为主了，但畜牧业似乎还很发达。

原两广总督林则徐于道光二十二年（1842 年）十月二十日途经乐土驿，他在《荷戈纪程》里记载道：

十九日，甲午。晴。辰刻行，二十里为五工台，又二十里乱山子，又二十里图古里克，俗呼土葫芦。此站只六十里，向为宿站，缘过此则无住处矣。未刻至此，住军台内，仍呼图壁所辖。孙芸卿仍遣丁具膳。

十九日一早，林则徐途经五工台、乱山子，再行二十里到图古里克军台（军台为清代专设在新疆和蒙古两地的邮驿，管理和进行军政文书的传递）。此处俗名土葫芦。由呼图壁至此共为六十里。据车夫讲，过此地后，再无住宿之处。到此已是下午，林则徐便在军台住下。孙云卿遣丁在此，为林则徐俱膳，以尽地主之谊。林则徐深为感激。图古里克为投宿驿站，又有军台，过往商旅迁客大都要在此停留住宿。林则徐在日记里记载道：

二十日，乙未。晴。辰刻行，三十里乐土驿，小坐。又二十里塔西河，此地民居甚盛，闽中漳、泉人在此耕种者有数百家，皆遣犯子嗣。近来闽、粤发遣之人亦多分配于此，因在店中为食而行。十五里为鲍家店，树木颇多。又二十里绥来县城，在东关外军台住。此地旧名玛纳斯，今改为县，田土膏腴，向产大米，贩各处（大米每升约重四斤余，价四十文；豌豆每升重亦然，价二十二文），人物之繁，不亚于兰州。有南北两城，县令与副将驻北城，都司驻南城，县令黄（世安）在迪化见过。是日卸车，无人知觉，上灯后县署遣丁来邀赴署中住，辞之。

在此地，林则徐除了记载乐土驿，还记载了乐土驿周边的塔西河、包家店、绥来县城。如塔西河“民居甚盛，闽中漳、泉人在此耕种者有数百家，皆遣犯子嗣”；如包家店“树木颇多”；如绥来县城周围“田土膏腴，向产大米，贩各处。人物之繁，不亚于兰州”……乐土驿古镇不是孤立存在的。上述一切，直接折射着乐土驿，与乐土驿古镇的自然、人文、经济紧密相连，息息相关。

道光二十五年（1845 年）正月初三日，林则徐离开伊犁，去南疆八城考察水利，他途经塔西河、乐土驿，晚上住土古里克军台，由当地官员备饭。

林则徐在《荷戈纪程》里记载道：

初三日，乙丑。晴。病已见愈。巳刻行，文武均欲远送，固辞之，即在县署与众官接晤而别。三十里塔西河，有土城一所，居民百余家，驻千总一员；城东二里，有河一道，此时无水，皆成碎石滩矣。又二十五里为骆驼驿，居民数十户，有宿店。又二十五里俗名土葫芦，即图古里克军台，呼图壁巡检所辖也，范巡检（冈）遣丁在店中具膳。此数日俱极寒。

日记里记载的“城东二里，有河一道”。这条河应该是塔西河。塔西河现在土城西边，不知是作者笔误，还是塔西河改道或分支。如今已不好确定。作者在道光二十二年（1842 年）十月二日去伊犁的途中，在日记里写的是“乐土驿”，而在道光二十五年（1845 年）从伊犁返回到玛纳斯时，在日记里又写成“骆驼驿”，是两名并用呢？还是谐音造成的混乱，现已不得而知。

不知为什么，澳大利亚人、《泰晤士报》驻华记者莫里循于宣统二年（1910 年）四月至五月，从木垒到玛纳斯，一路全部拍摄的图片也不过一二十张，可他却在乐土驿及其附近的玛纳斯拍摄了数十张图片。

五月七日这天，莫里循拍摄的镜头之一是乐土驿古镇的一角，镜头中有马棚、民居，民居之后是一排高高的杨树。马棚边有马，也有人。

乐土驿——莫里循于 1910 年 5 月 7 日摄

镜头之二，除了远处的马棚外，近处有一个戴着皮帽、穿着长袷袢、坐在两根长长的粗木上的维吾尔族老人。看来，莫里循在乐土驿古镇过了一夜。因为，五月八日这天，莫里循又拍摄了乐土驿古镇附近的寺庙，村落里的庄稼地，还有长长的围着农户庄子的干打垒土墙和高高的榆树……

乐土驿人——莫里循于 1910 年 5 月 7 日摄

这些珍贵的照片，都收进了莫里循的《1910，莫里循中国西北行》大型画册中。

莫里循在考察完整个新疆南北疆后，只写了 12 篇报道，登载于《泰晤士报》上。

当莫里循走过丝路北道“苦八站”、“穷八站”，一路来到这“富八站”之一的乐土驿古镇，他一定会有一番感慨的。

20 世纪 70 年代初，乐土驿还残留着驿站遗址上的残墙断壁，烂砖破瓦，附近的古道还依稀可辨。当地人称这里是古代的“官道”。如今驿站痕迹早已远去，取而代之的是宽阔的高速公路和欣欣向荣的乡镇。镇里路平灯明，白墙红瓦的庄户人新居在绿树掩映下彰显出日子的富足与安宁；田野里，赤橙黄绿，风光如画，到处呈现出一派生机盎然的景象。乐土驿古镇已发生了天翻地覆的变化，成为天山脚下一颗璀璨的明珠。

绥来底驿（靖远驿）

1. 爬梳绥来

《新疆图志》记载，自乐土驿七十里至靖远驿（绥来底驿。绥来城北旧设靖远关，故名）。

玛纳斯境内，驿站、军台、营塘齐备。

新疆设驿站前，为军台营塘制。据《西陲总统事略》载，伊犁至塔尔巴哈台及精河有军台无营塘；精河至乌鲁木齐有军台有营塘；乌鲁木齐经巴里坤至哈密无军台有营塘；哈密至嘉峪关有军台有营塘。其中，玛纳斯台、图克里克台、呼图壁台均在清代设置的乌鲁木齐至伊犁沿途之中，成为丝路北道重要的军事、行政交通据点。换言之，清代玛纳斯始于清政府在新疆的台站设置，其主要职能也是沿袭了“远于置驲而传命置驿”之原则。

据《三州辑略》载：玛纳斯有副将管理军台四处，分别是土古里克台、玛纳斯底台、乌兰乌素台与安集海台。每一台设笔帖式一员，外委一名，字识一名，兵丁十三名，马三十匹，铁车三辆。依据军台与驿站的功能不同。

新疆建省后，“同光军兴，还定安集，开府置郡，而旧设之军台营塘，悉从省制改为驿站”。也就是说，建省后的驿道是建立在过去军用台站及民间商道的基础上，列为官道，沿途设驿，使新疆的交通网络更加完善。

在清代新疆驿站体系中，北疆的驿站网络建设较早，也较发达。清代北疆地区的驿站网络大致如下：

干线四条：一是从木垒经哈密至嘉峪关；二是从迪化经巴里坤至哈密；三是从迪化经奎屯至伊犁；四是从迪化经奎屯至塔城。

支线四条：一是从孚远（今吉木萨尔）至科布多（今蒙古国境内），再出科布多，经乌里雅苏台苏台（今蒙古国境内）、张家口，至北京；二是从伊犁到阿克苏；三是从巴里坤至哈密；四是从绥来至阿尔泰山南部地界。

绥来，地处由迪化西至伊犁、塔城的两条驿道上，这两条驿道都在绥来县穿境而过，往来十分繁忙。在此东西干道上，全县设有四个驿站，东起乐土驿，西行 70 里至靖远驿，行 90 里至乌兰乌苏驿站，行 120 里至安集海驿，再行即出县境，下接奎屯驿。乐土驿、靖远驿两驿站均设立于清乾隆四十四年（1779 年）。

光绪三十三年（1907 年），设立了一条从绥来县的靖远驿向北直通阿尔泰山南部边界的驿路。同年，该驿路共设立 7 处驿站，具体为：出靖远驿，北行 80 里至撞田驿，行 80 里至沙门驿，行 80 里至新渠驿，行 90 里至小拐驿，行 90 里至三岔口驿，行 100 里至唐朝渠驿，再行 100 里至黄羊泉驿，再行 100 里出县境至阿尔泰山南界。

这条驿路虽然穿盆地，过沙漠，更多风尘，但在清代后期和民国前期，却一直是驼铃声不绝，马蹄奔忙，成了输送阿勒泰、塔城给养的重要通道。

至此，北疆的驿站绥来辖绥来、靖远、乐土、乌兰乌苏、安集海、撞田、沙门子、新渠、小拐、三岔口、唐朝渠、黄羊泉，共 11 驿站。

《新疆图志》记载，清代光绪二十八年（1902 年）列表，靖远驿设驿书一、马夫七、马匹十四，月支薪粮、工粮、料草、油烛、纸张等项，六十二两四钱，岁支六十八两九钱五分。合支经费银八百一十七两七钱五分。其余如乐土驿、乌兰乌苏驿、安集海驿这三个驿站均为驿书一人，马夫六人，良马十二匹，年经费 714 两银。这四个驿站的年经费共计 2 959 两银。

除了上述 4 个驿站外，从绥来县城的靖远驿向北直通阿尔泰山南部边界驿路上的 7 个驿站，均设驿书一人，马夫三人，配良马六匹，年经费 403 两银。这 7 个驿站的年经费为 2 821 两银。

根据上述数据计算可知，玛纳斯县境内的 11 个驿站的年经费共计 5780 两银。

《三州辑略》记载，玛纳斯副将管理军台四处：

土古里克台（西至玛纳斯底台七十五里），委笔帖式一员，外委一名，字识一名，兵丁马三十匹，铁车三辆。

玛纳斯底台（西至乌兰乌苏台八十里），委笔帖式一员，外委一名，字识一名，兵丁十三名，马三十匹，铁车三辆。

乌兰乌苏台（西至安集海台七十里），外委一名，字识一名，兵丁十三名，马三十匹，铁车三辆。

安集海台（西至库尔喀喇乌苏所属奎屯台七十里），委笔帖式一员，外委一名，字识一名，兵丁十三名，马三十匹，铁车二辆。

——以上西路四台，系乾隆二十七年安设，至二十八年，每台设车二辆，嗣于三十七年，每台添车一辆。

据《新疆图志》记载，玛纳斯境内有营塘 4 处：

离县城八十里，有玛纳斯塘；九十里，有图古里克塘；一百一十里，有乌兰乌苏塘，八十里，有安集海塘。

同时，玛纳斯协营还管理着东路营塘五处：

迪化底塘（至昌吉塘九十里），兵丁三名，马三匹。

昌吉塘（至呼图壁塘九十里），兵丁六名，马六匹。

呼图壁塘（至土古里克塘五十里），兵丁五名，马五匹。

土古里克塘（至玛纳斯七十五里），兵丁五名，马五匹。

玛纳斯塘（至库尔喀喇乌苏所属乌兰乌苏塘八十里），兵丁五名，马五匹。

《三州辑略》记载，玛纳斯左右二营管理卡伦九处：

紫泥泉卡伦（距城一百四十里），外委一名，兵丁五名，马六匹。

呼图壁卡伦（距城一百六十里），外委一名，兵丁十一名，马十二匹。

牛庄子卡伦（距城一百八十里），外委一名，兵丁四名，马五匹。

安集海卡伦（距城一百五十里），外委一名，兵丁七名，马八匹。

玛纳斯山口卡伦（距城五十里），兵丁四名，马四匹。

岔口卡伦（距城三百二十里），外委一名，兵丁四名，马五匹。

头道河子卡伦（距城三百二十里），外委一名，兵丁四名，马五匹。

石小口卡伦（距城一百七十里），外委一名，兵丁五名，马六匹。

哈济克卡伦（距城七十里），外委一名，兵丁七名，马八匹。

从乌鲁木齐到伊犁 1 500 里，沿途设军台、驿站均 20 座（清末为 23 座），营塘 14 座。由乌鲁木齐到精河，军台与营塘基本一致，而与驿站有所不同；由精河到伊犁，军台与驿站基本一致，不设营塘。

左宗棠率军平定陕甘后进军新疆，清廷与新疆在西路的联系才得以恢复。但左宗棠在进兵时，已无台站可以利用。“无论驿站也好，军台也好，营塘也好，在历经变乱之后，大多数早已毁灭，房屋沦为瓦砾，马匹化为虫沙。”左宗棠只好采取一些应急措施，来专门递送文报。

战争平息后，左宗棠、刘锦棠等开始着手恢复新疆的台站。主要措施有二：一是大规模筑路修桥，改进新疆的交通状况，为台站体系的恢复打下基础。二是改进台站的设备，修造房屋，备置柴草，甚至组织商人到一些台站搭盖棚厂，和军兵交易。通过这些措施，基本恢复了新疆内部的台站体系。到新疆建省，全疆各地遍设州县，新疆的台站一律改为驿站，由地方州县负责管理，而不再由军队管辖。然而此时，传统的驿传体制即将走到尽头，并逐渐开始向近代邮政转化。

光绪末年（1908 年），绥来开设有线电报；又于宣统二年（1910 年）架设绥来至阿尔泰地区的线路。至此，以绥来地区为中心继站的电报线路建成。

随着电报和邮政的兴起，绥来地区的驿站亦逐渐销声匿迹。民国二年（1913 年）一月，北洋政府宣布，将驿站全部裁撤。

玛纳斯三道河子腰站——莫里循于 1910 年 5 月 9 日摄

2. 官大路拾遗

翻开清宣统元年（1911 年）的新疆省绥来县地图，就可以清楚地看到，有一条绥来县城通往西北方向的大道，这就是人们所称的通往阿勒泰的“官大路”。官大路从绥来县城靖远驿出西城门，途径大疙瘩、里墩、雷庄、下桥子、十户滩、撞田驿，经四岔口、老王庄、铁门坎、炮台、沙门驿，过兴隆口、龚家龙口至新渠驿，经蒋家龙口 、严家龙口至小拐驿，过中拐、大拐、马家龙口至三岔口驿，从此折向东北，跨呼图壁河至唐朝渠驿，绕过玛纳斯湖至黄羊泉驿，再向西行至清水峡、乌尔禾、阿山乌拉木，一路向西北方向，全程 385 公里。

据考证，经绥来县通往阿勒泰的官大路历时 5 年，于光绪三十三年（1907 年）修筑完工。民国二年（1913 年）五月，绥来县官驼局成立，专门负责运送驻防阿勒泰的省军粮草。

没有官大路之前，绥来县至阿勒泰也有民间长期走的路道。如铁门坎腰站，就是早期玛纳斯河边的古驿站。它东靠沙漠，西临玛纳斯河，为要塞之地，清代为淘金者从阿勒泰到迪化的宿营地。那时，此处常有强盗出没，所以人称“铁门坎”。去阿勒泰淘金的人必须从这条路经过。铁门坎有一家客店，依山面水。在官大路开通之前，这里方圆百里杳无人烟，所以，天黑时路过这里的行人必须在此住宿。凡是住宿的人，都是客店索财的对象。特别是从阿山淘金回来的人，更是这个黑店最主要的索财目标。金子少的人，可留下过路钱放行；金子多的人，往往是财失人亡。如今，从沙门子往西北进沙漠，过大平滩，穿红柳沟到胡杨沟，仍有木头房子的古驿站遗迹，大半已没入沙中。木房处有水井，是用青砖垒的井壁，现已无水，偶有到沙漠中拉柴火的人，扒几块青砖带回家。这里还是清代、民国时期偷种大烟的地方。沙漠中间辟一块地，四周种玉米、葵花，中间种大烟，神不知鬼不觉。

官大路至今已有 100 多个年头了。此路大致沿玛纳斯河北岸而行。一经畅通，驼铃叮当，马蹄匆匆，有吆车的、拉骆驼的、挑担担的、骑马的、骑驴的，也有背褡裢步行的……商贾驿传、官方要人、军饷粮草押运者等佳杂其中，络绎不绝。从关内、迪化到阿勒泰金沟河淘金者也在此道来来往往，不计其数。由此可见，这条官道是当时输送阿勒泰、塔城给养，以及商人、淘金者过往的重要驿道。

以前，到阿勒泰只有一条路，即从古城子到阿勒泰，人们要穿过号称“白骨甸”的将军戈壁，需走十天半月才能到达。漠道千里，荒无人烟，行人车马往返无歇息之处。复季骄阳似火，又缺水源。所以，建此官大路，由迪化运送军饷至阿勒泰是最好的选择。

官大路沿途设有 8 个驿站，即靖远驿、撞田驿、沙门驿、新渠驿、小拐驿、三岔口驿、唐朝渠驿、黄羊泉驿，驿站一般设有驿书 1 人、马夫 3 人，配备良马 6 匹，每年县衙拨付经费 403 两银。官大路一般三五十里设一小站，八九十里设一大站。

古时驿站，是专司传递政府文书的人和往来商贾中途停留休息的地方。官大路沿途各地车马、驼队甚多，多处地带都是双道。绥来县六户地人杨志荣说，民国 17 年（1928 年）冬，他到沙门子走亲戚，看见沙门子驿站边有三条七八米宽的大路直通西北方向去，过往的多是蒙古人和甘肃马家人的骆驼队。马家有上千峰骆驼，到沿途驿站就要驻几百米方圆的大场子。

途经官大路，从东往西的商贾、驼队，主要是驮运核桃、杏子、红枣、葡萄干、土布和户儿家常用的各种生活用品等。也有些货郎子（小贩）沿途现走现叫卖。当时，北沙窝盐湖已开发，官大路上时有贩运食盐者，先是为骆驼食用，后来人也开始食用。维吾尔族人多时吆着几十头毛驴驮着小货来来去去地走在官大路上，而汉人却赶着溜溜车来去运货，每队有数人、三五十辆车不等，浩浩荡荡，川流不息；蒙古人一般都是拉着骆驼运货，经常过往几十峰骆驼甚至上百峰的骆驼。

3．玛纳斯小拐驿简介

我们都知道玛纳斯有个著名的乐土驿，但我们很少知道玛纳斯还有个小拐驿。

玛纳斯河进入新渠庙 50 公里时，拐道了。对于一条河流来说，充其量只是拐了个小弯。但就因为这么一个小小的拐弯，小拐的地名由此而来。

光绪十六年（1890 年），一部分哈萨克族牧民由加依尔山迁至小拐、中拐一带，从事狩猎、放牧活动。

清代，作为穿越古尔班通古特沙漠通道上的驿站，小拐的地理位置引起清政府重视。这里地处要道，清政府于光绪三十三年（1907 年）在绥来通往阿勒泰的官大路上设立了驿站，小拐成了八大驿站之一，称为“小拐驿”。清政府募民在小拐一带进行小规模屯兵、屯垦，小拐便渐渐有了村落和民居。一时，南来北往的军旅、商贾、驼客们，纷纷在这里驻足歇脚。

宣统元年（1909 年），准噶尔盆地发生战乱，民众四散逃离，小拐屯垦停滞，田园荒芜。

20 世纪 60 年代，玛纳斯河上游建水库，小拐水源大幅度减少。20 世纪末，小拐出现缺水现象。进入新世纪，水资源得到合理调配，干涸的玛纳斯河又有了来水。小拐进入一个新的发展时期。

小拐驿依傍着玛纳斯河边的官大路设立。常言道，望山跑死马。在这里向北平看过去，就可见那连绵起伏的青克斯山。《新疆全省舆地图 · 绥来县图》曾标有小拐驿。

小拐驿与其他西域驿站一道，曾在我国古代西域丝绸之路上发挥过重要的作用。当时，这些驿站的作用之大，现代人是想象不到的。曾有人开玩笑说，明崇祯皇帝如若不裁减西北驿道上的驿卒，就不会跳出个李自成与明朝对抗。

当时，驿站的快捷，是今人想象不到的。就其那时的运输信息系统的覆盖水平来讲，是一点也不亚于现代通讯运输的。

民国二年（1913 年）正月，北洋政府下令裁撤了西域驿站后，绵延了 3 000 多年历史的西域驿站便画上了句号。

小拐驿的历史，也终止于那一刻。

驿外断桥边，寂寞开无主。小拐驿是一朵璀璨开放过又归于沉寂的古驿文化的花朵。

杨增新的《补过斋文牍 · 呈报组设水利委员会及办理大概情形文》记载："……大拐小拐等处，为前清咸同承平年间堵引龙骨河水，垦地 20 余万亩，置户五六百家。回疆变乱，逃亡殆尽，田庐沟洫，迄今尚有遗址可寻。"

自从驿站裁撤后，小拐驿的命运不意间发生了新的转机。

民国四年（1915 年），杨增新于《补过斋文牍》一文曰："大小拐一带，土地肥美，水利充足，控制北路塔城、阿山莫如小拐。"

杨增新派陆军第三营营长杨修政带领部队进驻小拐，垦荒开渠。这是一件极为艰苦的工程，当时，《补过斋文牍》又载：

根据陆军第三营营长杨修政、督工委员李华报告，该陆军第三营开赴小拐，已于四月十七日动工，民夫四五十人，亦陆续到齐。杨增新仍恐工巨时迫，继又由省添派新军哨官马金元带新军一哨开赴小拐，仍酌给津贴，以资工作。先挖渠道，面宽一丈八尺，底深一丈、宽七尺，自坝口以达小拐，计三十余里。其工尚未完竣，以渠口压坝必趁水势低落时动工为宜，因五月中旬龙骨河上游旧有各渠引水灌地，河水被分杀小，遂停渠工而趋坝工。计自五月二十二日起，至六月二十二日，将坝基及两岸护堤一律修筑成功。突因连日大雨，河水徒涨，浩瀚奔腾，直向坝上翻过，而坝竟坚稳无恙。据老农云：既经此次冲刷未溃，必能保其经久。此坝成后，旋将渠道补挖完全，引水人渠，通畅无阻，委员核验无异。查新省水利，向来官办民办，往往坝工垂成，一经河水涨发，遽被冲塌成废者居多。此次沙湾县属小拐之移户渠工程告蒇，经过洪流，坝基安稳如常，非督工营长、委员等相度建闸地势得宜，工坚料实，焉可收此效果？

水利设施初具规模后，中央政府即批准从绥来县分出了沙湾县，沙湾县即设县治于小拐。起初，这里发挥了防堵从塔城、阿勒泰方向越境逃入的俄国哈萨克牧民和沙俄白卫军的作用。待到了民国十年（1921 年）之后，新疆的社会形势日趋稳定，小拐也随之日渐繁华起来。

依傍玛纳斯河的小拐已形成 200 户人家的小镇，主街长一华里，街上有油坊、豆腐坊、烧酒坊、酱醋坊等大小作坊、商铺 10 多家，较大的作坊有山西蒋家和李家的油坊、四川任家的豆腐坊、天津刘家和王家的烧酒坊、酱醋坊，较大的商铺有天津王、河北戴、河南杨、陕西耿，刚家车马店，其他小作坊和商户还有十多家。

小镇外围草甸地带则是游牧民的冬牧场。

民国十八年（1929 年），随着北疆战乱迭起，加之小拐地处偏远，交通不便，这里便日渐萧条下来，炊烟日渐消散。后经省政府批准，沙湾县从小拐迁往沙湾庄。自此，小拐便被黄金岁月逐渐疏远了。

现在，在小拐驿镇的西侧，有一处拔廊土屋，房屋雕梁画栋，建筑风格与众不同，这就是一百年前的沙湾县衙门旧址。人们走过小拐遗址时，还能不时地捡拾到一两枚古钱币，最多的是清代雍正、乾隆、嘉庆等年号钱。偶尔，还可见到宋、唐、辽钱。这类钱，青铜质居多，如果没有当初的驿站兴旺发达，哪会积累那么多古钱币呢！

如今的小拐地区，有克拉玛依市的小拐乡为伴，有农八师一三六团为伴。小拐是兵团农八师一三六团的所在地，成了一个鸟语花香，景色盎然的地方。这里，枝条上硕大的花朵遮盖了嫩叶，小拐大地处处充溢着灿烂的笑貌。

这里早先以小麦、玉米为主，后来人们发现这里很适宜种植棉花。1950 年，新疆生产建设兵团的第一块棉花地就诞生在这里，令南北疆的所有团场艳羡，因此这里便有了“兵团种棉花、小拐第一家”之美誉。

4．绥来历史文化钩沉

玛纳斯县，原称绥来县。

玛纳斯，蒙古语为玛纳斯郭勒。玛纳斯一名，始见于《元史·耶律希亮传》称作“马纳思河”；清《西域图志》作“玛纳斯郭勒”。据《西域水道记》，玛纳斯系蒙古语，“郭勒”即河，“玛纳”即巡逻，“斯”指人，意为滨河有巡逻的人。

绥来县，历史上为天山北麓米粮大川、富庶之地，有“银绥来”之美誉。

玛纳斯历史悠久，文化厚重，资源丰富，是古丝绸之路北道重镇，史有“金玉之乡”、“凤凰城”等美誉。唐代设置西海县，清初属蒙古准噶尔游牧地。清乾隆二十八年（1763 年）设绥来堡。清乾隆三十三年（1768 年）设县丞。清乾隆四十三年（1778 年）十月十日建绥来县。因前有绥来堡，故钦定县名绥来，归迪化直隶州管辖。至光绪中叶，玛纳斯县城有商号 230 余家。《新疆图志》称：“该地商旅联辐，菽、麦、果、瓜、金、玉、膏、油、皮革、鹿茸之属，皆其产也。东贾秦、晋、陇、蜀，北贾科、塔，殷应为奇台亚。”

民国时期，曾问吾记载道：“锦棠首治邮驿亭障，以通道路，于是商贾联抉接轨，四方之物并至而汇。”就玛纳斯而言，清代乾隆年间以后，商民日聚、贸易繁盛。据成书于乾隆年间的《西域闻见录》记载：玛纳斯“其地产稻，粮米皆廉价，商民幅辏，庐舍如云，景象明润丰饶，与内地无异”。

清同治年发愤走新疆，参都统金顺、提督张曜戍幕的军旅诗人萧雄往返三次出关，历数10余年，后著有《西疆杂述诗》四卷，并写有《绥来》诗一首，附有很长的自注文在后，放在全文前面，算是对早期的玛纳斯县是一个较好的诠释：

渡水穿林驿路驰，炊烟到处柳丝丝。
稻花香里逢城郭，雄踞犹怀畏午儿。

诗人在自注中说：

绥来县即玛纳斯，古之回纥城。唐开元中回纥强盛。突厥之地多为所有，元初其王畏午儿所据地方。西接伊犁，东抵哈密。畏午儿即畏吾儿，又为畏兀儿也。绥来，连贯三城，甚广厚。屹立平原中，南距天山十余里，北有低小坡。一线横亘于二十里外。大河前绕，深处多鱼。其东境土脉尤佳。人烟四聚，自呼图壁过河而来，节节长林密树，雅秀可观。近城百数十里之间，阡陌纵横，沟渠周遍。有水田、能种稻米。虽次于温宿（即阿克苏），而长腰香软，更胜长沙。北路稻田，只此一处。城西大概相似。再四十里渡河，而后或值丛芦大泽，或经茂木深林。又各成景象焉。县中学官、典史各一员，同城者玛纳斯协副将，中军以下附之。

西上从昌吉，十里至三屯河，二十里至芦草沟，所过皆树林。十五里至榆树沟，四十五里至呼图壁。再经树林。十里过河。河滩广十里，西岸仍入树林。再二十五里至山子。二十五里至土古里，已入平原。三十里至乐土驿，二十里至破城子，四十里至绥来。

道光二十二年（1842年）十月二十日，林则徐一行途经乐土驿、塔西河、鲍家店，一路来到绥来县城（现玛纳斯）。林则徐见到此城颇为繁华，便在东关外的军台里往下。林则徐在《壬寅日记》里记载道：

二十日，乙未。晴。辰刻行，三十里乐土驿，小坐。又二十里塔西河，此地居民甚盛，闽中漳、泉人在此耕种者有数百家，皆遣犯子嗣。近来闽、粤发遣之人亦多分配于此。因在店中为食而行。十五里为鲍家店，树林颇多。又二十里绥来县城，在东关外军台住。

此地旧名玛纳斯，今改为县，田土膏腴，向产大米，贩各处（大米每升约重四斤余，价四十文，豌豆每升重亦然，价二十文）。人物之繁，不亚于兰州。新疆当地自古就有“金奇台、银绥来”之说，皆因两地物产富裕，市场繁华。当时此地有南北两城，县令与副将住北城，都司驻南城。县令黄（世安）在迪化见过。是日卸车，无人知觉，上灯后，县署遣丁来邀赴署中住，辞之。

从西安到绥来县，林则徐共走了104天，过了81个驿站。

林则徐想起嘉庆举人、浙江湖州知府方士淦在道光五年（1825年）因革职遣戍伊犁，后于道光八年（1828年）回乡，在《啖蔗轩诗存》中，留有《绥来道中》一首诗："富庶甲边城，风沙四望平。溪流随雪化，村树接天清。万顷新苗长，千峰远黛横，重来经此地，偏惹故乡情。"描写了诗人见到绥来的风光，引起对家乡安徽定远的怀念。林则徐了解到，此城筑于乾隆二十八年（1763年），原名绥来堡，乾隆四十二年（1777年）建县。

十月二十一日，这日天气晴好，林则徐本欲继续西行，因车夫要在此更换车轴，他只好在绥来再停留一天。他在日记里记载道：

> 二十一日，丙申，晴。舆人换轴，停一日未行。由此赴伊犁，途中辙迹愈宽大，车之轴每一边出车箱一尺二寸。下午，为人书条幅、楹帖。接到第八号家书，系九月初十日由方仲鸿寄郭远堂，即由凉州镇官封递至惠都护处转递而来。

林则徐让二子陪同，在城中游览了半天。林则徐见到城内"商铺众多，贸易繁荣，不亚于迪化城"，感到十分惊讶。父子三人又去看车夫换轴，见此"车轴更为宽大，每边离车厢有一尺二寸之宽"。据称，因去伊犁道路车辙较宽，轴宽车身晃动就较小，不易侧翻。林则徐借此机会告诫二子："出门千里路，胜读万卷书，各行各业都有学问可寻。"

这日下午，换过了车轴，林则徐写完了条幅，便装好行李，准备次日起程。

十月二十二日，一早即起程。林则徐一行出西关后，见到大路两旁的田亩被雪掩盖，但田塍、沟渠隐约可见。出城10里后，有大河一条尚有流水。见自木垒以来，北路之河都是由南朝北，从天山流向大漠，然后消失在沙漠之中，此河也如此。

当林则徐一行来到玛纳斯河时，车把式告诉林则徐："此河盛产碧玉，听老人们讲，早在汉唐时期就有人来开采。它的颜色碧绿、质地好、半透明，人们还送它一个名字叫绿玉。一听说它好雕刻，雕出来的东西高贵，所以当地官府一般都用它作贡品进贡朝廷。"

后来林则徐在伊犁兴修水利见成效，道光帝遂于道光二十四年（1844年）十月二十九日下旨："著即传谕林则徐，前赴阿克苏、乌什、和阗，周历履勘。"具体事务是勘丈地亩，兴办水利，招民安户，考核工费等。

道光二十四年十二月十七日，林则徐携三儿聪彝，离开了生活两年之伊犁惠远城，父子俩沿着两年前曾经走过的天山北麓古道向东而去。道光二十五年（1845年）正月初一，林则徐路过北疆重镇绥来县，在这里度过了春节。

林则徐在日记里写道：

> 元旦，癸亥。晴。在绥来县署中居停，黎明自设香案，望阙叩头。县伊冉鹿坡（广纶）、署副将冯（献勳）暨在城文武俱来贺年。余疾未痊，不能遍答，惟亲拜鹿坡，余则遣人持柬往贺而已。

初三，林则徐病略有好转，他没有休息即起程了。行至塔西河，看到此屯所犹在，居民百余家，驻千总一名。初四到达呼图壁，林则徐之至友及同僚黄壶舟特地从迪化赶来迎见，并共进晚餐。

林则徐在《荷戈纪程》里记载道：

初三日，乙丑。晴。病已见愈。巳刻行，文武均欲远送，固辞之，即在县署与众官接晤而别。三十里塔西河，有土城一所，居民百余家，驻千总一员；城东二里，有河一道，此时无水，皆成碎石滩矣。又二十五里为骆驼驿，居民数十户，有宿店。又二十五里俗名土葫芦，即图古里克军台，呼图壁巡检所辖也，范巡检（冈）遣丁在店中具膳。此数日俱极寒。

日记里记之“城东二里，有河一道”。这条河应该是塔西河。塔西河现在土城西边，不知是作者笔误，还是塔西河改道或分支。如今已不好确定。作者在道光二十二年(1842年)十月二日去伊犁之途中，于日记里写的是“乐土驿”，而在道光二十五年（1845年）从伊犁返回玛纳斯时，在日记里又写成“骆驼驿”，是两名并用还是谐音造成的混乱，现已不得而知。

清代翰林院大学士纪晓岚考察了玛纳斯，并有竹枝词和草堂笔记留世：

夜深宝气满山头，玛纳斯南半紫镠。
两载惊心驰羽檄，春冰消后似防秋。

自注：“玛纳斯南山一带皆产金，恐游民私采，聚众生衅，雪消以后，防御甚至。近得策断其粮道，乃少弭。”

玛纳斯南山有紫磨金，属于金之上品，是成色纯正的优质金子。为保护矿藏，政府大动干戈，有急令上传下达，采取断其淘金人粮道等措施，才稍有好转。

秋禾春麦陇相连，绿到晶河路几千。
三十四屯如绣错，何劳转粟上青天。

自注：“中营七屯、左营六屯、右营八屯、吉木萨五屯、玛纳斯四屯、库尔喀拉乌苏二屯、精河二屯，共屯兵五千七百人，一屯所获，多者逾十八石，少者亦十三、四石云。”

这首诗写清廷利用新疆田土肥润，实行屯田制度，由各地驻兵，垦地生产，开渠灌溉，获得粮食丰收，以保障供给，从此打破千里运粮的困难局面。

生愁蜂蝶闹芳丛，但许桃花种水东。
只有坛车经陌上，脂香粉气偶春风。

自注：“库尔、喀拉、乌苏，三屯，兵丁遣犯皆孤身。恐狂且佚女，或酿事端，自玛纳斯河以西，不许存一妇女。”

这首诗写官府对兵丁遣犯的安置与控制。故以玛纳斯河为界，河西多为孤身兵丁，妇女不得渡河留存。

诗之大意是，因为担心兵丁遣犯骚扰良家妇女，酿出事端。清政府规定，妇女只允许住于玛纳斯河东，不允许自由流动。唯有走在乡间之小路上，去祖坟祭祀时，才偶尔能远远看到一两个女人之身影。

漉白荒城日不闲，采硝人在古阳关。
颓垣败堞浑堆遍，错认深冬雪满山。

自注：“硝厂在阳巴拉喀逊，古阳关也。（玛纳斯境内）役兵二十人采炼。近积至六七万斤。伊犁、塔尔巴哈台所需，皆取给于此。”

此诗写作时间是乾隆三十六年（1771 年）二月返京途中。硝石的成分是硝酸钾，可以用来制造火药。用芒硝加黄米面，可以用来制皮革。

诗的大意是：湿漉漉、白茫茫的阳巴拉喀逊荒城内有人忙碌不闲，那是大清的士兵采硝于古阳关；采炼好的硝石将古城之断垣残壁皆堆遍，远远望去，错认为严冬之大雪撒满天山。

原湖南学政、西北史地学泰斗徐松，在新疆流放的十年中，详尽地考察了这里的山川、水域、地貌，以及政治、经济、文化、军事等方方面面的情况，后编撰成《西域水道记》，其中记载了玛纳斯河与城等：

……塔西河西四十许里，为玛纳斯河，五源分出哈屯博克达山之卫和勒晶岭。乾隆二十二年，参赞雅尔哈善奏言：“端济布等至克伯讷克图岭捉生询问，知巴哈曼集等在玛纳斯河源之小卫和勒晶岭居住，随带兵追入。巴哈曼集带百余户，越大卫和勒晶岭逃遁。过岭即裕勒都斯地方，马乏不能穷追。”即玛纳斯河源处矣。水清产玉，故又曰清水河。玉色黝碧，有文采，璞大者重数十斤。清水河北流，古尔班多邦水自东来入之，古尔班沙扎海水自西来入之，出山为玛纳斯河。准语玛纳，巡逻也，斯谓其人；滨河有巡逻者，是以名焉。

河东岸里许，有城墉旧基，曰阳巴勒噶逊（阳，汉人语，巴勒噶逊，准语城也。地向阳，有城基，故名）。乾隆四十二年（1777 年），于其东建南北二城，北曰康吉城，周三里七分六厘有奇，高丈六尺，门四，东迎曦、西兆成、南来薰、北庆丰。初驻县丞，建城之年，改为绥来县。

……其南城曰绥宁城，周三里五分八厘有奇，高与康吉同，四门，东延旭、西巩遐、南丽端、北宁漠，驻玛纳斯营兵。两城间筑墙六十五丈九尺，中置门曰靖远关。南城之南、北城之北，皆筑边墙，通长四千四百二十三丈，高二丈三尺。玛纳斯河出山北流百一十里，为渠口。疏东流渠三，皆东入绥宁城南边墙。

河又北流，疏为磨河渠，经靖远关下，入康吉城北边墙，溉其屯田，绥来县户二千八百三十二，屯田九万五千一百四十三亩三分，额徵粮八千八百三十三石七斗五升七合九勺。又荒地三万八千一百六亩，新招户五百零五，减半升科，额徵粮千八百三十四石五斗一升五合。其兵屯，旧为左右营，左营屯卒六百一十六人，种田万二千九百三十六亩。右营屯卒六百二十人，种田万三千二十亩。乾隆五十年罢。靖远关墙西三里，有地广亩许，涌泉潴为池，谚曰泉沟。好事者往垂纶焉。玛纳斯河迳泉沟西七里，北流至县北。沿河左右山，悉为民田。又西北流百五十里，与乌兰乌苏河会。水草所交，莫测远近，群雁止宿，恒亿万计。《元史·耶律希亮传》："中统二年（1261年），逾玛纳斯河，抵叶蜜里城。"余数渡斯河，冬则尽涸，入夏盛涨，急流汹涌，每闻旅人有灭顶之虞。

康熙进士、清代名臣阿桂之父，历任工部、刑部、吏部侍郎，正白旗汉军都统、刑部尚书、翰林院掌院学士等职的阿克敦于雍正十二年（1734年）十一月十九日途经玛纳斯，著《十一月九日过阳关》诗一首：

古人离别重阳关，西出于今过此间。
只有颓城依乱草，更堪寒日下空山。
千秋事业抛荒塞，万里风尘老客颜。
定远勋名无片石，一杯清酒吊河湾。

作者题下自注："阳关之西，有河名玛纳斯，其河甚钜。南带天山，北据瀚海，设关以此为险"。此处"阳关"，不是甘肃敦煌境内的阳关，而是《西域图记》和《西域水道记》里的"阳巴勒噶逊"。作者所说的这座"颓城"，遗址在今玛纳斯县城东15公里。乾隆四十二年（1777年）又在阳巴勒噶逊遗址西侧建二城——在北边的叫康吉城，在南边的叫绥宁城，两城之间有一大门，号称靖远关。

官至浙江湖州知府安徽定远县举人方士淦，于道光六年（1826年）遣戍新疆伊犁。途经绥来县时，有文字记载：

二十九日，在绥来县驿馆下榻。绥来，俗称玛纳斯。绥来城乡富庶，地产金、银、玉石。自此，东至巴里坤，城池衙署，农田学校，与内地同。……次日，方士淦出绥来城。一路树阴茂密，风景绝似江南。

原任唐山知县的乾隆进士赵钧彤因事被清廷谪戍伊犁，于乾隆四十九年（1785年）二月途经玛纳斯。在其《西行日记》里记载道：

初十日，发土古里克至绥来县，即玛纳斯，九十里。……又三十里至玛纳斯台，即绥来县。近城七八里村舍络绎。闻此牛声，有耕田者矣。田间积黑灰，厚数寸，皆刬草根和牛马粪，纵火焚烧以煖。土脉滋肥润。数日来，遥望多里皆烟，起旷野中率此故耳。

绥来县属迪化州城，土垣长五六里，南北有外城，中起楼，乃县城。县有令典史教官驻防，则都司领守屯兵，理台站，属提标。商民辐凑，东部数百家。又迪化西之一都会也。入东部，郭间积水泥，杂以粪秽，深及马腹，呼吸欲呕逆。及抵富次，而院中亦然。则真大阨矣。惟闭户稍可耳。

同时，赵钧彤还写了《绥来县西所见》一诗传世：

客走精河东，道上多行商。
长辔笼高驼，宛如白凤凰。
大都秦晋子，弃家逾甘凉。
忍觅蝇头利，冻久皮肉僵。
塞外寡逆旅，但逐水草乡。
昼止夜遄行，千里悭餱粮。
日午雪万山，休牧解橐箱。
布幕不藏头，聊复当风张。
吹火起黑烟，煮水烧破铛。
健者手钜斧，翩上南山冈。
归抱枯树枝，骈引双黄羊。

此诗写了自绥来县至精河的驿道上，来来往往有商贾行旅，有长长的骆驼队。这些来自山西、陕西、甘肃的驼商，为了蝇头小利，风餐露宿，舍生忘死，一路冻伤了手脚。歇脚时，他们卸了驮，任骆驼去吃草饮水。驼客支起帐篷，垒起锅灶，烟熏火燎地做起饭来。有人拿着斧子爬上山冈去砍柴，回来时，还引来了几只好奇的黄羊。

玛纳斯附近的驼队——莫里循于1910年5月8日摄

原户部主事、乾隆进士祁韵士因事于嘉庆十年（1805 年）谪戍新疆。七月十七日抵达伊犁。在其《万里行记程》中记有玛纳斯：

九十里至绥来县，本名玛纳斯，今为绥来县。其地产稻，粮、米价皆廉，商民辐辏，庐舍如云，景象明润，丰饶与内地无异。西行十里许，渡玛纳斯河。水深而流急，由南趋北，浩浩奔腾，轩然波起，河面亦阔。凌晨间渡，犹没马腹。若日高，则山中雪水增入，暗石冲击益甚，涉者病矣。

西行晨渡玛纳斯河，水深而流急，由南趋北，浩浩奔腾，轩然波起，河面亦阔。凌晨渡河，水没马腹。

道光八年（1828 年）三月二十九日，流人方士淦从伊犁回乡途中，过绥来县，在其《东归日记》里记载道：

二十九日，八十里住绥来县，俗名玛纳斯。自此，东至巴里坤，城池衙署，农田学校，与内地同（绥来城乡富庶，地产金、银、玉石）。

三十日，出绥来门。三十里，树阴茂密，风景绝似江南。

那时，在玛纳斯屯区落户的福建、云南和广东籍的人不少。这些移民来自中国南方，吃惯了大米，有种植水稻之技术。他们将原籍水稻栽培技术引进边陲玛纳斯屯区。天山北坡最早种植水稻的属于玛纳斯屯区。清代诗人萧雄在其《西疆杂述诗》“自注”里深有感触地提到玛纳斯大米：“有水田，能种水稻，虽次于温宿，而长腰香软，更胜长沙。”《新疆图志》也记载道：“迪化近城无种植水稻者。南路如阿克苏，北路如库尔喀喇乌苏、绥来，均称巨产。”

光绪三十年（1907 年），清代文人李德贻途经玛纳斯后，于其《北征日记》中记述道：

六十里绥来县，亦名玛纳斯……农产优丰，盛产白米，有‘小四川’之名。迪化民食，咸仰给于此，故俗有金绥来之称。

北洋政府特派员谢彬于民国六年（1917 年）四月，前往阿尔泰调查财政时，途经绥来县，于其《新疆游记》里记载道：

二十七日晴。上午七时，发呼图壁，西北行。

道左有坟园，杂树丛蔚，幽整可观。八里，渡呼图壁河，源出松山之阴，北流经呼图壁城西，折西北流，会罗克伦河，又西北注于阿雅尔淖尔，河幅颇广，滩石撼车。十二里，五工台，农民十余户。十里，乱山子，居民四五家，过此行旷野中。三十里，大土古里，即图古里克，商店民居，共十余家，市东有渠，流声淙淙，市西有关帝庙。五里，干河子。五里，入绥来县境，其地曰深沟。二十里，乐土驿，商店民居，共三十家，上下行旅不赶程者，可宿于此。二十五里，塔西河堡，有废堡，昔驻千总，今无居人。其北二十里有楼庄子，居民五十户，远望之，只见树木一线而已。渡塔西河，源出南山，东北流，经塔西河堡西，又北逾孔道，止不流。又东出一支，北流，曰澄槽渠，并入于沙，刻干无水，仅余石滩。二十里，包家店，商店民居，约二十家。二十四里，靖远楼，楼南有学校，现任绥来知事何耀璘，改建张、班二侯祠，并自以长生牌位陪祀，自奉可谓不薄矣。一里，东关，住。是日行一百六十里。

沿途地味膏腴，渠道纵横，树林尚多，村堡则稀，麦地铺青，草花在野，饶有春意，不似迪化近郊，尤是三冬气候也。抵此时间尚早，当偕何知事抽查印花，多未贴者，询之商民，则谓官厅向未督催。绥来有三城，南曰绥宁，协署县治在焉；北曰康吉，中曰靖远关边城。城周皆三里余，均清乾隆时筑，至光绪十年，始通为一城。当同光之间，妥得璘、索焕章占据斯土，嗣经金顺、刘锦棠克复，伤亡至数万人，收复全疆大决战也。

商务在中城与东关一带，商店三四百家，天津人为多，本地惟史培元称最。史有资百余万，擅富民于天山北路，家蓄牛马骆驼以千计。民国二年科阿战事，新疆援阿军队，后方输送甚赖之。城东二百余里，有地曰马桥子。清同治初，居民避兵于此，筑堡跨洛克伦河，贼至则扼险以守，贼退则耕田而食。其地肥美，每种一石可获七八十石。及贼平，避难者皆归故里，田随荒芜。此在省闻之常笃生道尹者，渠幼曾避难其间，故言之凿凿如是。城北有通阿尔泰官道。城南有路通焉耆北山，每岁春秋，焉耆土尔扈特蒙民运马来绥出售者，皆取斯途，马行七八日即达。绥来汉为乌贪訾离，及乌孙东境；三国乌孙；魏高车；周突厥；隋西突厥铁勒诸地；唐为西突厥处密部，内属，隶北庭都护府；宋元为回鹘地；明为卫拉特；清初为准噶尔呼拉玛部游牧地；清末开省，设绥来县；民国因之。东西一百三十里，南北三百余里，领庄十，地当孔道，数被兵，其民族五：汉、回、缠、蒙、哈，相错而居，汉缠为大，哈萨克最少数耳。汉民多军流苗裔，凶悍而鲜知敬上守法，知事非干练有才，辄为所制服。其俗与昌吉类，重农事，修学校，生徒恒数十百人。商务在伊犁新疆之间称繁盛，菽麦、果瓜、金玉、膏油、皮革、鹿茸之属，皆其产也，东贾秦晋陇蜀，北贾科塔，殷庶为奇台亚。

次日，谢彬渡过了玛纳斯河。又在《新疆游记》里记载道：

二十八日晴。上午七时半，发绥来。

西行，过磨河渠桥，二里，达格大，路旁土阜高三丈许。谚谓绥来为凤凰形，达格大其首，西北两城其翼，靖远楼其尾云。八里，玛纳斯河，河宽里余，滩石塞途，有水处才丈余耳。夏间南山雪消，水势盛涨，旅行恒有灭顶之忧，须坐水车以渡。水车官设，若南方之义渡然。河有二源，皆出卫和晶勒岭，固尔班多博克一源自西南来，固尔沙济海一源自东南来，汇以北流，经绥来城西，歧为数渠，又西折北流，合入阿雅尔淖尔。其水清，产玉石，又名清水河，玉色黝碧，有文采，大者重数十斤。

民国二十年（1931 年）八月，我国著名之古脊椎动物学家杨种健先生随中法科学考察团来新考察，十二日清晨途经绥来县，在其《西北的剖面》一书里记载道：

……再西，即到绥来县。入街后，两边全城学校学生与军队士兵相接，市上亦遍挂国旗、党旗。县知事等导我等到一史姓家（史秉直家）中住。因史为本地一巨富，房屋极为华丽，屋内陈设亦应有尽有。县知事及地方各机关均竭诚招待，各校排队至院中，请褚先生（中法科学考察团中方团长褚民谊）校阅训话。褚先生虽自迪化出发以来，身体不大舒服，但亦立即致辞。吃饭后，姚君（中方团员）忽提议要看秧哥子慰郎（即维吾尔族女人跳舞），县知事慨允，即招乡约组织，夜间即在庭中演舞，不过为调情舞，以手足及目示意，而并不相搂抱，像社交舞一样……

十三日早，褚先生本还想再看一回慰郎，借以照电影，而增加旅途材料。但姚君赶路心切，立即起行，遂作罢。此日过了好几道大河，最大的即为绥来县附近的玛纳斯河。现正在修一大桥，以利交通。过了好几个大平原和以北盆地的边缘，大半为丛林，风景多可观。据说，以北丛林深处，尚有虎及其他野兽……

民国二十一年（1932 年）十二月二十四日，新疆省政府特邀顾问吴蔼宸，赴新时绕道西伯利亚，入境塔城，途经绥来县时，于其《新疆游记》里记载道："……绥来县年收粮六千余石，地方颇为繁要。"

次年九月，吴蔼宸随民国外交部长罗文幹巡视新疆各地，十七日出迪化，次日至绥来县。在其游记里记载道：

……九时抵绥来县。……在行辕稍憩，步行至南城一带，察看变乱时焚烧状况。昔日繁盛之区，今则成为灰烬，即县政府亦付之一炬。徘徊瞻顾，不胜感慨系之。据告春间，先由回教祁荣营长发难，纵火焚烧了县政府，并仇杀汉人。来势甚为凶猛，汉人颇多受害者。后经军队将回部击退，双方战争激烈。回民伤亡尤众，祁遂出逃。（四·一二）政变后，祁在省城任善后委员会委员。目下，县政府即暂设在祁之营部，因陋就简，非复昔观矣。

天涯游子，一个不留姓名之神秘行者，大约于民国三十一年（1942 年）独自一人沿着丝绸之路，从西安来到新疆，途经绥来县，他在《新疆漫游纪》里记载道：

晚上来到绥来，是一个热闹的西北市场中心，而且是个农业区域。绥来是迪化之北的最肥沃而水利最好的耕耘之乡，人民几乎完全以农业为生，米、麦、玉蜀黍、菜蔬和水果，出产极多。特别是葡萄与苹果尤为丰富，成为迪化市场上的主要供给者。绥来的葡萄之大，为我们所从未见到过的，而且味道极甜美。我们买了好多，装在车上，一路吃个不停。

走出绥来城，即为玛纳斯河。这是新疆西北部最重要的一条河流。

玛纳斯河发源于天山，其尽头处则消失在沙漠中。在雪水融化的季节，玛纳斯河常常不能渡越行人，因为波涛太凶。我们过时，正是天山最高峰气候尚寒之际，所以玛纳斯河尚无有积雪融化的突然的水浪狂涨之危险，所以，我们便安然渡过去了。

民国三十五年（1946 年）八月二十八日，国民党高级将领张治中飞往伊犁地区访问。

其秘书陶天白提前一天坐小车起程。过玛纳斯河时，定远桥已在战火中被焚毁，陶天白一行坐的小车只好涉水而过。陶天白感慨之余，留下《过玛纳斯河》诗一首：

朔漠谁开此战场？隔年沟垒尚低昂。
驼羊北走成千对，使节东来第一行。
百丈长桥余灼砾，千重急水恼沧桑。
临流无限荒寒意，旭日东升尚觉凉。

作者在诗下自注说：“1944 年，伊、塔、阿三区革命军与国民党军隔玛纳斯河对峙。1945 年，张治中先生与三区代表阿合买提江等和谈成功，7 月 1 日成立了民族联合政府。8 月 28 日，张飞往伊犁区访问，我奉命乘其卧车先一日启程。此时，玛纳斯河大桥已毁，小车穿水而过。

瑞典探险家斯文·赫定一生 8 次到中国西部探险考察，曾经 3 次路过玛纳斯，他在《亚洲腹地探险八年》中对此做了记载。

民国十五年（1926 年）十月二十六日，斯文·赫定离开斯德哥尔摩，来到中国。他受德国汉莎航空公司的委托，作一次横贯中国内陆的欧亚航线考察。他从北京出发，民国十七年（1928 年）二月二十七日，到达乌鲁木齐。由于中国政府的反对，考察团暂缓考虑开辟航线的问题，于是考察变为中瑞两国纯科学考察。为了筹集考察经费，五月五日，他从乌鲁木齐同乐公园（如今的人民公园）出发，经过玛纳斯、塔城，沿额尔齐斯河乘船经斋桑湖回国。

斯文·赫定在著作中没有记载到玛纳斯的时间，根据行程似乎是五月五日当天到达，他第一次对玛纳斯的记载很简单：“车子穿过玛纳斯的集市街道，跨过一条宽阔的河流，此时的河水被劈成了许多条小溪流，溪水在我们的车子旁边打着漩儿。”

斯文·赫定在瑞典筹集考察经费后，于八月八日离开斯德哥尔摩。带着 5 辆汽车组成的车队到达中苏边境巴克图。九月三十日，他从塔城出发，十月三日到达玛纳斯。

这是他第二次经过玛纳斯，这次对玛纳斯的记载比较详细：

水流湍急的玛纳斯河两岸，是绵延的戈壁滩。河的下游，分成数条支岔，而在其上游，却只有一条河道，那上面正在架设一座桥梁，这座桥已经建了几年，似乎永远也建不成。

……在天主教传教站，荷兰神父维尔特曼张开双臂欢迎我们，看来一定要在这里过夜了。他带我们参观了他的小诊所、药品、学校、孤儿院和花园。维尔特曼是一个工作勤奋的人，不仅是在主的葡萄园，他还是科学搜集家，为欧洲各大博物馆采集鸟类和蝴蝶等昆虫标本，用这种办法为本教区筹集经费。打鸟需要一支气枪，他曾托我这次从欧洲带一支。在塔城这支枪通过了检查，可是到了这里，又被宣布为危险品。

从玛纳斯向东瞭望，可以看到远处的博格达山，巨大的悬崖高高地矗立于大地之上。维尔特曼说，出玛纳斯不远的芦苇丛中，常有老虎出没，当地人认为那是一种特殊的豹，荒野中时常传来阵阵狼嗥。前不久，两只狼在玛纳斯郊外咬死了17只羊。这里野猪也很多，它们四处糟蹋庄稼。野狗不时会从灌木林中溜出，跑到西瓜地和玉米地里，这些家伙甚至在夜里从畜力车上舔食轴承油。在玛纳斯绿洲，我们见到许多野兔、野鸡、野鸭。估计野鹅也会不少。这儿的林中还有鹿栖息。

斯文·赫定向乌鲁木齐进发时，维尔特曼神父和他们难舍难分，一同坐车送行。他接着记载道：

当整个绿洲被甩在背后的时候，我们至少已经经过了24座桥，当然那是些小桥，其中一些桥面高高拱起，汽车走在上面悬在空中，看上去真有点吓人。在几座村子中，仍然可以看到19世纪70年代平定东干起义时毁掉的房屋废墟。此时正是秋季。田里不需要灌溉，渠水溢出堤岸，淹没了一大段一大段的公路。黏土路被水一泡，常常使汽车寸步难行。在这种情况下绕道行驶大概是最明智的选择，否则汽车只好开一段推一段了。我想，组织一支养路队是极简单的事情，但是中国政府太腐败，根本没有人过问这种事，像这样一条极好的汽车路，在积雪融化，秋雨连绵的季节也无法通行，就是在其他季节，也还有许多地段需要改进，事实上，自从土耳其斯坦——西伯利亚铁路建成以来，从纯粹的地理学角度来看，塞米巴拉金斯克到乌鲁木齐这段路就成了亚洲腹地与外部世界交往最便利的通道。每天，大约有500辆牛车从四面八方汇集到巴克图海关，如果改用卡车运输，那将会更合算。

我们终于驶上了规划整齐的林荫道，路旁的树木大部分是白杨，也有少量的刺槐和桑树。前面有一座60年前东干起义时被毁的小镇。

考察团在新疆受到金树仁的刁难，斯文·赫定不得不暂时离开新疆，通过苏联铁路到达满洲里，再到北京、南京联系有关事宜。斯文·赫定于民国十七年（1928年）十二月十七日离开乌鲁木齐，取道塔城出境，第三次经过玛纳斯，记载道：

午夜前，到达玛纳斯绿洲东部维尔坦神父的传教站。他用茶、果酒和食物款待了大家。饭后，闲聊两个小时就寝。前面的路被灌渠中放掉的水淹没。一片泥泞，上面还结了一层薄冰，司机将车开到旁边的田里，打算绕过去，但是不久便牢牢地陷在沟里，全体乘客都下来推车，但毫无结果，碰巧一队牛车经过这里，借助牛的力量，我们将车拉了上来。玛纳斯河只有很少一点水在低洼处流淌，大部分地方都结了冰。

斯文·赫定3次对玛纳斯的记载很有史料价值：一是对民国时期玛纳斯的交通状况进行记载；二是对当时的野生动物状况以及当地的树木进行了描述；三是记载了有关基督教在玛纳斯的传播情况；四是对半个世纪前西北回民起义对玛纳斯村镇的破坏进行了记载。

光绪三十三年（1907年）三月，日本探险家日野强前来新疆搜集情报，二十四日由乌鲁木齐出发，二十六日过乱山子，到乐土驿，夜里宿于玛纳斯县驿。日野强在《伊犁纪行》一书记载道：

27日上午7点出发，过塔什河（即塔西河）、保甲店（即包家店），行程约十里到玛纳斯。道路平坦，路面大体为沙土相间，最便行车。塔什河有古城遗址和空房。由此到保甲店，道路左右开阔，保甲店到玛纳斯之间，红柳及其他灌木丛生，间有住户、耕地、水田散布各处。随着接近玛纳斯（一称绥来），空房残壁逐渐增多。究其原因，玛纳斯在同治叛乱前极称繁华，其兴盛超过兰州，而如今仅有居民700户而已。此地情景，不由使人追想当年景象。

城内有绥来县衙署门，军队设副将一、都司一，统步队二营、马队一旗。建筑物中，四川会馆尚有可观。因次日，即28日降雪之故，在此多停了一日。

日野强对玛纳斯的记载，很有价值。一来，他强调了“玛纳斯在同治叛乱前极称繁华，其兴盛超过兰州”；二来，他记载了玛纳斯在战乱后，“空房残壁逐渐增多，”“仅有居民700户”。

宣统二年（1910年）五月七日，《泰晤士报》驻华记者莫里循一路考察来到玛纳斯，他除了拍摄乐土驿，还拍摄了从乐土驿去石河子的骆驼队、玛纳斯附近的龙王庙、无名寺庙、村落古榆、三道河子的农人等。

玛纳斯寺庙——莫里循于1910年5月8日摄

莫里循在玛纳斯拍摄的照片，比东部哪一个县都多。无论是道上走的骆驼队，还是寺庙，都被古榆和高高的白杨树密密地围裹着，加之斯文·赫定描述的“渠水溢出堤岸，淹没了一大段一大段的公路……”这里和哈密东大戈壁的“苦八站”形成了一个鲜明的对比。

在记载新疆极为有限的文字里，莫里循还提到了玛纳斯：“距伊犁首府100多英里处是谷产丰富的地区，即玛纳斯肥沃的绿洲，以稻米、葡萄园和果园而闻名。”

玛纳斯龙王庙——莫里循于1910年5月7日摄

原全国政协副主席、轻工业部长李烛尘曾于民国三十一年(1942年)率团考察西北盐碱，十二月二十七日途经绥来，在其《西北历程》里记载道：

车入绥来境后，觉公路两旁沟渠纵横，每隔一公里，即有一大桥；而农家堆集之草，几如山丘，可见农产物之富。绥来为北疆最富之县，昔日“银奇台金绥来”之口号，即作官者视此为肥缺，可以大供搜刮也。是日天气特寒，在小车中虽足着羊毛皮靴，再穿长统毡鞋，尚不胜其冷。天山适在路南，白雪皑皑，如万丈白虹，长卧天际，真是伟观。而且北疆天山雪水其可利用之程度，似较南疆为多。绥来旧名玛纳斯，田土腴沃，向产大米，可资证明。

中午至绥来城内中运招待所午餐，其设备较星星峡至迪化各招待所尤为宏敞，因俄人运入汽油，至今尤络绎不绝。绥来为由省城赴伊犁、阿尔泰之分歧处，同治、光绪间，刘锦棠大战于此，伤亡数万人，因地当冲要，为兵家所必争。此地商务颇盛，汉、回、蒙、哈杂居，闻天津帮有相当之势力。此地农牧兼有，故羊驼遍野，而富人亦多。……

廿八日早餐后，再由绥来西行，见城外公路两旁，红柳成林，沟渠交错，沟畔芦苇丛生，高过丈余。水草之美，信宜农牧。沿途见天山山麓，有一段台地，雪积其上，如列大银屏，长十余里，日光斜照，令人有说不尽之美观。而路旁积雪，因其结晶排列之地位不同，日耀其上，放出红蓝紫绛各种微细点点星光，……虽云寒气逼人，足感萧索，而风景优美，反觉心旷神怡，悠然自得。途中经过乌兰安集海，所谓海，亦是一种小盆地。其地低下，以前公道，曾穿海而过，取其便捷。现则傍山而行，且经过大桥一，有兵驻守，知其重要。北疆雪水，溶汇成无数河道。迪化至伊宁之间，相传有四十九桥，昔日成吉斯汗西征时，曾命其第三子窝阔台修筑，今虽时移世易，地理之情形不变，遗迹尤存……

宣统末年（1912年），被称作二十世纪前期中国“唯一女飞行家”的林鹏侠女士游历新疆，在其《新疆行》里记载道：

地当迪化、伊犁、阿山、塔城各地交通之枢纽，中外货物往来经此者，络绎不绝。人烟四聚，五方辐辏，商旅交会，繁衍相倾，有“银绥来”之誉。……玛纳斯、塔西、清水诸河汇流其间，水源丰盈，气候温和，为西疆之著名盆地。平畴沃野，水田不绝，出产以稻米为大宗，米色白味甘，尤以塔西河流域所产者为最优。其次，则麦、豆、玉米、高粱、马铃薯、瓜果、蔬菜等均甚繁。城东二十里，有村曰“广东”，面积甚大，居民概属闽粤人，传皆遣戍者之遗裔，多事农圃，语言习惯，宛然南邦。

……

今日之绥来，无论在军事、政治，以及文化、经济、交通上，仍有其重要之价值……

西山金沟之金，曾经土法开采，质量颇佳；其他之银、铜、铁、铝、石油，满布山中。石油多涌出地面，潴汇成池，色或黄或青，不须提炼，即可取作点灯之用。玛纳斯河上游之红山嘴一带，除盛产砂金外，又产碧玉，色翠而透明，文彩甚美，大者重数十斤。此外，前后两山之森林尤为繁茂。山深林密，牲畜蕃殖，天然物产，备极丰富。人民除耕牧外，以猎禽兽为副业，狼、狐、貂、虎、鹿等皮，运销他处，为数甚巨。

光绪二十七年（1901年），曾任清廷步军统领的辅国公载澜因事被流放到了迪化。载澜为同治和光绪两位皇帝的堂兄弟。足见身份的显赫。

载澜虽然是钦犯，但因特殊的身份，新疆巡抚饶应祺对其“刑不上大夫”。

除每年由省财政拨给载澜8 000两银子做生活开支外，其家中的摆设用具一概由官府支付，并有仆人前后左右地伺候。

载澜好骑马，饶应祺便派人到迪化城外挑选了40匹骏马，按毛色分为黑、白、铁青、菊花青、甘草黄、淡黄、枣骝、烟熏、豹花等，配成20对，每天清晨，由载澜自娱消遣，而马夫、马料俱由官府提供支差。

1902年初冬，传说在绥来县兰州湾一家埋压在地里的桃树有一枝从土中伸出，开了花。这件事轰动了城乡。大冬天桃树开花，必出贵人。老一辈人纷纷这样说着。

就在这当儿，载澜在迪化城里闲居无聊，便带着侍从一路途经昌吉、呼图壁，来到绥来县。

一日，花灯初上，载澜在县太爷的陪同下信步来到最热闹的东关大街转悠。就在这时，载澜停下脚步，驻足张望着临街的一间门户。一家开着的敞亮的门勾勒出一亭亭玉立的少女身姿。姑娘黑亮的眸子左顾右盼，正好奇地打量着市面。载澜问县太爷：此处住的是何许人家？县太爷说，此家姓陆，主人叫陆福纬，读书之人……

不等县太爷把话说完，载澜又指着倩倩少女急不可耐地问：立在门头的姑娘是陆家的吗?

县太爷连忙说，是陆家的，是陆福纬抓养大的侄女……

接下来，载澜通过县太爷开始说媒牵线。陆家听说联姻的是一门皇亲高门，便知福从天降了。

载澜虽然娶陆家女儿为二房，却是郑重其事的。陆家女儿是被迎娶到迪化的。载澜虽然已经获罪，但他娶陆家女儿仍以皇亲国戚的身份和礼仪迎娶。

陆家女儿常从迪化到绥来娘家，每次都有车马跟随，带六七个使唤人。她不吃娘家的饭，而由带来的厨子做饭吃，常是一大桌，娘家人和她一块吃。

陆家由一般的地方贫民而荣升为皇亲国戚，人们称陆家大人为“老爷”和“国丈”。

辛亥革命后，民国取代了大清王朝，载澜的梦想虽然破灭，但流放的日子也等于结束了。载澜结束了在新疆的10年流放生涯，携家带眷，借道西伯利亚，回东北老家去了。

临行前，载澜对陆家老太太说：“您如果思念女儿，就上到望月楼，向东北方向望上两眼……”

陆家女儿到北京后，给馁来陆家寄来许多照片。其中有一幅尺寸很大的载澜单人照片，照片上的载澜穿着貂绒皮大氅，身材魁梧，天庭饱满，浓眉大眼，确实仪表堂堂。

这幅照片一直被陆家的后人挂在家中的墙上。还有一幅是载澜全家合影，照片上的载澜三房太太都是旗人装束，梳燕尾头，头戴俗称“大拉翅”的扁方，身着旗袍，穿高底鞋。照片上还有许多女佣人……

载澜的三位夫人中，大房和陆家女儿都未生养，只有三房生了一男二女。以后，这两个女儿一个给了大房，一个给了陆家女儿，一个儿子三房自养；载澜死后，陆家女儿出家。

唐朝在玛纳斯设置西海县，乾隆四十三年（1778年）建绥来县，1954年改称玛纳斯县。玛河文化、碧玉文化、凤凰文化，并称为“玛纳斯三大文化”。截至2013年，玛纳斯县辖7个镇、1个乡、3个民族乡，总人口28万，有汉、回、哈萨克、维吾尔等32个民族。

玛纳斯古城位于县城东北2公里处的，为唐朝所建，毁于清初。遗址遭到严重破坏，即将夷为平地。

塔西河古堡遗址位于县城东16公里，相传为唐朝建的城，毁于清初。塔西河破城子遗址，占地面积4．5万平方米，有东西二门，东门50米处有一座4米见方的烽燧，高6米，清代，此地曾居住百姓百余户，为千总领地，史籍中有“小北京”之称，毁于清同治年间。

西营古城群遗址，位于县城北60余公里处，这里共建有城堡4座，即马桥城、西营城、东古城、野马城，均为清同治三年（1864年）以后所建，系赵兴体率民团为抗击沙俄与阿古柏侵略者所建。

大疙瘩位于县城西约1公里处。系古代接送官亭，土埠高10米，旧时，土埠上筑有庙宇。玛纳斯县有“凤凰城”之称，大疙瘩谓凤凰之首。

陕西会馆坐落在县医院院内，始建于清光绪十九年（1893年），“文化大革命”中，该馆遭到破坏。

六 玛纳斯至伊犁驿站综述

从玛纳斯至伊犁绥定，库尔喀喇乌苏厅所属驿站有：库尔喀喇乌苏厅底驿、奎屯驿、布尔噶齐驿、墩木达驿、固尔图驿、库尔河驿、沙喇乌苏驿、小草湖驿、鄂伦布拉克驿等。精河厅所属驿站有：精河厅底驿、托多克驿、托里驿、托霍穆图驿等。霍尔果斯厅所属驿站有：惠远城底驿、绥定县底驿、宁远驿、沙喇布拉克驿、鄂博勒齐尔驿、鄂博著依图博木驿、瑚素图布拉克驿、霍尔果斯驿。

如果从伊犁惠远城的惠远驿出发，70 里至沙喇布拉克驿，100 里至鄂博勒齐尔驿，80 里至鄂勒著依图博木驿，80 里至胡素图布拉克驿，90 里至托霍穆图驿，70 里至托里驿，60 里至精河厅本城驿，125 里至精河厅属托多克驿，50 里至古尔图驿，55 里至墩木达驿，60 里至布尔噶齐驿，65 里至库尔喀喇乌苏厅西湖驿。

1．库尔喀喇乌苏厅所属驿站简介

库尔喀喇乌苏系蒙语，库尔意为雪，有库尔河流经，喀喇乌苏意为黑河或清泉之河。清初为蒙古准噶尔部游牧地，乾隆二十二年（1757 年），设官职率兵驻防此地，二十六年（1761 年），设库尔喀喇乌苏办事大臣，三十七年（1772 年）修筑庆绥城，仍名库尔喀喇乌苏，设领队大臣，并设县丞。四十九年（1784 年），筑新城于东北；德宗光绪十二年（1886 年）置库尔喀喇乌苏直隶厅。厅治库尔喀喇乌苏，即今新疆乌苏市。

库尔喀喇乌苏地处乌鲁木齐至“天山南北总会之区伊犁”之间，西北去边防重地塔尔巴哈台（今塔城）之要冲，战略地位至关重要，故清廷在设置伊犁将军时，向库尔喀喇乌苏地区同时派驻了办事大臣一员，并于乾隆二十八年在库尔喀喇乌苏境内库尔河滨修筑了“遂城堡”军事要塞。

乾隆三十七年（1772 年），改办事大臣为领队大臣，负责库尔喀喇乌苏、精河两地屯田及土尔扈特部游牧等各项管理事宜，并设笔帖式一员、委笔帖式二员、书吏二人，协助领队大臣分管部分事务，领队大臣受乌鲁木齐都统节制。乾隆四十六年，设同知直隶厅。四十八年，改直隶厅为粮务厅，隶于乌鲁木齐都统。

新疆建省后，于光绪十二年（1886 年），清政府设库尔喀喇乌苏直隶厅，并设抚民同知兼理事衔，旧设之粮员、办事大臣一律裁汰，抚民同知负责地方户籍、田赋、刑案以及土尔扈特游牧事宜，兼理精河属境，隶于镇迪道。镇迪道时领有一府四厅，库尔喀喇乌苏厅为其一也。

《新疆图志》卷2《建置二》记载："库尔喀喇乌苏，其界东一百一十里至石垒接绥来；南一百八十里至南山接宁远；西二百二十里至桦树林（亦作花树林）接精河；北三百五十五里逾鄂伦布拉克（俗称汉三台）接塔城；东南一百三十五里至南山接焉耆；西南三百二十里至桦树林接精河；东北一百一十里至五子、石垒接绥来；西北三百二十里逾鄂伦布拉克接塔城。东西三百三十里，南北五百三十五里。

其西界一句注云："谨按本境西界与旧略殊。乾隆三十七年设领队，而精河安阜城员弁及全境屯田皆隶入焉 。

清代库尔喀喇乌苏之辖境，包括今乌苏、奎屯、独山子等地。

《西域图志》卷三十一《兵防》记载："库尔喀喇乌苏驻防绿旗兵三百五十名。乾隆二十七年，初设差兵三十名，台兵（台站驻兵）七十五名；二十九年，增差兵二十名；三十二年，增台兵四十名；三十六年，增防守兵二百名，共如今额。"此外，库尔喀喇乌苏境内还驻有相当数量的屯兵。乾隆二十七年，始有屯兵二百七十名，乾隆三十年至四十二年，屯兵数量已裁至一百八十名。以上驻军，主要由陕西、甘肃两地调派。 乾隆后期至嘉庆年间，库尔喀喇乌苏境内驻军数量较前期略有增加 。"乾隆四十七年并五十一年等，（清政府）由固原、甘州、西宁、沙州、玛纳斯各营调拨官兵"，组建了"库尔喀喇乌苏营"，营内设游击一员、守备一员、千总二员、把总二员、经制外委四员、额外外委五员，统辖马、步军各三百名，屯兵一百二十名。

以上驻军，分领于乌鲁木齐提督。清代，库尔喀喇乌苏境内曾先后设有军台、营塘、卡伦、驿站。库尔喀喇乌苏境内设有固尔图驿、墩木达驿、布尔噶齐驿、库尔喀喇乌苏厅底驿、奎屯驿、库尔河驿、沙拉乌苏驿、小草湖驿、鄂伦布拉克驿等9个驿站。以上驿站分属两条驿路，两驿路均在原台站线路基础上演变而成。

（1）库尔喀喇乌苏厅底驿

据《新疆图志》记载，清代光绪二十八年（1902年），库尔喀喇乌苏厅底驿有"驿书一、马夫七、马十四，月支薪粮、工粮、料草、油烛、纸张等项，六十二两四钱，岁支六十八两九钱五分。合八百一十七两七钱五分"。

库尔喀喇乌苏驿——莫里循于1910年5月10日摄

库尔喀喇乌苏北城墙——莫里循于 1910 年 5 月 10 日摄

（2）奎屯驿

奎屯市所在地在西汉时期，属西域乌孙国的领地。它的突厥语地名叫“喀拉苏”。意译为汉语即“黑水”。到了唐代，朝廷在西域实行都督府州制进行管理，任命和册封当地的部落首领任都督，允许世袭。并设置完整的驿站制度，喀拉苏属北庭大都府属下的黑水守捉管辖。元代属成吉思汗二子查合台的封地，清代属库尔喀喇乌苏管辖，为厄鲁特蒙古的牧地。从此“喀拉苏”这个地名便被蒙语 kuitun 代替，译成汉语为“极冷”的意思。并在这里设立了一个与伊犁联系的重要驿站，因此奎屯也叫“奎屯驿”。光绪十年（1884 年）新疆正式建立行省，天山南北的军台、营塘一律改为驿站，专门从事军政公义信息的传递，奎屯驿是其中之一。

据《新疆图志》记载，清代光绪二十八年（1902 年）制表，奎屯驿有“驿书一，马夫七，马十二，月支薪粮、工粮、料草、油烛、纸张等项五十四两六钱，岁支五十九两一钱。合七百一十四两三钱。”

1841 年 10 月，奎屯驿迎来了一位名声显赫的贵宾，他就是名震中外的林则徐。在奎屯驻留的当天，他将自己对奎屯的印象写在了日记里：“（奎屯驿）居民百余户，闻水利薄，田非膏腴，村圩殊陋耳”。

如今奎屯市是伊犁州直辖的一个县级市，217 国道和 312 国道在此交会。2013 年，全市总面积 1109.89 千米^2，总人口 15.67 万人。有汉、哈萨克、维吾尔、回等民族。是以轻工业为主的新兴工业城市，有酿酒、卷烟、针织、毛纺、棉纺、化工、印刷、造纸、塑料、食品等工业。

奎屯驿——莫里循于 1910 年 5 月 10 日摄

(3) 布尔噶齐驿

据《新疆图志》记载，清代光绪二十八年（1902 年）制表，布尔噶齐驿有“驿书一、马夫五、马匹十，月支薪粮、工粮、料草、油烛、纸张等项，四十六两八钱，岁支四十九两二钱五分。合六百一十两八钱五分”。

(4) 墩木达驿

据《新疆图志》记载，清代光绪二十八年（1902 年）制表，墩木达驿有“驿书一、马夫五、马匹十，月支薪粮、工粮、料草、油烛、纸张等项，四十六两八钱，岁支四十九两二钱五分。合六百一十两八钱五分”。

(5) 固尔图驿

据《新疆图志》记载，清代光绪二十八年（1902 年）制表，固尔图驿有“驿书一、马夫五、马匹十，月支薪粮、工粮、料草、油烛、纸张等项，四十六两八钱，岁支四十九两二钱五分。合六百一十两八钱五分”。

古尔图驿——莫里循于 1910 年 5 月 12 日摄

(6) 库尔河驿

据《新疆图志》记载,清代光绪二十八年(1902年)制表,墩木达驿有“驿书一、马夫四、马匹八,月支薪粮、工粮、料草、油烛、纸张等项,三十九两,岁支三十九两四钱。合五百零七两四钱”。

(7) 沙喇乌苏驿

据《新疆图志》记载,清代光绪二十八年(1902年)制表,沙喇乌苏驿有“驿书一、马夫四、马匹八,月支薪粮、工粮、料草、油烛、纸张等项,三十九两,岁支三十九两四钱。合五百零七两四钱”。

(8) 小草湖驿

据《新疆图志》记载,清代光绪二十八年(1902年)制表,小草湖驿有“驿书一、马夫四、马匹八,月支薪粮、工粮、料草、油烛、纸张等项,无,岁支无。合无”。

(9) 鄂伦布拉克驿

据《新疆图志》记载,清代光绪二十八年(1902年)制表,鄂伦布拉克驿有“驿书一、马夫四、马匹八,月支薪粮、工粮、料草、油烛、纸张等项,三十九两,岁支三十九两四钱。合五百零七两四钱”。

2. 精河厅所属驿站简介

(1) 精河厅底驿

据《新疆图志》记载,清代光绪二十八年(1902年)制表,精河厅底驿有“驿书一、马夫五、马匹十,月支薪粮、工粮、料草、油烛、纸张等项,四十六两八钱,岁支四十九两二钱五分。合六百一十两八钱五分”。

(2) 托多克驿

托多克是迪化(乌鲁木齐)至伊犁进入中亚的必经之路。据历史记载:托多克驿站也是一座“军台”,清乾隆十九年(即:1754年),清朝政府为适应征讨准葛尔部军事上的需要,从迪化至伊犁设21座军台,传递军内公文书信,在托多克设军台和营塘,辖区东至塌桥子,西至葛顺腰台(今精河沙泉子附近),东西长60公里。配备有笔帖式和外委(清军低级军官)各一员、字帖(文职人员)一名、兵丁18名,军马40匹(实际人员20名,马25匹)、牛10头,骆驼4峰,铁车3辆,年拨经费白银850两,是精河五座军台中规模最大的一座。清朝光绪十年(1884年)新疆建省后,军台改为驿站。蒙古土尔扈特部落东归后,被清政府安置在此游牧。遗址位于兵团农五师九十一团团部以东约12公里处。

托多克古驿道遗址为清代迪化(乌鲁木齐)至伊犁官道遗址,现凹陷于地表以下。据新疆师范大学、新疆文物考古研究所等专家教授考证,认为此驿道为“古丝绸之路新北道”,是迄今为止国内唯一保存最完整、最原始的“古丝绸之路”,全长40公里,至今仍然可供车辆通行。

据《新疆图志》记载,清代光绪二十八年(1902年)制表,托多克驿有“驿书一、马夫七、马十四，月支薪粮、工粮、料草、油烛、纸张等项六十二两四钱，岁支六十八两九钱五分。合八百一十七两七钱五分”。

托多克驿——莫里循于1910年5月13日摄

(3) 托里驿

据《新疆图志》记载，清代光绪二十八年（1902年）制表，托里驿有“驿书一、马夫五、马匹十，月支薪粮、工粮、料草、油烛、纸张等项，四十六两八钱，岁支四十九两三钱五分。合六百一十两八钱五分”。

(4) 托霍穆图驿

据《新疆图志》记载，清代光绪二十八年（1902年）制表，托霍穆图驿有“驿书一、马夫五、马匹十，月支薪粮、工粮、料草、油烛、纸张等项，四十六两八钱，岁支四十九两三钱五分。合六百一十两八钱五分”。

3. 霍尔果斯厅属驿简介

(1) 惠远城底驿

据《新疆图志》记载，清代光绪二十八年（1902年）制表，惠远城底驿有“驿书一、马夫四、马匹八，月支薪粮、工粮、料草、油烛、纸张等项，三十九两，岁支三十九两四钱。合五百零七两四钱”。

(2) 绥定县底驿

据《新疆图志》记载，清代光绪二十八年（1902年）制表，绥定县底驿有“驿书一、马夫、马匹九，月支薪粮、工粮、料草、油烛、纸张等项，四十二两九钱，岁支四十四两三钱二分五厘。合五百九十九两一钱二分五厘”。

（3）宁远驿

据《新疆图志》记载，清代光绪二十八年（1902 年）制表，“驿书一、马夫七、马匹十四，月支薪粮、工粮、料草、油烛、纸张等项，六十二两四钱，岁支六十八两九钱五分，合八百一十七两七钱五分”。

（4）沙喇布拉克驿

据《新疆图志》记载，清代光绪二十八年（1902 年）制表，“驿书一、马夫四名半、马匹九，月支薪粮、工粮、料草、油烛、纸张等项，四十二两九钱，岁支四十四两三钱二分五厘。合五百九十九两一钱二分五厘”。

（5）鄂博勒齐尔驿

据《新疆图志》记载，清代光绪二十八年（1902 年）制表，“驿书一、马夫四名半、马匹九，月支薪粮、工粮、料草、油烛、纸张等项，四十二两九钱，岁支四十四两三钱二分五厘。合五百九十九两一钱二分五厘”。

（6）鄂博著依图博木驿

据《新疆图志》记载，清代光绪二十八年（1902 年）制表，“驿书一、马夫四名半、马匹九，月支薪粮、工粮、料草、油烛、纸张等项，四十二两九钱，岁支四十四两三钱二分五厘。合五百九十九两一钱二分五厘”。

（7）瑚素图布拉克驿

据《新疆图志》记载，清代光绪二十八年（1902 年）制表，“驿书一、马夫四名半、马匹九，月支薪粮、工粮、料草、油烛、纸张等项，四十二两九钱，岁支四十四两三钱二分五厘。合五百九十九两一钱二分五厘”。

（8）霍尔果斯驿

据《新疆图志》记载，清代光绪二十八年（1902 年）制表，“驿书一、马夫两名半、马匹五，月支薪粮、工粮、料草、油烛、纸张等项，二十七两三钱，岁支二十四两六钱二分五厘。合三百五十二两二钱二分五厘”。

4. 伊犁九城简介

18 世纪中期，清朝平定准噶尔叛乱，在乾隆年间稳定了对西域的统治——这种背景下，“伊犁九城”应运而生，并由乾隆皇帝御赐城名，分别是：惠远城、拱宸城、绥定城、惠宁城、宁远城、塔勒奇城、广仁城、瞻德城、熙春城，历史上称之为“伊犁九城”。它们像一座座巨型的烽燧，相互守望；又仿佛一艘艘凝固的军舰，严阵以待。这个兼具军事、政治、经济功能的“城市群”，不仅将广袤富庶的伊犁河谷连成一体，更是让强烈的国家意识深入西陲边疆。因为伊犁九城的出现，新疆广大地区有了一个明确的政治军事经济中心，并被紧密地纳入中央集权的国家版图中。

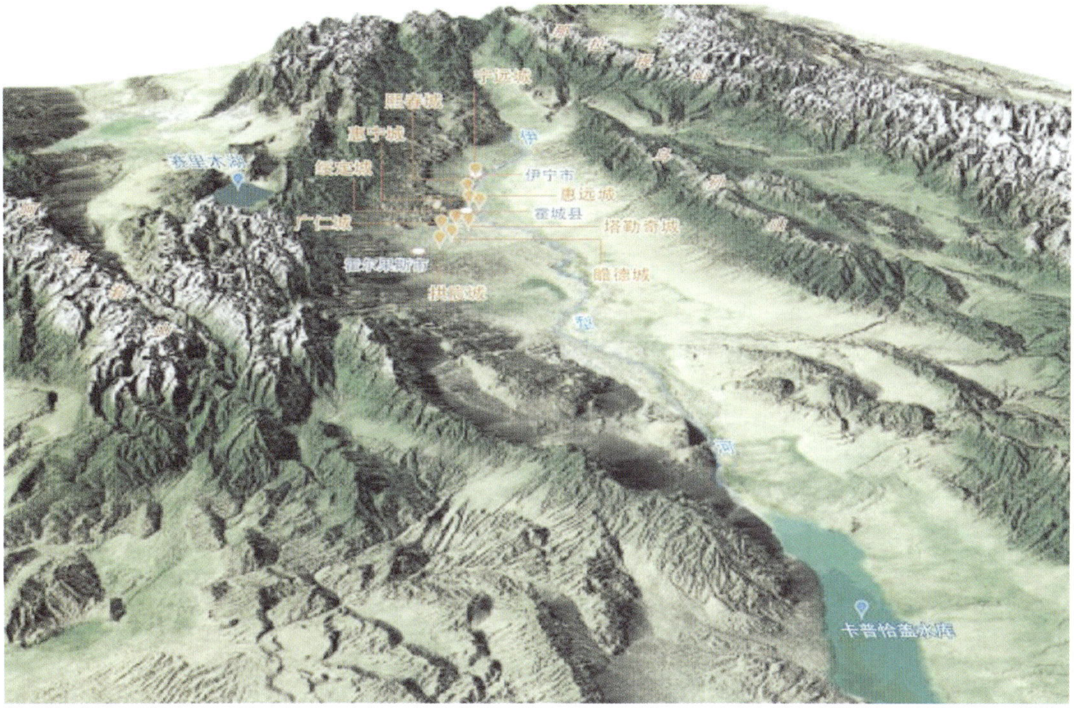

伊犁九城地形图

从今天的地图看，伊犁九城连成的阵线，竟然和现在的两条国道出奇地吻合，不能不说其中定有“玄机”！历史的事实就是，伊犁将军府和伊犁九城的设置，巩固了新疆的防御，并与东部的乌里雅苏台将军府一起，使中国北部防线最终形成横贯东西的完整体系，有效地遏制和延缓了沙皇俄国向东侵略的步伐。

伊犁九城分布图——摄于伊犁将军府 2016 年 7 月

(1) 惠远城

清朝接管新疆之前，占据北疆的是游牧的准噶尔蒙古部，他们逐水草而居，城堡对于他们的用处很小。所以，直到伊犁将军设立前夕，伊犁地区还没有一座可供驻军、办公的城堡。为了保持纳入中国版图的新疆地区的稳定，清朝政府 1762 年设立伊犁将军，以军府制管理新疆。惠远城成为了首府之地，惠远城的防卫任务十分艰巨，当然不能光靠城内的几千官兵。等到惠远城竣工之后，伊犁河谷内又兴建了数座“卫星城”，并且调来锡伯、察哈尔、厄鲁特、索伦营、绿营等一起，构成了驻防伊犁、拱卫惠远城的一整套军事体系。从东向西，一座大城、八座子城，排列成一条以惠远城为中心的防卫圈，在伊犁河北岸画出了一条弧线。惠远城（老城），是清代伊犁九城之首，新疆历史名城之一，其遗址在今霍城县县城水定镇南 15 公里的伊犁河北岸，惠远镇古城村南端。

清政府乾隆二十七年（1762 年）设立了“总统伊犁等处将军”管辖天山南北两路军政事务。1763 年，首任伊犁将军明瑞奏准在伊犁河北岸修建大城，逾年城成。城高一丈四尺，周一千六百七十四丈，共九里三分。明瑞又奏请赐以嘉名，三十年闰二月乾隆赐城名曰：惠远；城门名东曰：景仁，西曰：说泽，南曰：宣门，北曰：来安。五十八年（1793 年）将军保宁以创建惠远城已三十余载，户口繁多，原立房间不敷居住，奏明于城东展筑一百二十丈，共一里三分三厘，新旧城共十里六分三厘。城中东西南北四街，中为鼓楼，南北大街辟有东西大小巷三十九道。城内有将军衙署一所，各营领队大臣衙署四所、惠宁城领队大臣公署一所、营务印房粮饷驼马功过公署五所，满宫挡房一所，八旗协领衙署八所、佐领防御骁骑校衙署共一百二十所、各佐领磨房四十所、八旗官马圈八所、军器库一所、仓员衙署一所、仓库一所、理事同知衙署一所、抚民同知衙署一所、宝伊钱局一所、巡检衙署一所、绿营总兵公署一所、敬业官学一所、义学一所、东门外教场一所、火药局一所、西门外贸易厅一所、北门外管理关厢守备公署一所、东门外养济院一所，共计大小衙署二百零三所。八旗官兵住房共计一万多间。

自乾隆二十七年始设将军参赞各一人，二十九年设领队四人。二十九年起至三十一年止(1764—1766 年)，调热河、凉州、庄浪满洲蒙古官兵四千三百七十人携眷移驻惠远城。又置理事抚民同知、仓员、巡检。惠远满营骆协领八员、佐领四十员、防御四十员、骁骑校四十员、世袭恩骑尉二员、催总四十名、领催一百二十名、前锋三百二十名、马甲二千八百名、炮手四十名、步甲六百名、匠役八十名、养育兵二百四十名。五十五年（1790 年）将军保宁奏明添鸟枪步甲百名。惠远城成为当时新疆的经济、文化、军事大都会。

惠远古城城墙遗址——摄于 2016 年 7 月

惠远城内外风景极美。城南濒临伊犁河筑有望江楼。红栏碧瓦，登楼俯瞰洪涛，粮艘帆樯出没其下，极目远眺，伊犁风光尽收眼底。常有官府贵人或名士墨客到此品茶饮酒赋诗，抒发爱国豪情。城北惠远城至绥定城甬道三十里，榆柳交阴；甬道之东红山之西即四十八户田，一望平畴，隐藏村落，熙熙皞皞，太古成风。城东和红山嘴下辟有锡云亭的芍药园二处，四周青翠，柳杨环抱，园内遍植各色芍药花数千株，其他花木亦多。城西河滨有水湖，榆柳成阴，也是佳景胜地。城内多有池塘，池周苇蒲杨柳，池内荷花游鱼。城内外千章古木、芳园桃杏、梨园、苹果园比比皆是，时逢开花果熟季节，都是人们赏景郊游的好去处。

惠远城的商业，尤其是与哈萨克、柯尔克孜族之间的绢马贸易很发达，他们每年驱牛羊及哈拉明镜等物至惠远城互市贸易。

洪亮吉诗云："谁跨明驼天半回，传呼布鲁特人来；牛羊十万鞭驱至，三日城西路不开。"

惠远城曾是文化名人荟萃之地。清代，有关新疆的大量著述，多在惠远城落墨问世。洪亮吉、祁韵士、邓廷祯、林则徐等等，都是谪居过惠远的名士。嘉庆五年二月初十（1800 年 3 月 5 日）洪亮吉被谪戍伊犁抵惠远城，他在伊犁仅几百日，便遇赦返回故里，在流放生活中，写了《伊犁日记》、《天山客话》、《万里荷戈集》、《百日赐环集》等著作。嘉庆十七年（1812 年）著名历史学家、地理学家徐松谪居惠远，住在宣门（南门）西走南墉第三舍，号称"芙蓉庵戍馆"，读书击剑对酒狂吟，作《新疆赋》和《西域水道记》。以松筠署名的《钦定新疆识略》，实际也是徐松的巨著。林则徐被贬谪伊犁，于道光二十二年十一月初九（1842 年 12 月 10 日）抵达惠远城，住在南街鼓楼前东边第二条巷，亦名宽巷，伊犁将军布彦泰委林则徐掌粮饷处事，林则徐捐资垦复惠远城东阿齐乌苏废地而承修大渠龙口工程，引哈什河之水以资灌溉，将塔什鄂斯坦田庄旧有渠道展宽，接开新渠，引入阿齐乌苏东界，并间段酌挑支渠，渠道全通，大功告成。二十四年十二月十七日（1844 年 1 月 24 日）林则徐授命离开伊犁惠远城。在伊犁为时二年零一个多月，不仅为水利建设作出了卓越的贡献，而且撰有《荷弋纪程》和诗抄、书信等，林则徐临别惠远城时感叹“格登山色伊江水，回首依依勒马看”，催人泪下。在惠远城脱稿问世的还有格王奉额的《伊江汇览》，松筠的《西陲总统事略》等巨著，均为伊犁及新疆留下了珍贵的方志资料。

惠远城的人口，《伊江汇览》载，满洲蒙古等官兵四千三百六十八户，计大小一万八千三百六十九口。同治初年城内人口达三万余人。

同治五年正月二十二日（1866 年 3 月 8 日）惠远城被回民起义军攻破，伊犁将军明绪合家自尽，数万官兵民众遇难。1871 年沙俄侵占伊犁后，惠远城复遭拆毁。后城垣逐年被伊犁河水侵蚀，至今过半。地下遗存的珍贵文物，多被河水淹灭，城内建筑，已荡然无存。今尚存北、东面部分城墙和老东门土墙墩。1882 年清朝收回伊犁后，另筑新城，今人把原惠远城叫作“惠远老城”。

伊犁将军府——摄于 2016 年 7 月

清政府于光绪八年（1882 年）收复伊犁后，在惠远老城北 15 里地重建惠远新城。1883 年底竣工，翌年初春，将军长庚率官兵自绥定城迁移惠远城驻扎。新建的“伊犁将军府”在东大街，坐北朝南，是一座园林式的古建筑群。四周是高大的围墙。当跨入威严的红漆大门，二门后，便见宽敞的庭院内，古榆参天，左右厢房、东西二庭、正堂、二堂、后堂等建筑，红柱飞檐，金碧辉煌，曲径回廊，古朴幽深。后花园的六角凉亭，红柱绿瓦，古色古香。花园内树木葱隆，百鸟和鸣，万花齐放，招蝶引蜂，花房内四季常艳。整个花园，俨似江南名园，景致清幽，最宜避暑。将军府内，驻将军一员，及其家眷、卫兵等。附设有营务、印房、粮饷、驼马、功过等处，专理各项事宜。院内还建有文庙一所。

1884 年新疆建省，1888 年置伊犁府，设绥定县、宁远县、霍尔果斯分防厅。因此，伊犁将军也不再总统全疆军政事务了，仅管辖伊犁、塔城地区的军事和边防。

辛亥革命后废除清制，昔日的将军府变成了新伊大都督府，后改为伊犁镇边使署。1914 年改为伊犁镇守使署。1930 年改为伊犁屯垦使署。1934 年秋屯垦使署迁往宁远城（今伊宁市）后，将军府便被废弃。

新中国成立后，将军府受损严重。1990 年 12 月，“伊犁将军府”被自治区人民政府公布为自治区级文物保护单位，1996 年 12 月被国务院公布为国家级文物保护单位， 2001 年，国家文物局拨专款 450 万元，对“伊犁将军府”进行了全面维修。2006 年，在霍城县县委、县政府拨款 150 万元，对将军府进行布展，布置了“伊犁将军府历史陈列室”四个展室，东西厢房、内宅、大堂按清代陈设进行了恢复。如今“伊犁将军府”是伊犁地区最具有旅游价值的文物景点之一，每年都有大量的中外游客前来参观游览。

惠远新城，在惠远老城北 15 里地。1883 年底竣工，南北宽 1194 米，东西长 1298 米，周 4984 米，城墙高 5 米，厚 6 米。门 4 座，大街 4 条，城中建钟鼓楼一幢。城内建有将军府、副都统、四营领队大臣、满营协领、营务、印房、粮饷、驼马、功过处等衙署，火药、粮饷两大仓库。兵营、庙宇、堂馆、商号、饭庄林立四街。城内居民有老满营八旗 652 户 1662 口，新满营八旗（锡伯族）1027 户 4129 口，以及大批所、北门外管理关厢守备公署一所、东门外养济院一所，经商汉民，一时百货云屯，市肆繁荣，会芳园，天福居两酒楼，相继而起，规模宏敞，“文酒风流，盛极一时，有小北京之称”（谢彬《新疆游记》）。

以惠远城为中心，各类屯垦星罗棋布，旗屯稻田，遣屯、商屯、民屯、兵屯。城郊出现了山东庄、庄世福庄，以至后来的四家庄、皇宫庄（专供将军级各级官员稻米）、油坊庄、肖家坑庄、学堂庄、裕泰昌庄、杨麻子庄、徐大人庄等。农耕的发展，促进了商贸的繁荣，南台子煤矿开采，促进冶铁、铜、铅和制陶业、造船业、炉院的发展。

惠远古城（新城）——摄于 2016 年 7 月

到此经商者，有甘陕回民，各省汉族，有南疆维吾尔族人、锡伯族、布鲁特人（今柯尔克孜族）、哈萨克族，更有云南、贵州苗族人。咸丰十七年（1857 年）曾任左副御使、刑部侍郎的雷以諴被革职流放伊犁惠远，刚到宁静的惠远城感触颇深，赋诗一首：

峨峨雉堞土为城，风静不闻戍鼓声。
半是他方边辐辏，听来人语少分明。

峨峨，高大的意思，雉堞，指惠远城墙上的女儿墙，即垛口，形象比喻成野鸡羽毛般蜿蜒伸长，在风静的时候听不到战鼓声，从四面八方云集古城的人们口音杂而让人听不明白。

1843 年（道光二十三年）林则徐在惠远，看到正月十五元宵节夜市盛况，赋诗一首：

踏月吟鞋凉似水，遏云歌板沸如潮。
楼前夜市张灯灿，马上蛮儿傅粉娇。

惠远城钟鼓楼下，张灯结彩，夜市热闹非凡。游人满街，歌舞管弦，声如潮，连少数民族青年男女也浓妆淡抹骑马赶来欢度元宵佳节。

惠远城不但有夜市还有早市，发配伊犁惠远的庄肇奎在他的《伊犁纪事》的《鼓楼南市》中写道：

伊犁江上泮冰初，雪圃才消未有蔬。
齐向鼓楼南市里，一时争买大头鱼。

诗情通俗、易懂、直白，道出伊犁河刚刚解冻，河冰融化之时，惠远城周边蔬菜园内雪才消融，没有蔬菜上市，一清早人们齐向鼓楼南街去争买伊犁河打捞上来的大头鱼的情景。

大头鱼，惠远城老百姓又称“大头娃”，头大，多脂肪，肉嫩，味鲜美，是伊犁河古老鱼种，唯有伊犁河、额尔齐斯河产（今已绝迹）。

嘉庆元年（1796 年）谪戍伊犁的杨廷理在《知还书屋诗钞》中写道：“伊犁药肆极多，开设最久者惟万全堂耳，闻其能精炼药品。”

1843 年 1 月 14 日，林则徐在给郑夫人林汝舟的信中写道：“伊犁及红庙（今乌鲁木齐）买卖人无非陕甘来的，……见有永顺公字号绸缎布匹海菜店，据云已开七十年。又有余庆公字号较大，在伊犁北关外，系渭南谢姓所开（已六十年）又闻临潼县人买卖极多”等语。咸丰三年（1853 年）惠远城西南月芽湖旁设贸易厅，建房 48 间，专司对俄贸易，俄国货从萨玛里（今哈萨克斯坦播非洛夫），火轮船溯伊犁河运抵惠远城，大宗的皮革、呢绒，金属制品，连英国的锯条、截锯、划玻璃刀、条绒也来到惠远，运去茶叶、大黄。

马达汉在伊犁的时间为 1907 年 4 月 2 日至 6 月 14 日，在文中，他写道：

“惠远城是我看到过的最整洁、最美丽的中国城市，是俄国军队撤走之后新建的，城市设计得很好，笔直的街道，又宽敞又漂亮。在主要街道的两旁，几乎都是官邸衙门，位居中心地位的是将军府。此外还有一些商店和两座庙宇，其中一座庙宇红砖绿瓦，十分漂亮。一条街道主要是商店、餐馆等。市中心，两条大街的十字路口建了一座城门样的钟鼓楼，四个门洞朝着东南西北四个方向。”

清末，资产阶级革命党人在惠远新城创办了新疆第一份报纸《伊犁白话报》，宣传革命思想。杨缵绪于宣统三年辛亥十一月十九日（1912 年 1 月 7 日）发动并领导了伊犁起义，一夜之间推翻了清政府在伊犁的统治，在惠远城成立了新伊大都督府。1913 年杨飞霞出任伊犁宣慰使，1914 年任命为镇边使，后又改为镇守使，1930 年又改镇守使为伊犁屯垦使，由张培元充任。1934 年秋，邱宗浚任屯垦使后，将屯垦使署迁至宁远城（今伊宁市）。从此，惠远城仅成为居民和部队驻地。1944 年 12 月 31 日，惠远城被三区革命军攻占。1950 年初中国人民解放军 50 团进驻惠远城。1952 年 10 月成立区人民政府，为绥定县第三区。1958 年成立猛进人民公社。1981 年改名为惠远公社，1984 年撤销公社成立乡政府，今为霍城县惠远镇政府所在地。

如今，惠远古城换新颜，宽平的柏油大街在浓阴之下，白杨漾绿，垂柳滴翠，新建的高楼平房鳞次栉比。城垣保存基本完好。城中的钟鼓楼 1982 － 1984 年经过了维修，还有伊犁将军府旧址也正在维修，供中外游客游览。

（2）瞻德城

原名“察汗乌苏”，准噶尔语就是“白水”和“清水”，为“伊犁九城”之一。当地人又叫清水河子，现在的清水河也是沿用而来。原清水河镇政府机关所占用的就是当初的瞻德城。驻扎在修建之初的瞻德城主要有伊犁绿营官兵（右营），内设有“都司一、守备一、千总二、把总四、经制外委六、额外外委六、马步兵各三百人”《新疆图志》。当时城内主要建筑有都司衙署，守备衙署各 1 所，千把外委衙署 18 所，仓廒、军器库各 1 所，以及兵眷住宅 600 余所。与广仁城同为绿营驻军重镇。当时的瞻德城共有三道门，即东升瀛，南延景，西履平。东门升瀛主要用于城内军民汲水所用的通道。南门延景是供城内军民出入所用，也是城内绿营兵的主要防守处。西门履平一般是不能随便出入的，它主要是用于储备兵力以备战时之用。

据《西域水道记》记载：“瞻德城者，地曰察罕乌苏。乾隆二十五年阿桂疏定伊犁建置事宜云，伊犁田地肥沃，无过察罕乌苏，可建一小城。至四十五年，伊勒图始建。城高一丈三尺，周三里六分，门三：东升瀛，西履平，南延景，屯镇右营驻之。东距广仁城二十余里。”伊犁绿营携眷官兵（右营）驻该城，营内设都司 1、守备 1、千总 2、把总 4、经制外委 6、额外外委 6、马步兵各 300 人，与广仁城同属绿营驻军重镇。

瞻德城在同治五年即 1866 年被维吾尔族、回族农民起义军占领；五年后的 1871 年沙俄侵占伊犁后，瞻德城的“城楼墙壁均已损坏，城垣也多坍塌之处”。1882 年，清朝收复伊犁后，大加补修，直到 1883 年才“修筑渐次完竣”。在瞻德城筑城 108 年后的光绪十四年（1888 年），瞻德城归霍城县前身绥定县管辖。据《绥定县乡土志》记载，清朝末年瞻德城建置和户口情况为：“镇标右营游击署一、守备署一、武庙一、天主教堂一”，“城关男口一百一十八、女口五十三，城关天主教堂男口四、女口五。”

1907 年，日本人日野强（1866—1920 年）到伊犁，在其著作《伊犁纪行》中概括瞻德城说：在绥定城西北约三里，其地称清水河，乾隆四十年创修，城墙高一丈三，周围约半里余，设东、西、南三门。同治动乱时，因清兵早退，仅有回民住此，故城楼廊署依存，城门有游击城门，居民约二百户。这与《绥定县乡土志》的记载大约相当。

在日野强到伊犁的十年后，北洋政府财政部特派员谢彬在 1916 年至 1917 年间到新疆调查财政问题，他在伊犁共待了 13 天（即 1917 年 5 月 4 日至 5 月 16 日）虽然在瞻德城没有住，但路过瞻德城时的“民居百余家，有汛卡”依然给谢彬留下了深刻的印象。三区革命时，瞻德城内居民大部分都迁出了城外，城内的建筑在此期间也多有毁坏。

在清水河一中大门前，可以看到不远处露在外面的一大截土墙。就是当年瞻德城的东门升瀛所在地。走近后，会发现转弯处更有连绵的土墙矗立着。瞻德城的城墙，除了一些因为时日的原因坍塌之外，基本上都是完好的，这也不能不说是一个奇迹。现在清水河一中操场所处的位置正是当年绿营的兵营所在地。现在几乎已经没有人记得，就在瞻德城毁掉之后，它也曾经有过辉煌。因为中国人民银行 1951 年 10 月 1 日开始发行的第一版人民币中面值为 500 元的图案就是“瞻德城”。

清水河镇，俗称“清水河子”属霍城县辖镇，为新疆第一大镇。城区常住人口达 5 万余人，总人口接近 10 万人。是继法国普罗旺斯、日本富良野之后的全世界第三大薰衣草种植基地，有“中国薰衣草之乡”的美称。一条 312 国道从果子沟迤逦而来，到了这儿分作两股——一条向西，通往 312 国道的终点霍尔果斯口岸，那儿依然是连绵起伏的高山河水潺潺的霍尔果斯河；另一条向南，通往伊犁的首府伊宁市，那儿是著名的伊犁河谷地。清水河子是三岔路口造就的一个城镇，是一个以交通枢纽而著称的战略要地。她魅力十足，是因为她有美丽的容貌，宜人的气候，富饶的物产。三面环山的伊犁河谷地，一直有着“西域江南”的美誉。雪山、森林、草原，是她最美丽的风景。夏无酷暑，冬无严寒，春秋两季，风光旖旎。几乎可以用“处处皆美景，时时都入画”来形容。形美汁甜的苹果，随处可见的巴旦杏，饱满黑亮的打瓜籽是这儿久负盛名的特产，“细羊毛”、“伊犁马”更是名扬海内外，邻近大西沟乡出产特有的野酸梅。至于名贵药材更是不胜枚举。

（3）塔勒奇城

清军进驻伊犁时，原准噶尔人的寺庙房舍已毁于战火，乾隆二十六年（1761 年）阿桂奏准，在“塔奇奇河修盖小堡一座，……以为屯兵居住之处”。根据塔勒奇山而定名为塔勒奇城（在今霍城水定镇）。是清代伊犁九城修筑最早，规模最小的城池。城高 1 丈，周长1里5分，3座城门，均无名。嘉庆七年（1802年），北面展筑40丈。嘉庆二十一年（1816年），东面展筑30丈，共3里6分。屯镇守备驻之，乾隆四十八年（1783年），置仓员1人。塔勒奇城周边是重要的农业区和贮粮地，大批解甲归田的绿营汉族士兵，布哈拉人的后代——维吾尔人、来自内地的遣犯都在此拓荒屯田。引人注目的是乾隆四十二年（1776年），清政府由云南遣送来安南人930人（今越南人）移居伊犁，被安置在塔勒奇城东南地方。至今人们把这里称南地。咸丰年间又有广西太平天国失败士兵移居伊犁，安置在塔勒奇城西，故又称西地。

（4）宁远城

为了安置从南疆迁移到伊犁屯田的维吾尔族农民，乾隆二十七年（1762年），在固勒扎筑建了宁远城（今伊宁市），为伊犁九城之一，乾隆赐名“宁远城”，寓远方安宁之意。城高1丈6尺，周4里7分，4座城门，东门景旭，西门环瀛，南门嘉会，北门归极。在“城外东北隅半里许，沙阜土丘建平定准噶尔后勒铭伊犁前后碑二通”。宁远城设有阿奇木伯克等管职，专管维吾尔屯田事宜。

据史料记载：“清康熙年间，卫拉特蒙古准噶尔部首领噶尔丹将其统治中心从准噶尔盆地的和布克赛尔转移到伊犁河谷的今伊宁市域范围内，至今已有近300年的历史了。后来，策妄阿拉布坦在今伊宁市建固勒札庙（金顶寺），伊宁作为一个城市雏形开始逐步形成。城建以十字街为中心，分成方格式的大街小巷，可供车马出入。” 城中设立“伯克”（官职），辖维吾尔族6000多人，1888年，伊犁设府后，宁远置县，隶属于伊犁府。1914年，因“宁远县”与湖南“宁远县”重名，改取“伊犁”和“宁远”二字为“伊宁县”。当时的宁远城商业繁盛，仅一维吾尔族商号的资本金就达200万两，这些商人不仅与津、沪、陕、甘等商人有联络，还与英、俄、美、印度有贸易往来。城内京、津商人很多，形成了一条集中的“汉人街”（今伊宁市汉人街），商业迅速繁荣，有很多的现代工业，人口、经济、文化均超过了当时的惠远城，随后即成为伊犁的重要中心。“宁远城的4座城门，直到民国年间还在。经州、市文物部门多方考证后，2009年分别在原州药材公司旁、州新华医院往南100米处、白银谷大厦前和州邮政局前竖立了东门景旭、南门嘉会、西门环瀛和北门归极等四处遗址纪念碑。

几百年来，伊宁老城区经历了沧桑巨变，而老城区的前进街、阿依墩街、伊犁街等4处历史文化街区的小巷一直保留着几百年前的传统，以手工艺为生。如今，这里居住着以维吾尔族为主，哈萨克族、蒙古族、回族、汉族等聚居约12.7万居民。众多的小巷里，有一条名为“喀赞其”。“喀赞其”在维吾尔语中指以铸锅、售锅为业的人。这一地区以铸锅、售锅而兴起，拥有丰厚的民俗资源和多民族长期聚集的历史文化背景。2012年6月28日，伊宁市正式被国务院列为国家历史文化名城。

（5）绥定城

绥定城（今霍城县水定镇），地名乌哈尔里克，是元代通往中亚、西亚要冲。乾隆二十七年二月（1762年3月），由参赞大臣阿桂奏准并修筑，是年7月竣工。乾隆帝赐名为“绥定”。“城高 1 丈 7 尺，周 4 里 3 分”。4 座城门，东门仁熙，南门利渠，西门义集，北门宁漠（北门后来封闭）。伊犁将军府最初就设在绥定城。绥定城驻扎的主要是绿营兵，城内设有总兵衙署、游击衙署、守备衙署、千把外委衙署等。此处还有巡检衙署、粮员公署、军器库、仓房等，南门外有教场 1 处，并建有兵眷房 600 多所，其规模相当庞大。城内驻马步兵 300 名。绥定城是果子沟到伊犁的交通要道，建城之后官吏云集，商业兴隆，成为繁华一方的都市。

在霍城县人民武装部后院里，还隐藏、残留着一截不足三十米的绥定城城墙。这不足三十米的城墙是目前绥定城存在于地面不多的见证之一了。站在那里，举目望去，曾经“城高一丈八尺，周四里三分”的气势已经不复存在，它阻挡外敌侵略的、保护人民的职责早已远去，只留下这一点点痕迹。绥定城以前属于绿营，而绿营多为汉族官兵，所以那时绥定又被称为“汉城”。

嘉庆五年（1800 年）清代学者诗人洪亮吉戍伊犁，在其《天山夜话》中记载：“自嘉峪关至伊犁大城万一千里，所见园亭之胜以绥定城总兵官廨为第一。荷池至五六处，皆飞楼傺阁，绕之老树数百株，皆百年以外物。蒙古讷总镇乞余题额，余名之曰‘香远堂’。又题门榜曰‘会芳园’。”

据说，会芳园是当时达官贵人云集之地。而据洪亮吉在其《伊犁日记》的记载，会芳园当时在绥定城总兵署后，而且环境极其幽爽，他对此还吟诗称赞：“戟门东去水潺缓，山色周遭柳作垣。日昃马行三十里，纳凉须住会芳园。”如此之地达官贵人齐聚，也就可以理解了。会芳园只是当时绥定城的一个缩影，当时绥定城的繁荣由此也可见一斑。

道光二十二年（1842 年），林则徐被贬谪来伊犁，在途中曾经在绥定城留宿，在其十一月初八日记中对会芳园亦有提及，他记道：“绥定城……其他有园亭之胜，匾曰‘绥园’，又曰‘会芳园’……夜在园亭中宿。”

可惜的是这座伊犁园亭之胜，当时达官贵人文豪学士下榻云集且“极幽爽”的“众芳园”，如今却寻不到往日的辉煌了，它往日所在地总兵衙署后院，现在已改头换面成了霍城县邮政局、粮食局。物是人非，一切都在悄悄改变着。

绥定城在安稳中渡过了百年，直到同治十年（1871 年），沙俄用大炮武力强占了绥定城，绥定城人民在沙俄统治之下，生活了十一年之久。直到光绪八年（1882 年），当时的伊犁将军金顺率领大军驻进了绥定城。此后，绥定人口逐渐增多，商业也得到了迅猛发展。

绥定城的繁荣景象，在日本人日野强（1866—1920 年）于 1907 年来到绥定城后，在其著作《伊犁纪行》中对此有专门的描述：在惠远城北一里余，城墙高约一丈七，周围二十四町（古代地积单位名，一町为 136 日里，1000 米即 1 公里为 9.167 町 =0.2546 日里）余，城墙以石为基础，以土夯实，外用石或砖砌成，底厚顶厚共一丈五尺，设东、西、南三门，门前各置月墙（用来屏蔽城门的半圆形小城墙），城门上修筑高台供防御。攻击之用，其工事之宏大，建造之坚实，非他城可比。城内有伊犁府、绥定县、镇台衙门等。居民约两千户，维吾尔族过半。市街二条，将城内划成正方形四部分，商店栉比，内有俄国商店三十户，架棚、帐篷、衣服、杂货、肉、菜、点心、果品等类一应俱全，人马往来如织。

据《绥定乡土志》记载，光绪三十四年（1908 年），城关有 5672 人，东乡 247 人，西乡 178 人，南乡 134 人，北乡 324 人。而当时县城主要有县衙署、典史署、伊犁府署、万寿宫、武庙、城隍庙、金公祠以及官立初等小学堂等建筑。

北洋政府财政部特派员谢彬在 1916 年至 1917 年间到新疆和阿尔泰调查财政问题，他在伊犁共待了 13 天（即 1917 年 5 月 4 日至 5 月 16 日）。后来，他在其著名的《新疆游记》中是这么描述绥定城的："商务比于绥来（即玛纳斯县），店铺皆在南大街及南关。南关皆缠商（即维吾尔族商人），城内多津商。南关年前毁于火，市裹皆新筑，楼房俄式，整齐可观，街道亦宽广。南门外"夹道杨榆，绿阴足可荫人"。

从谢彬的记载，我们可以看出，这时候在绥定经商的多为津商杨柳青人以及维吾尔族商人。在民国 33 年（1944 年），终于开始彻底衰败。这一年，三区民族军占领了绥定城，由于战乱，绥定城的经济直线下滑，城内的建筑也大多毁于战乱中。到新中国成立初期，绥定城内保存完好的建筑物已经所剩无几了，主要有陕西大寺、萨玛尔清真寺等，如今在各级政府的保护下依旧完好。

绥定新城鼓楼——马达汉于 1908 年 4 月 20 日摄

（6）惠宁城

惠宁城故址位于今伊宁市巴彦岱镇，乾隆三十年（1765 年），因清政府从西安抽调携眷满州官兵 2204 名，组成满营驻防将兵，于乾隆三十一年（1766 年）伊犁将军明瑞奏准筑建惠宁城。惠宁城规模仅次于惠远城。据记载，惠宁城初建时城高 1 丈 4 尺，周长 6 里 3 分，有 4 座城门，东门昌辉，西门兆半，南门遵轫，北门承枢。后对该城向西进行了扩建，添建 2 座城门，共 6 座城门，城之壮阔，可见一斑。

乾隆三十六年（1771 年）设惠宁满营领队大臣 1 人，仓员 1 人，同年，绥定城巡检移驻惠宁成。惠宁城内设有官学 8 所，义学 1 所，旗磨房 11 所。

乾隆四十年（1775 年）著成的《伊江汇览》记载：惠宁城满洲蒙古官兵是乾隆三十五、三十六（1770—1771 年）两年，由西安移驻，“八旗凡协领四员，佐领、防御、骁骑校及七品顶翎之委前锋校各十六名员，前锋一百四十四名，七品顶戴催总十六名，领催七十八名，马兵一千四百五十六名，炮手三十六名，匠役四十八名，步甲三百二十名，养育兵五十名”。

据《伊犁哈萨克自治州志》记载，惠宁城在惠远城东北约 35 公里，南距伊犁河 10 公里。其地有阿里玛图、磨豁图、皮里其三股山泉水。清朝乾隆皇帝曾为四座城门命名，即东昌汇、西兆丰、南遵轨、北承枢。据书上记载，当时城内设有军器弹药库和练武场，而且惠宁城是当时伊犁粮食储藏和集散地之一。（1865 年）2 月，伊犁农民起义军攻毁惠宁城，此后再未恢复。现在的惠宁城只留下城墙，最高处有 5 米，最低处 1.5 米，顶部最宽处达 4 米，最窄处有 2.5 米。当地村民称这里为“赛普勒”（意为古城）。

惠宁城旧址在伊宁市巴彦岱镇，城原先的模样早已全无，城墙的破坏相当严重。这里曾经是种牛场，工人们在打桩建牛场的时候，发现过大青砖，就没再敢挖下去。在村子里，有不少村民在这里多次发现过去使用的钱币和玉石饰品。每当开春的时候，时常可以看见好多人背着手，低头在地里翻找着一些什么。而且，往往这个时候他们会有意料之中的收获，诸如铜钱之类的。当年，这墙上还可以跑马车。现在已经坍塌了。

（7）广仁城

广仁城（今霍城县芦草沟镇），地名“克尔博罗素克”，蒙古语意思是“多芦苇的地方”，因此当地汉族人叫它“芦草沟”。乾隆四十四年正月十六，由于“伊犁屯田绿营官兵三千，现今改驻眷兵，需建城池兵房……在惠远城西北 90 里。乾隆四十五年（1780 年），将军伊勒图正式开工筑建广仁城，为绿营携眷官兵左翼所驻。城高 1 丈 3 尺，周长 3 里 6 分，四座城门，东朗辉，西迎灏，南溥惠，屯镇左营驻之。设游击 1 员，守备 1 员，千总 2 员，把总 4 员，经制外委 6 员，额设外委 6 员，马步兵各 300 名。

清朝学者洪亮吉于嘉庆五年（公元 1800 年）被贬去伊犁，夜宿广仁城时作诗曰：

“芦草沟边路，茫茫如欲昏，坚水截南北，空白合乾坤。马避千人集，雅啼独树村。”

光绪十年（公元 1884 年）新疆建省后，广仁城隶属绥定县。该城当时商业相当繁盛，文化教育也发达。谢彬《新疆游记》称：

“城多崩塌，内驻巡官，外驻防卡，有绥定牲税及统税分局与国民学校，城厢店铺居民约二百余家。”

广仁城是伊犁九城中保留时间最长的一座城池，直到公元 20 世纪 60 年代后期，城内居民才陆续迁出城外，在现在的 312 国道两侧另建新街，成为 312 国道乌（鲁木齐）伊（宁）公路上新兴的集镇。原有广仁城仅剩几段残垣，供人观瞻。

(8) 拱宸城

拱宸城(今新疆生产建设兵团农四师62团团部),又名霍尔果斯城,“霍尔果斯”为准噶尔语“畜牧地”之意。乾隆四十五年(1780年),将军伊勒图修筑,在塔勒奇城西80里,城高1丈7尺,周长3里7分,有3座城门,东门寅辉,西门遵乐,南门绥定。屯镇参将驻之,是年置巡检1人。《新疆图志》载:“伊犁绿营携眷官兵至霍尔果斯营驻拱宸城。”霍尔果斯营设参将1员,守备1员,千总2员,把总4员,经制外委6员,额设外委6员,步马兵各350名。

1888年(光绪十四年)设霍尔果斯分防厅后,拱宸城由巡检改为分防通判,专门稽查卡伦(即“哨所”),不理民事,也无辖地。1914年(民国三年)设立霍尔果斯县,1947年(民国三十六年)改为霍城县,为霍城县县城,1962年因霍城境内数万边民出走苏联,人口稀少,于1966年将原水定县并入霍城县,县治由拱宸城迁往水定镇。现在,原有的拱宸城城墙大部分还在。该城现为新疆生产建设兵团农四师62团团部驻地。

霍尔果斯是国家级经济开发区,是“一带一路”的核心枢纽,也是和哈萨克斯坦交界的边境城市,被誉为“千年驿站,百年口岸”。连云港至霍尔果斯的连霍高速,联通中国东部和西部之间的经济走廊,正在成为中国新的经济增长点,东部发达城市的投资者,正把目光汇集到这片创业投资热土,来寻找自己的财富梦想。2014年6月26日,国务院正式批准设立县级霍尔果斯市,由伊犁哈萨克自治州管辖。

(9) 熙春城

熙春城,位于惠远城和宁远城之间的“喀喇布拉克”,维吾尔语“黑水泉”。在惠远城东北80里。这里水源充足,土地肥沃,东距宁远城10里,西距惠宁成10里,乾隆四十五年(1780年),伊犁将军伊勒图在此建城。城高1丈,周长2里2分,东、南、西三座城门,命名为觐恩、凝爽、归极。设屯镇都司1员,设都司衙署1所,千把外委衙署9所,本营仓厂1所,军械库1所。陕甘各标营调携眷兵3000人来伊驻防,其中300名携眷汉族官兵来到喀喇布拉克地屯垦戍边。他们兴修水利,从事农业生产。经过汉族士兵的辛勤耕耘,昔日野草丛生、野狼出没的“黑泉子”变成了沃野良田。民国六年(1917年)谢彬经过这里时,“城盘子,即熙春城。城内居民二三十家”。现在,此城已无处觅踪。由于此地为汉族士兵耕耘过的地方,当地人称这里为“汉宾”。

以上九城均在伊犁河北,史称伊犁九城,为今天伊犁的市、县、城镇的形成与发展奠定了雏形。清政府在伊犁九城驻兵屯田,以解决军粮问题,由于清政府把移民实边,轻徭薄赋,加强经济建设富国富民做为巩固西北边防的根本性措施,吸引关内外,中亚各地农民、商贾、流民、手工业者,携眷来伊犁九城就食、承垦、佣工、经商,奠定了今天伊犁多民族集居的格局。他们带来了新的耕作技术,新的农作物、产品和异国商品。移居伊犁的维吾尔农民,将南疆的玉米推广到伊犁河流域,内地的“韭、葱、蒜、茄、辣、萝卜、莴笋、荠、蔓菁苦菜、山药、百合、刀豆、丝瓜、莲花菜、绿豆、豌豆、高粱、糯米等在伊犁安家”。农产品的商品化,九城商业得到迅速发展,俄国的铁器、呢绒,阿富汗的地毯,南京绸缎，中亚各地珠宝、天鹅绒在这里均可见到，可谓“殊方异物，四面而至”。出现多元商品，多元饮食文化，成为经济、文化中心，货物集散地，陆路交通枢纽。九城的繁荣推动了伊犁手工业的发展，开始有了冶铁业、铜业、制陶业、造纸业，煤矿、伊犁河航运业和对外贸易的发展。

伊犁九城的经济发展，改变了伊犁单一粮食作物格局，出现了纤维作物、油料作物、瓜果类作物，内地“玉簪、石竹、玫瑰、刺梅、夹竹桃、晚香玉、月月红、海棠、牡丹、仙人掌、蝴蝶梅、夜来香、仙人球、萝卜莲，西凤莲、迎春梅、铁莲、金丝莲、月季、令剪荷花”等都有花农培育出售。九城周边，菜、果园、稻、麦田，星罗棋布。城内外商农结合，相互促进，形成了伊犁城乡今日经济模式的雏形。

参 考 文 献

一、古籍著作

[1] 李吉甫 . 元和郡县图志 . 北京：中华书局，1983.

[2] 岑参 . 岑嘉州诗集 . 上海 : 古籍出版社，1981.

[3] 李志常 . 长春真人西游记 . 北京：中华书局，1983.

[4] 王延德 . 西州使程记 . 银川：宁夏人民出版社，1987.

[5] 王树枏 . 新疆图志 . 上海：上海古籍出版社，2015.

[6] 和宁 . 三州辑略 . 台北：台湾成文出版社，1968.

[7] 赵尔巽 . 清史稿 . 天津：天津古籍出版社，2012.

[8] 徐松 . 西域水道记 . 北京：中华书局 .2005.

[9] 国梁 . 澄悦堂诗集 . 上海 : 上海古籍出版社，2011.

[10] 岳钟琪 . 岳容斋诗集 . 上海 : 上海古籍出版社，1999.

[11] 陈庭学 . 塞垣吟草 . 上海 : 上海古籍出版社，2011.

[12] 陈庭学 . 东归途吟 . 上海 : 上海古籍出版社，2011.

[13] 赵钧彤 . 西行日记 . 北京：中国文献出版社，1986.

[14] 洪亮吉 . 伊犁日记 . 北京：中华书局，2001.

[15] 洪亮吉 . 天山客话 . 北京：中华书局，2001.

[16] 洪亮吉 . 洪北江全集 . 北京：中华书局，2001.

[17] 祁韵士 . 西陲事略 . 北京：中国书店出版社，2010.

[18] 颜检 . 衍庆堂诗稿 . 北京：中国文联出版社，2002.

[19] 李銮宣 . 坚白石斋诗集 . 太原：山西人民出版社，1991.

[20] 成瑞 . 薜荔山庄诗稿 . 上海：上海图书馆，1844.

[18] 黄濬 . 壶舟诗存 . 北京：社会科学文献出版社 .

[19] 史善长 . 味根山房诗钞 . 北京：《清代诗文汇编》，1884.

[20] 雷以諴 . 香雨书屋诗续钞 . 武汉：武昌江汉书院刻本 .

[21] 纪晓岚 . 乌鲁木齐杂诗注 . 乌鲁木齐：新疆人民出版社，1991.

[22] 纪晓岚 . 阅微草堂笔记 . 哈尔滨：哈尔滨出版社，2004.

[23] 林则徐 . 荷戈纪程 . 兰州：甘肃人民出版社，2002.

[24] 祁韵士 . 万里行程记 . 太原：山西人民出版社，1992.

[25] 方士淦 . 东归日记 . 兰州：甘肃人民出版社，2002.

[26] 方希孟 . 西征续录 . 北京：中国国际广播出版社，2016.

[27] 袁大化 . 抚新记程 . 兰州：甘肃人民出版社 ，2002.

[28] 裴景福 . 河海昆仑录 . 兰州：甘肃人民出版社，2002.

[29] 陶保廉 . 辛卯侍行记 . 兰州：甘肃人民出版社，2002.

[30] 徐炳昶 . 西游日记 . 兰州：甘肃人民出版社，2002.

[31] 杨钟健 . 西北的剖面 . 兰州：甘肃人民出版社，2003.

[32] 谢彬 . 新疆游记 . 兰州：甘肃人民出版社 ,2003.

[33] 李烛尘 . 西北历程 . 兰州：甘肃人民出版社， 2003.

[34] 林鹏峡 . 新疆纪行 . 兰州 : 甘肃人民出版社 ，2002.

[35] 星汉 . 清代西域诗辑注 . 乌鲁木齐：新疆人民出版社，1992.

[36] 星汉 . 清代西域诗研究 . 上海：上海古籍出版社，2009.

[37] 齐浩滨 . 庭州古今诗词选 . 乌鲁木齐：新疆人民出版社，1994.

[38] 薛宗正 . 边塞诗风西域魂 . 乌鲁木齐：新疆青少年出版社，2003.

[39] 薛宗正 . 安西与北庭—唐西陲边政研究 . 哈尔滨：黑龙江教育出版社，1998.

[40] 薛宗正 . 丝绸之路北庭研究 . 乌鲁木齐：新疆人民出版社，2000.

[41] 杨镰 . 诗词中的新疆 . 乌鲁木齐：新疆人民出版社，2003.

[42] 魏大林 . 古城驼道 . 新疆奇台：奇台文史，2012.

[43] 连生才 . 清代巴里坤至乌鲁木齐双 800 里小南路考 . 新疆奇台：奇台文史，2008.

[44] 郑成加 . 哈密地区志 . 乌鲁木齐 : 新疆大学出版社，1997.

[45]（瑞典）斯文 · 赫定 . 亚洲腹地探险八年 . 乌鲁木齐：新疆人民出版社 ，1992.

[46]（英）珍妮特 · 米斯基 . 斯坦因考古与探险 . 乌鲁木齐：新疆美术摄影出版社，1992.

[47]（芬兰）马达汉 . 马达汉西域考察日记 . 北京：中国民族摄影艺术出版社，2004.

[48]（澳大利亚）莫里循 . 莫里循中国西北行 . 福州：福建出版社，2008.

[49]（日）大谷光瑞 . 丝路探险记 . 乌鲁木齐：新疆人民出版社，2001.

二、论文

[1] 陈戈 . 新疆古代交通路线综述 . 新疆文物 , 1990 (3).

[2] 李树辉 . 丝绸之路“新北道”的开通与兴盛 . 石河子大学学报（哲学社会科学版），2015, 29(3).

[3] 程喜霖 . 论唐代丝绸之路北道(西域段)镇戍守捉与烽驿的设置 . 新疆驿站文化论文集 ,2014(内刊).

[4] 纪宗安 . 丝绸之路新北道网络及城镇考述 . 新疆大学学报 . 哲学社会科学版 , 1996, 24(3).

[5] 田卫疆 . 关于蒙元时期西域的驿站体系 . 新疆驿站文化论文集 , 2014(内刊).

[6] 刘文鹏 . 论清代新疆台站的兴衰 . 西域研究，2001(4).

[7] 贾秀慧 . 论清代新疆的驿站 . 新疆驿站文化论文集 , 2014(内刊).

[8] 朱永明、 王爱辉 . 清代库尔喀喇乌苏军政机构的设置 . 西域研究 , 2011(3).

[9] 晏海发 . 清代伊犁九城 . 伊宁县委宣传部 .2013.